Wilhelm von Humboldt

Das große Lesebuch

Herausgegeben von
Jürgen Trabant

Fischer Taschenbuch Verlag

Originalausgabe

Veröffentlicht im Fischer Taschenbuch Verlag,
einem Unternehmen der S. Fischer Verlag GmbH,
Frankfurt am Main, März 2010

Satz: MedienTeam Berger, Ellwangen
Druck und Bindung: CPI – Clausen & Bosse, Leck
Printed in Germany
ISBN 978-3-596-90244-6

Unsere Adressen im Internet:
www.fischerverlage.de
www.fischer-klassik.de

Inhalt

III. Anthropologische Skizzen

IV. Im Dienste Preußens: Bildung und Politik

V. Einheimisch in zwei Welten

Jürgen Trabant
Die Arbeit des Geistes

1. Wilhelm von Humboldt 1767–1835

Wilhelm von Humboldt wird am 22. Juni 1767 als Sohn des Kammerherrn Alexander Georg von Humboldt und seiner Frau Marie Elisabeth, geb. Colomb, in Potsdam geboren. Er wächst mit seinem 1769 geborenen Bruder Alexander auf Schloss Tegel bei Berlin auf, wo die Geschwister von verschiedenen berühmten Lehrern unterrichtet werden, z.B. von Campe, Kunth, Dohm und Engel. Die Brüder beziehen gemeinsam die Universität, folgen dann aber ihren verschiedenen wissenschaftlichen Berufungen – Alexander wird bekanntlich ein großer Naturforscher, während Wilhelm sich vorrangig der menschlichen Kultur, dem »Geist der Menschheit«, widmet – und bleiben doch zeitlebens aufs engste miteinander verbunden. Diese komplementären Bahnen des Lebens und Denkens der beiden Brüder hat Manfred Geier (2009) großartig nachgezeichnet. Die zweite für das Leben und Werk von Wilhelm von Humboldt wichtige Bezugsperson ist Caroline von Dacheröden, eine hochgebildete Frau, die er 1791 heiratet. Die Lebens-Gemeinschaft von Wilhelm und Caroline von Humboldt stellt einen einmaligen Versuch der Gestaltung moderner Geschlechter-Beziehung dar, der wegen zahlreicher Trennungen des Paares durch Reisen und Umzüge ausführlich in einem Briefwechsel dokumentiert ist. Hazel Rosenstrauch (2009) hat dieses im wahrsten Sinne des Wortes gemeinsame Lebens-Werk Caroline und Wilhelm von Humboldts neu beleuchtet.

Finanzielle Unabhängigkeit ermöglicht es Humboldt, den Staatsdienst, in den er eingetreten war, zunächst wieder zu verlassen und an verschiedenen Wohnorten (Erfurt, Berlin, Jena,

Paris) und auf Reisen (Norddeutschland, Frankreich, Spanien, Baskenland) seinen individuellen Interessen nachzugehen, sich zu »bilden«, beziehungsweise nach seiner eigentlichen Berufung zu suchen: In freundschaftlicher Verbindung mit dem »klassischen Weimar«, vor allem mit Schiller, aber auch mit Goethe, widmet Humboldt sich der Philosophie, der politischen Theorie, der klassischen Philologie, der Dichtung, der Ästhetik, bis er schließlich den Kern seiner Suche findet: die Sprache. Nach dem Paris-Aufenthalt (1797–1801) tritt Humboldt wieder in den Dienst Preußens. Von 1802 bis 1808 ist er Botschafter Preußens in Rom, ein herrlicher Posten, der seine deutsche Italien-Sehnsucht befriedigt und ihn die Antike als sinnliche Anschauung erleben lässt. Im Rahmen der durch die Napoleonischen Kriege ausgelösten Reformbemühungen ordnet Humboldt in wenigen Monaten 1809/10 das preußische Erziehungswesen neu. Die Gründung der Berliner Universität 1810 geht auf seinen Antrag zurück. Humboldt vertritt dann Preußen in verschiedenen internationalen Missionen (Wien, Prag, Paris, Frankfurt, London) bei der Gestaltung der europäischen Staatenkonfigurationen im Krieg und nach dem Krieg mit Frankreich. Innenpolitisch gerät er zunehmend mit den erstarkenden reaktionären politischen Kräften in Konflikt, so dass er sich Ende 1819 aus der Politik nach Schloss Tegel zurückzieht. Humboldt lässt sein Haus, als Ort antiker Kunst in Preußen, von Schinkel klassizistisch umbauen. Dort widmet er sich bis zum Ende seines Lebens ausgedehnten Sprachstudien. Er stellt seine wissenschaftlichen Arbeiten in der Berliner Akademie vor und und agiert nur noch bei der Einrichtung des Königlichen Museums im Dienste des Königs. Caroline, seine ebenbürtige Partnerin, die ihn in allen Dingen des Lebens begleitet und beraten hat – sie war vor allem auch eine wirkliche Expertin für moderne Kunst –, stirbt 1829. Für sie lässt Humboldt die schöne Grabstätte in Tegel errichten, in deren Mitte auf einer hohen Säule die Statue der Spes von Thorwaldsen die

Hoffnung auf eine jenseitige Vereinigung des Paares repräsentiert. Wilhelm von Humboldt stirbt am 8. April 1835. Das Humboldt-Lesebuch möchte an die 175. Wiederkehr dieses Tages erinnern.

2. Bildung und Zeugung

Wilhelm von Humboldt ist in der Erinnerung der Deutschen vor allem ein bedeutender preußischer Staatsmann und der Gründer der Universität Berlin. Das Wort »Bildung« ist mit seinem Namen verknüpft. Humboldt ist aber auch der bedeutendste deutsche Sprachphilosoph, dessen Denken grundlegend für die moderne Sprachreflexion geworden ist, und ein großer Sprachwissenschaftler. Mit seinem Bruder Alexander teilt er, wohl auch aufgrund der gemeinsamen Erziehung, trotz eines gänzlich verschiedenen Temperaments und weitgehend unterschiedlicher Wirkungsgebiete die tiefsten Antriebskräfte: eine ungeheure Neugier auf die empirische Welt als ganze, also auf Natur und Kultur, und eine große Sensibilität für politische Freiheit. Wilhelm von Humboldts gesamtes Wirken basiert auf einigen fundamentalen Prinzipien, gleich ob wir den Politiker und Diplomaten, den Organisator des preußischen Erziehungswesens, den Anthropologen oder den Sprachdenker vor uns haben. Grundlegend ist ein optimistischer Individualismus, ein wahrscheinlich auf Leibniz zurückgehender irreduktibler Respekt für das Recht jedes Individuums, das in ihm liegende Potential frei zu »bilden«, und somit eine Begeisterung für individuelle Vielfalt. »Eigentümlichkeit«, »Mannigfaltigkeit«, »Verschiedenheit« sind Humboldtsche Schlüsselwörter. Zweck des Menschen ist »die höchste und proportionirlichste *Bildung* seiner Kräfte zu einem Ganzen. Zu dieser Bildung ist Freiheit die erste, und unerlassliche Bedingung« (GS I: 106). »Bildung« ist tatsächlich von Anfang an ein aus dem Individualismus erwachsendes Grundprinzip Humboldtschen Denkens.

Bildung gelingt dem Einzelnen aber nur in der »Verbindung mit andren«, oder indem er »die Kräfte, womit er wirkt, durch Verbindung zu vervielfältigen strebt« (GS I: 107). Das Individuum ist also ebenso wesentlich politisch. Die Verbindung der Individuen ist daher eine Grundfrage des Humboldtschen Denkens. Es genügt nicht, dass die sich begegnenden Individuen gleichsam unberührt nebeneinander stehen bleiben (Isolation), aber auch das völlige Aufgehen eines Individuums im anderen (Einverleibung) ist keine Lösung, da diese ja eines der beiden zerstören würde. Die ideale, die Individualität respektierende Verbindung mit dem Anderen ist die »Synthese«, in der die Individuen zwar tatsächlich ineinander aufgehen, sich aber dennoch als solche bewahren und durch ihre Verbindung etwas Neues erzeugen, die »Kräfte vervielfältigen«.

Das Modell hierfür ist die sexuelle Vereinigung: Die Natur hat die Kräfte des Lebens auf zwei Prinzipien, das Männliche und das Weibliche, aufgeteilt. Diese gegensätzlichen Urkräfte streben nach Vereinigung, um den Fortgang des Lebens zu garantieren. Nach Humboldt liegt aber die Dualität der Geschlechter, die geschlechtliche »Wechselwirkung« und die durch diese bewirkte Erzeugung eines neuen Wesens, nicht nur der Reproduktion des natürlichen Lebens zugrunde, sondern ebensosehr jeder geistigen Schöpfung: »und selbst der Gedanke, dieser feinste und letzte Sprössling der Sinnlichkeit, verläugnet diesen Ursprung nicht« (GS I: 316). Auch die politische Organisation, jedenfalls die gute, basiert auf diesem Prinzip.

Die sexuelle Synthese ist für Humboldt die Basis für die Lösung eines philosophischen Problems, das Kant dem Denken seiner Zeit aufgegeben hatte: des Problems der Einbildungskraft und des Genies. Die Einbildungskraft vermittelt nach Kant zwischen den beiden grundlegenden »Gemütskräften« des Menschen, Sinnlichkeit und Verstand, und erzeugt dabei die Einheiten des menschlichen Denkens, die Begriffe. Aber wie diese Synthesis geschieht und vor allem warum sie geschieht, bleibt bei Kant einigermaßen im Dunkeln. Humboldt, ein leidenschaftlicher Leser Kants, grundiert nun die Kantische Einbildungskraft mit seiner Theorie der Sexualität: Das Schaffen des »Gedanken« ist eine sublimierte Form von Sexualität: Sinnlichkeit, das weibliche Prinzip des menschlichen Gemüts, vermählt sich mit dem Verstand, als dem männlichen Pol. Aus dieser Hochzeit geht der feinste und letzte Sprössling hervor. Und da die menschliche Kreativität sich ingesamt der gewaltigen Kraft der Sexualität verdankt, folgt auch für die Frage des Genies: »Die geistige Zeugungskraft ist das Genie« (GS I: 316).

Diese auf Freud vorausweisende Entdeckung wird Kant zwar vehement ablehnen, und Humboldt wird daraufhin die Erforschung der Geschlechtlichkeit nicht weiter verfolgen. Er lässt aber nicht locker bei der Frage der Einbildungskraft und findet schließlich in der Erzeugung des Gedanken durch die Sprache seine definitive Lösung des Kantschen Problems. In der außerordentlich prominenten Verwendung des Wortes »erzeugen« in den sprachphilosophischen Kontexten schimmert aber auch noch der sexuelle Grund der sprachlichen Kreativität durch, z. B. im folgenden berühmten Satz: »Man muss die Sprache nicht sowohl wie ein todtes Erzeugtes, sondern weit mehr wie eine Erzeugung ansehen« (GS VII: 44).

3. Politik und Geschlecht

Wie alle aufgeklärten Intellektuellen der Zeit begrüßt Humboldt die Französische Revolution als den Versuch, eine neue politische Ordnung nach philosophischen Prinzipien, vor allem auf der Basis von Freiheit und Gleichheit aller Menschen, zu errichten. Humboldt ist im August 1789, also kurz nach der Stürmung der Bastille, zum ersten Mal in Paris und kann daher die revolutionären Neuerungen aus der Nähe in Augenschein nehmen. Da Humboldt davon überzeugt ist, dass das bleibende Neue – das »Nachhaltige« würden wir heute sagen – aus der Verbindung mit dem Gegebenen entstehen muss, kritisiert er an der Französischen Revolution, dass sie das Land völlig ohne Rücksicht auf historische Gegebenheiten neu organisiert. Die politische Neuordnung Frankreichs strapaziert das rationale Prinzip über Gebühr, sie ist willkürlich-setzend und verspielt damit die Chance, sich erfolgreich im Volk zu etablieren:

> Die Vernunft hat wohl Fähigkeit, vorhandnen Stoff zu bilden, aber nicht Kraft, neuen zu erzeugen. Diese Kraft ruht allein im Wesen der Dinge, diese wirken, die wahrhaft weise Vernunft reizt sie nur zur Thätigkeit, und sucht sie zu lenken. Hierbei bleibt sie bescheiden stehen. Staatsverfassungen lassen sich nicht auf Menschen, wie Schösslinge auf Bäume pfropfen. Wo Zeit und Natur nicht vorgearbeitet haben, da ists, als binde man Blüthen mit Fäden an. Die erste Mittagssonne versengt sie. (GS I: 80)

Die ausschließlich vernunftmäßige Neuordnung der politischen Verhältnisse wird als einseitig »männlich« kritisiert. Das Erzeugen des Neuen kann nur gelingen, wenn Weibliches und Männliches sich miteinander vermählen:

> Auch fordert jede Wirkung eine gleich starke Gegenwirkung, jedes Zeugen ein gleich thätiges Empfangen. Die Gegenwart muss daher schon auf die Zukunft vorbereitet sein. (GS I: 80)

Es ist evident, dass Humboldt auch der Schaffung des politisch Neuen das Modell der sexuellen Verbindung des Männlichen und des Weiblichen unterlegt: Wirkung und Gegenwirkung, Zeugen und Empfangen. Sie ist als Ur-Synthesis die natürliche Grundlage jeder Kreativität.

Noch sein – viel späterer – Vorschlag für eine neue Verfassung Deutschlands nach den Befreiungskriegen basiert auf dieser Vorstellung von Synthese. Deutschland soll kein Einheitsstaat nach französischem Modell werden, sondern eine Föderation, die die alten politischen Einheiten – das Gegebene – bewahrt, aber zu einem größeren Allgemeinen synthetisch verbindet, das als solches nicht die Individualität der Teile zerstört. Auch in der vertikalen Ordnung schlägt Humboldt eine Synthese traditioneller Rechte mit den Interessen der ökonomisch aktiven Schichten der Nation vor, eine konstitutionelle Monarchie, die die Forderungen der revolutionären Klassen nach politischer Beteiligung mit den Rechten der traditionellen Machteliten verbindet. Doch selbst diese reformistischen, »synthetischen« Vorstellungen zur Neugestaltung des deutschen politischen Raums waren nach dem Sieg der alten Mächte im postrevolutionären Europa nicht mehr durchzusetzen, und Humboldt hatte das politische Feld zu räumen, eine für die deutsche Geschichte insgesamt fatale Entscheidung. Nicht die Rationalität der Französischen Revolution, sondern die Kräfte der Vergangenheit siegen nun über die Humboldtsche Synthese.

4. Universität

Humboldts 1792 entstandenes theoretisch-politisches Hauptwerk, *Ideen zu einem Versuch, die Gränzen der Wirksamkeit des Staates zu bestimmen*, ist ein auf die Erfahrung des autoritären preußischen Staatswesens und der Französischen Revolution reagierender, liberaler Gegenentwurf. Sofern der Zweck des Menschen »die höchste und proportionirlichste Bildung seiner Kräfte zu einem Ganzen« in der »Verbindung mit andren« ist (GS I: 107), hat der Staat hierzu den Freiheitsraum zu gewährleisten, sich aber ansonsten – anders als in Preußen und in Frankreich – nicht in die Eigentümlichkeiten des Individuums einzumischen. Vor allem die Bereiche Erziehung, Religion und Sittenverbesserung liegen außerhalb der Grenzen der Wirksamkeit des Staates. Obwohl Humboldt später von Staats wegen die entscheidenden Weichen für die Neuordnung des preußischen Erziehungswesens stellt, so bleibt er doch der Advokat einer weitgehenden Staatsferne auf dem Gebiet, das man geradezu sprichwörtlich als das Humboldtsche betrachtet: der Universität. Die Universität, die neuzugründende »allgemeine und höhere Lehranstalt« (GS X: 150), sollte durchaus keine Staatsanstalt sein, sondern eine Einrichtung der »Nation« (das ist etwas anderes!), die ökonomisch unabhängig ist und jenseits der praktischen Ausbildungsnotwendigkeiten des Staates operiert. Diese ökonomischen und institutionellen Grundvoraussetzungen sind bei der Einrichtung der Berliner Universität nicht realisiert worden, die insofern auch niemals eine Humboldtsche Universität gewesen ist. Sie war von Anfang an eine preußische Staats-Universität, die eher Funktions-Eliten für den Staat ausgebildet hat als wissenschaftliche Köpfe für die »Nation«. Dennoch ist ihr letzteres durchaus auch gelungen, weil Humboldts grundlegendes Prinzip, die Einheit von Forschung und Lehre, in ihr – zumindest ansatzweise – realisiert worden ist. Gemeint war damit bei Humboldt, dass der an der Universität Lehrende ein Forscher zu sein hat – hierfür ist ihm »Einsamkeit und Freiheit« (GS X: 251) zu gewähren – und dass Wissenschaft sich im Gespräch des forschenden Lehrers mit den Studenten ereignet:

> Es ist ferner eine Eigenthümlichkeit der höheren wissenschaftlichen Anstalten, dass sie die Wissenschaft immer als ein noch nicht ganz aufgelöstes Problem behandeln und daher immer im Forschen bleiben, da die Schule es nur mit fertigen und abgemachten Kenntnissen zu thun hat und lernt. Das Verhältniss zwischen Lehrer und Schüler wird daher durchaus ein anderes als vorher. Der erstere ist nicht für die letzteren, Beide sind für die Wissenschaft da. (GS X: 251 f.)

Die Universität ist in ihrem Kern also eine wissenschaftliche Gesprächsveranstaltung bzw. besser noch: eine Veranstaltung von Wissenschaft als Gespräch. Ob sie diese Idealvorstellung des Immer-im-Forschen-Bleibens jemals voll realisiert hat, sei dahingestellt. Dieses Leitbild war jedenfalls gemeint, wenn von der »Humboldtschen Universität« die Rede war, das – bis zur technokratischen Revolution und Abschaffung dieser Institution in jüngster Zeit – tatsächlich die deutsche Universität charakterisiert hat, das ihren Glanz ausgemacht hat und das – da bin ich sicher – ihre besten Momente auch in Zukunft bestimmen wird bzw. das sie als Phantomschmerz begleiten wird.

5. Anthropologie

Humboldts tief verwurzelter Individualismus verweist ihn gleichsam von vornherein auf die konkreten politischen und kulturellen Manifestationen des Menschen als sein eigentliches Interessengebiet. In diesem Sinne ist er – auch im eigenen Selbstverständnis – kein Philosoph. Er studiert zwar die Philosophie seiner Zeit mit großer Intensität, und die Kantische Philosophie ist der Rahmen seines Denkens, auf den seine ganze Arbeit immer bezogen bleibt. Und er wird – gerade über die Sprache – auch hochphilosophische Ausführungen machen. Aber dies tut er gleichsam notgedrungen, weil er erst einmal die Grundlagen legen muss für das, was er eigentlich treiben will: Anthropologie. Humboldts geistige Motivation ist die Erfassung der besonderen, »eigenthümlichen« Ausprägungen des Menschen und menschlicher Aktivitäten.

Die politischen Überlegungen sind der Anfang der »anthropologischen« Suche Humboldts, an deren Ende er ins Zentrum des Menschen vordringt: zur Sprache. »Anthropologie« im damaligen Sinne des Wortes ist die Erforschung der empirischen Erscheinungsweisen des Menschen im Gegensatz zur Philosophie, die das Universelle und Allgemeine des Menschen erkundet. Es geht um die »Verschiedenheit der Köpfe« (GS I: 287), nicht um den Kopf des Menschen im Allgemeinen. »Anthropologie« ist im 18. Jahrhundert im Grunde das ja noch nicht universitär und disziplinär ausgefächerte Ensemble dessen, was wir heute »Kultur-« oder »Geisteswissenschaften« nennen.

Humboldt beschäftigt sich mit ganz verschiedenen kulturellen Erscheinungen. Er ist fasziniert von Griechenland, von der gesamten Kultur dieses Volkes, nicht nur von der Dichtung. Er wird einen jahrzehntelangen Dialog mit Friedrich August Wolf, dem größten Altphilologen der Zeit und Begründer der modernen Altertumswissenschaft, über griechische Themen führen und ihn später an die von ihm gegründete Berliner Universität berufen. Er übersetzt Pindar und Aischylos. Dennoch ist Humboldts für Wolf geschriebener systematischer Plan für ein Studium des Altertums (1793) eigentlich ein Projekt, das sich nicht nur auf die Griechen, sondern auf alle Nationen bezieht. Es geht um die Beschreibung der kulturellen Individualität der Völker überhaupt. Die Griechen sind für Humboldt allerdings das Volk, das in der Menschheitsgeschichte bisher die höchste Kultur geschaffen hat, deswegen sind sie das »Ideal«.

Diese Verbindung von empirischem Interesse an allen individuellen kulturellen Erscheinungen und der Suche nach deren höchster Form bleibt eine Konstante der Humboldtschen Anthropologie: Ihn interessiert bei aller Sympathie und Wertschätzung jeder menschlichen Kulturleistung immer die höchste, vollkommenste, kulturell fortgeschrittenste. In seinem frühen unvollendeten »Plan einer vergleichenden Anthropologie« (1795/97) ist dies ebenso der Fall wie in seinen späteren Sprachstudien. Humboldt will immer wissen, in welcher spezifischen Form – in welcher »Verschiedenheit« – die Menschen ihre Kultur gestalten *und* wie weit es die Menschen dabei bringen können. Die Reisen – das hauptsächliche Instrument anthropologischer Forschung im 18. Jahrhundert – führen daher Humboldt nicht zu den »Wilden«, also in exotische, außereuropäische Länder mit vermeintlich früherer menschlicher Kulturentwicklung, sondern an den Ort höchster zivilisatorischer Entfaltung. Sein anthropologisches Interesse bringt ihn nach Paris, später nach Rom (das für ihn Griechenland, die höchste Entfaltung antiker Kultur, repräsentiert). Dies ist ein Grundzug seines Werks, der Humboldt grundsätzlich nicht nur von den anthropologischen Studien seiner Zeit, sondern auch später noch vom sprachwissenschaftlichen Mainstream scharf trennt: Die Anthropologie seiner Zeit – etwa die »Observateurs de l'Homme« in Paris – ebenso wie die entstehende Linguistik interessieren sich vorwiegend für »primitive« kulturelle Zustände. Humboldt bleibt mit seiner Ausrichtung auf das Vollkommene sozusagen immer auch ein (klassischer) Philologe, der den »Schlussstein« seiner Bemühungen nur im Studium höchster kultureller Produktionen findet. Deswegen ist auch sein Buch über Goethes *Hermann und Dorothea* (1799) zwar ein »ästhetischer Versuch«, wie der offizielle Titel heißt, aber gleichzeitig auch eine »anthropologische« Studie, die menschliche Schöpfung in ihrer höchsten Form zum Thema hat.

6. Sprache

In Paris schreibt Humboldt nicht nur dieses Buch über Goethe zu Ende und erforscht nicht nur mit scharfem anthropologischem Blick die neue Gesellschaft, die die Revolution hervorgebracht hat, sondern er entdeckt dort auch – sicher auch angeregt durch die erhöhte philosophische Aufmerksamkeit, die die Sprache im intellektuellen Milieu der Pariser Philosophen genießt – das Baskische und damit seine Berufung zum Linguisten. Humboldt hatte schon vor Paris hier und da über die Sprache nachgedacht: Er hatte einen kleinen Text über Sprechen und Denken geschrieben, der seine Position zwischen Herder und Fichte in dieser Frage klarstellt. Auch das in seinem Goethe-Buch ausgeführte ästhetische Grundprinzip, dass die Schöpfung des Kunstwerks auf einer gemeinsamen Anstrengung des Künstlers und des Rezipienten beruht, verweist schon auf Kommunikativität, und insofern auf Sprachliches. Aber Baskisch, diese nicht-indoeuropäische Sprache, die so ganz anders ist als die Sprachen, die Humboldt bis dahin studiert und gelernt hatte, stellt eine ganz besondere Herausforderung dar: Es stellt sich sozusagen die Frage, wie man mit einer so gänzlich anders strukturierten Sprache denn »denken« kann, welche Folgen dies für die Kultur eines auf diese Weise sprechenden Volkes hat und wie denn trotz der tiefen Differenzen, die sich hier zwischen den Sprachen auftun, die Einheit des menschlichen Denkens bewahrt bleibt. Humboldt macht von Paris aus zwei Reisen nach Spanien und ins Baskenland. Zunächst bereist er mit der ganzen Familie Spanien und kehrt dann noch einmal allein für ein paar Monate ins Baskenland zurück. Diese Reise ist die definitive Wende zur Erforschung der Sprachen. Ihr verdanken wir die ersten linguistischen Arbeiten Humboldts, aber auch seinen bedeutsamsten ethnographischen Text: *Die Vasken*. Sprache ist für Humboldt immer eingebettet in die Kultur einer Sprachgemeinschaft. Das »Vergleichende Sprachstudium«, wie Humboldt seine Sprachwissenschaft nennt, bleibt auch hinsichtlich seiner weiten kulturellen Perspektiven ein anthropologisches Projekt.

Humboldts hauptsächliche geistige Leistung ist zweifellos seine sprachphilosophische und sprachwissenschaftliche Arbeit. Dabei ist Humboldt nicht – wie man immer wieder lesen kann – einer der Begründer der *historisch*-vergleichenden Sprachwissenschaft, die vor allem mit den Namen von Franz Bopp und Jacob Grimm verbunden ist, sondern der Begründer eines alternativen linguistischen Projekts, das man am besten eine »*anthropologisch*-vergleichende« Sprachwissenschaft nennt. Es geht dabei nämlich nicht um die Rekonstruktion der historischen *Einheit* der Sprachen oder einer bestimmten Sprachfamilie, wie etwa der germanischen Sprachfamilie bei Grimm oder der indoeuropäischen Sprachfamilie bei Bopp, sondern im Gegenteil darum, auf der Basis eines allen Menschen angeborenen Sprachvermögens, des als universell vorausgesetzten »Sprachsinns«, die Entfaltung der *Verschiedenheit* der Sprachen der Menschheit zu studieren. Während das historisch-vergleichende Paradigma die traditionelle Suche nach der (paradiesischen) Einheit der verschiedenen Sprachen in der *Zeit* weiterführt, ist die bestimmende Dimension der Humboldtschen Sprachwissenschaft eher der *Raum*, in dem sich die Verschiedenheit der Sprachen und damit des menschlichen Geistes manifestiert. Es geht auch bei den Sprachen um die individuellen Eigentümlichkeiten, die uns in den anderen anthropologischen Projekten Humboldts von Anfang an begegnet sind.

Humboldt hatte schon im Entwurf über das Studium des Altertums der Untersuchung der griechischen Sprache eine bedeutende Stelle zugewiesen. Humboldt wird nach der Begegnung mit dem Baskischen dann sein ganzes Leben lang Informationen über die Sprachen der ganzen Welt sammeln. In Rom will er sich, nach dem Baskischen, wieder dem Griechischen zuwenden. Sein Bruder Alexander bringt ihm aber aus Amerika Grammatiken und Wörterbücher amerikanischer Sprachen mit. Für die Reisebeschreibung Alexanders soll Wilhelm ein Kapitel über die amerikanischen Sprachen beitragen, von dem er aber leider nur einen einleitenden Teil (auf Französisch) schreibt. In Rom begegnet er auch dem Jesuiten Lorenzo Hervás, der von seinen aus Amerika vertriebenen Ordensbrüdern Materialien über die amerikanischen Sprachen gesammelt hat. Humboldt plant ein großes Werk über die amerikanischen Sprachen, das er nie vollendet. Die Tätigkeit als Organisator des preußischen Erziehungswesens und die darauf folgenden diplomatischen Missionen lassen ihm wenig Zeit für Sprachstudien. Aber er beendet und publiziert endlich doch die Übersetzung des *Agamemnon* von Aischylos (1816), arbeitet weiter am Baskischen, über das er 1817 eine bedeutende Studie publiziert, und er veröffentlicht 1821 ein sprachwissenschaftliches Buch über die Urbewohner Hispaniens. Nach dem Abschied von der Politik und dem Rückzug nach Tegel 1820 bleiben Humboldt noch fünfzehn Jahr für ausgedehnte und intensive linguistische Studien: Er greift zunächst das amerikanische Projekt wieder auf. Er lernt – natürlich, möchte man sagen – Sanskrit, das damals das leidenschaftliche Interesse der europäischen Intellektuellen erregte. William Jones, ein englischer Gelehrter in Indien, hatte am Ende des 18. Jahrhunderts die Verwandtschaft des Sanskrit mit den europäischen Sprachen belegt. Friedrich Schlegel hat im Sanskrit gleich die Ursprache aller indo-europäischen Sprachen sehen wollen und eine neue Renaissance Europas auf der Basis indischer Studien imaginiert. Vor allem aber hatte Franz Bopp eine Sanskrit-Grammatik geschrieben, die Humboldt sofort studiert. August Wilhelm Schlegel übersetzt die großen indischen Gedichte (ins Lateinische) und wird der erste Professor für Sanskrit in Deutschland. Die Begegnung mit indischer Sprache und Kultur ergreift Humboldt auf ganz besondere Art und Weise. Er macht die Entzifferung der Hieroglyphen durch Champollion in Deutschland bekannt und ist damit einer der Gründungsväter der deutschen Ägyptologie. Das Chinesische beschäftigt ihn wegen seiner besonderen Sprachstruktur, die er mit dem französischen Sinologen Abel-Rémusat diskutiert. Von Indien aus wendet er den Blick auf die ozeanischen Sprachen, vor allem auf das Altjavanische, die Kawi-Sprache, der sein posthum erscheinendes mehrbändiges Hauptwerk gewidmet ist: *Über die Kawi-Sprache auf der Insel Java* (1836–39). Der wichtigste Teil dieses Werks, den Humboldt vor seinem Tod noch vollenden konnte, ist die Einleitung zu diesem monumentalen Werk, die unter dem Titel *Über die Verschiedenheit des menschlichen Sprachbaues und ihren Einfluss auf die geistige Entwickelung des Menschengeschlechts* die Summe seiner sprachphilosophischen und sprachwissenschaftlichen Einsichten enthält.

Humboldt war in seiner Zeit, wie sein Bruder Alexander im Vorwort zu diesem Werk bemerkt, wohl der Mensch, der die umfassendsten Kenntnisse von den Sprachen der Welt hatte. Wenn Humboldt mit seinem »Vergleichenden Sprachstudium« im Zentrum seines anthropologischen Projekts angelangt ist, so meine ich damit, dass die Erforschung der Sprachen der Menschheit nicht nur deren positivistische Beschreibung ist, sondern Humboldts grundlegende Frage nach der »Erzeugung« und »Bildung« des menschlichen Geistes beantwortet: »Das Studium der Sprachen des Erdbodens ist also die Weltgeschichte der Gedanken und Empfindungen der Menschheit« (GS VII: 602 f.). Es hat eine große philosophische Aufgabe.

In Fortführung der Kantischen Philosophie des Geistes entdeckt Humboldt nämlich, dass die Synthesis der Einbildungskraft wesentlich und unhintergehbar *sprachliche* Synthese ist. Der menschliche Gedanke entsteht als Sprache, oder – in den berühmten Formulierungen des Hauptwerkes: »Die Sprache ist das bildende Organ des Gedanken« (GS VII: 53), und sie ist »die sich ewig wiederholende Arbeit des Geistes, den articulirten Laut zum Ausdruck des Gedanken fähig zu machen« (GS VII: 46). Sprache ist nicht nur »Zeichen« zur Mitteilung eines ohne Sprache gefassten Gedankens, sondern sie ist die Fassung des Gedankens selbst, sie ist also – modern gesagt – zuallererst und wesentlich kognitiv (und nicht bloß kommunikativ).

Diese »Bildung« des Gedankens ist nun aber – und das ist der zweite fundamentale und wesentlich »anthropologisch-empirische« Gedanke von Humboldts Sprachdenken – immer Tätigkeit konkreter, in historischen Gemeinschaften lebender Menschen. In der Rede bildet der Sprechende-Denkende den Gedanken in der Sprache seiner »Nation« oder Sprachgemeinschaft. Das Denken ist damit bis zu einem gewissen Grad abhängig von einer ganz bestimmten Sprache. Menschliches Denken erzeugt sich in den verschiedenen »Weltansichten« der vielen verschiedenen Sprachen.

In dem Eingebettetsein des Sprechenden in die Sprache der »Nation« zeigt sich drittens, dass der Mensch sein (sprachliches) Denken immer in Bezug auf den und mit dem Anderen schafft. Die schon im frühen politischen Entwurf genannte fundamentale Verbindung mit Anderen ist auch für Sprache konstitutiv. Sprachliche Synthesis ist erst vollendet, wenn auch der Andere mein Wort gehört hat und wenn er es wieder an mich richtet, »wenn das selbstgebildete Wort aus fremdem Munde wiedertönt« (GS VII: 56). Das dialogisch-kommunikative Moment – der »unabänderliche Dualismus« (GS VI: 26) – ist also der sprachlichen Bildung des Gedanken inhärent. Der Andere, das Du, ist eine konstitutive Dimension der sprachlichen Aneignung der Welt durch das Ich. Das Kommunikative ist ein Moment des

Kognitiven, oder auch: das Politische ist ein »unabänderliches« Element der theoretischen Weltaneignung:

> Es liegt aber in dem ursprünglichen Wesen der Sprache ein unabänderlicher Dualismus, und die Möglichkeit des Sprechens selbst wird durch Anrede und Erwiederung bedingt. Schon das Denken ist wesentlich von Neigung zu gesellschaftlichem Daseyn begleitet, und der Mensch sehnt sich, abgesehen von allen körperlichen und Empfindungs-Beziehungen, auch zum Behuf seines blossen Denkens nach einem dem *Ich* entsprechenden *Du*. (GS V: 26)

Auf dieser theoretischen Basis entwirft Humboldt nun den Plan seines »Vergleichenden Sprachstudiums«, das die menschlichen Sprachen als historisch-partikulare Schöpfungen behandelt. Es geht dabei darum, alle Sprachen der Welt zu beschreiben, und zwar nach Prinzipien, der wir heute als »strukturell« bezeichnen: Jede Sprache muss in ihrer ganz spezifischen Form, in ihrer Struktur, erfasst werden. Vergleichend ist diese Sprachwissenschaft, sofern sie in einem zweiten Schritt diese Strukturen zueinander in Beziehung setzt, um die Möglichkeiten der menschlichen Sprachbildung auszuloten. Bei dem vergleichenden Blick auf die Sprachen haben dann die eingangs erwähnten, in gänzlich anderen Kontexten entwickelten Denkfiguren von Isolation, Einverleibung und Synthese eine gewisse hermeneutische Funktion bei der Sprachbeschreibung gewonnen und gelten als Grundkategorien der sogenannten Sprachtypologie.

Dieses anthropologische, auf Verschiedenheit ausgerichtete sprachwissenschaftliche Projekt universeller Sprachdeskription wird erst im 20. Jahrhundert das dominante Projekt der Linguistik, deren triumphales Paradigma im 19. Jahrhundert das historisch-vergleichende ist. Die moderne deskriptive Linguistik wird Humboldt allerdings insofern verfehlen, als sie zwar die Strukturen der Sprachen ins wissenschaftliche Zentrum stellt, darüber aber den konkreten sprechenden Menschen und dessen

Rede vergisst, die man sich »in allen Untersuchungen, welche in die lebendige Wesenheit der Sprache eindringen sollen, immer als das Wahre und Erste denken« muss (GS VII: 46). Wie in allen anthropologischen Projekten Humboldts steht nämlich am Ende der sprachlichen Untersuchungen, als deren »Schlussstein«, die Betrachtung der höchsten und besten sprachlichen Produktionen: In der Literatur bildet der sprechende Mensch die Sprache weiter aus und gibt ihr ihre höchste Form. Im poetischen Schaffen großer Sprecher und Schreiber bildet sich der »Charakter« einer Sprache: »Er ist [...] gleichsam der Geist, der sich in der Sprache einheimisch macht und sie, wie einen aus ihm herausgebildeten Körper beseelt.« (GS VII: 172)

7. Zum Lesebuch

Ich habe versucht, die hier angedeuteten Grundgedanken und Themen in der Auswahl der Texte so zu dokumentieren, dass ein Gesamteindruck – Humboldt würde sagen: ein »Totaleindruck« – des Humboldtschen Werkes entsteht. Natürlich ist dies ein in mehrfacher Hinsicht höchst gewagtes und kritisierbares Unternehmen. Man kann allein schon die Tatsache kritisieren, dass selten ganze Texte, sondern zumeist nur Auszüge aus Texten zu lesen sind. Dies ist aber einfach ein charakteristischer Zug – und eine Chance – der Publikationsform »Lesebuch«. Vor allem aber ist natürlich die mit der Auswahl verbundene Zeichnung eines bestimmten Humboldt-Porträts gewagt. Humboldt selbst hat genau erfasst, was die Schwierigkeit und die Gefahr bei der Herstellung einer solchen »Form« einer historischen Gestalt ist: Wenn man in den Details des zu beschreibenden Phänomens steckt, befindet man sich wie mitten in einer Wolke, man tappt sozusagen im Nebel herum, nichts ist klar und umrissen. Man muss aus dieser Wolke heraustreten und Distanz zu ihr gewinnen, so dass von weitem eine Form mit nachzeichenbaren Konturen wahrgenommen werden kann. Humboldt hat aber auch gesehen, dass das Beschreiben einer solchen Form keine einfache Aufgabe und immer ein gewagter Versuch ist. Aber es ist einer, der gewagt werden muss, wenn man überhaupt etwas Substantielles über den historisch-kulturellen Gegenstand sagen will. Der »Geschichtschreiber« oder sonstige Beschreiber »anthropologischer« Gegebenheiten müssen »dem Ganzen Gestalt geben« (GS IV: 35). Natürlich ist die »Form«, die ich dem Leser des Lesebuchs vorstelle, eine von mir konstruierte und insofern »subjektive« Form. Diese Konstruktion versucht aber gleichwohl, den gemeinsamen Arbeiten der Humboldt-Forschung an der geschichtlichen Figur Humboldt Rechnung zu tragen, und ist insofern durchaus einer gewissen »Objektivität« verpflichtet. Richtig »subjektiv« an meinem im Lesebuch konstruierten Humboldt-Portät ist nur der abschließende Blick auf die Präsenz des Todes in Humboldts Leben.

In der ersten Abteilung »Prinzipien« (I) findet man vor allem Texte des jungen Humboldt, in denen dieser die Motive seines geistigen Bemühens formuliert: die Frage nach der Entstehung des Neuen, dem Individuum, »Bildung«, nach Staat und Gesellschaft, der Sexualität, der Kunst, dem »Geist«, dem Ideal und der wissenschaftlichen Beschreibung von geschichtlichen Individuen. Diese zumeist schon früh formulierten Prinzipien liegen auch noch dem späteren Werk Humboldts zugrunde.

Die geschichtlichen Individuen, denen sich Humboldt am intensivsten gewidmet hat, waren die Sprachen. Es interessiert ihn dabei, wie der menschliche Geist, den er selbstverständlich für eine allen Menschen angeborene Gabe hält, die Aufgabe des Denkens und das heißt der Sprachbildung erfüllt. Die »Verschiedenheit des menschlichen Sprachbaues«, wie sein Hauptwerk heißt, soll sein vergleichendes Sprachstudium erfassen. Die hier abgedruckten Texte wollen dabei die Etappen und theoretischen Hauptmomente dieses großen Denkens der »Sprache« dokumentieren (II): Die Auswahl beginnt bei der frühen genialen Skizze, in der die Funktion der Sprache mit dem Ausdruck »Mitdenken« bezeichnet wird, der eigentlich alles sagt: Sprache ist

Denken in der Dimension des Anderen. Und in der Dimension des Anderen nistet notwendig auch die Differenz, die Verschiedenheit der Sprache jedes Einzelnen, die Humboldt als einen Reichtum des Denkens feiert, die aber dennoch jedes Sprechen schwierig macht, ganz besonders aber natürlich das Übersetzen von der einen in die andere Sprache. Wie Humboldt das Problem des Übersetzens theoretisch fasst, zeigen die berühmten Seiten aus dem Vorwort zu seiner *Agamemnon*-Übersetzung. Wie er es praktisch bewältigt, dokumentieren der Auszug aus dieser Übersetzung und die aus dem Sanskrit übersetzten Passagen im indischen Text des nächsten Abschnitts. Das Projekt der anthropologisch-vergleichenden Sprachwissenschaft reift – auch gerade in seinem philosophischen Ansatz und Anspruch – bis zur ersten Rede vor der Berliner Akademie »Über das vergleichende Sprachstudium« (1820). In weiteren Akademie-Reden vertieft Humboldt zentrale Aspekte seines Projekts: die Schrift als Vollendung sprachlicher Artikulation und den »Dualismus« der Sprache. Die kleine Quechua-Skizze soll Humboldt bei der konkreten linguistischen Arbeit zeigen. Die berühmtem Seiten aus der Kawi-Einleitung schließlich sind vielleicht das Beste, was jemals über die Sprache geschrieben worden ist: die Sprache als Arbeit des Geistes und bildendes Organ des Gedanken.

Die »anthropologischen Skizzen« (III) betreffen ganz verschiedene geschichtlich-kulturelle Manifestationen, denen Humboldt seine Aufmerksamkeit zugewendet hat. Sie stellen seine großartige Beobachtungs- und Beschreibungskunst unter Beweis. Vielleicht ist gerade die Sammlung der Texte in dieser Abteilung dazu geeignet, ein hartnäckiges Vorurteil zu revidieren, nämlich dass Wilhelm von Humboldt – im Gegensatz zu seinem Bruder Alexander – ein umständlicher und wenig eleganter Schriftsteller gewesen sei. Die Charakteristik der französischen Königsbildnisse, der Einsiedeleien auf dem Monserrat, der Basken, seiner eigenen Person, des indischen Gedichts und schließlich der Auszug aus dem herrlichen Porträt Schillers zeigen Humboldt als einen lebendigen, frischen und ungeheuer präzisen Autor.

Es ist in der Tat dieses Ringen um Präzision, das Humboldts Stil in anderen Texten – vor allem in den sprachphilosophischen Abhandlungen – manchmal »schwer« erscheinen lässt: Die Dinge sind eben manchmal so kompliziert, das sie nicht »einfach« darzustellen sind. Präzision ist die erste Forderung an die Schriften eines Akteurs in staatlichen Diensten. Und diese Forderung erfüllen Humboldts amtliche Schriftstücke auf eine geradezu hinreißende Art und Weise. In den Stellungnahmen und Anträgen des Staatsmanns »im Dienste Preußens« (IV) wird glasklar argumentiert. Aus den zahlreichen amtlichen Dokumenten habe ich die Stellungnahme zur Emanzipation der Juden, natürlich den Antrag auf Errichtung der Universität Berlin, etwas aus dem Schulplan und aus den Expertisen zur Verfassung Deutschlands und zur Einrichtung des Berliner Museums ausgewählt.

Die letzte Abteilung »Einheimisch in zwei Welten« (V) enthält, was ich das Subjektive meiner Auswahl genannt habe. Neben dem Werk, das in den *Gesammelten Schriften* der Akademie-Ausgabe 1903–1936 gedruckt wurde, die durchaus nicht sämtliche Werke Humboldts enthalten – wir arbeiten in Berlin gerade an einer Edition sprachwissenschaftlicher Schriften, die bis heute nur als Handschriften vorliegen –, gibt es ja noch Tausende von Briefen, die das Denken und Leben dieses großen Schriftstellers, Staatsmanns und Gelehrten im Dialog mit zahlreichen interessanten Personen der Zeit dokumentieren. Es handelt sich dabei um so wichtige Briefpartner wie Caroline und Alexander von Humboldt, Goethe, Schiller, Friedrich August Wolf. Eine kleine Auswahl aus diesen Tausenden von Seiten kann schlicht nicht repräsentativ sein. Daher habe ich einen Aspekt des Humboldtschen Lebens ausgewählt, der mich immer besonders bewegt hat: den Tod. Wie Humboldt die großen Verluste in seinen Briefen bewältigt, zeugt von einer Sensibilität, Größe und einer Fähigkeit, die schmerzhafte Erfahrung mit Worten zu verarbeiten, die uns heute umso mehr beeindruckt, als wir nur noch schwer mit dem Tod umgehen können. Caroline und Wilhelm von Humboldt haben drei ihrer acht Kinder früh verloren. Besonders der Verlust des ältesten, Wilhelm, durch die Malaria in Rom hat die Eltern schwer erschüttert und ihr Leben lang nicht losgelassen. Bald danach stirbt der Freund Schiller in Weimar. Humboldt schreibt zwei Briefe über den Tod des Freundes aus Rom. Tod und Begräbnis der Königin Luise, das Humboldt in Berlin miterlebt, bewegen die beiden Humboldts tief. Schließlich verliert Wilhelm seine Frau Caroline, die er um fünf Jahre überlebt. Das Lesebuch schließt mit den Worten Alexander von Humboldts über die letzten Tage des Bruders, der am 8. April 1835 gestorben ist: »um 6 Uhr hauchte er sanft die große Seele aus, als eben die untergehende Sonne ihre letzten Strahlen in sein Zimmer sandte.«

8. Bemerkung zur Rechtschreibung

Die hier abgedruckten Texte weichen fast durchgehend von der heute üblichen Rechtschreibung und Interpunktion ab. Und diese Abweichungen sind auch noch uneinheitlich. Dies hat den folgenden Grund: Die meisten Texte sind den *Gesammelten Schriften* (GS) entnommen, deren Herausgeber Leitzmann zwar Humboldts Schreibweise weitgehend folgt, aber durchaus auch an einigen Punkten verändert. Auffallend ist dabei vor allem, dass Leitzmann kein ß kennt. Bei anderen Texten, vor allem bei den Abhandlungen, die von der Berliner Akademie veröffentlicht wurden, habe ich, wie wir das an der Humboldt-Forschungsstelle der Berliner Akademie für die Edition der sprachwissenschaftlichen Schriften tun, die Erstdrucke zugrunde gelegt, die Humboldts eigener Orthographie am ehesten entsprechen. Bei den Briefen habe ich auf verschiedene Briefeditionen zurückgegriffen. Eine Modernisierung hätte natürlich größere Einheitlichkeit erzeugt. Die alten Rechtschreibungen markieren aber auch reizvoll die historische Distanz. Vor allem aber wollte ich Humboldts Interpunktion nicht verändern, die den Texten ihren besonderen Rhythmus gibt.

Die Quelle der Texte ist am Ende des jeweiligen Auszugs genannt. Das Kürzel GS verweist auf die *Gesammelten Schriften*. Wenn der Text aus einer anderen Quelle zitiert wird, verweise ich auf die entsprechenden GS-Seiten in Klammern.

9. Dank

Ohne die logistische Unterstützung und die philologischen Ratschläge von Ute Tintemann von der Humboldt-Arbeitsstelle der Berliner Akademie wäre das Buch gar nicht zustande gekommen. Ihr gebührt mein größter Dank. Für die Hilfe bei der Erstellung der Texte danke ich Frank Zimmer herzlich.

I. Prinzipien

1. Revolution: die Entstehung des Neuen

Ideen über Staatsverfassung, durch die neue französische Constitution veranlasst. Aus einem Briefe an einen Freund vom August, 1791.

Ich beschäftige mich in meiner Einsamkeit mehr mit politischen Gegenständen, als ich es je bei den häufigen Veranlassungen dazu, die das geschäftige Leben darbietet, gethan habe. Ich lese die politischen Zeitungen regelmässiger als sonst und ob ich gleich nicht sagen kann, dass sie ein grosses Interesse in mir erwekten, so reizen mich doch noch am meisten die Französischen Angelegenheiten. Es fällt mir dabei alles Kluge und Einfältige ein, was ich seit zwei Jahren darüber gehört habe, und am Ende komme ich gewöhnlich auf Sie, lieber *, und den lebhaften Antheil, den Sie an diesen Gegenständen nahmen, zurük. Mein eignes Urtheil – wenn ich, um mir doch selbst von mir Rechenschaft zu geben, mich eins zu fällen zwinge – stimmt dann mit keinem andren geradezu überein; es mag sogar paradox scheinen, aber Sie sind ja einmal mit meinen Paradoxien vertraut, und wenigstens sollen Sie in der gegenwärtigen auch Konsequenz mit den übrigen nicht vermissen.

Was ich am häufigsten, und, ich kann es nicht läugnen, mit dem meisten Interesse über die Nationalversammlung und ihre Gesezgebung hörte, war Tadel, nur leider ein Tadel, für den die Abfertigung immer so nah lag. Bald Mangel an Sachkenntniss, bald Vorurtheil, bald ein kleingeistiger Schauder vor allem Neuen und Ungewöhnlichen, und wer weiss was noch für leicht zu widerlegende Irrthümer; und hielt auch einmal ein Tadel jede Widerlegung aus; so blieb doch immer der leidige Entschuldigungsgrund, dass zwölfhundert auch weise Menschen doch immer nur Menschen sind. Mit dem Tadel, wie überhaupt mit dem

Beurtheilen einzelner Anordnungen kommt man also schwerlich ins Reine. Dagegen giebt es, dünkt mich, ein ganz offenbares, kurzes, von jedermann anerkanntes Faktum, welches schlechterdings alle Data zur gründlichen Prüfung des ganzen Unternehmens vollständig enthält.

Die constituirende Nationalversammlung hat es unternommen, ein völlig neues Staatsgebäude, nach blossen Grundsäzen der Vernunft, aufzuführen. Diess Faktum muss jedermann, und sie selbst muss es einräumen. Nun aber kann keine Staatsverfassung gelingen, welche die Vernunft – vorausgesezt, dass sie ungehinderte Macht habe, ihren Entwürfen Wirklichkeit zu geben – nach einem angelegten Plane gleichsam von vornher gründet; nur eine solche kann gedeihen, welche aus dem Kampfe des mächtigeren Zufalls mit der entgegenstrebenden Vernunft hervorgeht. Dieser Saz ist mir so evident, dass ich ihn nicht auf Staatsverfassungen allein einschränken möchte, sondern ihn gern auf jedes praktische Unternehmen überhaupt ausdehne. Für einen so rüstigen Vertheidiger der Vernunft indess, als Sie sind, möchte er dieselbe Evidenz nicht haben. Ich verweile daher länger dabei.

Ehe ich jedoch zu den Gründen übergehe, noch vorher ein Paar Worte zur näheren Bestimmung desselben. Zuvörderst, sehen Sie, lasse ich den Entwurf der Nationalversammlung zu einer Gesezgebung für den Entwurf der Vernunft selbst gelten. Zweitens will ich auch nicht sagen, dass die Grundsäze ihres Systems zu spekulativ, nicht auf die Ausführung berechnet sind. Ich will sogar voraussezen, alle Gesezgeber zusammen hätten den wirklichen Zustand Frankreichs und seiner Bewohner auf das anschaulichste vor Augen gehabt, und die Grundsäze der Vernunft diesem Zustande, soviel als es nur überhaupt, und jenem Ideal unbeschadet, möglich war, angepasst. Endlich rede ich nicht von den Schwierigkeiten der Ausführung. Wie wahr und wizig es auch sein mag *qu'il ne faut pas donner des leçons d'anatomie sur un corps vivant*; so müsste doch erst der Erfolg zeigen, ob nicht dennoch das Unternehmen Dauer gewinnt, und nicht festgegründetes Wohl des Ganzen vorübergehenden Uebeln Einzelner vorgezogen zu werden verdient? Ich gehe also bloss von den simpeln Säzen aus: 1. die Nationalversammlung wollte eine völlig neue Staatsverfassung gründen, 2. sie wollte dieselbe in allen ihren einzelnen Theilen nach den reinen, wenn gleich der individuellen Lage Frankreichs angepassten Grundsäzen der Vernunft bilden. Ich nehme diese Staatsverfassung – für den Augenblik – als völlig ausführbar, oder wenn man will, auch als schon wirklich ausgeführt an. Dennoch, sag' ich, kann eine solche Staatsverfassung nicht gedeihen.

Eine neue Verfassung soll auf die bisherige folgen. An die Stelle eines Systems, das allein darauf berechnet war, soviel Mittel, als möglich, aus der Nation zur Befriedigung des Ehrgeizes und der Verschwendungssucht eines Einzigen zu ziehen, soll ein System treten, das nur die Freiheit, die Ruhe, und das Glük jedes Einzelnen zum Zwek hat. Zwei ganz entgegengesezte Zustände sollen also auf einander folgen. Wo ist nun das Band, das beide verknüpft? Wer traut sich Erfindungskraft und Geschiklichkeit genug zu, es zu weben? Man studire noch so genau den gegenwärtigen Zustand, man berechne noch so genau darnach das, was man auf ihn folgen lässt, immer reicht es nicht hin. Alles unser Wissen und Erkennen beruht auf allgemeinen, d. i. wenn wir von Gegenständen der Erfahrung reden, unvollständigen und halbwahren Ideen, von dem Individuellen vermögen wir nur wenig aufzufassen, und doch kommt hier alles auf individuelle Kräfte, individuelles Wirken, Leiden, und Geniessen an. Ganz anders ist es, wenn der Zufall wirkt, und die Vernunft ihn nur zu lenken strebt. Aus der ganzen, individuellen Beschaffenheit der Gegenwart – denn diese von uns unerkannten Kräfte heissen uns doch nur Zufall – geht dann die Folge hervor, die Entwürfe, welche die Vernunft dann durchzusezen bemüht ist, erhalten, wenn auch ihre Bemühungen gelingen, von dem Gegenstande selbst noch, auf den sie angelegt sind, Form und Modifikation. So können sie Dauer gewinnen, so Nuzen stiften. Auf jene Weise, wenn sie auch ausgeführt werden, bleiben sie ewig unfruchtbar. Was im

Menschen gedeihen soll, muss aus seinem Innren entspringen, nicht ihm von aussen gegeben werden, und was ist ein Staat, als eine Summe menschlicher wirkender und leidender Kräfte?

Auch fordert jede Wirkung eine gleich starke Gegenwirkung, jedes Zeugen ein gleich thätiges Empfangen. Die Gegenwart muss daher schon auf die Zukunft vorbereitet sein. Darum wirkt der Zufall so mächtig. Die Gegenwart reisst da die Zukunft an sich. Wo diese ihr noch fremd ist, da ist alles todt und kalt. So, wo Absicht hervorbringen will. Die Vernunft hat wohl Fähigkeit, vorhandnen Stoff zu bilden, aber nicht Kraft, neuen zu erzeugen. Diese Kraft ruht allein im Wesen der Dinge, diese wirken, die wahrhaft weise Vernunft reizt sie nur zur Thätigkeit, und sucht sie zu lenken. Hierbei bleibt sie bescheiden stehen. Staatsverfassungen lassen sich nicht auf Menschen, wie Schösslinge auf Bäume pfropfen. Wo Zeit und Natur nicht vorgearbeitet haben, da ists, als bindet man Blüthen mit Fäden an. Die erste Mittagssonne versengt sie.

Indess entsteht hier noch immer die Frage, ob die Französische Nation nicht hinlänglich vorbereitet ist, die neue Staatsverfassung aufzunehmen? Allein für eine, nach blossen Grundsäzen der Vernunft, systematisch entworfene Staatsverfassung kann nie eine Nation reif genug sein. Die Vernunft verlangt ein vereintes, und verhältnissmässiges Wirken aller Kräfte. Ausser dem Grade der Vollkommenheit jeder einzelnen, hat sie noch die Festigkeit ihrer Vereinigung, und das richtigste Verhältniss einer jeden zu den übrigen vor Augen. Wenn aber auf der einen Seite die Vernunft nur durch das vielseitigste Wirken befriedigt wird, so ist auf der andren Seite das Loos der Menschheit Einseitigkeit. Jeder Augenblik übt nur Eine Kraft in Einer Art der Aeusserung. Häufige Widerholung geht in Gewohnheit über, und diese Eine Aeusserung dieser Einen Kraft wird nun mehr oder minder, länger oder kürzer, Charakter. Wie der Mensch auch ringen mag, die einzelne, in jedem Moment wirkende Kraft durch die Mitwirkung aller übrigen modificiren zu lassen; so erreicht er es nie, und was er der Einseitigkeit abgewinnt, das verliert er an Kraft. Wer sich auf mehrere Gegenstände verbreitet, wirkt schwächer auf alle. So stehen Kraft und Bildung ewig in umgekehrtem Verhältniss. Der Weise verfolgt keine ganz, jede ist ihm zu lieb, sie ganz der andren zu opfern. So ist auch in dem höchsten Ideale menschlicher Natur, das die glühende Phantasie sich zu bilden vermag, jeder Augenblik der Gegenwart eine schöne, aber nur Eine Blüthe. Den Kranz vermag nur das Gedächtniss zu flechten, das die Vergangenheit mit der Gegenwart verknüpft. Wie mit dem einzelnen Menschen, so mit ganzen Nationen. Sie nehmen auf einmal nur Einen Gang. Daher ihre Verschiedenheiten unter einander, daher ihre Verschiedenheiten in ihnen selbst in verschiedenen Epochen. Was thut nun der weise Gesezgeber? Er studirt die gegenwärtige Richtung, dann, je nachdem er sie findet, befördert er sie, oder strebt ihr entgegen; so erhält sie eine andre Modifikation, und diese wieder eine andre, und so fort. So begnügt er sich, sie dem Ziele der Vollkommenheit zu nähern. Was aber muss entstehen, wenn sie auf einmal nach dem Plane der blossen Vernunft, nach dem Ideale, arbeiten, wenn sie nicht mehr genügsam Eine Treflichkeit verfolgen, sondern zu gleicher Zeit nach allen ringen soll? Schlaffheit und Unthätigkeit. Alles, was wir mit Wärme und Enthusiasmus ergreifen, ist eine Art der Liebe. Wenn nun nicht Ein Ideal mehr die Seele füllt, so ist Kälte, wo ehemals Glut war. Ueberhaupt vermag mit Energie nie der zu wirken, der mit allen Kräften auf Einmal gleichmässig wirken soll. Mit der Energie aber schwindet jede andre Tugend hin. Ohne sie wird der Mensch Maschine. Man bewundert, was er thut; man verachtet, was er ist.

Lassen Sie uns einen Blik auf die Geschichte der Staatsverfassungen werfen, und wir werden in keiner einen nur irgend hohen Grad der Vollkommenheit finden, allein von den Vorzügen, die das Ideal eines Staats alle vereinen müsste, werden wir auch in den verderbtesten immer einen, oder den andren entdekken. Die erste Herrschaft schuf das Bedürfniss. Man gehorchte nie länger, als man entweder den Herrscher nicht entbehren, oder ihm nicht widerstehen konnte. Diess ist die Geschichte aller, auch der blühendsten alten Staaten. Eine dringende Gefahr nöthigte die Nation einem Herrscher zu gehorchen. War die Gefahr vorüber, so strebte sie das Joch abzuschütteln. Allein oft hatte sich der Herrscher zu sehr festgesezt, ihr Ringen war vergebens. Dieser Gang ist auch der menschlichen Natur völlig angemessen. Der Mensch vermag ausser sich zu wirken, und sich in sich zu bilden. Bei dem Ersteren kommt es bloss auf Kraft, und zwekmässige Richtung derselben an; bei dem Lezteren auf Selbstthätigkeit. Daher ist zu diesem Freiheit, zu jenem, da mehrere Kräfte nie besser gerichtet werden, als wenn Ein Wille sie lenkt, Unterwürfigkeit nothwendig. Diess Gefühl unterwarf die Menschen der Herrschaft, sobald sie wirken wollten; aber das höhere Gefühl ihrer innren Würde erwachte, wenn dieser Zwek nun erreicht war. Ohne diese Betrachtung würde es auch nie begreiflich sein, wie derselbe Römer in der Stadt dem Senat Geseze vorschrieb, und im Lager seinen Rükken willig den Streichen der Centurionen darbot. Aus dieser Beschaffenheit der alten Staaten entspringt es, dass, wenn man unter Systemen absichtliche Plane versteht, sie eigentlich gar kein politisches System hatten, und dass, wenn wir jezt bei politischen Einrichtungen philosophische, oder politische Gründe angeben, wir bei ihnen immer nur historische finden. Diese Verfassung dauerte bis ins Mittelalter hin. Zu dieser Zeit, da die tiefste Barbarei alles überdekte, musste, sobald sich mit dieser Barbarei Macht vereinte, der ärgste Despotismus entstehn, und billig hätte man der Freiheit ihren gänzlichen Untergang verkündigen sollen. Allein der Kampf der Herrschsüchtigen unter einander erhielt sie. Nur konnte freilich, bei dieser gewaltsamen Lage der Sachen, niemand selbst frei sein, der nicht zugleich Unterdrükker der Freiheit der andren war. Das Lehnssystem war es, in welchem die ärgste Sklaverei, und ausgelassene Freiheit unmittelbar neben einander existirte. Denn der Vasall trozte dem Lehnsherrn nicht weniger, als er seine Unterthanen unmenschlich bedrükte. Die Eifersucht der Regenten auf die Macht der Vasallen schuf diesen ein Gegengewicht in den Städten und dem Volk, und endlich gelang es ihm, sie zu unterdrükken. Statt dass nun ehemals doch Ein Stand *Dépot* der Freiheit gewesen war, war jezt alles Sklave. Der Adel verband sich mit dem Regenten, das Volk zu unterdrükken, und von hier aus hebt die Verderblichkeit des Adels an, der immer nur ein nothwendiges Uebel war, und jezt ein überflüssiges geworden ist. Seitdem diente nun alles den Absichten des Regenten allein. Dennoch gewann die Freiheit. Denn da das Volk mehr dem Regenten, als dem Adel unterworfen war; so verschafte schon die weitere Entfernung von jenem mehr Luft. Dann konnten jene Absichten auch nicht sowohl mehr, wie sonst, unmittelbar durch die physischen Kräfte der Unterthanen – woraus vorzüglich die persönliche Sklaverei entstand – erreicht werden. Es war ein Mittel nothwendig, das Geld. Alles Streben gieng nun also dahin, von der Nation, soviel als möglich, Geld aufzubringen. Diese Möglichkeit beruhte aber auf zwei Dingen. Die Nation musste Geld haben, und man musste es von ihr bekommen. Jenen Zwek nicht zu verfehlen, mussten ihr allerlei Quellen der Industrie eröfnet werden; diesen am besten zu erreichen, musste man mannigfaltige Wege entdekken, theils um nicht durch aufbringende Mittel zu Empörungen zu reizen, theils um die Kosten zu vermindern, welche die Hebung selbst verursachte. Hierauf gründen sich eigentlich alle unsre heutigen politischen Systeme. Weil aber, um den Hauptzwek zu erreichen, also im Grunde nur als untergeordnetes Mittel, Wohlstand der Nation beabsichtet wurde, und man ihr, als unerlassbare Bedingung dieses Wohlstandes, einen höheren Grad der Freiheit zugestand; so kehrten gutmüthige Menschen, vorzüglich Schriftsteller, die Sache um, nannten jenen Wohlstand den Zwek, die Erhebung der Abgaben nur das nothwendige Mittel dazu. Hie und da kam diese Idee auch wohl in den Kopf eines Fürsten, und so entstand das Princip, dass die Regierung für das Glük und das Wohl, das physische und moralische, der Nation sorgen muss. Gerade der ärgste und drükkendste Despotismus. Denn weil die Mittel der Unterdrükkung so verstekt, so verwikkelt waren; so glaubten sich die Menschen frei, und wurden an ihren edelsten Kräften gelähmt. Indess entsprang aus dem Uebel auch wieder das Heilmittel. Der auf diesem Wege zugleich entdekte Schaz von Kenntnissen, die allgemeiner verbreitete Aufklärung belehrten die Menschheit wieder über ihre Rechte, brachten wieder Sehnsucht nach Freiheit hervor. Auf der andren Seite wurde das Regieren so künstlich, dass es unbeschreibliche Klugheit und Vorsicht erheischte. Gerade in dem Lande nun, in welchem Aufklärung die Nation zur furchtbarsten für den Despotismus gemacht hatte, vernachlässigte sich die Regierung am meisten, und gab die gefährlichsten Blössen. Hier musste also auch die Revolution zuerst entstehen, und nun konnte kein andres System folgen, als das System einer gemässigten, aber doch völligen und unumschränkten Freiheit, das System der Vernunft, das Ideal der Staatsverfassung. Die Menschheit hatte an einem Extrem gelitten, in einem Extrem musste sie ihre Rettung suchen. Ob diese Staatsverfassung Fortgang haben wird? Der Analogie der Geschichte nach, Nein! Aber sie wird die Ideen aufs neue aufklären, aufs neue jede thätige Tugend anfachen, und so ihren Segen weit über Frankreichs Gränzen verbreiten. Sie wird dadurch den Gang aller menschlichen Begebenheiten bewähren, in denen das Gute nie an der Stelle wirkt, wo es geschieht, sondern in weiten Entfernungen der Räume oder der Zeiten, und in denen jene Stelle ihre wohlthätige Wirkung wieder von einer andren, gleich fernen, empfängt.

Ich kann mich nicht enthalten, dieser lezten Betrachtung noch einige Beispiele hinzuzufügen. In jeder Periode hat es Dinge gegeben, die, verderblich an sich, der Menschheit ein unschäzbares Gut retteten. Was erhielt die Freiheit in den Zeiten des Mittelalters? Das Lehnssystem. Was Aufklärung und Wissenschaften in den Zeiten der Barbarei? Das Mönchswesen. Was die edle Liebe zum andren Geschlecht in den Zeiten der Herabwürdigung dieses Geschlechts bei den Griechen, um auch aus dem häuslichen Leben ein Beispiel zu wählen? Die Knabenliebe. Ja, wir bedürfen nicht einmal der Geschichte; der Gang des Menschenlebens überhaupt ist das treffendste Beispiel. In jeder Epoche desselben ist Eine Art des Daseins Hauptfigur in dem Gemälde, indess alle übrigen ihr, als Nebenfiguren, dienen. In einer andren Epoche wird sie zur Nebenfigur, und eine von jenen tritt auf den Vordergrund. So danken wir allen bloss heitren, sorgenfreien Genuss der Kindheit; allen Enthusiasmus für das empfundene Schöne, alle Verachtung der Arbeit und Gefahr, es zu erringen, dem blühenden Jünglingsalter; alle sorgsame Ueberlegung, allen Eifer aus Gründen der Vernunft der Reife des Mannes; alle Gewöhnung an den Gedanken der Hinfälligkeit selbst, alle wehmüthige Freude an der Betrachtung, das war, und ist nun nicht mehr! dem Hinwelken des Greises. In jeder Periode existirt der Mensch ganz. Aber in jeder schimmert nur Ein Funke seines Wesens hell und leuchtend; bei den andren ists der matte Schein, bald des schon halbverloschnen, bald des erst künftig aufflammenden Lichts. Eben so ists in jedem einzelnen Menschen, mit jeder seiner Fähigkeiten und Empfindungen. Allein ein Individuum Einer Art erschöpft selbst in der Folge aller Zustände nicht alle Gefühle. Der Mann z. B. bei den Menschen, ewig beschäftigt ausser sich zu wirken, ewig strebend nach Freiheit und Herrschaft, besizt nur selten die Sanftmuth, die Güte, den Wunsch, auch durch das Glük zu beglükken, das man empfindet, nicht immer durch das, was man giebt – welches alles dem Weibe so eigen ist. Dagegen fehlt es dem Weibe so oft an Stärke, Thätigkeit, Muth. Um daher die volle Schönheit des ganzen Menschen zu fühlen, muss es ein Mittel geben, das beider Vorzüge, wenn auch nur auf Momente, und in verschiednen Graden vereint fühlen lässt, und diess Mittel muss des schönsten Lebens schönsten Genuss bewahren.

Was folgt nun aus diesem allem? dass kein einzelner Zustand der Menschen und Dinge Aufmerksamkeit verdient an sich, sondern nur in Zusammenhang mit dem vorhergehenden und folgenden Dasein; dass die Resultate an sich nichts sind, alles nur die Kräfte, die sie hervorbringen, und die aus ihnen entspringen.

Und nun genug für heute, lieber *. Leben Sie wohl!

GS I: 77–85

2. Der Einzelne und der Staat

Aus: *Ideen zu einem Versuch, die Gränzen der Wirksamkeit des Staats zu bestimmen* (1792)

II.

Der wahre Zwek des Menschen – nicht der, welchen die wechselnde Neigung, sondern welchen die ewig unveränderliche Vernunft ihm vorschreibt – ist die höchste und proportionirlichste Bildung seiner Kräfte zu einem Ganzen. Zu dieser Bildung ist Freiheit die erste, und unerlassliche Bedingung. Allein ausser der Freiheit erfordert die Entwikkelung der menschlichen Kräfte noch etwas andres, obgleich mit der Freiheit eng verbundenes, Mannigfaltigkeit der Situationen. Auch der freieste und unabhängigste Mensch, in einförmige Lagen versezt, bildet sich minder aus. Zwar ist nun einestheils diese Mannigfaltigkeit allemal Folge der Freiheit, und andererntheils giebt es auch eine Art der Unterdrükkung, die, statt den Menschen einzuschränken, den Dingen um ihn her eine beliebige Gestalt giebt, so dass beide gewissermaassen Eins und dasselbe sind. Indess ist es der Klarheit der Ideen dennoch angemessener, beide noch von einander zu trennen. Jeder Mensch vermag auf Einmal nur mit Einer Kraft zu wirken, oder vielmehr sein ganzes Wesen wird auf Einmal nur zu Einer Thätigkeit gestimmt. Daher scheint der Mensch zur Einseitigkeit bestimmt, indem er seine Energie schwächt, sobald er sich auf mehrere Gegenstände verbreitet. Allein dieser Einseitigkeit entgeht er, wenn er die einzelnen, oft einzeln geübten Kräfte zu vereinen, den beinah schon verloschnen wie den erst künftig hell aufflammenden Funken in jeder Periode seines Lebens zugleich mitwirken zu lassen, und statt der Gegenstände, auf die er wirkt, die Kräfte, womit er wirkt, durch Verbindung zu vervielfältigen strebt. Was hier gleichsam die Verknüpfung der Vergangenheit und der Zukunft mit der Gegenwart wirkt, das wirkt in der Gesellschaft die Verbindung mit andren. Denn auch durch alle Perioden des Lebens erreicht jeder Mensch dennoch nur Eine der Vollkommenheiten, welche gleichsam den Charakter des ganzen Menschengeschlechts bilden. Durch Verbindungen also, die aus dem Innren der Wesen entspringen, muss einer den Reichthum des andren sich eigen machen. Eine solche charakterbildende Verbindung ist, nach der Erfahrung aller, auch sogar der rohesten Nationen, z.B. die Verbindung der beiden Geschlechter. Allein wenn hier der Ausdruk, sowohl der Verschiedenheit, als der Sehnsucht nach der Vereinigung gewissermaassen stärker ist; so ist beides darum nicht minder stark, nur schwerer bemerkbar, obgleich eben darum auch mächtiger wirkend, auch ohne alle Rüksicht auf jene Verschiedenheit, und unter Personen desselben Geschlechts. Diese Ideen, weiter verfolgt und genauer entwikkelt, dürften vielleicht auf eine richtigere Erklärung des Phänomens der Verbindungen führen, welche bei den Alten, vorzüglich den Griechen, selbst die Gesezgeber benuzten, und die man oft zu unedel mit dem Namen der gewöhnlichen Liebe, und immer unrichtig mit dem Namen der blossen Freundschaft belegt hat. Der bildende Nuzen solcher Verbindungen beruht immer auf dem Grade, in welchem sich die Selbstständigkeit der Verbundenen zugleich mit der Innigkeit der Verbindung erhält. Denn wenn ohne diese Innigkeit der eine den andren nicht genug aufzufassen vermag; so ist die Selbstständigkeit nothwendig, um das Aufgefasste gleichsam in das eigne Wesen zu verwandeln. Beides aber erfordert Kraft der Individuen, und eine Verschiedenheit, die, nicht zu gross, damit einer den andren aufzufassen vermöge, auch nicht zu klein ist, um einige Bewundrung dessen, was der andre besizt, und den Wunsch rege zu machen, es auch in sich überzutragen. Diese Kraft nun und diese mannigfaltige Verschiedenheit vereinen sich in der Originalität, und das also, worauf die ganze Grösse des Menschen zulezt beruht, wonach der einzelne Mensch ewig ringen muss, und was der, welcher auf Menschen wirken will, nie aus den Augen verlieren darf, ist Eigenthümlichkeit der Kraft und der Bildung. Wie diese Eigenthümlichkeit durch Freiheit des Handlens und Mannigfaltigkeit der Handlenden gewirkt wird; so bringt sie beides wiederum hervor. Selbst die leblose Natur, welche nach ewig unveränderlichen Gesezen einen immer gleichmässigen Schritt hält, erscheint dem eigengebildeten Menschen eigenthümlicher. Er trägt gleichsam sich selbst in sie hinüber, und so ist es im höchsten Verstande wahr, dass jeder immer in eben dem Grade Fülle und Schönheit ausser sich wahrnimmt, in welchem er beide im eignen Busen bewahrt. Wieviel ähnlicher aber noch muss die Wirkung der Ursache da sein, wo der Mensch nicht bloss empfindet und äussere Eindrükke auffasst, sondern selbst thätig wird?

Versucht man es, diese Ideen, durch nähere Anwendungen auf den einzelnen Menschen, noch genauer zu prüfen; so reducirt sich in diesem alles auf Form und Materie. Die reinste Form mit der leichtesten Hülle nennen wir Idee, die am wenigsten mit Gestalt begabte Materie sinnliche Empfindung. Aus der Verbindung der Materie geht die Form hervor. Je grösser die Fülle und Mannigfaltigkeit der Materie, je erhabener die Form. Ein Götterkind ist nur die Frucht unsterblicher Eltern. Die Form wird wiederum gleichsam Materie einer noch schöneren Form. So wird die Blüthe zur Frucht, und aus dem Saamenkorn der Frucht entspringt der neue, von neuem blüthenreiche Stamm. Je mehr die Mannigfaltigkeit zugleich mit der Feinheit der Materie zunimmt, desto höher die Kraft, denn desto inniger der Zusammenhang. Die Form scheint gleichsam in die Materie, die Materie in die Form verschmolzen; oder, um ohne Bild zu reden, je ideenreicher die Gefühle des Menschen, und je gefühlvoller seine Ideen, desto unerreichbarer seine Erhabenheit. Denn auf diesem ewigen Begatten der Form und der Materie, oder des Mannigfaltigen mit der Einheit beruht die Verschmelzung der beiden im Menschen vereinten Naturen, und auf dieser seine Grösse. Aber die Stärke der Begattung hängt von der Stärke der Begattenden ab. Der höchste Moment des Menschen ist dieser Moment der

Blüthe.* Die minder reizende, einfache Gestalt der Frucht weist gleichsam selbst auf die Schönheit der Blüthe hin, die sich durch sie entfalten soll. Auch eilt nur alles der Blüthe zu. Was zuerst dem Saamenkorn entspriesst, ist noch fern von ihrem Reiz. Der volle dikke Stengel, die breiten, aus einander fallenden Blätter bedürfen noch einer mehr vollendeten Bildung. Stufenweise steigt diese, wie sich das Auge am Stamme erhebt; zartere Blätter sehnen sich gleichsam, sich zu vereinigen, und schliessen sich enger und enger, bis der Kelch das Verlangen zu stillen scheint.** Indess ist das Geschlecht der Pflanzen nicht von dem Schiksal gesegnet. Die Blüthe fällt ab, und die Frucht bringt wieder den gleich rohen, und gleich sich verfeinernden Stamm hervor. Wenn im Menschen die Blüthe welkt, so macht sie nur jener schöneren Plaz, und den Zauber der schönsten birgt unsrem Auge erst die ewig unerforschbare Unendlichkeit. Was nun der Mensch von aussen empfängt, ist nur Saamenkorn. Seine energische Thätigkeit muss es, seis auch das schönste, erst auch zum seegenvollsten für ihn machen. Aber wohlthätiger ist es ihm immer in dem Grade, in welchem es kraftvoll und eigen in sich ist. Das höchste Ideal des Zusammenexistirens menschlicher Wesen wäre mir dasjenige, in dem jedes nur aus sich selbst, und um seiner selbst willen sich entwikkelte. Physische und moralische Natur würden diese Menschen schon noch an einander führen, und wie die Kämpfe des Kriegs ehrenvoller sind, als die der Arena, wie die Kämpfe erbitterter Bürger höheren Ruhm gewähren, als die getriebener Miethsoldaten; so würde auch das Ringen der Kräfte dieser Menschen die höchste Energie zugleich beweisen und erzeugen.

Ist es nicht eben das, was uns an die Zeitalter Griechenlands und Roms, und jedes Zeitalter allgemein an ein entfernteres, hingeschwundnes so namenlos fesselt? Ist es nicht vorzüglich, dass diese Menschen härtere Kämpfe mit dem Schiksal, härtere mit

* Blüthe, Reife. Neues deutsches Museum, 1791. Junius, nr. 3.

** Göthe, über die Metamorphose der Pflanzen.

Menschen zu bestehen hatten? dass die grössere ursprüngliche Kraft und Eigenthümlichkeit einander begegnete, und neue wunderbare Gestalten schuf? Jedes folgende Zeitalter – und in wieviel schnelleren Graden muss diess Verhältniss von jezt an steigen? – muss den vorigen an Mannigfaltigkeit nachstehen, an Mannigfaltigkeit der Natur – die ungeheuren Wälder sind ausgehauen, die Moräste getroknet u. s. f. – an Mannigfaltigkeit der Menschen, durch die immer grössere Mittheilung und Vereinigung der menschlichen Werke durch die beiden vorigen Gründe.* Diess ist eine der vorzüglichsten Ursachen, welche die Idee des Neuen, Ungewöhnlichen, Wunderbaren so viel seltner, das Staunen, Erschrekken beinah zur Schande, und die Erfindung neuer, noch unbekannter Hülfsmittel, selbst nur plözliche, unvorbereitete und dringende Entschlüsse bei weitem seltner nothwendig macht. Denn theils ist das Andringen der äusseren Umstände gegen den Menschen, welcher mit mehr Werkzeugen, ihnen zu begegnen, versehen ist, minder gross; theils ist es nicht mehr gleich möglich, ihnen allein durch diejenigen Kräfte Widerstand zu leisten, welche die Natur jedem giebt, und die er nur zu benuzen braucht; theils endlich macht das ausgebreitetere Wissen das Erfinden weniger nothwendig, und das Lernen stumpft selbst die Kraft dazu ab. Dagegen ist es unläugbar, dass, wenn die physische Mannigfaltigkeit geringer wurde, eine bei weitem reichere und befriedigendere intellektuelle und moralische an ihre Stelle trat, und dass Gradationen und Verschiedenheiten von unsrem mehr verfeinten Geiste wahrgenommen, und unsrem, wenn gleich nicht eben so stark gebildeten, doch reizbaren kultivirten Charakter ins praktische Leben übergetragen werden, die auch vielleicht den Weisen des Alterthums, oder doch wenigstens nur ihnen nicht unbemerkt geblieben wären. Es ist im ganzen Menschengeschlecht, wie im einzelnen Menschen gegangen. Das Gröbere ist abgefallen, das Feinere ist geblieben. Und so wäre es ohne allen Zweifel seegenvoll, wenn das Men-

* Eben diess bemerkt einmal Rousseau im Emil.

schengeschlecht Ein Mensch wäre, oder die Kraft eines Zeitalters ebenso, als seine Bücher, oder Erfindungen auf das folgende übergienge. Allein diess ist bei weitem der Fall nicht. Freilich besizt nun auch unsre Verfeinerung eine Kraft, und die vielleicht jene gerade um den Grad ihrer Feinheit an Stärke übertrift; aber es fragt sich, ob nicht die frühere Bildung durch das Gröbere immer vorangehen muss? Ueberall ist doch die Sinnlichkeit der erste Keim, wie der lebendigste Ausdruk alles Geistigen. Und wenn es auch nicht hier der Ort ist, selbst nur den Versuch dieser Erörterung zu wagen; so folgt doch gewiss soviel aus dem Vorigen, dass man wenigstens diejenige Eigenthümlichkeit und Kraft, nebst allen Nahrungsmitteln derselben, welche wir noch besizen, sorgfältigst bewachen müsse.

Bewiesen halte ich demnach durch das Vorige, *dass die wahre Vernunft dem Menschen keinen andren Zustand, als einen solchen wünschen kann, in welchem nicht nur jeder Einzelne der ungebundensten Freiheit geniesst, sich aus sich selbst, in seiner Eigenthümlichkeit, zu entwikkeln, sondern in welchem auch die physische Natur keine andre Gestalt von Menschenhänden empfängt, als ihr jeder Einzelne, nach dem Maasse seines Bedürfnisses und seiner Neigung, nur beschränkt durch die Gränzen seiner Kraft und seines Rechts, selbst und willkührlich giebt.* Von diesem Grundsaz darf, meines Erachtens, die Vernunft nie mehr nachgeben, als zu seiner eignen Erhaltung selbst nothwendig ist. Er musste daher auch jeder Politik, und besonders der Beantwortung der Frage, von der hier die Rede ist, immer zum Grunde liegen.

III.

In einer völlig allgemeinen Formel ausgedrukt, könnte man den wahren Umfang der Wirksamkeit des Staats alles dasjenige nennen, was er zum Wohl der Gesellschaft zu thun vermöchte, ohne jenen eben ausgeführten Grundsaz zu verlezen; und es würde sich unmittelbar hieraus auch die nähere Bestimmung ergeben, dass jedes Bemühen des Staats verwerflich sei, sich in die Privatangelegenheiten der Bürger überall da einzumischen, wo dieselben nicht unmittelbaren Bezug auf die Kränkung der Rechte des einen durch den andren haben. Indess ist es doch, um die vorgelegte Frage ganz zu erschöpfen, nothwendig, die einzelnen Theile der gewöhnlichen oder möglichen Wirksamkeit der Staaten genau durchzugehen.

Der Zwek des Staats kann nemlich ein doppelter sein; er kann Glük befördern, oder nur Uebel verhindern wollen, und im lezteren Fall Uebel der Natur oder Uebel der Menschen. Schränkt er sich auf das leztere ein, so sucht er nur Sicherheit, und diese Sicherheit sei es mir erlaubt, einmal allen übrigen möglichen Zwekken, unter dem Namen des positiven Wohlstandes vereint, entgegenzusezen. Auch die Verschiedenheit der vom Staat angewendeten Mittel giebt seiner Wirksamkeit eine verschiedene Ausdehnung. Er sucht nemlich seinen Zwek entweder unmittelbar zu erreichen, seis durch Zwang – befehlende und verbietende Geseze, Strafen – oder durch Ermunterung und Beispiel; oder mittelbar, indem er entweder der Lage der Bürger eine demselben günstige Gestalt giebt, und sie gleichsam anders zu handlen hindert, oder endlich, indem er sogar ihre Neigung mit demselben übereinstimmend zu machen, auf ihren Kopf oder ihr Herz zu wirken strebt. Im ersten Falle bestimmt er zunächst nur einzelne Handlungen; im zweiten schon mehr die ganze Handlungsweise; und im dritten endlich Charakter und Denkungsart. Auch ist die Wirkung der Einschränkung im ersten Falle am kleinsten, im zweiten grösser, im dritten am grössesten, theils weil auf Quellen gewirkt wird, aus welchen mehrere Handlungen entspringen, theils weil die Möglichkeit der Wirkung selbst mehrere Veranstaltungen erfordert. So verschieden indess hier gleichsam die Zweige der Wirksamkeit des Staats scheinen, so giebt es schwerlich eine Staatseinrichtung, welche nicht zu mehreren zugleich gehörte, da z. B. Sicherheit und Wohlstand so sehr von einander abhängen, und was auch nur einzelne Handlungen bestimmt, wenn es durch öftere Wiederkehr Gewohnheit hervorbringt, auf den Charakter wirkt. Es ist daher sehr schwierig, hier eine, dem Gange der Untersuchung angemessene Eintheilung des Ganzen zu finden. Am besten wird es indess sein, zuvörderst zu prüfen, ob der Staat auch den positiven Wohlstand der Nation, oder bloss ihre Sicherheit abzwekken soll, bei allen Einrichtungen nur auf das zu sehen, was sie *hauptsächlich* zum Gegenstande, oder zur Folge haben, und bei jedem beider Zwekke zugleich die Mittel zu prüfen, deren der Staat sich bedienen darf.

Ich rede daher hier von dem ganzen Bemühen des Staats, den positiven Wohlstand der Nation zu erhöhen, von aller Sorgfalt für die Bevölkerung des Landes, den Unterhalt der Einwohner, theils geradezu durch Armenanstalten, theils mittelbar durch Beförderung des Akkerbaues, der Indüstrie und des Handels, von allen Finanz- und Münzoperationen, Ein- und Ausfuhr Verboten u. s. f. (insofern sie diesen Zwek haben), endlich allen Veranstaltungen zu Verhütung oder Herstellung von Beschädigungen durch die Natur, kurz von jeder Einrichtung des Staats, welche das physische Wohl der Nation zu erhalten, oder zu befördern die Absicht hat. Denn da das moralische nicht leicht um seiner selbst willen, sondern mehr zum Behuf der Sicherheit befördert wird, so komme ich zu diesem erst in der Folge.

Alle diese Einrichtungen nun, behaupte ich, haben nachtheilige Folgen, und sind einer wahren, von den höchsten, aber immer menschlichen Gesichtspunkten ausgehenden Politik unangemessen.

[…]

Wenn ich aus dem ganzen bisherigen Raisonnement das lezte Resultat zu ziehen versuche; so muss der erste Grundsaz dieses Theils der gegenwärtigen Untersuchung der sein: *der Staat enthalte sich aller Sorgfalt für den positiven Wohlstand der Bürger, und gehe keinen Schritt weiter, als zu ihrer Sicherstellung gegen sich selbst, und gegen auswärtige Feinde nothwendig ist; zu keinem andren Endzwekke beschränke er ihre Freiheit.*

[…]

IV.

Wäre es mit dem Uebel, welches die Begierde der Menschen, immer über die, ihnen rechtmässig gezogenen Schranken in das Gebiet andrer einzugreifen,* und die daraus entspringende Zwietracht stiftet, wie mit den physischen Uebeln der Natur, und denjenigen, diesen hierin wenigstens gleichkommenden moralischen, welche durch Uebermaass des Geniessens oder Entbehrens, oder durch andre, mit den nothwendigen Bedingungen der Erhaltung nicht übereinstimmende Handlungen auf eigne Zerstörung hinauslaufen; so wäre schlechterdings keine Staatsvereinigung nothwendig. Jenen würde der Muth, die Klugheit und Vorsicht der Menschen, diesen die, durch Erfahrung belehrte Weisheit von selbst steuern, und wenigstens ist in beiden mit dem gehobenen Uebel immer Ein Kampf beendigt. Es ist daher keine lezte, widerspruchlose Macht nothwendig, welche doch im eigentlichsten Verstande den Begriff des Staats ausmacht. Ganz anders aber verhält es sich mit den Uneinigkeiten der Menschen, und sie erfordern allemal schlechterdings eine solche eben beschriebene Gewalt. Denn bei der Zwietracht entstehen Kämpfe aus Kämpfen. Die Beleidigung fordert Rache, und die Rache ist eine neue Beleidigung. Hier muss man also auf eine Rache zurükkommen, welche keine neue Rache erlaubt – und diese ist die Strafe des Staats – oder auf eine Entscheidung, welche die Partheien sich zu beruhigen nöthigt, die Entscheidung des Richters. Auch bedarf nichts so eines zwingenden Befehls, und eines unbedingten Gehorsams, als die Unternehmungen der Menschen

* Was ich hier umschreibe, bezeichnen die Griechen mit dem einzigen Worte πλεονεξια, für das ich aber in keiner andren Sprache ein völlig gleichbedeutendes finde. Indess liesse sich vielleicht im Deutschen: *Begierde nach Mehr* sagen; obgleich diess nicht zugleich die Idee der Unrechtmässigkeit andeutet, welche in dem Griechischen Ausdruk, wenn gleich nicht dem Wortsinne, aber doch (soviel mir wenigstens vorgekommen ist) dem beständigen Gebrauch der Schriftsteller nach, liegt. Passender, obgleich, wenigstens dem Sprachgebrauche nach, wohl auch nicht von völlig gleichem Umfang, möchte noch *Uebervortheilung* sein.

gegen den Menschen, man mag an die Abtreibung eines auswärtigen Feindes, oder an Erhaltung der Sicherheit im Staate selbst denken. Ohne Sicherheit vermag der Mensch weder seine Kräfte auszubilden, noch die Früchte derselben zu geniessen; denn ohne Sicherheit ist keine Freiheit. Es ist aber zugleich etwas, das der Mensch sich selbst allein nicht verschaffen kann; diess zeigen die eben mehr berührten als ausgeführten Gründe, und die Erfahrung, dass unsre Staaten, die sich doch, da so viele Verträge und Bündnisse sie mit einander verknüpfen, und Furcht so oft den Ausbruch von Thätlichkeiten hindert, gewiss in einer bei weitem günstigeren Lage befinden, als es erlaubt ist, sich den Menschen im Naturstande zu denken, dennoch der Sicherheit nicht geniessen, welcher sich auch in der mittelmässigsten Verfassung der gemeinste Unterthan zu erfreuen hat. Wenn ich daher in dem Vorigen die Sorgfalt des Staats darum von vielen Dingen entfernt habe, weil die Nation sich selbst diese Dinge gleich gut, und ohne die, bei der Besorgung des Staats mit einfliessende Nachtheile verschaffen kann; so muss ich dieselbe aus gleichem Grunde jezt auf die Sicherheit richten, als das Einzige,* welches der einzelne Mensch mit seinen Kräften allein nicht zu erlangen vermag. Ich glaube daher hier als den ersten positiven – aber in der Folge noch genauer zu bestimmenden und einzuschränkenden – Grundsaz aufstellen zu können: *dass die Erhaltung der Sicherheit sowohl gegen auswärtige Feinde, als innerliche Zwistigkeiten den Zwek des Staats ausmachen, und seine Wirksamkeit beschäftigen muss*; da ich bisher nur negatif zu bestimmen versuchte, dass er die Gränzen seiner Sorgfalt wenigstens nicht weiter ausdehnen dürfe.

GS I: 106–113, 129, 133–134

* La sureté et la liberté personelle sont les seules choses qu'un être isolé ne puisse s'assurer par lui même. Mirabeau *s. l'éducat. publique.* p. 119.

3. Die Biographie einer Nation

Aus: *Über das Studium des Alterthums, und des Griechischen insbesondre* (1793)

1.

Das Studium der Ueberreste des Alterthums – Litteratur und Kunstwerke – gewährt einen zwiefachen Nuzen, einen materialen und einen formalen. Einen *materialen*, indem es andren Wissenschaften Stoff darbietet, den sie bearbeiten. Insofern ist dasselbe, und sind also die humanistischen Wissenschaften Hülfswissenschaften von jenen, und wie wichtig dieser Nuzen auch an sich sein mag, so ist er ihnen eigentlich fremd.

2.

Der *formale* Nuzen kann wiederum zwiefach sein, einmal insofern man die Ueberreste des Alterthums an sich und als Werke der Gattung, zu der sie gehören, betrachtet, und also allein auf sie selbst sieht; und zweitens indem man sie als Werke aus der Periode, aus welcher sie stammen, betrachtet, und auf ihre Urheber sieht. Der erste *Nuzen* ist der *ästhetische*; er ist überaus wichtig, aber nicht der Einzige. Darin dass man ihn oft für den einzigen gehalten hat, liegt eine Quelle mehrerer falscher Beurtheilungen der Alten.

3.

Aus der Betrachtung der Ueberreste des Alterthums in Rüksicht auf ihre Urheber entsteht *die Kenntniss* der Alten selbst, oder *der Menschheit im Alterthum*. Dieser Gesichtspunkt ist es, welcher allein in den folgenden Säzen aufgefasst werden soll, theils seiner innren Wichtigkeit wegen, theils weil er seltner genommen zu werden pflegt.

4.

Das Studium einer Nation gewährt schlechterdings alle diejenigen Vortheile, welche die Geschichte überhaupt darbietet, indem dieselbe durch Beispiele von Handlungen und Begebenheiten die Menschenkenntniss erweitert, die Beurtheilungskraft schärft, den Charakter erhöht und verbessert; aber es thut noch mehr. Indem es nicht sowohl dem Faden auf einander folgender Begebenheiten nachspürt, als vielmehr den Zustand und die gänzliche Lage der Nation zu erforschen versucht, liefert es gleichsam eine *Biographie* derselben.

5.

Das Auszeichnende einer solchen Biographie ist vorzüglich das, dass, indem der ganze politische, religiöse und häusliche Zustand der Nation geschildert wird, *ihr Charakter nach allen seinen Seiten, und in seinem ganzen Zusammenhange entwikkelt, nicht bloss die gegenseitigen Beziehungen der einzelnen Charakterzüge unter einander, sondern auch ihre Relationen zu den äussren Umständen, als Ursachen oder Folgen, einzeln untersucht werden*; und die Vortheile dieses charakteristischen Kennzeichens eines solchen Studiums verfolge ich hier allein, mit Uebergehung jener übrigen, öfter berührten.

6.

Man pflegt Menschenkenntniss nur zum Umgange mit Menschen nothwendig zu halten, und man pflegt es Menschenkenntniss zu nennen, wenn man eine Menge einzelner Menschen beobachtet und dadurch eine Fertigkeit erworben hat, aus ihren äussren Handlungen ihre inneren Absichten zu errathen, und umgekehrt durch künstlich ihnen gegebene Beweggründe sie zu Handlungen zu bestimmen, und in einem gewissen politischen Sinne mag beides wahr sein. Allein im philosophischen kann Menschenkenntniss – Kenntniss des Menschen überhaupt, wie der einzelnen wirklichen Individuen – nichts anders heissen, als *die Kenntniss der verschiedenen intellektuellen, empfindenden, und moralischen menschlichen Kräfte, der Modifikationen, die sie durch einander gewinnen, der möglichen Arten ihres richtigen und unrichtigen Verhältnisses, der Beziehung der äusseren Umstände auf sie*, dessen, was diese in einer gegebnen Stimmung unausbleiblich wirken müssen, und was sie nie zu wirken vermögen, kurz *der Geseze der Nothwendigkeit der von innen, und der Möglichkeit der von aussen gewirkten Umwandlungen.* Diese Kenntniss ist, oder vielmehr das Streben nach dieser — da hier nur Streben möglich ist — führt zur wahren Menschenkenntniss, und diess ist jedem Menschen, als Menschen, und lebte er auch ganz von Menschen abgesondert, nur in verschiedenen Graden der Intension und Extension unentbehrlich.

7.

Zuerst — um vom Leichtesten anzufangen — *dem handelnden Menschen,* dem ich in der Folge den nur mit Ideen Beschäftigten, so wie endlich beiden den bloss Geniessenden entgegensezen werde. Alles praktische Leben, vom Umgange in der gleichgültigsten Gesellschaft bis zu dem Regieren des grössesten Staats, bezieht sich mehr oder minder unmittelbar auf den Menschen; und wer seiner moralischen Würde wahrhaft eingedenk ist, wird in keinem dieser Verhältnisse des höchsten Zweks aller Moralität, der Veredlung und steigenden Ausbildung des Menschen vergessen. Dazu ist jene Kenntniss ihm unentbehrlich, theils um jenen Zwek zu befördern, theils, wenn sein Geschäft so heterogen ist — wie es denn auch sehr achtungswürdige dieser Art geben kann — dass es ihm von gewissen Seiten Einschränkungen in den Weg stellen muss, doch immer das höchst mögliche Minimum dieser Einschränkungen zu bewahren. So lehrt sie ihn, was er moralisch unternehmen dürfe und politisch mit Erfolg unternehmen könne, und leitet dadurch seinen Verstand. — Aber auch zweitens seinen Willen, indem sie allein wahre Achtung des Menschen erzeugt. Alle Unvollkommenheiten lassen sich auf Misverhältnisse der Kräfte zurükbringen. Indem nun jene Kenntniss das Ganze zeigt, werden diese gleichsam aufgehoben, und es erscheint zugleich die Nothwendigkeit ihres Entstehens und die Möglichkeit ihrer Ausgleichung, so dass das, vorher einseitig betrachtete Individuum durch diesen allseitigen Ueberblik gleichsam in eine andre höhere Klasse versezt wird.

8.

Der mit Ideen Beschäftigte ist — da ich mich hier der Genauigkeit logischer Eintheilungen überheben kann — Historiker im allerweitesten Sinne des Worts, oder Philosoph, oder Künstler. Der *Historiker*, insofern ich von dem im eigentlichsten Verstande — dem Beschreiber der Menschen und menschlichen Handlungen — abstrahire, bedarf jener Kenntniss vielleicht am wenigsten. Wenn indess auch der Forscher des am mindesten mit Menschenähnlichkeit begabten Theils der Natur nicht bloss die äussren Erscheinungen aufzählen, sondern auch den innern Bau erspähen will; so kann er derselben schlechterdings nicht gänzlich entbehren. Denn nicht bloss dass alle unsre Ideen von Organisation ursprünglich vom Menschen ausgehen; so herrscht auch durch die ganze Natur eine Analogie wie der äussren Gestalten, so des inneren Baues. Es lässt sich daher kein tiefer Blik in die Beschaffenheit der Organisation auch der leblosen Natur ohne physiologische Kenntniss des Menschen thun, und diese ist wiederum nicht ohne psychologische möglich; und ebenso steigt umgekehrt mit dem Umfange dieser lezteren die Schärfe jenes ersten Bliks, wenn gleich freilich in oft sehr kleinen Graden. Endlich muss ich bemerklich machen, dass ich hier den Blik auf den Zusammenhang der ganzen Natur, und die Beziehung der leblosen auf die menschliche — die kein grosser Naturkündiger versäumen wird — ganz übergehe, wie es denn überhaupt meine Absicht ist, nur zu versuchen, das für sich minder Klare in ein helleres Licht zu stellen.

9.

Diesem Grundsaze getreu, bleibe ich bei dem *Philosophen* nur bei dem abstraktesten Metaphysiker stehen. Aber wenn auch dieser das ganze Erkenntnissvermögen ausmessen soll, wenn es ferner von dem Gebiete der Erscheinungen in das Gebiet der wirklichen Wesen keinen andren Weg, als durch die praktische Vernunft giebt, wenn Freiheit und Nothwendigkeit eines allgemein gebietenden Gesezes allein zu Beweisen für die wichtigsten, übersinnlichen Principien führen können; so muss die mannigfaltigste Beobachtung der, in andren und andren Graden gemischten menschlichen Kräfte auch diess Geschäft um vieles erleichtern, und am sichersten das sehen lassen, was allgemein ist und sich in jeder Mischung gleich erhält.

10.

Des *Künstlers* einziger Zwek ist Schönheit. Schönheit ist das allgemeine, nothwendige, reine Wohlgefallen an einem Gegenstand ohne Begriff. Ein Wohlgefallen, das nicht durch Ueberzeugung erzwungen werden kann und doch abgenöthigt sein soll, das allgemein sein muss, und dessen Gegenstand nicht durch den Begriff reizt, muss sich nothwendig auf die ganze Seelenstimmung des Empfindenden in ihrer grössesten Individualität beziehen, wie auch schon die unendliche Verschiedenheit in Geschmaksurtheilen zeigt. Wer es also hervorbringen will, muss sein Wesen mit den feinsten und verschiedenartigsten Wesen gleichsam identificirt haben, und wie ist diess ohne tiefes und anhaltendes Studium möglich? – Auch ausser dieser, zwar allgemein beweisenden, aber auch abstrakteren Erörterung, gehört der Künstler gleichsam zur Klasse der praktischen Menschen, und bedarf umsomehr alles desjenigen, was jenen unentbehrlich ist, als er unmittelbar auf das Höchste und Edelste wirkt. Nicht also bloss um als Mensch moralisch, sondern auch um als Künstler mit Erfolg zu wirken, muss er den Gegenstand tief kennen, auf welchen er wirkt. – Endlich ist sein Geschäft entweder Ausdruk oder Schilderung. Das Erstere bezieht sich allein und unmittelbar, das

Leztere, da die Schilderung sonst nicht gefasst wird, mittelbar auf Empfindung, und so bleibt diese und der empfindende Mensch überhaupt immer sein Hauptstudium.

11.

Von dem bloss *Geniessenden* endlich liesse sich eigentlich nichts sagen, da der Eigensinn des Genusses keine Regel annimmt. Aber ich stelle mich billig hier in die Stelle nicht gerade der edelsten Menschen, aber der Menschen überhaupt in ihren edleren Momenten. In diesen nun sind die Freuden der höchsten Gattung die, welche man durch sich und andre empfängt, durch Selbstbeobachtung, Umgang in allen Abstufungen, Freundschaft, Liebe. Je höher diese sind, desto eher sind sie zerstört ohne ein scharfes Auffassen des wahren Seins seiner selbst und andrer. Diess aber ist nie möglich, ohne tiefes Studium des Menschen überhaupt. — Diesen Freuden an die Seite treten nicht unbillig diejenigen, welche der ästhetische Genuss der Werke der Natur und der Kunst gewährt. Diese wirken vorzüglich durch Erregung der Empfindungen, welche durch die äussren Gestalten, gleichsam als durch Symbole gewekt werden. Je mehr lebendige Ansichten möglicher menschlicher Empfindungen nun das Studium des Menschen verschaft hat, desto mehr äussrer Gestalten ist die Seele empfänglich. — Da ich des, aus der eignen Thätigkeit entspringenden Genusses schon mit dieser Thätigkeit selbst im Vorigen erwähnt habe (7–10.), so bleibt mir nur noch der sinnliche übrig. Aber auch dieser wird, indem die Phantasie ihm das reiche Schauspiel seiner möglichen Mannigfaltigkeit nach der Verschiedenheit des geniessenden Individuums zugesellt, und indem sie so gleichsam mehrere Individuen in Eins vereint, vervielfacht, erhöht und verfeinert. — Endlich mindert sich durch eine solche Ansicht das Gefühl auch des wirklichen Unglüks. Das Leiden, wie das Laster, ist eigentlich nur partiell. Wer das Ganze vor Augen hat, sieht, wie es dort erhebt, wenn es hier niederschlägt.

12.

Ich habe bis jezt den Menschen mit Fleiss abgesondert in einzelnen Energien betrachtet. Zeigte sich aber auch in keiner die Unentbehrlichkeit der Kenntniss, von der ich hier rede, so würde sie sich doch gerade dadurch bewähren, *dass sie vorzüglich nothwendig ist, um das einzelne Bestreben zu Einem Ganzen und gerade zu der Einheit des edelsten Zweks, der höchsten, proportionirlichsten Ausbildung des Menschen zu vereinen.* Denn das Beschäftigen einzelner Seiten der Kraft bewirkt leicht mindere Rüksicht auf den Nuzen dieses Beschäftigens, als Energie, und zu grosse auf den Nuzen des Hervorgebrachten, als eines Ergon, und nur häufiges Betrachten des Menschen in der Schönheit seiner Einheit führt den zerstreuten Blik auf den wahren Endzwek zurük.

13.

So wirkt jene Kenntniss, wenn sie erworben ist, gleichsam als Material; aber gleich heilsam und vielleicht noch heilsamer wirkt gleichsam *ihre Form, die Art sie zu erwerben.* Um den Charakter Eines Menschen und noch mehr einer noch vielseitigeren Nation in seiner Einheit zu fassen, muss man auch sich selbst mit seinen vereinten Kräften in Bewegung sezen. Der Auffassende muss sich immer dem auf gewisse Weise ähnlich machen, das er auffassen will. Daher entsteht also grössere Uebung, alle Kräfte gleichmässig anzuspannen, eine Uebung, die den Menschen so vorzüglich bildet. — Wer sich mit diesem Studium anhaltend beschäftigt, fasst ferner eine unendliche Mannigfaltigkeit der Formen auf, und so schleifen sich gleichsam die Ekken seiner eignen ab, und aus ihr, vereint mit den aufgenommenen, entstehen ewig wiederum neue. — So ist jene Kenntniss gerade darum heilsam, warum jede andre mangelhaft sein würde, darum, dass sie, nie ganz erreichbar, zu unaufhörlichem Studium zwingt, und so wird die höchste Menschlichkeit durch das tiefste Studium des Menschen gewirkt.

14.

Das bis jezt betrachtete Studium des Menschen überhaupt an dem Charakter einer einzelnen Nation, aus den von ihr hinterlassenen Denkmälern, ist zwar bei einer jeden Nation in gewissem Grade möglich, in einem vorzüglicheren aber bei einer oder der andren nach folgenden vier Momenten: 1., *je nachdem die von ihr vorhandnen Ueberreste ein treuer Abdruk ihres Geistes und ihres Charakters sind, oder nicht.* Jedes Produkt der Wissenschaft oder der Kunst hat seine eigne, durch seine Natur bestimmte, gleichsam objektive, idealische Vollkommenheit, aber selbst bei dem äussersten Annähern an diese Vollkommenheit prägt sich dennoch die Individualität des Geistes, der es hervorbringt, mehr oder minder darin aus, am meisten aber freilich da, wo am mindesten absichtlich auf die Erreichung jener Vollkommenheit gesehen ist. Daher der objektive Werth und die Individualität eines Geistesprodukts nicht selten im umgekehrten Verhältnisse stehen. Am auffallendsten ist dieser Unterschied bei den eigentlichen Geistesprodukten, weniger bei den Künsten, und unter diesen mehr bei den energischen (Musik, Tanz) als bei den bildenden (Mahlerei, Bildhauerkunst).

15.

2., *je nachdem der Charakter einer Nation Vielseitigkeit und Einheit* – welche im Grunde Eins sind – *besizt.* Einzelne grosse und schöne Charakterzüge und ihre Betrachtung hat ihren unbestrittenen, aber hieher nicht gehörigen Nuzen. Das Studium des Menschen überhaupt an einem einzelnen Beispiel erfordert Mannigfaltigkeit der verschiednen Seiten des Charakters, und Einheit ihrer Verbindung zu Einem Ganzen.

16.

3., *je nachdem eine Nation reich ist an Mannigfaltigkeit der verschiedenen Formen.* Es kommt also hier wieder nicht sowohl darauf an, ob die Nation, deren Studium jenen Nuzen gewähren soll, auf einem vorzüglichen Grade der Ausbildung oder der Sittlichkeit stehe, sondern bei weitem mehr darauf, ob sie von aussen reizbar, und von innen beweglich genug ist, eines grossen Reichthums der Gestalten empfänglich zu sein.

17.

4., *je nachdem der Charakter einer Nation von der Art ist, dass er demjenigen Charakter des Menschen überhaupt, welcher in jeder Lage, ohne Rüksicht auf individuelle Verschiedenheiten da sein kann und da sein sollte, am nächsten kommt.* Verschiedenheiten dieser Art unter Nationen zeigt auch eine oberflächliche Vergleichung; Nationen, die eine so lokale Ausbildung haben, dass ihr Studium mehr Studium einer einzelnen Menschengattung, als der Menschennatur überhaupt ist, und Nationen, in welchen sich auf der andren Seite diese Menschennatur hauptsächlich ausdrukt. Das, wovon ich hier rede, kann aus doppeltem Grunde entstehen, einmal durch Mangel der Individualität, durch Nichtigkeit, zweitens durch Einfachheit des Charakters. Nur das Leztere ist heilsam. – Das Studium des Menschen gewönne am meisten durch Studium und Vergleichung aller Nationen aller Länder und Zeiten. Allein ausser der Immensität dieses Studiums kommt es mehr auf den Grad der Intension an, mit dem Eine Nation, als auf den der Extension, mit welchem eine Menge von Nationen studirt wird. Ist es also rathsam, bei Einer oder einem Paar stehen zu bleiben; so ist es gut, diejenigen zu wählen, welche gleichsam mehrere andre repräsentiren.

GS I: 255–264

4. Wechselwirkung: Geschlecht und Erzeugung

Aus: *Ueber den Geschlechtsunterschied und dessen Einfluß auf die organische Natur* (1795)

Von der Wichtigkeit des Endzwecks erfüllt, welchem der Unterschied der Geschlechter zunächst gewidmet ist, pflegt man die Bestimmung derselben auf ihn allein zu beschränken. Man nimmt ihn unmittelbar mit in den Begriff derselben auf, denkt sich unter dieser Anstalt der Natur weiter nichts, als ein zur Erzeugung nothwendiges Mittel, und würde, wenn diese auf einem andern Wege zu erhalten wäre, einen Unterschied leicht entbehren zu können glauben, der die Entwicklung der Gattung in den Individuen nicht selten zu hindern scheint. Nur allenfalls im Menschen wird auch die gemeinste Beobachtung mehr auf die heilsame Einwirkung des einen Geschlechts auf das andere aufmerksam gemacht. Allein auch in der übrigen Natur ist diese Erscheinung nicht weniger sichtbar, und es bedarf nur einer mäßigen Anstrengung des Nachdenkens, um den Begriff des Geschlechts weit über die beschränkte Sphäre hinaus, in die man ihn einschließt, in ein unermeßliches Feld zu versetzen. Die Natur wäre ohne ihn nicht Natur, ihr Räderwerk stände still, und sowohl der Zug, welcher alle Wesen verbindet, als der Kampf, welcher jedes einzelne nöthigt, sich mit seiner, ihm eigenthümlichen Energie zu wafnen, hörte auf, wenn an die Stelle dieses Unterschiedes eine langweilige und erschlaffende Gleichheit träte.

Das Streben der Natur ist auf etwas Unbeschränktes gerichtet. Alles Große und Trefliche, was in endlichen Kräften wohnt, will sie, ohne Ausnahme, und zwar in ein Ganzes vereint, besitzen. Aber da diese Kräfte immer endlich und an die Gesetze der Zeit gebunden sind, so hebt die eine, sofern sie thätig ist, die andre auf, und es ist nicht möglich, daß sie alle *zugleich* wirken. Dieß gilt aber nicht bloß von ihren einzelnen Kräften, sondern überhaupt von ihren beyden hauptsächlichsten Wirkungsarten, der Ausbildung des Einzelnen, und der Verbindung des Ganzen. Denn indeß die Kraftübung *Einseitigkeit* hervorbringt, auf die auch die Beschaffenheit des Stoffs führt; so verlangt die verbindende Form *Vielseitigkeit*, und die eine Forderung vernichtet in dem Augenblick, da sie geschieht, nothwendig die andre. Wenn also, bei allen Schranken der Endlichkeit, ein unendliches Wirken zu Stand kommen sollte, so blieb nichts anders übrig, als die zugleich unverträglichen Eigenschaften in verschiedene Kräfte, oder wenigstens in verschiedene Zustände derselben Kraft zu vertheilen, und sie nun durch den Drang eines Bedürfnisses zu gegenseitiger Einwirkung zu nöthigen. Diese beyden Merkmale sind aber gerade auch die einzigen, welche der Geschlechtsbegriff in sich faßt. Denn, geht man auch, um denselben so aufzufinden, wie er sich wirklich in der Natur zeigt, am besten von dem Begriff der Zeugung aus, so kann man ihn doch auch, ohne alle Rücksicht auf diese, in seiner völligen Allgemeinheit fassen; und alsdann bezeichnet er nichts anders, als eine so eigenthümliche Ungleichartigkeit verschiedener Kräfte, daß sie nur verbunden ein Ganzes ausmachen, und ein gegenseitiges Bedürfniß, dieß Ganze durch Wechselwirkung in der That herzustellen.

Denn auf der Wechselwirkung allein beruht das Geheimniß der Natur. Ungleichartiger Stoff verknüpft sich, das Verknüpfte wird wiederum Theil eines größeren Ganzen, und bis ins Unendliche hin umfaßt immer jede neue Einheit eine reichere Fülle, dient jede neue Mannigfaltigkeit einer schöneren Einheit. Stoff und Form, so vielfach in einander verschränkt, vertauschen ihr Wesen, und nirgends ist etwas bloß bildend oder gebildet. So erhält die Natur zugleich Einheit und Fülle, zwey scheinbar entgegengesetzte, aber nah verwandte Eigenschaften, deren eine dem Geist wohlthätige Ruhe gewährt, wenn ihn die andre zu thätigem Nachdenken angespannt hat.

Von dem zauberähnlichen Wirken dieser zahllosen Kräfte erstaunt, verzweifelt der menschliche Geist, je in dieß heilige Dunkel zu dringen. Dennoch fühlt er sich durch seine Natur aufgefordert, es zu versuchen. Soll nun der Versuch nicht gänzlich mislingen, so wende er seinen Blick von dem Zusammenfluß der Wirkungen ab auf die vereinzelten wirkenden Kräfte. Was dort durch vielfaches Eingreifen in fremder und mannigfaltig verschiedener Gestalt erscheint, sieht er hier, vereinzelt, in seiner eigenthümlichen wieder. Denn jede Verbindung in der Natur geht aus der innren Beschaffenheit der Wesen hervor, und ihr stilles Wirken unterbricht keine eigenmächtige Willkühr. Was sich mit einander vereinigt, trägt in seinem Wesen selbst das Bedürfniß dieser Vereinigung; und alle Erscheinungen der Natur bestimmt der Charakter der wirkenden Kräfte. Ist indeß der Weg auf diese Weise vereinfacht, so darf man ihn nicht zugleich auch erleichtert nennen. Sehr schwierig ist es, diesen verborgenen Charakter zu erspähen, der nicht in dem Inbegriff der, oft nur zufälligen Aeußerungen eines Dinges besteht, sondern ihr innerstes Wesen selbst ausmacht, nicht durch rhapsodistische Aufzählung der einzelnen Merkmale erschöpft wird, sondern in seiner ganzen Einheit aufgefaßt werden muß. Gerade weil er die letzte Verbindung von jenen ist, darf er keine Trennung verstatten, ist er für die innere Anschauung, was die äußere Gestalt dem Auge, und enthüllt sich fast nur einem gewissen ahnenden Gefühle, da er doch auf Begriffe zurückgeführt, und durch Beweise bestätigt werden soll.

Was, so wie dieser Charakter, das letzte Resultat aller vereinigten Kräfte ist, kann wieder nur mit vereinigten Kräften verstanden werden. In harmonischem Bunde muß das Gefühl mit dem Gedanken gemeinschaftlich thätig seyn. Hat der Verstand die Natur und die Wirkungsart des Wesens nach Begriffen untersucht, so muß die Phantasie das äußere Bild seines Erscheinens, die Form jenes Inhalts, auffassen, und nur die Einheit, zu welcher der Geist dieß doppelte Resultat zu verknüpfen strebt, kann dem Gesuchten einigermaaßen entsprechen. Keine Erscheinung einer Kraft darf daher der Forscher zurückweisen, und durch das ganze Gebiet ihrer Wirksamkeit muß er sie verfolgen. Bei Untersuchung der Körperwelt muß er mit der moralischen ebensowohl, als bey dieser mit jener vertraut seyn, und sein Bemühen gehe auf die größere Naturökonomie oder den kleineren Kreis des Menschen, so darf er nie das Ganze aus dem Gesichte verlieren. Denn die äußere sinnliche Gestalt der Gegenstände giebt ihm einen Spiegel in die Hand, in welchem sein Auge ihre innere Beschaffenheit erblickt.

Vorzüglich aber bedarf der Mensch zu Ergründung und Veredlung auch seiner moralischen Natur einer anhaltenden und ernsten Betrachtung der physischen um ihn her, und ihre Vorsorge hat ihm sogar dieß Studium erleichtert. Schon in dem bloß körperlichen Theil seines Wesens findet er mit unverkennbarer Schrift dasjenige ausgedrückt, was er in seinem moralischen zum Daseyn zu bringen streben soll. Freilich verweilt das Auge des Betrachters nur selten hinlänglich auf den Zügen dieser Schrift. Vorsichtige Besorgniß durch leere Bilder der Phantasie getäuscht zu werden, zieht oft die Aufmerksamkeit davon ab, und noch weit öfterer hindert sie Mangel an Feinheit des Sinns, überhaupt nur rege zu werden. Dennoch ist es unläugbar, daß die physische Natur nur Ein großes Ganze mit der moralischen ausmacht, und die Erscheinungen in beyden nur einerley Gesetzen gehorchen. Nach der Erforschung der Körperwelt und dem Studium des innern Lebens der Geister bleibt daher noch endlich ein Blick auf das gegenseitige Verhältniß dieser beiden völlig ungleichartigen Reiche übrig, um diejenigen Gesetze aufzufinden, welche, in beyden herrschend, die höchste Verknüpfung des Naturganzen vollenden. Dieser Gesetze werden freylich immer nur sehr wenige und äußerst einfache seyn können, da sie die reiche Mannigfaltigkeit aller besondren unter sich befassen müssen. Allein eben dadurch wird es dem Menschen leichter werden, ihnen auch an seinem Theil zu gehorchen, und gerade die verborgensten Geheimnisse seines Wesens in ihnen besser enthüllt zu sehn. Denn vorzüglich in dem Felde der menschlichen Empfindung und Begierde giebt es Tiefen, welche der Forscher nie zu ergründen vermag, wenn er den Blick unmittelbar und allein auf sie heftet. Wo die Verwandtschaft mit der schlechterdings physischen Natur des Menschen zu nah ist, hört die Möglichkeit auf, alles durch seine bloß moralische zu erklären. Er muß daher zugleich auf jene zurückgehn, und dasjenige, was in einer feinen und verwikkelten Organisation undeutlich erscheint, muß er da aufsuchen, wo es in großen und einfachen Zügen ausgedrückt ist. Wohin aber wendete er sich da besser, als an dieselbe Natur in ihrer weniger verwickelten, aber größern Oekonomie? Aus ihr muß der Mensch sich besser verstehn lernen, und bey ihr den Stamm aufsuchen, von dem nur die feinste Blüthe in ihm sproßt. Hat er diesen entdeckt, so ist es nun weniger schwer, den wunderbaren Bau bis in seine äußersten Zweige zu verfolgen. Hier ist der Standpunct, auf welchem der Kenner der physischen und der Erforscher der moralischen Natur einander gegenseitig die Hand bieten, um die steile Höhe zu ersteigen, von welcher jedes sein eignes Gebiet in einer neuen und nun erst in der wahren Gestalt erblickt. Den äußersten Gipfel dieser Höhe zu erreichen, dürfte allerdings wohl menschlichen Kräften verwehrt seyn. Aber die Kenntniß der Natur wird sich immer ganz und gar von der Wahrheit entfernen, wenn man demselben nicht wenigstens entgegenstrebt, und er nicht der Gesichtspunckt ist, den man, auch bei der Beschäftigung in jedem einzelnen der beiden Reiche, unverrückt im Auge behält.

Aus endlichen Kräften bestehend, weiß die Natur sich durch ihre Form Unendlichkeit zu verschaffen. Dem Gesetze derselben gehorsam, hinterläßt das hinschwindende Wesen, ehe es von dem Schauplatz seiner Thätigkeit scheidet, ein neues an seiner Stelle, und indem so das Einzelne wechselt, bleibt das Ganze in ununterbrochener Einheit. Diese Sorgfalt für die Fortdauer der Gattungen, bei der Vergänglichkeit der Individuen, ist die erste Erscheinung, welche sich dem allgemeinsten Blick auf das gesammte Gebiet der Natur darstellt. Aber nicht auf bloße Fortdauer allein beschränkt, ist ihre Absicht hiebey zugleich auf etwas Höheres gerichtet. Weil bei endlichen Wesen das Vortreffliche nicht auf einmal entsteht, so erhebt sie sie von Stufe zu Stufe des bessren. Dadurch hat sie es möglich gemacht, nach dem ersten Wurf der Keime, ihre Hand von ihrem Werk abziehen zu können, und nun mit ruhigem Blick auf den Reihen der Wesen zu verweilen, die sich jetzt, unendlichen Ketten gleich, von selbst, und doch immer Einem Ziele zueilend entwickeln. Unter allen Verbindungen, die wir in ihr gewahr werden, sind gerade die höchsten, mannigfaltigsten und innigsten diesem doppelten Endzweck gewidmet; und gelänge es dem menschlichen Geist diese durch Erforschung des Charakters der dabey wirksamen Kräfte genauer zu durchspähen, so wäre es ihm dann möglich, dieß tiefe Geheimniß mit größerem Recht zu bewundern.

Bei allem Erzeugen entsteht etwas vorher nicht Vorhandenes. Gleich der Schöpfung, ruft die Zeugung neues Daseyn hervor, und unterscheidet sich nur dadurch von derselben, daß dem neu Entstehenden ein schon vorhandener Stoff vorhergehen muß. Dieser Nothwendigkeit ungeachtet, hat indeß das Erzeugte dennoch eine von dem Erzeugenden unabhängige Kraft des Lebens, und weit entfernt, daß diese aus demselben erklärbar wäre, bleibt es vielmehr ein unergründliches Geheimniß, wie nur sein Daseyn daraus hervorgeht. Was durch Entwicklung oder Wachsthum entsteht, ist ein Theil desjenigen, zu dem es gehört, und empfängt aus fremder Hand seine belebende Kraft. Was aber durch Zeugung ans Licht tritt, ist ein Wesen für sich, besitzt selbst Leben und Organisation, und kann, wie es selbst hervorgebracht wurde, eben so wieder hervorbringen. Obgleich die Fähigkeit zu zeugen durch die ganze Natur verbreitet ist, so vermag doch keine Kraft Leben und Organisation mechanisch zu bilden; keine Weisheit den Weg dazu vorzuschreiben. Daher ist Zeugung von Bildung verschieden, und darf nur Erweckung genannt werden; die nachfolgende Bildung des Erzeugten gehört ihm selbst, nicht dem Erzeugenden an. Man kennt, was der Zeugung vorhergeht, und sieht das Daseyn, das darauf erfolgt; wie beides verknüpft ist? umhüllt ein undurchdringlicher Schleier. Denn wie die Zeugung von Seiten des Erzeugten Erweckung ist, so ist sie von Seiten des erzeugenden Wesens nur eine augenblickliche

Stimmung, die nicht bloß durch die höchste Anstrengung der Kräfte, sondern besonders durch die Vereinigung aller bezeichnet wird. Die Kraft, welche das Lebendige und Organische beseelt, kann, wie sie selbst in sich Eins ist, nur aus dem ihr Gleichen, hervorgehen, und nicht bloß daß jedes zeugende Wesen seine eignen gleichartigen Kräfte zur höchsten Harmonie gestimmt fühlt, so ist auch jede Zeugung eine Verbindung zweier verschiedener ungleichartiger Principien, die man, da die einen mehr thätig, die andern mehr leidend sind, die zeugenden (im engern Verstande des Worts) und die empfangenden nennt. So hat die Natur ihre Kinder, welchen, als endlichen Wesen, nicht alles zugleich zu besitzen vergönnt war, wenigstens an die Einheit erinnert, die allein jedem höheren Streben genügt, und ihrer Sehnsucht Momente geschenckt, die sie vergessen lassen, daß sie zu getrenntem Daseyn verurtheilt sind.

Diesem gegenseitigen Zeugen und Empfangen ist nicht bloß die Fortdauer der Gattungen in der Körperwelt anvertraut. Auch die reinste und geistige Empfindung geht auf demselben Wege hervor, und selbst der Gedanke, dieser feinste und letzte Sprößling der Sinnlichkeit, verläugnet diesen Ursprung nicht. Die geistige Zeugungskraft ist das Genie. Wo es sich zeigt, sey es in der Phantasie des Künstlers, oder in der Entdeckung des Forschers, oder in der Energie des handlenden Menschen, erweißt es sich schöpferisch. Was seiner Zeugung das Daseyn dankt, war vorher nicht vorhanden, und ist eben so wenig aus schon Vorhandenem oder schon Bekanntem bloß abgeleitet. Zwar wird sich im Gebiete des Denkens, in welchem durchgängiger logischer Zusammenhang herrschen muß, immer die Verbindung desselben mit dem schon Gegebenen zeigen lassen, aber dieser Weg ist darum nicht auch ebenderselbe, auf welchem es gefunden werden konnte. Denn das wahrhaft Genialische ist keine Folgerung aus, bloß schnell übersehenen, mittelbar zusammenhängenden Sätzen, es ist wirkliche Erfindung, wenn gleich das, was nicht dieser Art ist, ebenfalls auf genieähnliche Weise hervorgebracht seyn kann. Was hingegen das ächte Gepräge des Genies an der Stirn trägt, gleicht einem eigenen Wesen für sich mit eignem organischen Leben. Durch seine Natur schreibt es Gesetze vor. Nicht wie die Theorie, welche der Verstand langsam auf Begriffe gründet, giebt es die Regel in todten Buchstaben, sondern unmittelbar durch sich selbst, und mit ihr zugleich den Sporn sie zu üben. Denn jedes Werk des Genies ist wiederum begeisternd für das Genie, und pflanzt so sein eignes Geschlecht fort.

Durch Begeisterung gewirkt, ist dem Genie seine eigene Wirksamkeit unbegreiflich. Es geht nicht auf gebrochenen Bahnen fort, hier erscheint es und dort, aber vergebens suchten wir die Spuren seines wandlenden Fußtritts. Daher ist es nie zu berechnen, und vermag selbst nicht zu verbürgen, ob sein Product gesetzlos oder regelmäßig seyn werde? Es kann dieß Letztere nur mittelbar befördern, *indem es sich selbst gesetzmäßig macht*, und es ist ihm kein andrer Einfluß auf das Erzeugte, in dem Augenblicke der Zeugung, erlaubt, als durch die allgemeine Stimmung seiner selbst, als des Erzeugenden. Da alle seine Kräfte in diesem Momente vereinigt sind, bleibt keine zu müßigem Zuschauen, oder kalter Leitung übrig. Selbstthätigkeit und Empfänglichkeit sind beide gleich geschäftig in ihm, und dasjenige, dessen es sich einzig bewußt ist, ist gerade die Vermählung dieser ungleichartigen Naturen. Nur durch diese Wechselwirkung der Selbstthätigkeit und Empfänglichkeit wird es ihm möglich, sich aus sich selbst herauszustellen, und sich selbst, abgesondert von allem Zufälligen, zum Object seiner Reflexion zu machen. Diese Trennung aber ist zu jeder genialischen Hervorbringung unentbehrlich, da das Genie das Nothwendige nur aus der Tiefe seiner Vernunft hervorziehn, und es nicht anders, als durch gänzliche Entfernung aus dem Kreise seines empirischen Daseyns, rein absondern kann. Daher erfordert dasselbe, wofern es schöpferisch werden soll, die höchste Objectivität, d. h. ein, in Bedürfniß übergehendes Vermögen, das Nothwendige zu ergreifen. Dieses aber kann es nur aus seinem Innren schöpfen, oder es muß vielmehr sein eignes subjectives und zufälliges Daseyn in ein nothwendiges verwandeln. Nie wird der Hand des Künstlers ein Meisterwerk gelingen, wenn er nicht die idealische Schönheit, zu der doch seine Phantasie die Züge selbst bildend entwarf, als eine wirkliche Gestalt zu umfassen vermag; nie wird der Philosoph einen Fortschritt gewinnen, der die Masse der Ideen wesentlich bereichert, wenn nicht die Wahrheit, die er aus der Tiefe seines Geistes hervorzog, seinen innren Sinn, gleich einem äußren Objecte bewegt; und nie wird in schwierigen Fällen des Lebens der handlende Mensch alle verwickelte Knoten gegen einander wirkender Triebfedern genialisch lösen, wenn er nicht über der Welt sein eignes Ich vergißt, oder vielmehr sein Ich zu dem Umfang einer Welt erweitert.

Leichter als der Augenblick, in welchem das neue Daseyn erweckt wird, ist der Zustand zu beobachten, welcher demselben vorhergeht. In dieser Stimmung der schöpferischen Weihe ist, von welcher Art auch die Zeugung seyn möge, das Gefühl einer überfließenden Fülle mit dem eines bedürftigen Mangels verbunden. Die Kraft sammelt sich in sich selbst, nie fühlt sie sich reicher und größer, nie lebhafter bewegt, nie rüstiger zur herrlichsten Thätigkeit. Selbst die Erinnerung an diese Stärke vermag noch, sie in der Folge begeisternd zu erwecken. Aber in dieser Bewegung liegt der Keim einer unruhvollen Sehnsucht, die zur Hervorbringung reitzt. Sich, ihres Reichthums ungeachtet, so wie sie ist, nicht genügend, ahnet sie etwas andres, mit dem vereint sie erst ein vollendetes Ganze bildet. Wird ihr Suchen hier mit glücklichem Finden gekrönt, so strebt sie nach einer Vereinigung, welche jedes einzelne Daseyn vertilgt. Es entsteht ein Wogen, ein Hin- und Herwanken, und jene Sehnsucht erreicht eine schmerzliche Höhe. Die ganze Erwartung ist nun auf die Hervorbringung gespannt, und das eigne Ich entäußert sich bis zu dem Grade, daß es sich selbst gern für die neue Schöpfung hingeben möchte. Aus diesem höchsten Daseyn springt das Daseyn hervor. Auf diesem einzigen Moment beruht die Erzeugung auch des geistigsten Products. Hat die Phantasie des Künstlers einmal das Bild lebendig geboren, so ist das Meisterwerk vollendet, wenn auch seine Hand in demselben Augenblick erstarrte. Die wirkliche Darstellung gehört nur noch dem Nachhall jenes entscheidenden Moments an.

Eine befremdende Erscheinung ist es, daß Kräfte, die sich so nothwendig sind, und so heftig suchen, getrennt existiren sollen, und daß das zur Verbindung Bestimmte nicht Eins seyn kann. Denn überall sehen wir zur Zeugung zwei ungleichartige Kräfte erforderlich, dieselben mögen nun, wie in einem Theil der Natur, in Einem Wesen verknüpft, oder in zwei verschiedne vertheilt seyn. Da das Erzeugte mit dem Erzeugenden immer gleichartig und ihm ähnlich ist, so scheint es wunderbar, warum nicht unmittelbar aus dem Leben das Leben, aus einer Kraft die andere hervorgehen könne? und da der Begriff der reinen Kraft hier nichts Widersprechendes enthält, so müssen wir dieß in den Schranken derselben aufsuchen.

Die lebendige Kraft, welche jedes organische Wesen beseelt, fordert einen Körper. Dieser Körper und jene Kraft stehen in unaufhörlicher Gemeinschaft, indem sie gegenseitig auf einander ein und zurück wirken. So ist in jedem organischen Wesen Wirkung und Rückwirkung verbunden. Wie unbegreiflich nun auch das Geschäft der Zeugung ist, so wird doch soviel wenigstens klar, daß das Erzeugte aus einer Stimmung des Erzeugenden hervorgeht, und, wie vorzüglich die Producte des Genies auffallend zeigen, derselben ähnlich ist. Die Erzeugung organischer Wesen erfordert daher eine doppelte, eine auf Wirkung und eine andre auf Rückwirkung gerichtete Stimmung, und diese ist in derselben Kraft und zu gleicher Zeit unmöglich.

Hier nun beginnt der Unterschied der Geschlechter. Die zeugende Kraft ist mehr zur Einwirkung, die empfangende mehr zur Rückwirkung gestimmt. Was von der erstern belebt wird, nennen wir *männlich*, was die letztere beseelt, *weiblich*. Alles Männliche zeigt mehr Selbstthätigkeit, alles Weibliche mehr leidende Empfänglichkeit. Indeß besteht dieser Unterschied nur in der Richtung, nicht in dem Vermögen. Denn wie die thätige Kraft eines Wesens, so auch seine leidende, und wiederum umgekehrt. Etwas bloß Leidendes ist nicht denkbar. Zu allem Leiden (Empfinden einer fremden Einwirkung) gehört doch aufs mindeste Berührung. Was aber gar kein Vermögen der Thätigkeit besitzt, ist gar nichts, wird durchdrungen, aber nicht berührt. Daher überall gleichviel Entgegenwirken, als Leiden. Die thätige Kraft hingegen ist (wenn wir uns erinnern, daß hier nur von einer endlichen geredet wird) den Bedingungen der Zeit unterworfen, und an einen Stoff, mithin an etwas Leidendes gebunden. Ohne auch in tiefere Beweise einzugehen, sehen wir im Menschen immer Selbstthätigkeit und Empfänglichkeit einander gegenseitig entsprechen. Der selbstthätigste Geist ist auch der reitzbarste; und das Herz, das für jeden Eindruck am meisten empfänglich ist, giebt auch jeden mit der lebhaftesten Energie zurück. Nur also die verschiedene Richtung unterscheidet hier die männliche Kraft von der weiblichen. Die erstere beginnt, vermöge ihrer Selbstthätigkeit, mit der Einwirkung; nimmt aber, vermöge ihrer Empfänglichkeit, die Rückwirkung gegenseitig auf. Die letztere geht gerade den entgegengesetzten Weg. Mit ihrer Empfänglichkeit nimmt sie die Einwirkung auf, und erwiedert sie mit Selbstthätigkeit.

Diesen zwiefachen Charakter drückt auch der verschiedene Zustand aus, welcher in beiden der Hervorbringung unmittelbar vorhergeht. In beiden ist das Gefühl eines überströmenden Vermögens mit dem eines schmerzlichen Entbehrens gepaart. Aber wo die Männlichkeit herrscht, ist das Vermögen: Kraft des Lebens, bis zur Dürftigkeit von Stoff entblößt; und die entbehrende Sehnsucht auf ein Wesen gerichtet, das der Energie zugleich Stoff zur Thätigkeit gebe, und, indem es durch Rückwirkung ihre Empfänglichkeit beschäftigt; ihre glühende Heftigkeit lindre. In dem Kreise der Weiblichkeit hingegen ist das Vermögen: eine üppig überströmende Fülle, zu reich, als daß die eigne Kraft allein ihrer Belebung genügte; indeß die entbehrende Sehnsucht ein Wesen sucht, das zugleich den innern Stoff erwecke, und der eignen Kraft, indem es sie durch Einwirkung zu selbstthätiger Rückwirkung nöthigt, eine größere Stärke ertheile. In dem ersteren Fall ist daher eine Stärke, die, auf Einen Punkt versammelt, von diesem nach *außen hin* strebt. Außer sich sucht dasjenige einen Stoff, was in sich nicht genug Beschäftigung seiner Thätigkeit findet. In dem letzteren ist eine Fülle des Stoffs, die sich einen fremden Gegenstand in einem Punkt *innerhalb* ihres Wesens aufzunehmen, und von ihm Einheit zu empfangen sehnt. So befriedigt die eine Kraft die Sehnsucht der andren, und beide umschlingen einander zu einem harmonischen Ganzen.

Auch in der geistigen Zeugung nehmen wir nicht bloß dieselbe Wechselwirkung, sondern auch denselben Unterschied zwei verschiedner Geschlechter wahr. Ganz anders ist es in Gemüthern beschaffen, die zu zeugen; anders in solchen, die zu empfangen bestimmt sind. Es ist schon schwer, so feine Verschiedenheiten im intellectuellen und moralischen Leben nur zu bemerken, und bei weitem schwerer noch, sie darzustellen. Wo indeß das Genie männliche Kraft besitzt, da wird es, zeugend, mit selbstthätiger Vernunft auf das idealische Object einwirken. Wo demselben hingegen weibliche Fülle eigen ist, wird es, empfangend, die Einwirkung dieses Objects durch das Uebergewicht der Phantasie erfahren und erwiedern. Vorzüglich offenbart sich dieser Unterschied in der innren Stimmung bei der Hervorbringung selbst; dem geübten Blick aber wird er ebensowenig in den Producten entgehn. Denn ist gleich jedes ächte Werk des Genies die Frucht einer freien, in sich selbst gegründeten, und in ihrer Art unbegreiflichen Uebereinstimmung der Phantasie mit der Vernunft; so kann ihm dennoch bald die männlichere Vernunft mehr Tiefe, bald die weiblichere Phantasie mehr üppige Fülle und reitzende Anmuth gewähren.* Da aber der Geschlechtsun-

* Diese Vergleichung in einzelnen Fällen wirklich anzustellen, ist schon darum von vielen Schwierigkeiten begleitet, weil selten zwei Köpfe übrigens Aehnlichkeit genug zeigen, um gerade diesen Unterschied auffallend sichtbar zu machen. Nur also um an Beispiele zu erinnern, sey es erlaubt, hier *Homer* und *Virgil, Ariost* und *Dante, Thompson* und *Young, Plato* und *Aristoteles* einander gegenüber zu stellen. Wenigstens dürfte niemand leicht in Abrede seyn, daß, in Rücksicht auf ihre Gegentheile, in den zuerst genannten, wenigstens in Vergleichung mit der aus ihren hervorleuch-

terschied überhaupt, als ein Unterschied der Natur, durch den formenden Willen, so viel als möglich zur Einheit erhoben werden muß; so wird freilich dasjenige Genie, das sich auf seine Bildung versteht, jene beiden Kräfte, bis zur gänzlichen Verkennung desselben, in ein reines Gleichgewicht zu stimmen bemüht seyn. Deutlicher, als hier, erscheint daher dieser Unterschied im praktischen Leben. Wo dort der Tugendhafte, von dem erhabenen Gefühl der Achtung des Gesetzes durchdrungen, der Ausübung seiner Pflicht sein Glück und sein Leben opfert, da ist eine große und heroische Handlung mit männlicher Kraft erzeugt. Der moralische Sinn fühlt sich in rüstiger Stärke, die Stimme der Pflicht ruft ihn zur That, und er empfindet sich gedrungen, dem Rufe zu folgen. Wo hingegen die Tugend, im Bündniß mit der Phantasie, durch ihre Anmuth reitzt, da ist jenes moralische Gefühl mehr empfangend, als zeugend. Es erhält aus der Hand der Einbildungskraft die wohlthätige Gestalt, schließt sich mit Innigkeit an sie an, und strebt, sie mit seinem Wesen zu vereinigen; und so ist die tugendhafte Handlung, welche hervorgeht, nicht sowohl das Werk einer völlig frei und selbstthätig, als einer zurückwirkenden Kraft.

Dieselbe Eigenthümlichkeit der zeugenden und empfangenden Kräfte, welche wir in den Momenten ihrer höchsten Thätigkeit wahrnehmen, offenbart sich auch durch ihr ganzes Daseyn hindurch. Ueberall spricht aus den ersteren hervorbringende Kraft durch freies Geben aus eigner Fülle; überall ist in den letzteren Stärke des Auffassens durch festes Umschließen des Aufgenommenen sichtbar. Aber über das stille Daseyn der Wesen unaufmerksam hinwegrollend, eilt unser Blick immer nur ihren Wirkungen zu, und doch ist es eben dieß unbemerkte Leben, dem die Kräfte der Natur ihre Fort-

tenden Kraft, mehr Ueppigkeit der Phantasie herrscht, da aus den letzteren die Form der Vernunft mit einer fast an Härte gränzenden Bestimmtheit spricht. Zugleich von dieser Härte und von einer zu grossen Ueppigkeit frei, kann *Sophokles,* in der Mitte zwischen *Aeschylus* und *Euripides,* zum Beyspiel des geschlechtlosen Genies dienen.

dauer danken. Denn was ist jenes Daseyn andres, als eine ununterbrochene Wirksamkeit, welche unaufhörlich die Thätigkeit vorbereitet, die wir nur in dem letzten Theil ihrer Laufbahn erblicken, wenn das fortgesetzte Streben die Kraft endlich bis zum Ueberströmen anschwellt? Nur die körperliche Wirkung rührt unsren gröberen Sinn, indeß der feine, aber mächtige Einfluß, den alles, was lebt, unmittelbar dadurch verbreitet, daß es ist, uns gleich einem unsichtbaren Hauch entschlüpft. Eben so ist nun auch den zeugenden und empfangenden Kräften nicht die Sorge der Fortpflanzung allein anvertraut, nicht bloß die Erzeugung, die vor unsren Augen geschieht. Auch die Erhaltung, und da die Erhaltung des Endlichen nur unaufhörlicher Tod ist, an den immer wiederkehrendes Leben sich anknüpft, auch die uns verborgene Wiedererzeugung ist ihr Werk. Vermöchte daher auch die Natur jenen Zweck der Fortpflanzung auf einem andren Wege zu erreichen, so könnte sie doch nie die Wechselwirkung entbehren, in der die Kräfte der Geschlechter einander gegenseitig ergänzen.

Die Natur, welche mit endlichen Mitteln unendliche Zwecke verfolgt, gründet ihr Gebäude auf den Widerstreit der Kräfte. Alles Beschränkte zielt auf Zerstörung, und der himmlische Friede wohnt allein in dem Wirkungskreis dessen, was sich selbst genügt. Der zerstörenden Thätigkeit des einen muß daher das andre entgegenstreben, und indem beide gegenseitig einander ihren Endzweck vereiteln, erfüllen sie den schrankenlosen Plan der Natur. Allein auch sie gewinnt diesen Sieg nur, wenn man sie in ihrem ganzen Umfang und durch die Dauer aller ihrer Epochen betrachtet; oder vielmehr derselbe liegt allein in dem Inhalte ihrer Gesetze. In jeder einzelnen Periode dauert der Kampf noch fort, und das Vollendete entbehrend, muß sie sich das Höchstmögliche zu besitzen begnügen. Da sie die Schranken nicht entfernen kann, muß eine Kraft die Lücken der andren ausfüllen; und da jede Thätigkeit sich endlich selbst aufreibt, Unthätigkeit aber verbannt ist, so muß die Ruhe in dem Wechsel der Wirksamkeit bestehen. Denn die höchste Kraft erfordert die Vereinigung widersprechender Bedingungen. Mit rastloser Anstrengung soll beharrliches Ausdauern verbunden seyn. Aber die Anstrengung ist ein Feuer, das sich selbst verzehrt; um nicht an Intension zu verlieren, muß sie sich aller hindernden Masse entledigen, und den Stoff, den sie besitzt, energisch zusammendrängen. Denn giebt es gleich auch Kräfte, welche gerade durch Masse mächtig sind, wovon vorzüglich die unbelebte Natur auffallende Beispiele zeigt, so wirkt doch da eigentlich nur die vereinte Stärke vieler einzelnen, zufällig in Gemeinschaft stehenden Theile. Indem nun die Anstrengung die Empfänglichkeit ausschließt, nimmt sie sich selbst den Genuß erquickender Ruhe. Dagegen erfordert die Stärke des Widerstandes, welche zur ausdauernden Beharrlichkeit nothwendig ist, mehr Fähigkeit, die fremde Einwirkung aufzunehmen, als sie zurückzuweisen, mehr Stimmung zu leiden, und daher einen reicheren Stoff. Ist aber dieser, in sich zurückgezogen, so sehr zur Beschäftigung mit fremder Energie aufgelegt, so verbietet er sich dadurch selbst die Möglichkeit eigner selbstthätiger Anstrengung. So verschließt die Dichtungskraft, wenn sie in glühendem Feuer Bilder auf Bilder schaft, die Sinne den äußeren Eindrücken; und so verwehren diese, wenn sie mit lebendiger Wärme die Wirklichkeit umfassen, jener den kühnen Aufflug ins Land der Erfindung.

Die männliche Kraft, zu beleben bestimmt, sammelt sich von selbst, und durch eigne Bewegung. Allen Stoff, den sie besitzt, drängt sie zu ungetheilter Einheit zusammen. Je reicher und mannigfaltiger derselbe ist, desto ermattender ist die Anstrengung, aber auch desto größer die Wirkung. Der Stoff darf nicht schon durch seine eigne Natur zur Verbindung gestimmt seyn. Von ihr, als einem herrschenden Prinzip, muß er die Leitung erhalten. So in sich versammelt, wirkt sie aus sich heraus. Von heftigem Drange thätig zu seyn beseelt, wünscht sie einen Gegenstand zu finden, den sie durchdringe; aber ganz nur Selbstthätigkeit, ist sie in diesem Augenblick aller Empfänglichkeit verschlossen. Einer solchen Anstrengung folgt jedoch bald Ermattung nach, und sie gleicht einem Hauche, der mächtig belebt, aber bald verschwindet. Mit dem Gefühl der sinkenden Stärke erwacht in ihr die Sehnsucht der Empfänglichkeit, und gern ruht sie da aus, wo sie vorher bloß schöpferisch war. So ist sie, was sie ist, durch sich selbst, und ihre eigenthümliche Form. Der Mann, dessen Brust ein thatenkühner Muth begeistert, fühlt sich in sich verengt. Viel Erfahrungen hat er mit beobachtendem Geiste auf der Bahn des Lebens gesammelt; hohe Ideale aus seinem Innren hervorgeschaffen; mannigfaltige Gefühle bewegen ihn, bald die Würde der neuen Schöpfung, nach der er sich sehnt, bald theilnehmendes Mitgefühl mit den Wesen, die er zu veredlen strebt. Für alle diese erhabenen Bilder hat sein Busen nicht Raum genug, und heißer Durst nach Thätigkeit treibt ihn. Er sucht eine Welt, die seiner Sehnsucht entspreche. Uneigennützig und fern von jedem Gedanken an eignen Genuß, befruchtet er sie mit der Fülle seiner Kraft. Die neue Schöpfung steht da, und freudig ruht er aus im Anblicke seiner Kinder.

Die weibliche Kraft, zur Rückwirkung bestimmt, sammelt sich auf einen fremden Gegenstand und durch fremden Reitz. Da der Stoff, den sie in reicher Fülle besitzt, sich durch seine eigenthümliche Natur vereint; so wirkt er mehr durch ein leidendes, als ein selbstthätiges Vermögen. Mit dem Grade seiner Mannigfaltigkeit wächst gleichfalls die Schönheit der Wirkung, nicht aber zugleich auch die Anstrengung. Vielmehr wird diese durch vielfachere Berührungspunkte erleichtert, und ihr Grad nur durch die Innigkeit des Umschließens bestimmt, die von der gegenseitigen Harmonie abhängt. Der Stoff der weiblichen Kraft bedarf weniger der Herrschaft eines vereinenden Prinzips, sondern verbindet sich mehr durch seine eigene Gleichartigkeit. In dieser Einheit erwiedert sie die Einwirkung mit immer steigendem Feuer, bis endlich ihre ganze Thätigkeit angespannt ist. Aber da ihre eigenthümliche Natur sie fähiger macht, Widerstand zu leiden, und sie von der glühenden Heftigkeit frey ist, welche die männliche verzehrt, so vergütet sie die Langsamkeit ihrer Wirkung durch längeres Ausdauern. So dankt sie der Beschaffenheit ihres Stoffs selbst einen Theil ihrer Wirksamkeit, die durch ihn vorbereitet und unterstützt wird. Ein Herz, das sich, von mannigfaltigen Empfindungen bewegt und von einer edeln Strebsamkeit beseelt, reich in sich selbst fühlt, aber den kühnen Muth vermißt, sich eine eigne Richtung zu geben, wird von unruhiger Sehnsucht gefoltert. Sich selbst unverständlich, und arm im Schooße des Ueberflusses, wünscht es ein Wesen zu finden, das die verschlungenen Knoten seiner Gefühle freundlich löse. Je tiefer die Quelle dieser verworrenen Stimmung verborgen liegt, desto schwerer begegnet es der Gewährung seines Wunsches, aber desto inniger schließt es sich an die gefundene Erscheinung an. Je länger es an ihr verweilt, desto mehr Berührungspunkte entdeckt es, und verläßt sie nicht eher, bis der Keim zur vollendeten Frucht gereift ist.

Nicht also ihrem Grade, sondern allein ihrer Gattung nach, sind die zeugenden und empfangenden Kräfte von einander verschieden. Bloßes Aufnehmen ist kein Empfangen, sondern steht eben so unter diesem, als das Geben unter dem Zeugen. Beyde, Zeugen und Empfangen, sind höhere und kraftvollere Energien, beyde ein Hervorbringen durch Geben und Aufnehmen. Eigne fruchtbare Fülle muß bey jenem das Entäußerte begleiten, bey diesem das Aufgenommene umfassen. Der wahre Charakterunterschied beyder Kräfte besteht darin, daß den empfangenden mehr Stoff, mehr Körper, den zeugenden mehr Seele eigen ist, wenn nemlich Seele jedes selbstthätige Prinzip bezeichnet. Gerade aber durch diese Verschiedenheit thun sie der Forderung der Natur ein Genüge. Sollte der Zerstörung drohenden Heftigkeit der männlichen Kraft eine andre entgegengestellt werden, so durfte es keine gleichartige seyn. Gegenseitige Ermattung hätte dann den Kampf beschlossen, in dem, wie überall in der Natur, der Unterliegende selbst neues Leben aus den Händen des Ueberwinders erhalten sollte. Der überströmenden Fülle mußte daher ein Bedürfniß gegenüberstehn; aber da die Natur in ihrem Gebiet eben so wenig Armuth als Selbstgenügsamkeit verstattet, so ist das Bedürfniß wieder mit Reichthum verknüpft. Indem nun alles Männliche *angestrengte Energie*, alles Weibliche *beharrliches Ausdauern* besitzt, bildet die unaufhörliche Wechselwirkung von beiden die *unbeschränkte Kraft* der Natur, deren Anstrengung nie ermattet, und deren Ruhe nie in Unthätigkeit ausartet.

Zu jeder Zeugung wird also zweyerley erfordert, lebendige Energie der Kraft, die auf Einen Punkt sich zusammenzieht, und lebendige Fülle des Stoffs, der ihre Einströmung in allen seinen Punkten empfängt. Jene wird daher ihrer Natur nach, auf Trennung gerichtet seyn, weil alles, was nicht sie selbst ist, sie in ihrer reinen Wirksamkeit hindert: Diese wird auf Einheit gerichtet seyn, um von allen Seiten aus die einwirkende Kraft zu umschließen. Wenn das Genie (da diese Erscheinungen durch die ganze Kette der hervorbringenden Wesen dieselben sind) vermöge der reinen Selbstthätigkeit der Vernunft, die belebende Flamme ausströmt, der, gleich einem Funken, das göttliche Werk entsprüht, so muß die Phantasie sie in ihren Schooß aufnehmen, und wohlthätig umschließen. Die zeugende Kraft vermöchte sich nicht energisch zu sammeln, wenn sie nicht alles zurückwiese, was diese Anstrengung stören könnte; und der empfangenden wäre es unmöglich, sich von allen Seiten her nach Einem Punkt hin zu neigen, wenn sie nicht die höchste Uebereinstimmung in sich bewahrte. Die Heftigkeit, mit der die erstere fortstrebt, richtet sie auf einzelne Gesichtspunkte, und ihre unaufgehaltene Wirkung müßte überall Trennung und Zerstörung seyn. Dagegen macht der letzteren die harmonische Sanftmuth, mit der sie entgegenkommt, eine mehr umfassende Einheit zum Gesetz, und ihre Frucht ist Erhaltung. Was zu beleben bestimmt ist, muß reitzend erwecken. Aller Reitz aber richtet die Aufmerksamkeit auf einen einzelnen Zustand, und das Gefühl durchgängiger Gleichgültigkeit würde Schlummer oder Tod seyn. Das Belebende darf daher nicht, mit allzugroßer Schonung, jede Erschütterung vermeiden. Dagegen muß der Stoff, welcher der Belebung entgegengeführt wird, gleichmäßig und ganz von ihr durchdrungen werden. Was endlich mehr Form besitzt, zielt zwar auf Verbindung, aber, wie die Form überhaupt, nur durch Trennung; so wie, was dem Stoffe näher liegt, wie dieser selbst, zwar in sich ein Mannigfaltiges, aber noch wenig geschieden ist.

Ueber den Geschlechtsunterschied und
dessen Einfluß auf die organische Natur.
In: *Die Horen*. Jahrgang 1795 I,2: 99–132.
(GS I: 311–326)

5. Geist

Aus: *Über den Geist der Menschheit* (1797)

Es war nicht leicht, einen Ausdruck zu finden, welcher das Wesen der Menschheit auf eine zugleich allgemeine, und doch eigenthümlichere Weise, als *Wesen* und *Kraft* selbst, bezeichnete. Wenn er passend seyn sollte, so musste er zugleich auf ihre sinnliche und unsinnliche Natur bezogen werden können, und noch ausserdem, dass er das darin eigenthümlich Herrschende sey, anzeigen.

In beiden Rücksichten schien *Geist* unter allen Wörtern, deren man sich hätte bedienen können, das Schicklichste; 1., weil es ursprünglich von etwas Sinnlichem, dem Verstärken reizender Getränke durch die Absonderung der wässerigten Theile (Weingeist) hergenommen ist. 2., weil es, streng genommen, nie, es sey denn mit einem besondern Zusatz, das rein Unsinnliche bezeichnet. Man sagt richtiger: *Seele und Körper*, als *Geist und Körper*, und sehr häufig *reiner Geist*. 3., weil es gerade das eigenthümliche Wort für dasjenige Unsinnliche ist, dem wir gerade noch genug Körperliches einräumen, um erscheinen zu können, das Synonym von Gespenst. *Die Seelen der Verstorbenen wandeln als Geister umher*. 4., weil es selbst in dieser Bedeutung mehr Realität hat, etwas Kräftigeres und Stärkeres anzeigt, als das sonst gleichbedeutende Gespenst. So drückt es eine tiefer liegende Verwirrung aus, wenn man sagt: *er sieht Geister*, als *er sieht Gespenster*. 5., weil es im psychologischen Gebrauch nie auf das, was bloss mechanisch ist, angewandt wird. Man sagt nie *ein geistreicher*, immer *ein sinnreicher Mechaniker*, nie *ein geistreicher*, immer *ein sinnreicher Versuch*. Eben so ist auch *spirituel* und *ingenieux* verschieden. 6., weil es immer die ganze Beschaffenheit einer Sache, ihr Wesen, nicht eine einzelne Bestimmung andeutet, und daher nie von demjenigen gebraucht wird, was durch eine einzelne Kraftäusserung hervorkommt, wenigstens nicht insofern, als man dies zugleich ausdrückt. Man sagt nie *eine geistreiche*, immer *eine sinnreiche Erfindung*, selbst wenn das Erfundene wirklich geistreich wäre. (Doch liegt in dieser Einschränkung offenbar etwas Willkührliches.) 7., weil *geistreich* und *geistvoll* immer nur da gebraucht werden, wo Tiefe der rein intellectuellen Kräfte mit Lebendigkeit der sinnlichen Einbildungskraft zusammenkommt. Man sagt immer nur uneigentlich, *ein geistvoller Metaphysiker, Mathematiker, Logiker*. 8., endlich weil Geist zugleich das herrschende, eigenthümliche und ächte Wesen, im Gegensatz des *Buchstabens* anzeigt.

Alle neueren Sprachen haben Ausdrücke, die diesem entsprechen, und in allen ist es dieselbe Metapher. Nur hat keine ihr für den gegenwärtigen Gebrauch eine so passende Modification gegeben. Im Italiänischen ist *spirto* mehr mystisch, als philosophisch; im Französischen ist vom ursprünglichen Begriff der Distillation vorzüglich die Verfeinerung genommen; im Englischen das Belebende und Feurige des verstärkten Getränks (*well spirited*).

Im Deutschen allein ist der Begriff der Kraft, des ächten Wesens herrschend geblieben. Ganz ursprünglich nemlich rühren alle diese Wörter von dem Begriff des *Hauchs*, des *Windes* her. Erst davon, und erst als Metapher für etwas Unsinnliches sind sie auf das Verfahren der Distillation (als nemlich das Ausziehen des Weniger-Materiellen) übergetragen. Indess hat die psychologische Bedeutung wiederum bald mehr, bald weniger von dieser zweiten Metapher an sich gerissen. Am meisten offenbar im Französischen. Im Deutschen ist die uranfängliche Bedeutung sehr herrschend geblieben, und die zweite Metapher zeigt sich nur in einigen Redensarten, wie: *den Geist aus einer Sache ziehen* u. s. f. Selbst die uranfängliche Bedeutung scheint (nach der Analogie von *Gischt*) sehr stark gewesen zu seyn; und diese Stärke hat sich besser enthalten, weil die Wurzel selbst Deutsch (also durch Ton und Eigenthümlichkeit uns näher) ist, dahingegen *spirto, esprit* und *spirit* von *spiritus* und diess von *πνεῦμα* herkommt und weder *spiritus* noch *πνεῦμα* bei den Alten philosophisch gebraucht wurden.

Der unsinnliche Gebrauch dieser Ausdrücke bei den Alten ist erst durch das Christenthum entstanden, und kommt aus dem Hebräischen her (dies ist noch näher zu bestimmen), und vorzüglich sind die psychologischen Anwendungen des Worts *Geist* bei den Neueren ihnen fremd. Kannten sie das Rectificiren geistiger Getränke nicht? oder warum blieb diese Metapher unbenutzt?

Dagegen wäre das Griechische *ἀρετή* ausserordentlich gut, was wir hier verlangen auszudrücken, da es die volle, ächte, und eigenthümliche Kraft anzeigt und ebensogut von der innern, als äussern Bildung gebraucht wird. Es ist besser, als Geist, weil es nicht, wie jede Metapher, dem Misbrauche unterworfen ist, und weil es den Begriff rein aus der Natur, nicht aus unserer Ansicht derselben nimmt, weil es ein Werk des beobachtenden Sinnes, nicht der Einbildungskraft ist. Freilich aber hat es eben darum auch eine Nüance weniger und verliert, durch seine mehr pragmatische Kraft, an Idealität. *Virtus, vertu, virtue, virtù* und unser *Tugend* haben eigentlich denselben Umfang, aber sie haben ihn in der Anwendung nicht behalten, weil nur die Griechen den Begriff in seiner ganzen Eigenthümlichkeit bewahrt haben.

Dass die Griechen *Geist* in der psychologischen Bedeutung nicht kannten, und dass nur *Tugend* bei ihnen eine Rolle spielt, beweist ihre mehr pragmatische, und doch nicht minder idealische Nüchternheit; dass bei uns *Geist* eine so kraftvolle, und eben dadurch wieder weniger spirituale Bedeutung hat, und wir auf der andern Seite eben so wieder auch für *ἀρετή* eine eigne Wurzel haben, ist ein Vorzug unsrer Sprache, den sie mit keiner andern theilt.

GS II: 332–334

6. Kunst

Aus: *Über Göthe's Herrmann und Dorothea* (1799)

III. Einfachster Begriff der Kunst.

Das Feld, das der Dichter als sein Eigenthum bearbeitet, ist das Gebiet der Einbildungskraft; nur dadurch, daß er diese beschäftigt, und nur in so fern, als er dies stark und ausschließend thut, verdient er Dichter zu heißen. Die Natur, die sonst nur einen Gegenstand für die sinnliche Anschauung abgiebt, muß er in einen Stoff für die Phantasie umschaffen. *Das Wirkliche in ein Bild zu verwandeln*, ist die allgemeinste Aufgabe aller Kunst, auf die sich jede andre, mehr oder weniger unmittelbar, zurückbringen läßt.

Um hierin glücklich zu seyn, hat der Künstler nur Einen Weg einzuschlagen. Er muß in unsrer Seele jede Erinnerung an die Wirklichkeit vertilgen, und nur die Phantasie allein rege und lebendig erhalten. An seinem Objecte darf er dem Gehalt und selbst der Form nach nur wenig ändern; wenn man die Natur in seinem Bilde wiedererkennen soll, so muß er sie streng und treu nachahmen; es bleibt ihm also nichts übrig, als sich an das Subject zu wenden, auf das er wirken will. Ließe er auch den Gegenstand selbst, bis auf seine kleinsten Flecken, gerade so wie er in der Natur ist, so hätte er denselben nichts desto weniger zu etwas durchaus Verschiedenem gemacht; denn er hätte ihn in eine andre Sphäre versetzt. In der Wirklichkeit schließt immer eine Bestimmung jede andere aus; was sie also dem Gegenstande durch ihre Beschaffenheit giebt, das nimmt sie ihm wieder durch ihr ausschließendes Daseyn; vor der Phantasie hingegen fällt diese Beschränkung, die nur aus der Natur der Wirklichkeit herfließt, von selbst hinweg, da die Seele, von der Phantasie begeistert, sich über die Wirklichkeit erhebt.

Diese allgemeinste und einfachste Wirkung aller Kunst beweisen am besten diejenigen Gemählde, die sich begnügen, leblose Naturgegenstände darzustellen. Eine Pflanze, eine Frucht ist gerade so gemahlt, wie sie in der Natur vor uns daliegt, es ist nichts ausgelassen, nichts hinzugesetzt; warum macht sie dennoch einen anderen Eindruck, als der wirkliche Gegenstand? warum ist ein solches Stück in Rücksicht auf den allgemeinen Begriff der Kunst durchaus von demselben Werth in seiner Gattung wie jede andere Vorstellung in der ihrigen? Bloß darum, weil es gerade und rein zur Phantasie des Zuschauers geht, und eben so rein aus der Phantasie des Künstlers entsprungen ist.

Bis so weit ist die Kunst mehr beschrieben, als definirt; ihr Wesen mehr empirisch erläutert, als philosophisch entwickelt worden. Eine wahre Definition muß sich, wenn sie nicht willkührlich scheinen soll, auf eine Ableitung aus Begriffen gründen. Eine solche kann für die Kunst nur aus der allgemeinen Natur des Gemüths Statt finden.

Wir unterscheiden drei allgemeine Zustände unserer Seele, in denen allen ihre sämmtlichen Kräfte gleich thätig, aber in jedem Einer besondern, als der herrschenden, untergeordnet sind. Wir sind entweder mit dem Sammeln, Ordnen und Anwenden bloßer Erfahrungskenntnisse oder mit der Aufsuchung von Begriffen, die von aller Erfahrung unabhängig sind, beschäftigt; oder wir leben mitten in der beschränkten und endlichen Wirklichkeit, aber so als wäre sie für uns unbeschränkt und unendlich.

Der letztere Zustand kann, das begreift man leicht, nur der Einbildungskraft angehören, der einzigen unter unsern Fähigkeiten, welche widersprechende Eigenschaften zu verbinden im Stande ist. Was in demselben vorgeht, muß eine zwiefache Eigenschaft in sich vereinigen. Es muß 1) ein reines Erzeugniß der Einbildungskraft seyn; und 2) immer eine gewisse, äußere oder innere, Realität besitzen. Ohne das erstere wäre die Einbildungskraft nicht herrschend; ohne das andere wären die übrigen Kräfte unsrer Seele nicht zugleich thätig. Da aber die Realität, von der hier die Rede ist, sich nicht auf ein Daseyn in der Wirklichkeit beziehen darf, so kann dieselbe nur auf Gesetzmäßigkeit beruhen.

Aus diesem Zustande nun entspringt das Bedürfniß der Kunst.

Daher ist die Kunst *die Fertigkeit, die Einbildungskraft nach Gesetzen productiv zu machen*; und dieser ihr einfachster Begriff ist zugleich auch ihr höchster.

IV. Höhe der Wirkung, zu der die Kunst sich erhebt. – Idealität. – Erster Begriff des Idealischen, als des Nicht-Wirklichen.

Die Einbildungskraft durch die Einbildungskraft zu entzünden, ist das Geheimniß des Künstlers. Denn um die unsrige zu nöthigen, den Gegenstand, den er ihr schildert, rein aus sich selbst zu erzeugen, muß derselbe frei aus der seinigen hervorgehn. Dadurch aber, daß jedes Kunstwerk, wie treu es auch seinem Urbilde sey, doch als eine vollkommen neue Schöpfung dem Künstler eigen ist, erleidet auch der *Gegenstand* eine Umänderung seines Wesens und wird zu einer andren Höhe erhoben.

Das Reich der Phantasie ist dem Reiche der Wirklichkeit durchaus entgegengesetzt; und eben so entgegengesetzt ist daher auch der Charakter dessen, was dem einen oder dem andern dieser beiden Gebiete angehört. Mit dem Begriff des Wirklichen unzertrennbar verbunden ist es, daß jede Erscheinung einzeln und für sich da steht, daß keine als Grund oder Folge von der anderen abhängt. Denn nicht allein, daß eine solche Abhängigkeit niemals wirklich angeschaut, immer nur durch Schlüsse eingesehen werden kann, macht auch der Begriff des Wirklichen selbst das Aufsuchen derselben überflüßig. Die Erscheinung ist da: dies ist genug, jeden Zweifel zurückzuweisen; wozu braucht sie sich noch durch ihre Ursache, oder ihre Wirkung zu rechtfertigen? Sobald man hingegen in das Gebiet des Möglichen übergeht, so besteht nichts mehr, als durch seine Abhängigkeit von etwas andrem; und alles, was nicht anders, als unter der Bedingung eines durchgängigen inneren Zusammenhanges gedacht werden kann, ist daher im strengsten und einfachsten Sinne des Worts *idealisch*. Denn es ist in so fern der Wirklichkeit, der *Realität* geradezu entgegengesetzt.

Auf diese Weise idealisirt muß daher alles werden, was die Hand der Kunst in das reine Gebiet der Einbildungskraft hinüberführt.

Wohin der Mensch nur immer seine Blicke richten mag, da sucht er den Begriff eines gegenseitigen Zusammenhanges, einer innern Organisation geltend zu machen. Überall den Zufall zu verbannen, zu verhindern, daß in dem Gebiete des Beobachtens und Denkens er nicht zu herrschen scheine, im Gebiete des Handelns nicht herrsche, ist das Streben der Vernunft. Dadurch allein schon bewährt er, daß er sich mit Recht einer höheren Abkunft rühmt, als die übrigen Geschöpfe, daß er in ein besseres Land, als das der Wirklichkeit, daß er in das Land der Ideen gehört.

Dahin auch die ganze Natur, treu und vollständig beobachtet, mit sich hinüberzutragen, d. h. den Stoff seiner Erfahrungen dem Umfange der Welt gleich zu machen; diese ungeheure Masse einzelner und abgerissener Erscheinungen in eine ungetrennte Einheit und ein organisirtes Ganzes zu verwandeln; und dies durch alle die Organe zu thun, die ihm hierzu verliehen sind, – ist das letzte Ziel seines intellectuellen Bemühens.

Da jedoch diese Betrachtung in ihrer Allgemeinheit unserm Gegenstande fremd ist, so bleiben wir hier nur bei dem Antheile stehen, den an dieser großen Arbeit die Einbildungskraft und der Künstler insbesondere nimmt. Wir erinnern überhaupt nur daran, um zu zeigen, daß die Kunst nicht zu den mechanischen und untergeordneten Geschäften gehört; durch die wir uns zu unsrer eigentlichen Bestimmung bloß vorbereiten, sondern zu den höchsten und erhabensten, durch die wir sie selbst unmittelbar erfüllen.

V. Zweiter und höherer Begriff des Idealischen, als eines Etwas, das alle Wirklichkeit übertrifft.

Dadurch, daß der Dichter seinen Gegenstand, selbst wenn er ihn unmittelbar aus der Natur entlehnt, doch immer von neuem durch seine Einbildungskraft erzeugt, wird die Gestalt bestimmt, die er demselben über seine wirkliche Beschaffenheit, oder auch außer derselben, giebt. Denn er tilgt nun jeden Zug in ihm aus, der nur in Zufälligkeiten seinen Grund hat, macht jeden von dem andern, und das Ganze nur von sich selbst abhängig; und die Einheit, die dadurch in ihm herrschend wird, ist dennoch keine Einheit des Begriffs, sondern durchaus nur eine Einheit der Form. Denn nur unter der doppelten Bedingung völliger Selbstbestimmung und völliger Formalität, ist die Einbildungskraft im Stande, ihn sich selbst zu bilden. Gelingt ihm diese Arbeit, so stellt er zuletzt lauter reine Charakterformen auf, bloße Gestalten, welche die lautre, nicht durch einzelne wechselnde Umstände entstellte Natur an sich tragen; so ist jede mit dem Gepräge ihrer Eigenthümlichkeit gestempelt, und diese Eigenthümlichkeit liegt bloß in der Form, kann nie anders, als durch Anschauen gefaßt, nie aber in einem Begriff ausgedrückt werden.

Nun erst wird die Natur durch die Kunst verschönt und veredelt, nun erst erhält der Begriff des Idealischen seine höhere Bedeutung dessen, was keine Wirklichkeit erreichen und kein Ausdruck erschöpfen kann.

Auch hier muß man sich indeß sorgfältig in Acht nehmen, weder die Art, wie der Künstler hierbei verfährt, zu verkennen, noch etwa gar in den Irrthum zu verfallen, als dürfe er nur große, nur fehlerfreie Charaktere schildern. Welches auch die Eigenthümlichkeit sey, die sie an sich tragen, wenn sie nur ganz und allein in ihnen erscheint, wenn sie nur als ein reines Object der Einbildungskraft behandelt ist – dies ist die einzige Forderung, der ihm Genüge zu leisten obliegt. Um aber diese zu erfüllen, hat er nicht eben Züge wegzulassen oder hinzuzufügen; wenigstens wird nur selten gerade darauf das Wesentliche seiner Wirkung beruhen. Selbst bei der sklavischsten Anhänglichkeit an die Natur kann er diese noch in ihrem ganzen Umfang erreichen. Denn sie hängt nicht von einzelnen Zügen, einzelnen Umänderungen, nur von der Farbe, von dem Glanze ab, den er seinem Werke überhaupt leiht, nur davon, daß er ihm eine Einheit und eine Formalität giebt, die unmittelbar zu unsrer Phantasie spricht, ihn uns unmittelbar als ein reines Werk der Einbildungskraft und als vollkommen real, durchaus übereinstimmend mit den Gesetzen der Natur und unsers Gemüths, also idealisch zeigt. Wodurch er indeß eigentlich diese Übereinstimmung der Form unsrer Einbildungskraft mit der Form der Natur bewirkt, vermöchte er selbst nicht zu sagen; und so wie man es zu beschreiben versucht, geräth man immer in die Gefahr, es in eine bloß mechanische Arbeit zu verwandeln.

Der Ausdruck, daß der Dichter die Natur erhöht, muß daher immer mit Behutsamkeit gebraucht werden. Denn genau genommen ist er schlechterdings uneigentlich. Das Werk des Künstlers und das Werk der Natur stehen nicht mehr in demselben Gebiet, und erlauben daher auch nicht mehr denselben Maaßstab.

Der Gebrauch, den man vom Idealischen im Intellectuellen und Moralischen macht, verleitet sehr leicht, sich darunter immer etwas durch den Verstand Gedachtes, oder durch das Herz Empfundenes vorzustellen. Aber dieser Begriff ist ebensowohl auf bloß sinnliche Gegenstände anwendbar, und man darf sich nur an das vorhin gegebene Beispiel, den einfachsten Fall der Kunst, die bloße Nachahmung der Natur erinnern, um sich hiervon zu überzeugen.

An einer schön gemahlten Frucht bemerkt man ein Schwellen der Contoure, eine Zartheit des Fleisches, eine flaumartige Weichheit der Haut, ein Glühen der Farben, das – so sehr ist es bloß idealisch – die Natur nie zu erreichen vermag. Man kann darum nicht sagen, daß die gemahlte Frucht schöner sey, als die natürliche; die Natur ist überhaupt nie schön, als insofern die Phantasie sie sich vorstellt. Man kann nicht sagen, daß die Umrisse in der Natur weniger vollendet, die Farben minder lebhaft wären; der Unterschied ist allein der, daß die Wirklichkeit zu den *Sinnen*, die Kunst zu der *Phantasie* spricht, daß jene harte und schneidende Umrisse, diese zwar immer bestimmte, aber immer auch unendliche giebt.

Selbst der unläugbare Widerspruch, der in diesen beiden Eigenschaften enthalten ist, beweist, daß alle Wirkung der Kunst nur durch die Stimmung des Empfindenden hervorgebracht wird. Denn sonst ist es offenbar klar, daß der Umriß, der bestimmt, zugleich begrenzt, daß, indem er angiebt, wie weit eine Linie, eine Fläche gehen soll, er zugleich alles Fernere ausschließt; aber die Phantasie begrenzt nie, sie geht immer ins Unendliche fort, und sobald also das Genie des Künstlers sie begeistert, verbindet sie ihre Unendlichkeit mit den Formen, die er ihr vorlegt, ohne sich um einen Widerspruch zu bekümmern, der zwar den Verstand und die bloße sinnliche Anschauung, nicht aber sie angeht.

Eben daher kommt es auch, daß die Kunst uns immer in uns zurück versenkt, da die Wirklichkeit uns aus uns herausführt, unsre Begierde zum Genuß, unsre Thätigkeit zum Handeln weckt. Das Werk der Kunst ist zu edel für den Genuß, und erregt zu sehr die innersten Kräfte des Menschen, um sie plötzlich in Bewegung zu setzen; es flößt die höchste und schönste Begeisterung zu großen Thaten ein, aber erst indem es den Menschen sich selbst giebt, schenkt es ihn der Welt. Es spricht gar nicht zu demjenigen Theile seines Wesens, mit dem er der Wirklichkeit angehört.

VI. Nothwendigkeit, in der sich jeder echte Künstler befindet, immer das Idealische zu erreichen.

Sobald man das Wesen der Kunst in den Gesetzen der Phantasie, durch die sie allein wirksam ist, aufsucht, gelangt man nothwendig auf den Begriff des Idealischen.

Denn so unbegreiflich auch das Verfahren des Künstlers ist, so gewiß darin immer Etwas – und gerade das Wesentliche – übrigbleibt, das der Dichter selbst nicht zu verstehen, und der Kritiker nie auszusprechen vermag; so ist indeß doch immer so viel gewiß, daß der Künstler zuerst von nichts anderm ausgeht, als nur etwas Wirkliches in ein Bild zu verwandeln; daß er aber bald erfährt, daß dies nicht anders, als durch eine Art lebendiger Mittheilung, nur dadurch möglich ist, daß er gleichsam einen elektrischen Funken aus seiner Phantasie in die Phantasie andrer überströmen läßt, und dies zwar nicht unmittelbar, sondern so, daß er ihn einem Object außer sich einhaucht.

Dies ist der einzige Weg, der ihm offen liegt, und ohne es irgend zu wollen, bloß indem er seinen Dichterberuf erfüllt, und die Ausführung seines Geschäfts der Phantasie überläßt, hebt er die Natur aus den Schranken der Wirklichkeit empor, und führt sie in das Land der Ideen hinüber, schafft er seine Individuen in Ideale um.

[...]

XI. Übersicht des ganzen Weges, welchen der Dichter von seinem ursprünglichen Zweck bis zu seinem höchsten Ziele zurücklegt.

In keiner Art menschlicher Thätigkeit ist es möglich das Höchste zu erreichen, als nur innerhalb der Schranken ihrer Gattung. Nur dadurch, daß er dasjenige vollkommen geltend macht, was er ist, erreicht der Mensch überhaupt, und der Einzelne insbesondre, seine letzte allgemeine und individuelle Bestimmung. Nicht anders der Dichter. Sein Geschäft ist es, die Einbildungskraft herrschend und productiv zu machen, und indem er dies Geschäft vollendet, gelangt er zu Idealen und erreicht er Totalität.

Dies glauben wir im Vorigen bewiesen zu haben; und wenn der Weg, den wir gingen, lang und unsrem nächsten Geschäft fremd schien, so wählten wir ihn dennoch nicht ohne Ursache. Nichts ist bei Beurtheilungen jeder Art von Arbeiten so wichtig, als die Forderungen streng vor Augen zu haben, deren genaue Erfüllung man mit Recht von ihnen erwarten kann. Zwar ist es nicht ungewöhnlich, vorzüglich ästhetische Werke mit unbestimmten Lobsprüchen zu erheben, sie mit anderen ihrer Gattung zu vergleichen, und ihnen gleichsam überverdienstliche Tugenden beizulegen. Nichts desto weniger bleibt die einzig richtige Art der Beurtheilung immer die, dieselben allein mit dem, was sie seyn sollen, mit den Grundsätzen der Ästhetik und dem Ideal der Kunst zu vergleichen, zu entscheiden, ob sie ihre Pflicht erfüllen, den gerechten und nothwendigen Ansprüchen der Kritik ein Genüge leisten. Ihr absoluter, nicht ihr relativer Werth soll bestimmt werden. Bliebe man diesem Wege unverbrüchlich getreu, so würden die Beiwörter des *Schönen*, des *Erhabenen*, des *Vortrefflichen* sich von selbst in die des *verständig Gedachten, planmäßig Angeordneten, wahr Geschilderten, richtig Empfundenen, poëtisch Dargestellten* verwandeln; man würde sich begnügen, einfach zu entscheiden, mit welchem Rechte das Werk den Namen eines Gedichts überhaupt und den der besondern Gattung führt, der es beigezählt wird.

Freilich verträgt nicht jedes Gedicht eine solche Beurtheilung; aber unverzeihlich würde es seyn, eine andre bei demjenigen anzuwenden, welches so große nothwendige und wesentliche Tugenden besitzt, und so sehr alles fremden und erborgten Schmuckes entbehrt.

Wir sind bei der Entwickelung des Wesens der Kunst bisher mehr einem raisonnirenden Gange gefolgt, und haben uns nur selten auf die Erfahrung berufen. Um uns indeß von den aufgestellten Behauptungen auch noch auf eine sinnliche Weise zu überzeugen, dürfen wir nur die Wirkung in uns zurückrufen, welche jedes vollendete Kunstwerk immer in uns hervorbringt: die Stimmung, in die uns der Belvederische Apoll oder eine Stelle des Homer versetzt.

Alle Fäden menschlicher Gefühle sind alsdann in uns aufgezogen; wir empfinden die menschliche Natur zugleich in allen ihren Berührungspunkten; nie gehen wir leiser von einer Empfindung zu einer andren über; nie ist jede, auch sonst heftige Regung so milde und so gehalten; zugleich aber spiegelt sich alsdann in uns die Welt, die uns umgiebt, und setzt dieselbe Stimmung in uns fort. Denn die Vollendung und Harmonie, die wir vor uns erblicken, gehen in uns selbst über, und offenbaren sich durch *Ruhe* und *Rührung* – welche beide man vielleicht als die allgemeinste Wirkung jedes großen Kunstwerks ansehen darf: durch Ruhe, weil in diesem Zustande nichts Störendes, nichts Mißklingendes Statt finden kann; durch Rührung, weil es immer das Herz mit Wehmuth ergreift, so oft wir in eine gewisse Tiefe der Natur oder der Menschheit blicken. Beide zusammen beweisen, daß wir die Menschheit und das Schicksal, diese beiden ungeheuren Gegenstände, die auf einmal alles umfassen, was ein menschliches Herz zu rühren vermag, nie lebendiger durchschauen und energischer verknüpfen, als in diesen Momenten. In eine solche wunderbare und unbegreifliche Stimmung aber kann der Geist nicht anders versetzt, in eine solche Tiefe nicht anders versenkt werden, als wenn man ihn, von aller Wirklichkeit hinweg, in eine Welt von Idealen hinüberzaubert, in der er die Natur nur an ihren Elementen und ihren Kräften wiedererkennt, sonst aber überall bloß eine ihr fremde Vollendung und Schrankenlosigkeit antrifft.

Wenn man nunmehr den Weg übersieht, welchen der Dichter (und mit ihm jeder Künstler) durchläuft, so erstaunt man bei der Betrachtung, von welchem einfachen Ziel aus er sich zu welcher unbegreiflichen Höhe schwingt.

Den wirklichen Gegenstand nur gleichsam zum Spiel in ein Object der Phantasie zu verwandeln, fängt er an, und hört damit auf, das größeste und schwerste Geschäft, was dem Menschen als seine letzte Bestimmung aufgegeben ist, sich und die Außenwelt um ihn her auf das innigste mit einander zu verknüpfen, diese erst als einen fremden Gegenstand in sich aufzunehmen, dann aber als einen frei und selbst organisirten wieder zurückzugeben, auf seine Weise und mit den ihm angewiesenen Organen auszuführen.

Denn den ganzen Stoff, den ihm die Beobachtung darreicht, organisirt er zu einer idealischen Form für die Einbildungskraft, und die Welt um ihn her erscheint ihm nicht anders, als wie ein durchgängig individuelles, lebendiges, harmonisches, nirgends beschränktes noch abhängiges, nur sich selbst genügendes Ganzes mannigfaltiger Formen. So hat er seine eigne innerste und beste Natur in sie übergetragen, und sie zu einem Wesen gemacht, mit dem er nun vollkommen zu sympathisiren vermag.

Wilhelm von Humboldt's *Ästhetische Versuche. Erster Theil. Über Göthe's Herrmann und Dorothea.* Braunschweig: Friedrich Vieweg 1799: 6–16, 31–35. (GS II: 126–132, 140–142)

7. Das Ideal: die Griechen

Aus: *Ueber den Charakter der Griechen, die idealische und historische Ansicht desselben* (1807)

I. Die Griechen sind uns nicht bloss ein nützlich historisch zu kennendes Volk, sondern ein Ideal.

Ihre Vorzüge über uns sind von der Art, dass gerade ihre Unerreichbarkeit es für uns zweckmässig macht, ihre Werke nachzubilden, und wohlthätig, in unser durch unsre dumpfe und engherzige Lage gepresstes Gemüth ihre freie und schöne zurückzurufen.

Sie setzen uns in jeder Rücksicht in unsre eigenthümliche, verlorene (wenn man verlieren kann, was man nie hatte, aber wozu man von Natur berechtigt war) Freiheit wieder ein, indem sie augenblicklich den Druck der Zeit aufheben und durch Begeisterung die Kraft stärken, die in uns gemacht ist, ihn selbstthätig zu überwinden.

Sie sind für uns, was ihre Götter für sie waren; Fleisch von unserm Fleisch und Bein von unserm Bein; alles Unglück und alle Unebenheiten des Lebens; aber ein Sinn, der alles in Spiel verwandelt, und doch nur die Härten des Irrdischen wegwischt, aber den Ernst der Idee bewahrt.

II. Dies ist keine zufällige, sondern eine nothwendige Ansicht. Nichts Modernes kann je etwas Antikem an die Seite gestellt werden. Denn der, dem Modernen nothwendig mangelnde Hauch des Alterthums ist der, nicht dem einzelnen Verfasser irgend eines Werks, sondern der ganzen Nation und dem ganzen Zeitalter eigenthümliche Geist.

Dieser Geist unterscheidet sich von dem modernen, wie die Wirklichkeit von einem idealischen Gebilde irgend einer Art. Dieses nemlich ist reiner und voller Ausdruck von etwas Geistigem, veranlasst, sich in jedes seiner Theile immer tiefer zu versenken, und führt auf Ideeneinheit, da die Wirklichkeit hingegen das Geistige nur andeutet, wo sie gut ist, selbst anreizt, sie theilweise in Gedanken zu vernichten, und keine Art der Einheit, als dieses Gefühls, hervorbringt.

Was das Antike unterscheidet, ist daher nicht bloss Eigenthümlichkeit, sondern wahrer und allgemeingeltender Vorzug.

Das Gefühl für das Alterthum ist also der Prüfstein der modernen Nationen, die schon auf Irrwegen sind, wenn sie Römer und Griechen gleich, oder gar im umgekehrten Verhältniss schätzen. Insofern antik idealisch heisst nehmen die Römer nur insofern daran Theil, als es unmöglich ist, sie von den Griechen zu sondern.

III. Der eigenthümliche Vorzug der Griechen ist, die Aufgabe, als Nation das höchste Leben darzustellen, auf der schmalen Grenzlinie aufgefasst zu haben, unter welcher die Lösung minder gelungen, und über welcher sie minder möglich gewesen seyn würde.

Das sie Unterscheidende liegt also ganz und gar in der Darstellung, und kommt darin nur um so mehr mit einem Ideal überein, als auch der Begriff eines Ideals es immer mit sich bringt, dass die Idee sich der Möglichkeit ihres Erscheinens unterwerfe.

Das Vorherrschende im Griechischen Geist ist daher Freude an Gleichgewicht und Ebenmass; auch das Edelste und Erhabenste nur da aufnehmen zu wollen, wo es mit einem Ganzen zusammenstimmt.

Das Leben kann wie eine Kunst, und der im Leben dargestellte Charakter wie ein Kunstwerk betrachtet werden. Wie nun in diesem nur das Genie den untheilbaren Punkt auffindet, in dem sich, nach gewaltigem Ringen, das Unsichtbare mit dem Sichtbaren zur Darstellung vermählt, so thut auch im Leben dies nur das Genie, und zwar das höchste von allen Genien, das eines ganzen, lebendig zusammenwirkenden Volkes.

IV. Um zu begreifen, wie eine ganze Nation sich einen nur durch Genialität erklärbaren Charakter geben könne, muss man einige Schritte zurück zur Betrachtung der Individualität thun.

Die Individualität eines Menschen ist Eins mit seinem Triebe. Das ganze Universum besteht nur durch den Trieb, und es lebt und ist nichts, als indem und solange es mit Fortgang zu leben und zu seyn ringt. Da der Trieb nicht anders als bestimmt seyn kann, so wird es auch durch ihn die Form des Lebens, und alle Verschiedenheit der Existenz beruht nur auf der Verschiedenheit des Lebenstriebes selbst, oder seiner Möglichkeit sich durch den Widerstand, den er findet, durchzuarbeiten.

Dieser Trieb ist derselbe in der Körper- und in der Geisterwelt, da er auf der einen Seite in der Organisation Gestalten schaft, die nur durch den Gedanken hervorgebracht, und auf der andern z. B. in der Kunst und Sprache solche, durch welche sonst nicht auszudrückende Gedanken gegeben scheinen. Er kann daher ebensowohl dienen, das Höchste in der geistigen, als das Einfachste in der körperlichen Natur zu erklären.

Was nun dem Charakter der Griechen das Daseyn gab, war dass in ihnen der Trieb, rein und voll Menschen zu seyn, sich durchaus herrschend zu machen verstand.

Was also wunderbarer Weise nur Werk des Genies seyn zu können schien, entstand aus blossem Hingeben an die Natur, wie überhaupt immer im Menschen das am feinsten Ausgebildete sich unmittelbar an das Ursprüngliche anschliesst, von dem es gleichsam nur deutlichere Umschreibung oder Uebersetzung ist.

V. Dass der Trieb sich in der geistigen Natur des Menschen geltend mache, und ihm darin, über seinen Gattungscharakter, eine eigene bestimmte Form gebe, das kann nur durch Acte der Freiheit, d. h. solche, welche ausschliesslich aus der Persönlichkeit entspringen, geschehn.

Zwar kann die Freiheit weder den Trieb, noch, welches einerlei ist, den Charakter umändern; aber sie muss ihn wecken, und sogar die Richtung, die er nothwendig und unveränderlich durch sich selbst hat, willkührlich zu bestimmen scheinen; oder mit andern Worten, die Quelle der Willensbestimmungen muss in dem

Gebiete liegen, in welchem beide, Nothwendigkeit und Freiheit, in einer höheren Idee untergehen.

Alsdann nennt man mit einem nur Deutschen verständlichen Wort den Trieb: Sehnsucht, und der Mensch hat daher nur insofern einen bestimmten Charakter als er eine bestimmte Sehnsucht hat, und da diese nur durch Kraft denkbar ist, nur soviel Charakter, als er moralische Energie besitzt.

Das zweite Hervorstechende in den Griechen ist also die Tiefe mit der die Sehnsucht, welche sie athmen, auf die ihr entsprechenden Gegenstände gerichtet ist, und die leichte Lebendigkeit, mit der sie sich darstellt, und statt unbefriedigt fort zu schmachten, sich immer neu und immer schöner wiedererzeugt; mithin die Fülle, Reinheit und Stärke ihres geistigen Lebens.

VI. Von solcher (IV.) Sehnsucht (V.) beseelt, konnte das Streben der Griechen nur auf Darstellung des höchsten Lebens (III.), d.i. des menschlichsten Daseyns, gehen.

Das Grundbestreben des Menschen ist auf unbegränzte Erweiterung der vereinten Energie seiner Empfänglichkeit und Selbstthätigkeit, und da er zugleich das Sichtbare und Unsichtbare umschliesst, auf die Schlichtung ihres Widerstreits ohne Vernichtung des einen oder des andern, und indess dies erreicht werden kann, auf ihre Scheinvereinigung in einem Symbol, d.h. in einer Gestalt gerichtet, in welcher das Allgemeine, als Besondres auftritt, und das Besondre sich zum Allgemeinen erweitert.

Diesem Bestreben ergab sich nun der Grieche reiner und ausschliesslicher, als eine andre Nation, und hieraus entsteht ein dritter, vierter und fünfter Hauptzug seines Charakters.

Er suchte immer das Nothwendige und die Idee, mit Hinwegwerfung der zahllosen Zufälligkeiten des Wirklichen.

Seine hauptsächlichste Energie war die Kunst, das Gebiet der Symbole.

Wenn deshalb die Einbildungskraft das herrschende Vermögen seiner Seele wurde, so war es nur die ächte, und schöpferische, die keiner andern Kraft vorgreift, und nie ihr Gebiet verkennt; er besass daher gleichviel Fähigkeit zur reinen Speculation, und gleichviel praktische Weisheit. Er war natürlich und idealisch, niemals chimärisch und phantastisch.

VII. Das Gefühl der Menschlichkeit war so tief in den Griechen, dass sie tief empfanden, wie wenig in dasselbe die Nothwendigkeit augenblicklicher Dauer verwebt ist. Auf der schmalen Gränze zwischen Leben und Tod wollten sie daher nur Leben und volles Leben.

Verachtung todter Formen war also ein sechster Hauptzug ihres Charakters; sie setzten immer nur gern wirkliche, nicht conventionelle Kräfte in Bewegung.

VIII. Dieser ganze Charakter aber erhielt erst volle Klarheit, Bestimmtheit und Mannigfaltigkeit durch das, was den siebenten Hauptzug der Griechen ausmachte, dass nemlich die Freuden der Geselligkeit jeden andern Genuss für sie übertrafen, dass alle ihre Einrichtungen durch die Neigung gebildet schienen, ihre Persönlichkeit in wechselseitige Reibung zu bringen, und dass sie eine sichtbare Richtung hatten, alles volksmässig zu machen, so wie denn auch in der That selbst feine Charakterzüge in ihnen sich im ganzen Volke darstellten.

Sogar die Familien machten bei den Griechen weniger abgesonderte Massen, als bei den Römern, und ihre Bande waren weniger trennend für die allgemeine Nationalgemeinschaft.

IX. Durch alle diese Züge wurde der Charakter der Griechen insofern das Ideal alles Menschendaseyns, dass man behaupten kann, dass sie die reine Form der menschlichen Bestimmung unverbesserlich vorzeichneten, wenn auch die Ausfüllung dieser Form hätte hernach auf andre Weise geschehen können.

Denn wie im Vorigen gesagt ist, so ist die Bestimmung des Menschen immer die Erzeugung des Absoluten aus sich selbst, aber mit Hülfe der Universalität von Erscheinungen, durch welche das Absolute sich einzeln offenbart.

Richtiges Verhältniss zwischen Empfänglichkeit und Selbstthätigkeit, innige Verschmelzung des Sinnlichen und Geistigen, Bewahren des Gleichgewichtes und Ebenmasses in der Summe aller Bestrebungen, Zurückführen von Allem auf das wirkliche, handelnde Leben, und Darstellen jeder Erhabenheit im Einzelnen in der ganzen Masse der Nationen und des Menschengeschlechts, sind gleichsam die formalen Bestandtheile der menschlichen Bestimmung, und diese finden sich in dem Griechischen Charakter gerade mit aller Bestimmtheit der Umrisse, allem Reichthum der Form, aller Mannigfaltigkeit der Bewegung, und aller Stärke und Lebendigkeit der Farben gezeichnet.

GS VII: 609–613

8. Methode: die Darstellung des Geschehenen

Aus: *Ueber die Aufgabe des Geschichtschreibers* (1821 [1822])

Die Aufgabe des Geschichtschreibers ist die Darstellung des Geschehenen. Je reiner und vollständiger ihm diese gelingt, desto vollkommener hat er jene gelöst. Die einfache Darstellung ist zugleich die erste, unerlaßliche Forderung seines Geschäfts, und das Höchste, was er zu leisten vermag. Von dieser Seite betrachtet, scheint er nur auffassend und wiedergebend, nicht selbstthätig und schöpferisch.

Das Geschehene aber ist nur zum Theil in der Sinnenwelt sichtbar, das Uebrige muß hinzu empfunden, geschlossen, errathen werden. Was davon erscheint, ist zerstreut, abgerissen, vereinzelt; was dies Stückwerk verbindet, das Einzelne in sein wahres Licht stellt, dem Ganzen Gestalt giebt, bleibt der unmittelbaren Beobachtung entrückt. Sie kann nur die einander begleitenden, und auf einander folgenden Umstände wahrnehmen, nicht den innern ursachlichen Zusammenhang selbst, auf dem doch allein auch die innere Wahrheit beruht. Wenn man die unbedeutendste Thatsache zu erzählen versucht, aber streng nur das sagen will, was sich wirklich zugetragen hat, so bemerkt man bald, wie, ohne die höchste Vorsicht im Wählen und Abmessen der Ausdrücke, sich überall kleine Bestimmungen über das Vorgegangene hinaus einmischen, woraus Falschheiten oder Unsicherheiten entstehen. Selbst die Sprache trägt dazu bei, da ihr, die aus der ganzen Fülle des Gemüths quillt, oft Ausdrücke fehlen, die von allen Nebenbegriffen frei sind. Daher ist nichts so selten, als eine buchstäblich wahre Erzählung, nichts so sehr der Beweis eines gesunden, wohlgeordneten, rein absondernden Kopfes, und einer freien, objektiven Gemüthsstimmung; daher gleicht die historische Wahrheit gewissermaßen den Wolken, die erst in der Ferne vor den Augen Gestalt erhalten; und daher sind die Thatsachen der Geschichte in ihren einzelnen verknüpfenden Umständen wenig mehr, als die Resultate der Ueberlieferung und Forschung, die man übereingekommen ist, für wahr anzunehmen, weil sie, am meisten wahrscheinlich in sich, auch am besten in den Zusammenhang des Ganzen passen.

Mit der nackten Absonderung des wirklich Geschehenen ist aber noch kaum das Gerippe der Begebenheit gewonnen. Was man durch sie erhält, ist die nothwendige Grundlage der Geschichte, der Stoff zu derselben, aber nicht die Geschichte selbst. Dabei stehen bleiben, hieße die eigentliche, innere, in dem ursachlichen Zusammenhang gegründete Wahrheit einer äußeren, buchstäblichen, scheinbaren aufopfern, gewissen Irrthum wählen, um noch ungewisser Gefahr des Irrthums zu entgehen. Die Wahrheit alles Geschehenen beruht auf dem Hinzukommen jenes oben erwähnten, unsichtbaren Theils jeder Thatsache, und diesen muß daher der Geschichtschreiber hinzufügen. Von dieser Seite betrachtet, ist er selbstthätig, und sogar schöpferisch, zwar nicht indem er hervorbringt, was nicht vorhanden ist, aber indem er aus eigner Kraft bildet, was er, wie es wirklich ist, nicht mit bloßer Empfänglichkeit wahrnehmen konnte. Auf verschiedene Weise, aber eben so wohl, als der Dichter, muß er das zerstreut Gesammelte in sich zu einem Ganzen verarbeiten.

Es mag bedenklich scheinen, die Gebiete des Geschichtschreibers und Dichters sich auch nur in einem Punkte berühren zu lassen. Allein die Wirksamkeit beider ist unläugbar eine verwandte. Denn wenn der erstere, nach dem Vorigen, die Wahrheit des Geschehenen durch die Darstellung nicht anders erreicht, als indem er das Unvollständige und Zerstückelte der unmittelbaren Beobachtung ergänzt und verknüpft, so kann er dies, wie der Dichter, nur durch die Phantasie. Da er aber diese der Erfahrung und der Ergründung der Wirklichkeit unterordnet, so liegt darin der, jede Gefahr aufhebende, Unterschied. Sie wirkt in dieser Unterordnung nicht als reine Phantasie, und heißt darum richtiger Ahndungsvermögen und Verknüpfungsgabe. Doch wäre hiermit allein der Geschichte noch ein zu niedriger Standpunkt angewiesen. Die Wahrheit des Geschehenen scheint wohl einfach, ist aber das Höchste, was gedacht werden kann. Denn wenn sie ganz errungen würde, so läge in ihr enthüllt, was alles Wirkliche, als eine nothwendige Kette, bedingt. Nach dem Nothwendigen muß daher auch der Geschichtschreiber streben, nicht den Stoff, wie der Dichter, unter die Herrschaft der Form der Nothwendigkeit geben, aber die Ideen, welche ihre Gesetze sind, unverrückt im Geiste behalten, weil er, nur von ihnen durchdrungen, ihre Spur bei der reinen Erforschung des Wirklichen in seiner Wirklichkeit finden kann.

Der Geschichtschreiber umfaßt alle Fäden irdischen Wirkens und alle Gepräge überirdischer Ideen; die Summe des Daseins ist, näher oder entfernter, der Gegenstand seiner Bearbeitung, und er muß daher auch alle Richtungen des Geistes verfolgen. Spekulation, Erfahrung und Dichtung sind aber nicht abgesonderte, einander entgegengesetzte und beschränkende Thätigkeiten des Geistes, sondern verschiedene Strahlseiten derselben.

Zwei Wege also müssen zugleich eingeschlagen werden, sich der historischen Wahrheit zu nähern, die genaue, partheilose, kritische Ergründung des Geschehenen, und das Verbinden des Erforschten, das Ahnden des durch jene Mittel nicht Erreichbaren. Wer nur dem ersten dieser Wege folgt, verfehlt das Wesen der Wahrheit selbst; wer dagegen gerade diesen über dem zweiten vernachlässigt, läuft Gefahr sie im Einzelnen zu verfälschen. Auch die schlichte Naturbeschreibung kommt nicht aus mit der Herzählung und Schilderung der Theile, dem Messen der Seiten und Winkel; es liegt noch ein lebendiger Hauch auf dem Ganzen, es spricht ein innerer Charakter aus ihm, die sich beide nicht messen, nicht bloß beschreiben lassen. Auch sie wird zu dem zweiten Mittel zurückgedrängt, welches für sie die Vorstellung der Form des allgemeinen und individuellen Daseins der Naturkörper ist. Es soll, auch in der Geschichte, durch jenen zweiten Weg nichts Einzelnes gefunden, noch weniger etwas hinzugedichtet werden. Der Geist soll nur dadurch, daß er sich die Form alles Geschehenden zu eigen macht, den wirklich erforschbaren Stoff besser verstehen, mehr in ihm erkennen lernen, als es die bloße Verstandesoperation vermag. Auf diese Assimilation der forschenden Kraft und des zu erforschenden Gegenstandes kommt allein alles an. Je tiefer der Geschichtsforscher die Menschheit und ihr Wirken durch Genie und Studium begreift, oder je menschlicher er durch Natur und Umstände gestimmt ist, und je reiner er seine Menschlichkeit walten läßt, desto vollständiger löst er die Aufgabe seines Geschäfts. Dies beweisen die Chroniken. Bei vielen entstellten Thatsachen, und manchen sichtbaren Mährchen kann den guten unter ihnen niemand einen Grund gerade der ächtesten historischen Wahrheit absprechen. An sie schließen sich die älteren unter den sogenannten Memoiren an, obgleich die enge Beziehung auf das Individuum in ihnen schon oft der allgemeinen auf die Menschheit Eintrag thut, den die Geschichte, auch bei Bearbeitung eines einzelnen Punktes, fordert.

Außerdem daß die Geschichte, wie jede wissenschaftliche Beschäftigung, vielen untergeordneten Zwecken dient, ist ihre Bearbeitung nicht weniger, als Philosophie und Dichtung, eine freie, in sich vollendete Kunst. Das ungeheure Gewühl der sich drängenden Weltbegebenheiten, zum Theil hervorgehend aus der Beschaffenheit des Erdbodens, der Natur der Menschheit, dem Charakter der Nationen und Individuen, zum Theil wie aus dem Nichts entsprungen, und wie durch ein Wunder gepflanzt, abhängig von dunkel geahndeten Kräften, und sichtbar durchwaltet von ewigen, tief in der Brust der Menschen gewurzelten Ideen, ist ein Unendliches, das der Geist niemals in Eine Form zu bringen vermag, das ihn aber immer reizt, es zu versuchen, und ihm Stärke giebt, es theilweise zu vollenden. Wie die Philosophie nach dem ersten Grunde der Dinge, die Kunst nach dem Ideale der Schönheit, so strebt die Geschichte nach dem Bilde des Menschenschicksals in treuer Wahrheit, lebendiger Fülle und reiner Klarheit, von einem dergestalt auf den Gegenstand gerichteten Gemüth empfunden, daß sich die Ansichten, Gefühle und Ansprüche der Persönlichkeit darin verlieren und auflösen. Diese Stimmung hervorzubringen und zu nähren, ist der letzte Zweck des Geschichtschreibers, den er aber nur dann erreicht, wenn er seinen nächsten, die einfache Darstellung des Geschehenen, mit gewissenhafter Treue verfolgt.

Denn der Sinn für die Wirklichkeit ist es, den er zu wecken und zu beleben bestimmt ist, und sein Geschäft wird subjektiv durch die Entwicklung dieses Begriffs, so wie objektiv durch den der Darstellung umschrieben. Jede geistige Bestrebung, durch welche auf den ganzen Menschen gewirkt wird, besitzt etwas, das man ihr Element, ihre wirkende Kraft, das Geheimniß ihres Einflusses auf den Geist nennen kann, und was von den Gegenständen, die sie in ihren Kreis zieht, so sichtbar verschieden ist, daß sie oft nur dienen, dieses auf neue und veränderte Weise vor das Gemüth zu bringen. In der Mathematik ist dies die Isolirung auf Zahl und Linie, in der Metaphysik die Abstraktion von aller Erfahrung, in der Kunst die wundervolle Behandlung der Natur, daß Alles aus ihr genommen scheint, und doch nichts auf gleiche Weise in ihr gefunden wird. Das Element, worin sich die Geschichte bewegt, ist der Sinn für die Wirklichkeit, und in ihm liegen das Gefühl der Flüchtigkeit des Daseins in der Zeit, und der Abhängigkeit von vorhergegangenen und begleitenden Ursachen, dagegen das Bewußtsein der innern geistigen Freiheit, und das Erkennen der Vernunft, daß die Wirklichkeit, ihrer scheinbaren Zufälligkeit ungeachtet, dennoch durch innre Nothwendigkeit gebunden ist. Wenn man im Geist auch nur Ein Menschenleben durchläuft, wird man von diesen verschiedenen Momenten, durch welche die Geschichte anregt und fesselt, ergriffen, und der Geschichtschreiber muß, um die Aufgabe seines Geschäftes zu lösen, die Begebenheiten so zusammen stellen, daß sie das Gemüth auf ähnliche Weise, als die Wirklichkeit selbst, bewegen.

Von dieser Seite ist die Geschichte dem handelnden Leben verwandt. Sie dient nicht sowohl durch einzelne Beispiele des zu Befolgenden, oder Verhütenden, die oft irre führen, und selten belehren. Ihr wahrer und unermeßlicher Nutzen ist es, mehr durch die Form, die an den Begebenheiten hängt, als durch sie selbst, den Sinn für die Behandlung der Wirklichkeit zu beleben und zu läutern; zu verhindern, daß er nicht in das Gebiet bloßer Ideen überschweife, und ihn doch durch Ideen zu regieren; auf dieser schmalen Mittelbahn aber dem Gemüth gegenwärtig zu erhalten, daß es kein andres erfolgreiches Eingreifen in den Drang der Begebenheiten giebt, als mit hellem Blick das Wahre in der jedesmal herrschenden Ideenrichtung zu erkennen, und sich mit festem Sinn daran anzuschließen.

Diese innere Wirkung muß die Geschichte immer hervorbringen, was auch ihr Gegenstand sein möge, ob sie ein zusammenhängendes Gewebe von Begebenheiten, oder eine einzelne erzähle. Der Geschichtschreiber, der dieses Namens würdig ist, muß jede Begebenheit als Theil eines Ganzen, oder, was dasselbe ist, an jeder die Form der Geschichte überhaupt darstellen.

Dies führt auf die genauere Entwicklung des Begriffs der von ihm geforderten Darstellung. Das Gewebe der Begebenheiten liegt in scheinbarer Verwirrung, nur chronologisch und geographisch gesondert, vor ihm da. Er muß das Nothwendige vom Zufälligen trennen, die innere Folge aufdecken, die wahrhaft wirkenden Kräfte sichtbar machen, um seiner Darstellung die Gestalt zu geben, auf der nicht etwa ein eingebildeter, oder entbehrlicher philosophischer Werth, oder ein dichterischer Reiz derselben, sondern ihr erstes und wesentlichstes Erforderniß, ihre Wahrheit und Treue beruht. Denn man erkennt die Begebenheiten nur halb, oder entstellt, wenn man bei ihrer oberflächlichen Erscheinung stehen bleibt, ja der gewöhnliche Beobachter mischt ihnen alle Augenblicke Irrthümer und Falschheiten bei. Diese werden nur durch die wahre Gestalt verscheucht, die sich allein dem von Natur glücklichen, und durch Studium und Uebung geschärften Blick des Geschichtforschers enthüllt. Wie hat er es nun anzufangen, um hierin glücklich zu sein?

Die historische Darstellung ist, wie die künstlerische, Nachahmung der Natur. Die Grundlage von beiden ist das Erkennen der wahren Gestalt, das Herausfinden des Nothwendigen, die

Absonderung des Zufälligen. Es darf uns daher nicht gereuen, das leichter erkennbare Verfahren des Künstlers auf das, mehr Zweifeln unterworfne des Geschichtschreibers anzuwenden.

Die Nachahmung der organischen Gestalt kann auf einem doppelten Wege geschehen; durch unmittelbares Nachbilden der äußeren Umrisse, so genau Auge und Hand es vermögen, oder von innen heraus, durch vorhergängiges Studium der Art, wie die äußeren Umrisse aus dem Begriff und der Form des Ganzen entstehen, durch die Abstrahirung ihrer Verhältnisse, durch eine Arbeit, vermittelst welcher die Gestalt erst ganz anders, als der unkünstlerische Blick sie wahrnimmt, erkannt, dann von der Einbildungskraft dergestalt aufs neue geboren wird, daß sie, neben der buchstäblichen Uebereinstimmung mit der Natur, noch eine andere, höhere Wahrheit in sich trägt. Denn der größte Vorzug des Kunstwerks ist, die in der wirklichen Erscheinung verdunkelte, innere Wahrheit der Gestalten offenbar zu machen. Die beiden eben genannten Wege sind durch alle Zeiten und alle Gattungen hindurch die Kriterien der falschen und ächten Kunst. Es giebt zwei, der Zeit und der Lage nach, sehr weit von einander entfernte Völker, die aber beide für uns Anfangspunkte der Kultur bezeichnen, die Aegypter und Mexikaner, an welchen dieser Unterschied überaus sichtbar ist. Man hat, und mit Recht, mehrfache Aehnlichkeiten zwischen beiden gezeigt, beide mußten über die furchtbare Klippe aller Kunst hinweg, daß sie das Bild zum Schriftzeichen gebrauchten, und in den Zeichnungen der letzteren findet sich auch nicht Eine richtige Ansicht der Gestalt, da bei den ersteren in der unbedeutendsten Hieroglyphe Styl ist.* Sehr natürlich. In den mexikanischen Zeichnungen ist

* Es kam hier nur darauf an, das über die Kunst Gesagte mit einem Beispiele zu belegen; ich bin daher weit entfernt, hierdurch ein entscheidendes Urtheil über die Mexikaner zu fällen. Es giebt sogar Bildwerke von ihnen, wie der von meinem Bruder mitgebrachte Kopf im hiesigen Königlichen Museum, welche ein günstigeres Zeugniß über ihre Kunstfertigkeit fallen lassen. Wenn man bedenkt, wie wenig hoch hinauf unsre Kenntniß der Mexikaner geht, und welches geringe Alter die Gemälde haben, die wir

kaum eine Spur von Erahndung innerer Form, oder Kenntniß organischen Baues, alles geht also auf Nachahmung der äußeren Gestalt hinaus. Nun aber muß der Versuch des Verfolgens der äußeren Umrisse der unvollkommenen Kunst gänzlich mißlingen, und alsdann zur Verzerrung führen, da hingegen das Aufsuchen des Verhältnisses und Ebenmaßes auch aus der Unbehülflichkeit der Hand und der Werkzeuge hervorleuchtet.

Wenn man den Umriß der Gestalt von innen heraus verstehen will, muß man auf die Form überhaupt, und auf das Wesen des Organismus zurückgehn, also auf Mathematik und Naturkunde. Diese giebt den Begriff, jene die Idee der Gestalt. Zu Beidem muß, als Drittes, Verknüpfendes, der Ausdruck der Seele, des geistigen Lebens hinzukommen. Die reine Form aber, wie sie sich darstellt in der Symmetrie der Theile, und dem Gleichgewicht der Verhältnisse, ist das Wesentlichste, und auch das Früheste, da der noch frische, jugendliche Geist mehr von der reinen Wissenschaft angezogen wird, diese auch eher durchzubrechen vermag, als die, mancherlei Vorbereitung fordernde der Erfahrung. Dies ist an den ägyptischen und griechischen Bildwerken offenbar. Aus allen tritt zuerst Reinheit und Strenge der Form, die kaum Härte fürchtet, hervor, die Regelmäßigkeit der Kreise und Halbkreise, die Schärfe der Winkel, die Bestimmtheit der Linien; auf diesem sichern Grund erst ruht der übrige äußere Um-

kennen, so wäre es sehr gewagt, ihre Kunst nach demjenigen zu beurtheilen, was sehr leicht aus den Zeiten ihres äußersten Verfalls herrühren kann. Daß Ausgeburten der Kunst sogar neben ihrer höchsten Ausbildung bestehen können, ist mir ungemein auffallend an kleinen bronzenen Figuren gewesen, die man in Sardinien findet, denen man wohl ansieht, daß sie von Griechen, oder Römern herstammen, die aber in der Unrichtigkeit der Verhältnisse den mexikanischen nichts nachgeben. Eine Sammlung dieser Art findet sich im Collegium Romanum in Rom. Es ist auch aus andern Gründen wahrscheinlich, daß die Mexikaner in einer früheren Zeit und in einer andern Gegend, auf einer viel höhern Stufe der Bildung standen; selbst die historischen, in den Werken meines Bruders sorgfaltig gesammelten, und mit einander verglichenen Spuren ihrer Wanderungen deuten darauf hin.

riß. Wo noch die genauere Kenntniß der organischen Bildung fehlt, ist dies schon in strahlender Klarheit vorhanden, und als der Künstler auch ihrer Meister geworden war, als er fließende Anmuth zu verleihen, göttlichen Ausdruck einzuhauchen verstand, wäre es ihm nie eingefallen, durch diese zu reizen, wenn er nicht für Jenes gesorgt hatte. Das Unerlaßliche blieb ihm auch das Erste und Höchste.

Alle Mannigfaltigkeit und Schönheit des Lebens hilft daher dem Künstler nicht, wenn ihr nicht in der Einsamkeit seiner Phantasie die begeisternde Liebe zur reinen Form gegenüber steht. Dadurch wird es begreiflich, wie die Kunst gerade in einem Volk entstand, dessen Leben wohl nicht das beweglichste und anmuthigste war, das sich schwerlich durch Schönheit auszeichnete, dessen tiefer Sinn aber sich früh auf Mathematik und Mechanik wandte, das an ungeheuren, sehr einfachen, aber streng regelmäßigen Gebäuden Geschmack fand, das diese Architektonik der Verhältnisse auch auf die Nachahmung der menschlichen Gestalt übertrug, und dem sein hartes Material das Element jeder Linie streitig machte. Die Lage des Griechen war in allem verschieden; reizende Schönheit, ein reich bewegtes, zuweilen selbst regelloses Leben, eine mannigfaltige, üppige Mythologie umgaben ihn, und sein Meißel gewann dem bildsamen Marmor, ja in der ältesten Zeit dem Holze, leicht jede Gestalt ab. Desto mehr ist die Tiefe und der Ernst seines Kunstsinns zu bewundern, daß er, ungeachtet aller dieser Lockungen zu oberflächlicher Anmuth, die ägyptische Strenge nur noch durch gründlichere Kenntniß des organischen Baues erhöhte.

Es mag sonderbar scheinen, zur Grundlage der Kunst nicht ausschließend den Reichthum des Lebens, sondern zugleich die Trockenheit mathematischer Anschauung zu machen. Aber es bleibt darum nicht minder wahr, und der Künstler bedürfte nicht der beflügelnden Kraft des Genies, wenn er nicht bestimmt wäre, den tiefen Ernst streng beherrschender Ideen in die Erscheinung freien Spiels umzuwandeln. Es liegt aber auch ein fesselnder Zauber in der bloßen Anschauung der mathematischen Wahrheiten, der ewigen Verhältnisse des Raumes und der Zeit, sie mögen sich nun an Tönen, Zahlen, oder Linien offenbaren. Ihre Betrachtung gewährt durch sich selbst eine ewig neue Befriedigung in der Entdeckung immer neuer Verhältnisse, und sich immer vollkommen lösender Aufgaben. In uns schwächt nur den Sinn für die Schönheit der Form reiner Wissenschaft zu frühe und vielfache Anwendung.

Die Nachahmung des Künstlers geht also von Ideen aus, und die Wahrheit der Gestalt erscheint ihm nur vermittelst dieser. Dasselbe muß, da in beiden Fällen die Natur das Nachzuahmende ist, auch bei der historischen statt finden, und es fragt sich nur, ob und welche Ideen es giebt, die den Geschichtschreiber zu leiten im Stande sind?

Hier aber fordert das weitere Vorschreiten große Behutsamkeit, damit nicht schon die bloße Erwähnung von Ideen die Reinheit der geschichtlichen Treue verletze. Denn wenn auch der Künstler und Geschichtschreiber beide darstellend und nachahmend sind, so ist ihr Ziel doch durchaus verschieden. Jener streift nur die flüchtige Erscheinung von der Wirklichkeit ab, berührt sie nur, um sich aller Wirklichkeit zu entschwingen; dieser sucht bloß sie, und muß sich in sie vertiefen. Allein gerade darum, und weil er sich nicht begnügen kann bei dem losen äußern Zusammenhange des Einzelnen, sondern zu dem Mittelpunkt gelangen muß, aus dem die wahre Verkettung verstanden werden kann, so muß er die Wahrheit der Begebenheit auf einem ähnlichen Wege suchen, als der Künstler die Wahrheit der Gestalt. Die Ereignisse der Geschichte liegen noch viel weniger, als die Erscheinungen der Sinnenwelt, so offen da, daß man sie rein abzulesen vermöchte: ihr Verständniß ist nur das vereinte Erzeugniß ihrer Beschaffenheit, und des Sinnes, den der Betrachter hinzubringt, und wie bei der Kunst, läßt sich auch bei ihnen nicht Alles durch bloße Verstandesoperation, eines aus dem andern logisch herleiten, und in Begriffe zerlegen; man faßt das Rechte, das Feine, das Verborgne nur auf, weil der Geist richtig, es aufzufassen, gestimmt ist. Auch der Geschichtschreiber, wie der Zeichner, bringt nur Zerrbilder hervor, wenn er bloß die einzelnen Umstände der Begebenheiten, sie so, wie sie sich scheinbar darstellen, an einander reihend, aufzeichnet; wenn er sich nicht strenge Rechenschaft von ihrem innern Zusammenhange giebt, sich die Anschauung der wirkenden Kräfte verschaft, die Richtung, die sie gerade in einem bestimmten Augenblick nehmen, erkennt, der Verbindung beider mit dem gleichzeitigen Zustand, und den vorhergegangenen Veränderungen nachforscht. Um dies aber zu können, muß er mit der Beschaffenheit, dem Wirken, der gegenseitigen Abhängigkeit dieser Kräfte überhaupt vertraut sein, wie die vollständige Durchschauung des Besondern immer die Kenntniß des Allgemeinen voraussetzt, unter dem es begriffen ist. In diesem Sinn muß das Auffassen des Geschehenen von Ideen geleitet sein.

Es versteht sich indeß freilich von selbst, daß diese Ideen aus der Fülle der Begebenheiten selbst hervorgehen, oder genauer zu reden, durch die mit ächt historischem Sinn unternommene Betrachtung derselben im Geist entspringen, nicht der Geschichte, wie eine fremde Zugabe, geliehen werden müssen, ein Fehler, in welchen die sogenannte philosophische Geschichte leicht verfällt. Ueberhaupt droht der historischen Treue viel mehr Gefahr von der philosophischen, als der dichterischen Behandlung, da diese wenigstens dem Stoff Freiheit zu lassen gewohnt ist. Die Philosophie schreibt den Begebenheiten ein Ziel vor; dies Suchen nach Endursachen, man mag sie auch aus dem Wesen des Menschen und der Natur selbst ableiten wollen, stört und verfälscht alle freie Ansicht des eigenthümlichen Wirkens der Kräfte. Die teleologische Geschichte erreicht auch darum niemals die lebendige Wahrheit der Weltschicksale, weil das Individuum seinen Gipfelpunkt immer innerhalb der Spanne seines flüchtigen Daseins finden muß, und sie daher den letzten Zweck der Ereignisse nicht eigentlich in das Lebendige setzen kann, sondern es in gewissermaßen todten Einrichtungen, und dem Begriff eines idealen Ganzen sucht; sei es in allgemein werdendem Anbau und Bevölkerung des Erdbodens, in zunehmender Kultur der Völker, in innigerer Verbindung aller, in endlicher Erreichung eines Zustandes der Vollkommenheit der bürgerlichen Gesellschaft, oder in irgend einer Idee dieser Art. Von allem diesem hängt zwar unmittelbar die Thätigkeit und Glückseligkeit der Einzelnen ab, allein was jede Generation davon, als durch alle vorigen errungen, empfängt, ist nicht Beweis, und nicht einmal immer gleich bildender Uebungsstoff ihrer Kraft. Denn auch was Frucht des Geistes und der Sinnesart ist, Wissenschaft, Kunst, sittliche Einrichtung, verliert das Geistige, und wird zur Materie, wenn nicht der Geist es immer von neuem belebt. Alle diese Dinge tragen die Natur des Gedankens an sich, der nur erhalten werden kann, indem er gedacht wird.

Zu den wirkenden und schaffenden Kräften also hat sich der Geschichtschreiber zu wenden. Hier bleibt er auf seinem eigenthümlichen Gebiet. Was er thun kann, um zu der Betrachtung der labyrinthisch verschlungenen Begebenheiten der Weltgeschichte, in seinem Gemüthe eingeprägt, die Form *mitzubringen*, unter der allein ihr wahrer Zusammenhang erscheint, ist, diese Form von ihnen selbst *abzuziehen*. Der Widerspruch, der hierin zu liegen scheint, verschwindet bei näherer Betrachtung. Jedes Begreifen einer Sache setzt, als Bedingung seiner Möglichkeit, in dem Begreifenden schon ein Analogon des nachher wirklich Begriffenen voraus, eine vorhergängige, ursprüngliche Uebereinstimmung zwischen dem Subjekt und Objekt. Das Begreifen ist keineswegs ein bloßes Entwickeln aus dem ersteren, aber auch kein bloßes Entnehmen vom letzteren, sondern beides zugleich. Denn es besteht allemal in der Anwendung eines früher vorhandenen Allgemeinen auf ein neues Besondres. Wo zwei Wesen durch gänzliche Kluft getrennt sind, führt keine Brücke der Verständigung von einem zum andern, und um sich zu verstehen, muß man sich in einem andern Sinn schon verstanden haben. Bei der Geschichte ist diese vorgängige Grundlage des Begreifens sehr klar, da Alles, was in der Weltgeschichte wirksam ist, sich auch in dem Innern des Menschen bewegt. Je tiefer daher das Gemüth einer Nation alles Menschliche empfindet, je zarter, vielseitiger und reiner sie dadurch ergriffen wird, desto mehr hat sie Anlage, Geschichtschreiber im wahren Sinne des Worts zu besitzen. Zu dem so Vorbereiteten muß die prüfende Uebung hinzukommen, welche das Vorempfundene an dem Gegenstand berichtigend versucht, bis durch diese wiederholte Wechselwirkung die Klarheit zugleich mit der Gewißheit hervorgeht.

Ueber die Aufgabe des Geschichtschreibers [12. April 1821].
In: *Abhandlungen der Königlichen Akademie der Wissenschaften zu Berlin aus den Jahren 1820–1821.*
Berlin: Reimer 1822: 305–315.
(GS IV: 35–47)

II. Sprache

1. Über Denken und Sprechen

Über Denken und Sprechen (1795)

1. Das Wesen des Denkens besteht im Reflectiren, d. h. im Unterscheiden des Denkenden von dem Gedachten.

2. Um zu reflectiren, muss der Geist in seiner fortschreitenden Thätigkeit einen Augenblick still stehn, das eben Vorgestellte in eine Einheit fassen, und auf diese Weise, als Gegenstand, sich selbst entgegenstellen.

3. Die Einheiten, deren er auf diesem Wege mehrere bilden kann, vergleicht er wiederum unter einander, und trennt und verbindet sie nach seinem Bedürfniss.

4. Das Wesen des Denkens besteht also darin Abschnitte in seinem eignen Gange zu machen; dadurch aus gewissen Portionen seiner Thätigkeit Ganze zu bilden; und diese Bildungen einzeln sich selbst unter einander, alle zusammen aber, als Objecte, dem denkenden Subjecte entgegenzusetzen.

5. Kein Denken, auch das reinste nicht, kann anders, als mit Hülfe der allgemeinen Formen unsrer Sinnlichkeit geschehen; nur in ihnen können wir es auffassen und gleichsam festhalten.

6. Die sinnliche Bezeichnung der Einheiten nun, zu welchen gewisse Portionen des Denkens vereinigt werden, um als Theile andern Theilen eines grösseren Ganzen, als Objecte dem Subjecte gegenübergestellt zu werden, heisst im weitesten Verstande des Worts: Sprache.

7. Die Sprache beginnt daher unmittelbar und sogleich mit dem ersten Act der Reflexion, und so wie der Mensch aus der Dumpfheit der Begierde, in welcher das Subject das Object verschlingt, zum Selbstbewusstseyn erwacht, so ist auch das Wort da – gleichsam der erste Anstoss, den sich der Mensch selbst

giebt, plötzlich still zu stehen, sich umzusehen und zu orientieren.

8. Der Sprache suchende Mensch sucht Zeichen, unter denen er, vermöge der Abschnitte, die er in seinem Denken macht, Ganze als Einheiten zusammenfassen kann. Zu solchen Zeichen sind die unter der Zeit begriffenen Erscheinungen bequemer, als die unter dem Raume.

9. Die Umrisse ruhig neben einander liegender Dinge vermischen sich leicht vor der Einbildungskraft, wie vor dem Auge. In der Zeitfolge hingegen schneidet der gegenwärtige Augenblick eine bestimmte Gränze zwischen dem vergangenen und zukünftigen ab. Zwischen Seyn und Nicht mehr seyn ist keine Verwechselung möglich.

10. Das Auge unmittelbar und für sich allein würde keine anderen Gränzen, als zwischen verschiedenen Farben, nicht aber durch die Umrisse zwischen verschiedenen Gegenständen bestimmen. Es kommt zu dieser Bestimmung nur entweder durch die tastende, also in einer Zeitfolge den Körper umgleitende Hand, oder durch die Bewegung, mit welcher ein Gegenstand sich von dem anderen losreisst. Auf das eine oder andre bauet dasselbe nachher alle seine analogischen Schlüsse.

11. Die schneidendsten unter allen Veränderungen in der Zeit sind diejenigen, welche die Stimme hervorbringt. Sie sind zugleich die kürzesten, und aus dem Menschen selbst mit dem Hauche, der ihn belebt, hervorgehend, und augenblicklich verhallend, bei weitem die lebendigsten und erweckendsten.

12. Die Sprachzeichen sind daher nothwendig Töne, und nach der geheimen Analogie, die zwischen allen Vermögen des Menschen ist, musste der Mensch, sobald er deutlich einen Gegenstand als geschieden von sich erkannte, auch unmittelbar den Ton aussprechen, der denselben bezeichnen sollte.

13. Dieselbe Analogie wirkte weiter fort. Als der Mensch Sprachzeichen suchte, hatte sein Verstand das Geschäft zu unterscheiden. Er bildete ferner dabei Ganze, die nicht wirkliche Dinge, sondern Begriffe, also eine freie Behandlung, abermalige

Trennung und neue Verbindung, zulassend, waren. Diesem gemäss wählte also auch die Zunge artikulirte Töne, solche die aus Elementen bestehen, welche vielfache neue Zusammensetzungen erlauben.

14. Solche Töne giebt es sonst in der ganzen übrigen Natur nicht, weil niemand, ausser dem Menschen, seine Mitgeschöpfe zum Verstehen durch Mitdenken, sondern höchstens zum Handeln durch Mitempfinden einladet.

15. Der Mensch nimmt daher keinen einzigen Naturlaut, roh wie er ist, in seine Sprache auf, sondern bildet immer nur einen demselben ähnlichen artikulirten.

16. Er unterscheidet sogar sein eignes Empfindungsgeschrei gar sehr von der Sprache; und hierin leitet die Empfindung auch den Gebildetsten sehr richtig. Ist er so bewegt, dass er nicht mehr daran denken kann, den Gegenstand von sich selbst wenigstens in der Vorstellung loszureissen, so stösst er den Naturlaut aus; im entgegengesetzten Fall redet er, und erhöht nur den Ton nach Massgabe seines Affects.

GS VII: 581–583

2. Über Sprache und Dichtung

Aus: *Brief an Schiller* (Anfang September 1800)

Eine merkwürdige Eigenthümlichkeit bietet noch, dünkt mich, die Art dar, wie Sie die Sprache behandeln, das Verhältniß, in dem Sie zu ihr stehen. Da Sie weniger Verwandtschaft mit den bildenden Künsten besitzen, so bleiben Sie strenger bei demjenigen, was der Dichtkunst ausschließend angehört. Da Sie nicht gerade vorzugsweise die Beschauungskraft Ihres Lesers bei einem, nur mit Hülfe der Sprache geschilderten Gegenstand verweilen, so halten Sie Sich mehr an diejenige sinnliche Wirkung, welche die Sprache, als vom Menschen stammend, und mit allem in ihm verwandt, auf sein Denken und Empfinden, und mithin auf sein Vorstellen überhaupt ausübt. Sie behandeln dieselbe weniger als ein Mittel, einen Gegenstand (dem Sie hauptsächlich das Gelingen Ihrer Wirkung anvertrauten) zu zeigen; sondern bei weitem mehr als ein Erzeugniß des menschlichen Geists, wodurch er sich das ihm Fremde menschlich aneignet und durch dessen zweckmäßigen Gebrauch er bestimmt werden kann, eine Reihe von Anschauungen und Empfindungen aus sich selbst zu entwickeln.

Die Sprache stellt offenbar unsre ganze geistige Thätigkeit subjectiv (nach der Art unsres Verfahrens) dar; aber sie erzeugt auch zugleich die Gegenstände, insofern sie Objecte unsres Denkens sind. Denn ihre Elemente machen die Abschnitte in unserm Vorstellen, das, ohne sie, in einer verwirrenden Reihe fortgehen würde. Sie sind die sinnlichen Zeichen, woran wir die verschiedenen Sphären der einzelnen Gegenstände bestimmen, und wodurch wir (um alle falsche Vorstellung eines räumlichen Stoffs zu vermeiden) gewisse Positionen unsres Denkens zu Einheiten machen, die sich zu andern Zusammensetzungen und Verrichtungen brauchen lassen. Die Sprache ist daher, wenn nicht überhaupt, doch wenigstens sinnlich das Mittel, durch welches der Mensch zugleich sich selbst und die Welt bildet, oder vielmehr seiner dadurch bewußt wird, daß er eine Welt von sich abscheidet.

Sie übt aber auf die Art unsres Denkens einen andren gleich wichtigen Einfluß aus. Die Analogie ihrer Bildung, die sie eigentlich zu einer Sprache und zu dieser oder jener bestimmten macht, verbindet jeden einzelnen Theil in ihr aufs festeste mit allen übrigen, und denken wir uns dieselbe sehr groß, oder nehmen wir unsern Sinn für sie sehr geschärft an, so wirkt der Theil gerade ebenso auf uns, als das Ganze. Die Sprache wirkt daher nicht bloß, wie ein Gemälde durch ein Zusammennehmen der neben einander stehenden Parthien, sondern zugleich und sogar hauptsächlich, wie eine Musik, in welcher die vergangenen und noch folgenden Töne nur dadurch in dem gegenwärtigen mitwirken, daß sie ihn verstärken und brauchen. Eben das nun ist auch der Fall mit unsrer geistigen Thätigkeit. Das Vergangne ist vergangen, das jetzt Thätige ist nur die durch alle bisherige Uebung gestärkte und zu dieser Thätigkeit in diesem Augenblick bestimmte Kraft. Da wir aber die Sprache selbst, und nur nach und nach und nur für und durch unser Denken mühsam gebildet haben (ein Fall, in dem sich jeder befindet, dem Wörter mehr als leere Schälle sind, da jedes ächte Verstehen ein neues Prägen von Ausdrücken ist) so bringt uns die Sprache unaufhörlich die Arbeit unseres Geistes, und zwar in lauter bis auf einen gewissen Punkt gelungenen, aber immer nur halb vollendeten Versuchen zurück, die also auch immerfort zum weiteren Fortarbeiten zugleich Stimmung und Leitung gewähren.

Das nun ist es, was ich die eigentliche Kraft der Sprache nennen möchte, ihre Fähigkeit, den Trieb und die Kraft zu erhöhen, immerfort – wie Sie es nennen wollen – mehr Welt mit sich zu verknüpfen, oder aus sich zu entwickeln. Indeß ist auch so das Resultat ihres Wirkens nur auf dem Wege zum Ziele, nicht an diesem selbst ausgedrückt. Es kommt nicht auf mehr oder weniger, nicht auf Reichthum des Besitzes, sondern auf die Stärke der Kraft an. Alle unsre Endlichkeit rührt daher, daß wir uns nicht unmittelbar durch und an uns selbst, sondern nur in einem Entgegensetzen eines andren erkennen können, besteht in einem ewigen Trennen, unsres Wesens in einzelne Kräfte, der Welt in einzelne Gegenstände, der Menschheit in einzelne Menschen, des Daseyns in vorübergehende Zeiten. Da diese Endlichkeit nicht in der That aufgehoben werden kann, so muß sie es in der Idee; da es nicht auf göttliche Weise geschehen kann, muß es auf menschliche. Des Menschen Wesen aber ist es, sich erkennen in einem Andern; daraus entspringt sein Bedürfniß und seine Liebe. Das Einzige, was daher übrigbleibt, ist alle, zu irgend einer Zeit, und auf irgend eine Weise erlangte Stärke und jegliche Richtung der inneren Kraft so eng in Einen Augenblick zu versammeln, daß, da einmal keiner erscheinen kann, in dem sie unendlich und in Verschmelzung mit einem unendlichen Object wirke, sie doch immer einen ereile, in dem es voller, an einem größeren Object und in innigerer Berührung mit demselben geschehe. Dahin aber zu gelangen, ist die Sprache das einzige sinnliche und – als aus der innersten Menschheit stammend, und nur in ihr möglich – menschliche Mittel, und zu diesem Zweck muß man sie brauchen und tauglich machen.

Daß man aber die Bestimmung des Menschen so festsetze, und sie weder in einer Wirkung, noch in der ganzen Menschheit, noch in der Dauer eines ganzen Daseyns suche, scheint mir nothwendig. Wer dies letztere thut, sieht den, für den er doch sorgen will, mehr oder weniger als ein Werkzeug zu fremden Zwecken an. Ein fühlendes und wirkendes Wesen kann die höchste Befriedigung nur in eigener That, und nur in Einem ungetheilten Augenblick, in der Gegenwart finden. Die Zukunft erinnert an Bedürfniß, und die Erinnerung der Vergangenheit ist wehmüthig oder kalt.

In dies Geschäft, die Sprache diesem höheren Bildungszweck zuzuführen, greift nun geradezu, (und zwar allein unter allen Künsten) die Dichtkunst ein, wenn dieselbe nemlich ihrem Endzweck vollkommene Genüge leistet. Denn alsdann bestimmt sie die Sprachfähigkeit (d. i. die Fähigkeit, innere Gedanken und Empfindungen und äußere Gegenstande vermöge eines sinnlichen Mediums, das zugleich Werk des Menschen und Ausdruck der Welt ist, gegenseitig aus einander zu erzeugen, oder vielmehr seiner selbst, indem man sich in beide theilt, klar zu werden) diese Fähigkeit bestimmt sie, thätig, und allein den Gesetzen der Einbildungskraft gemäß thätig zu seyn. Indem sie also den Menschen nöthigt, künstlerisch zu wirken, nöthigt sie ihn zugleich, nicht nur mit seiner ganzen Menschheit (denn das thut alle Kunst) sondern auch gerade auf die einzige Weise zu wirken, auf welche der Mensch vor sich selbst klar werden, und da von dieser Klarheit alle Ausbildung abhängt, auf welche er sich ausbilden kann.

Wer die Dichtkunst anders behandelt, und leider geschieht dies nur zu oft, der verwandelt sie bloß in eine Malerei und Musik durch Sprache oder in ein Raisonnement durch Bilder und erkauft einen größeren Umfang der Kunst durch einen beträchtlichen Verlust an Stärke. Um bis auf jenen eigentlichen Punkt zu gelangen, muß man, außer dem Künstler, zugleich in hohem Verstande Mensch seyn, und da nun neue mächtige Kräfte beschworen und bewegt werden, so gehört wieder mehr Künstlergewalt dazu, diese der Einbildungskraft zu unterwerfen. Da es aber in jenem Punkt durchaus darauf ankommt, daß der Mensch sich *im Ganzen* verstehe und bilde, so rückt man dem Ziele näher, je mehr sentimentalen und philosophischen Gehalt man den Werken der Dichtkunst giebt, oder vielmehr je mehr man die Kräfte des Menschen gerade aus dem Punkte bewegt, von dem aus sich alle auf Einmal aus der Stelle heben lassen. Darum hat unter allen Künsten wenigstens die Dichtkunst gewiß Fortschritte gemacht. Denn wenn gleich die Alten mehr sinnliche Schönheit der Sprache besitzen, so hat unsere Sprache – vermöge des Fortrückens der Menschheit überhaupt – eine feinere intellectuelle Ausbildung und eine den Menschen tiefer und innerlicher bewegende Kraft. Wo in Absicht der Kunst überhaupt die Alten unläugbar voranstehn, finden wir bei der wahren Eigenthümlichkeit der Dichtkunst aufs mindeste Ersatz.

Allein auch bei gleich richtiger Behandlung der Sprache kann man dieselbe mehr, als Gegenstände malend und Empfindungen ausdrückend brauchen, und mehr (indem sie dasselbe thut) wie ein bloßes Vehikel der Kraft, die, Anschauungen und Empfindungen auffassend, nur ihrer Thätigkeit Luft und Bahn sucht, und das Letztere scheint mir in Ihnen, vorzüglich in Vergleichung mit Göthe, charakteristisch. Bei gleichem Ziel und gleichen Resultaten ist es ein wichtiger Unterschied, von welcher Seite man ausgeht, und in der Sprache vereinigt sich einmal die Welt, die sie darstellt und der Mensch, der sie schaft. Sollte nicht Göthe mehr jene im Auge haben, nicht gleichsam seine anschauende und empfindende Kraft mit seiner ausdrückenden messen, darin oft ringen, und das Werkzeug anklagen, das er gebrauchen muß, die Sache – gerade darum weil er eine mehr auf Anschauung gehende Stimmung hat – mehr und deutlicher von demselben trennen? Sollten Sie hingegen – mit einer subjectiveren Stimmung – nicht mehr die Richtung, die Bahn überhaupt, als den einzelnen Gegenstand verfolgen, mehr seine Beziehung auf den Menschen (sein Abstammen aus ihm und sein Rückwirken auf ihn) als ihn selbst und getrennt ins Auge fassen, sollte darum der Ausdruck nicht ihn freiwilliger hervorrufen, und sollten Sie nicht seltner die Sprache der Armuth beschuldigen, ja sie weniger abgesondert von der Sache betrachten? Wenigstens scheint mir Göthe's Sprache da, wo sie auf *seine* Weise (denn ich übergehe bei Ihnen beiden allgemeine Vorzüge) schön ist, sich vorzüglich durch die Reinheit des Maßes auszuzeichnen, in dem jeder Ausdruck die volle Sache, sie ganz und nichts als sie giebt. Wo es die Ihrige ist, da bewundre ich ein reiches und prächtiges Fortrollen der Ausdrücke, das uns mit sich fortreißt, jedes Bild, jede Empfindung bestimmt (aber nur das) hervorruft, und vor der folgenden wieder verlöscht. Sie haben beide auch im Stil, und ich glaube in gleichem Grade, das Verdienst, genau den Punkt zu treffen, in dem Objectivität und Subjectivität sich streng die

Wage halten müssen. Insofern es aber der Sprache ausschließend zugehört, nicht bloß Zeichen eines Gegenstandes zu seyn, sondern denselben dem Menschen durch Intellectualisirung näher zu bringen, behandeln Sie dieselbe mehr ihrer Eigenthümlichkeit gemäß, und die Dichtkunst mehr, wie eine redende Kunst – als von der Seite, wo sie der bildenden verwandt ist.

Schillers Werke. Nationalausgabe. 38, I. Weimar: Böhlau 1975: 334–338.

3. Vergleichung aller Sprachen

Aus: *Ueber das Sprachstudium, oder Plan zu einer systematischen Encylopaedie aller Sprachen* (1801/02)

Es ist eine merkwürdige Erscheinung, dass unter den mannigfaltigen wissenschaftlichen Bemühungen, welche unser Zeitalter aufzuweisen hat, ein reicher, grosser und gemeinnütziger Vorwurf des Nachdenkens und der Untersuchung durchaus unbearbeitet geblieben ist – die Vergleichung der verschiedenen Sprachen alter und neuerer Zeit.

Vielen zwar dürfte diese Behauptung vielleicht wunderbarer scheinen, als die Sache selbst, da viele gewiss in der Meynung stehen, dass dieser Gegenstand, wenn auch nicht erschöpft, doch wenigstens von vielen Seiten bearbeitet sey. Allein das Wesentliche beruht allein auf der, soviel ich weiss, noch nirgends auch nur versuchten Allgemeinheit des Unternehmens; es müssen alle Sprachen, von denen sich nur irgend noch Spuren auftreiben lassen, und zwar alle nach denselben Grundsätzen verglichen werden; der ganze bekannte Sprachvorrath mit der ganzen durch die Vernunft darzustellenden Natur des Menschen, und allen aus der Geschichte erweislichen Schicksalen seiner verschiedenen Stämme. Dieser Gesichtspunkt ist bis jetzt kaum gefasst, am wenigsten aber bis auf einen irgend befriedigenden Punkt verfolgt worden.

Ein Unternehmen, das an sich ungeheuer ist, nur angefangen, nicht vollendet zu haben, kann auch einem ganzen Zeitalter nie zum Vorwurf gereichen. Es kann daher nur davon die Rede seyn, die Idee verfehlt zu haben. Nun hat man zwar oft Sprachvergleichungen angestellt, allein bald zum Behuf historischer Untersuchungen, bald um die chimärische Vorstellung einer Ursprache zu begründen, bald bloss zur Erleichterung des Erlernens dieser oder jener einzelnen Sprache; seit einigen Jahren hat man zwar auch in sogenannten allgemeinen Sprachlehren wohl angeführt, wie diese oder jene Sprache diese oder jene Aufgabe auflöse, allein immer nur einzeln und beispielsweise. Den Gedanken aber, die ganze Masse des Sprachvorraths, so vollständig als möglich, zu sammeln, nach allen denkbaren Gesetzen der Analogie zu vergleichen, und daraus einmal, als aus einer Wirkung, auf die Verfahrungsart des Menschen, die Sprache zu erfinden und fortzubilden, rückwärts, dann aber, als aus einer Ursach, auf die eigne Bildung desselben vorwärts zu schliessen, und zwar beides immer zugleich mit philosophischer Rücksicht auf seine allgemeine Natur, und mit historischer auf die verschiedenen Schicksale der Völker; dieser Gedanke, behaupte ich, ist es, den man bisher übersehen hat, und der so sehr eine ernsthafte Betrachtung verdient, dass mit ihm, nicht zwar eine neue Wissenschaft, aber ein neues Studium in die Reihe der bisherigen eingeführt wird.

Es ist der Zweck dieser Abhandlung diese Behauptung gehörig auseinanderzusetzen und zu beweisen. Sie soll nur den Gedanken zu einem Plane vorlegen, wie das Sprachstudium, der Meynung ihres Verfassers nach, von jetzt an systematisch betrieben werden müsste. Findet derselbe Beifall bei kundigen Männern, so können viele gemeinschaftlich an die Ausführung Hand anlegen. Denn das Beruhigende bei diesem Plane ist, dass das Schwierige nur in der Ausführung besteht, die aber auch mit der Zeit und von mehreren zu Stande gebracht werden kann, die Anwendung und Benutzung aber hernach leicht, und jedem, auch dem minder Gebildeten, zugänglich ist; und dass, wenn auch der Hauptzweck des Unternehmens vielen minder einleuchtete, immer ein höchst bedeutender Nebenzweck übrigbleibt, eine solche Erleichterung des Spracherlernens nemlich, als man bisher wenigstens praktisch nie gekannt hat.

Die Hauptschwierigkeit alles Lernens besteht darin, sich zu rechter Zeit zu orientiren, dem Gedächtniss durch Regeln zu Hülfe zu kommen. Nirgends fühlt man dies Bedürfniss so dringend, als beim Sprachunterricht. Wie man jetzt gewöhnlich Sprachen lernt, geräth man in einen Wald von Wörtern, die durch nichts unter sich zusammenhängen, in der Grammatik herrscht zwar einige Ordnung mehr, aber auch hier wird man von einer Menge von Formen ermüdet, von denen man nirgends einen Grund einsieht. Dennoch fühlt man, dass diese Zeichen in der Natur so unzusammenhängend nicht sind, als sie es in der Lehrmethode scheinen; wenn man eine Zeitlang eine Sprache getrieben hat, wird einem klar, wovon man bisher keinen Grund einsah, und man gewinnt einen Tact, das noch nicht eigentlich Gelernte, nicht zu errathen, sondern mit Sicherheit zu erahnden. Jeder, der viel Sprachen erlernt und sich selbst dabei beachtet hat, wird sich erinnern, fast in jeder durch sich selbst auf Bemerkungen gestossen zu seyn, die ihm auf einmal ein helles Licht gaben, und die, früher mitgetheilt, ihm eine grosse Mühe erspart haben würden. Wer daher den Muth hat, eine Sprache für sich selbst, und ohne einen Lehrmeister zu lernen, wird immer damit anfangen, die ganze Grammatik derselben genau durchzulesen, und das Lexicon wenigstens oft zu durchlaufen. Er wird seiner Einbildungskraft so viel aus derselben genommene Formen, als möglich, gegenwärtig erhalten, und es dann seiner eignen Sprachbildungsfähigkeit überlassen, sich aus diesen einzelnen Formen einen allgemeinen Typus der Form der Sprache selbst abzuziehen. Denn in der Sprache verfährt jeder, am sichtbarsten das mehr schaffende, als bloss dem Gedächtniss vertrauende Kind, nach dunkel empfundenen Analogieen fortbildend, und nach eben diesen baut man sich auch, immer zugleich selbstthätig, nie bloss empfangend, in eine fremde erlernte Sprache hinein. Es kommt nur darauf an, den Geist ihrer Analogie zu finden, und dies ist bei allem Spracherlernen der kritische Punkt, von dem an erst aller Nutzen und alles eigentliche Vergnügen desselben anhebt.

Nicht bloss aber die Elemente einer Sprache, sondern auch mehrere unter einander stehen unter Gesetzen einer gemeinschaftlichen Analogie. Dies kann auch der oberflächlichen Beobachtung nicht entgehn, und es ist eine bekannte Erfahrung, dass wer einmal mehrere Sprachen gründlich erlernt hat, sich in eine neue nicht nur mit Leichtigkeit einstudirt, sondern auch, dem eigentlichen Erlernen mit seinem einmal geübten Sprachgefühl vorausgehend, ihre Eigenthümlichkeiten schon auf halbem Wege erräth.

Jetzt nun pflegt man jede Sprache isolirt zu erlernen; man legt dabei höchstens die allgemeinen philosophischen Sätze zum Grunde, die sich auch fast nur auf die Grammatik, sehr wenig auf die Wortbildung beziehen. Diesem Mangel würde eine systematisch angelegte Sprachencyclopädie gründlich abhelfen. Sie würde von der metaphysischen Analyse des Sprachvermögens ausgehn, nach dieser die zufälligen Umstände entwickeln, welche auf die Sprachbildung Einfluss gehabt haben, und auf diese Weise von allen Gesichtspunkten aus die gegenseitigen Beziehungen des Menschen zu der Sprache betrachten. Hätte sie nun so zugleich aus der Vernunft und der Erfahrung die verschiedenen Arten aufgezählt, wie die verschiedenen Nationen der Erde die mannigfaltigen in der Sprache vorkommenden Aufgaben jede für sich aufgelöst haben, und damit das Gemählde der möglichen Sprachverschiedenheit vollendet; so würde sie nunmehr den Charakter jeder einzelnen schildern, und zwar immer, sie nach den Graden ihrer Verwandtschaft gruppenweis zusammenstellend, von den ähnlicheren zu den mehr abweichenden übergehen. Wer nun eine solche Encyclopaedie zu Rathe zöge, würde nicht nur die fremde Sprache, die er erlernen wollte, genau nach ihren Eigenthümlichkeiten geschildert, sondern auch gleich unter allen bekannten in ihren wahren Platz gestellt finden; er würde schon durchaus mit ihrem Gebäude vertraut zum Studium derselben hinzukommen, und durch die systematische Uebersicht des ganzen Sprachverfahrens des Menschen seinen Sinn, überhaupt in den Genius einer Sprache einzudringen, noch ausserdem auf eine wunderbare Weise geschärft fühlen.

Diese Erleichterung des Sprachstudiums bliebe indess immer nur ein minder wichtiger Nebenzweck einer solchen Encyclopädie aller Sprachen; der hauptsächlichste wäre der, die Sprache an und für sich selbst als ein wichtiges und gemeinnütziges Studium zu zeigen.

Man hat zwar längst aufgehört, die Verschiedenheit der Sprachen als ein nachtheiliges Hinderniss der Cultur und ihre Erlernung als ein nothwendiges Uebel bei der Erziehung anzusehn; aber noch ist es nicht dahin gekommen, die Sprache nicht als ein blosses Mittel zu betrachten, sich die Nation, der sie angehört, oder die Schriftsteller derselben verständlich zu machen. Daher denn die falsche Schätzung der Wichtigkeit der Sprachen nach der Vorzüglichkeit ihrer Litteraturen, die gänzliche Geringschätzung derer, die gar keine Litteratur besitzen, und die verkehrte Lehrmethode, alles nur auf das Verständniss der Schriftsteller hin zu richten.

Die Sprache, und nicht bloss im Allgemeinen, sondern jede besondre, auch die ärmste und roheste, ist an und für sich ein des angestrengtesten Nachdenkens würdiger Gegenstand. Sie ist nicht bloss, wie man gewöhnlich zu sagen pflegt, der Abdruck der Ideen eines Volks, für viele ihrer Zeichen lassen sich die Ideen gar nicht abgesondert von ihr aufzeigen; sie ist die gesammte geistige Energie desselben, gleichsam durch ein Wunder in gewisse Töne gebannt, in dieser Gestalt durch den innren Zusammenhang dieser Klänge andern verständlich, und wieder die ähnliche Energie in ihnen, nur auf ihre Weise, erweckend. Der Mensch geht zwar über seine Sprache hinaus; er ist mehr, als er in Worten auszusprechen vermag; aber er muss den flüchtigen Geist in Worte fassen, um ihn zu heften, und die Worte als Stützen gebrauchen, um über sie selbst noch hinauszureichen. Mehrere Sprachen sind nicht ebensoviele Bezeichnungen einer Sache; es sind verschiedene Ansichten derselben, und wenn die Sache kein Gegenstand der äusseren Sinne ist, sind es oft ebensoviele, von jedem anders gebildete Sachen, in denen jeder nur soviel von dem seinigen wiederfindet, um das Fremde darin erfassen und in sich übertragen zu können. Es sind Hieroglyphen, in denen jeder die Welt und seine Phantasie abdrückt, und die sich, da Welt und Phantasie im Ganzen dieselben bleiben, und die Phantasie immer nach Gesetzen der Aehnlichkeit Bildungen an Bildungen reiht, gegenseitig wiedererzeugen, sich vervielfältigen und weiter bilden. Durch die Mannigfaltigkeit der Sprachen wächst unmittelbar für uns der Reichthum der Welt und die Mannigfaltigkeit dessen, was wir in ihr erkennen; es erweitert sich zugleich dadurch für uns der Umfang des Menschendaseyns, und neue Arten zu denken und empfinden stehen in bestimmten und wirklichen Charakteren vor uns da. Da die Sprachen immer ein Eigenthum ganzer Nationen sind, so dürfen wir in ihnen nie die Spitzfindigkeiten, oder die Ausschweifungen der Phantasie befürchten, deren sich oft Einzelne schuldig machen. Was sie uns darbieten, ist volle, reine und schlichte Menschennatur; wenn wir aber die Tiefen ihrer Geheimnisse durchdringen, so können wir unsre trockne Verstandescultur noch jetzt durch die jugendliche Einbildungskraft jener Völker auffrischen, die jeden Eindruck, wie die junge Welt ihn ihren noch unabgestumpften Sinnen darbot, in die Hülle eines beweglichen und lebendigen Bildes verschlossen.

Das Studium der Sprachen des Erdbodens ist also die Weltgeschichte der Gedanken und Empfindungen der Menschheit. Sie schildert den Menschen unter allen Zonen, und in allen Stufen seiner Cultur; in ihr darf nichts fehlen, weil alles, was den Menschen betrift, den Menschen gleich nahe angeht.

Aus dem bisher Gesagten wird hoffentlich jedem klar seyn, was der gegenwärtige Vorschlag eigentlich beabsichtigt, nichts andres nemlich, um es kurz zu wiederholen – als aus der Sprache (d. i. der Sprache im Allgemeinen und allen besondren Idiomen des Erdbodens) ein eignes, von allen übrigen abgesondertes, und in sich systematisch geordnetes Studium zu machen, und dasselbe als ein wichtiges, noch wenig beachtetes Mittel aufzustellen, den Menschen in den verschiedenen Stufen seiner Cultur kennen zu lernen und auszubilden, nebenher aber zur Erleichterung des Erlernens einzelner Sprachen zu benutzen.

GS VII: 598–603

4. Wort – Zeichen – Bild

Aus: *Latium und Hellas oder Betrachtungen über das classische Alterthum* (1806)

Wenn schon die Schilderung des Charakters eines Individuums oder gar einer Nation in Verlegenheit setzt, so thut dies noch mehr die des Charakters einer Sprache. Wer sie jemals versucht hat, wird bald inne werden, dass, wenn er etwas Allgemeines zu sagen im Begriff ist, er unbestimmt wird, und wenn er ins Einzelne eingehen will, die festen Gestalten ihm entschlüpfen, so wie eine Wolke, welche den Gipfel eines Berges deckt, wohl von fern eine feste Gestalt zeigt, aber in Nebel zerfliesst, so wie man in dieselbe hineintritt. Es wird daher, um diese Schwierigkeit dennoch glücklich zu überwinden, nothwendig seyn, uns in eine ausführlichere Abschweifung über Sprache überhaupt und die Möglichkeit der Verschiedenheit einzelner einzulassen.

Den nachtheiligsten Einfluss auf die interessante Behandlung jedes Sprachstudiums hat die beschränkte Vorstellung ausgeübt, dass die Sprache durch Convention entstanden, und das Wort nichts als Zeichen einer unabhängig von ihm vorhandenen Sache, oder eines eben solchen Begriffs ist. Diese bis auf einen gewissen Punkt freilich unläugbar richtige, aber weiter hinaus auch durchaus falsche Ansicht tödtet, sobald sie herrschend zu werden anfängt, allen Geist und verbannt alles Leben, und ihr dankt man die so häufig wiederholten Gemeinplätze: dass das Sprachstudium entweder nur zu äusseren Zwecken, oder zu gelegentlicher Entwickelung noch ungeübter Kräfte nothwendig; dass die beste Methode die am kürzesten zu dem mechanischen Verstehen und Gebrauchen einer Sprache führende; dass jede Sprache, wenn man sich ihrer nur recht zu bedienen weiss, ungefähr gleich gut ist; dass es besser seyn würde, wenn alle Nationen sich nur über den Gebrauch einer und ebenderselben verstünden, und was es noch sonst für Vorurtheile dieser Art geben mag.

Genauer untersucht zeigt sich nun aber von allem diesem das gerade Gegentheil.

Das Wort ist freilich insofern ein Zeichen, als es für eine Sache oder einen Begriff gebraucht wird, aber nach der Art seiner Bildung und seiner Wirkung ist es ein eignes und selbstständiges Wesen, ein Individuum, die Summe aller Wörter, die Sprache, ist eine Welt, die zwischen der erscheinenden ausser, und der wirkenden in uns in der Mitte liegt; sie beruht freilich auf Convention, insofern sich alle Glieder eines Stammes verstehen, aber die einzelnen Wörter sind zuerst aus dem natürlichen Gefühl des Sprechenden gebildet, und durch das ähnliche natürliche Gefühl des Hörenden verstanden worden; das Sprachstudium lehrt daher, ausser dem Gebrauch der Sprache selbst, noch die Analogie zwischen dem Menschen und der Welt im Allgemeinen und jeder Nation insbesondre, die sich in der Sprache ausdrückt, und da der in der Welt sich offenbarende Geist durch keine gegebene Menge von Ansichten erschöpfend erkannt werden kann, sondern jede neue immer etwas Neues entdeckt, so wäre es vielmehr gut die verschiedenen Sprachen so sehr zu vervielfältigen, als es immer die Zahl der den Erdboden bewohnenden Menschen erlaubt.

Dies vorausgeschickt lassen wir hier eine möglichst kurze Analyse der Natur der Sprache im Allgemeinen folgen, aus welcher sich dann bald ergeben wird, von welchen Seiten die besonderen Sprachen von einander abweichen, und in ihrem Werthe dem Grade nach verschieden seyn können.

Die Sprache ist nichts anders, als das Complement des Denkens, das Bestreben, die äusseren Eindrücke und die noch dunkeln inneren Empfindungen zu deutlichen Begriffen zu erheben, und diese zu Erzeugung neuer Begriffe mit einander zu verbinden.

Die Sprache muss daher die doppelte Natur der Welt und des Menschen annehmen, um die Einwirkung und Rückwirkung beider auf einander wechselseitig zu befördern; oder sie muss vielmehr in ihrer eignen, neu geschaffenen, die eigentliche Natur beider, die Realität des Objects und des Subjects, vertilgen, und von beidem nur die ideale Form beibehalten.

Ehe wir dies weiter, erklären, wollen wir vorläufig als den ersten und höchsten Grundsatz im Urtheil über alle Sprachen festsetzen:

dass dieselben immer in dem Grade einen höheren Werth haben, in welchem sie zugleich den Eindruck der Welt treu, vollständig und lebendig, die Empfindungen des Gemüths kraftvoll und beweglich, und die Möglichkeit beide idealisch zu Begriffen zu verbinden leicht erhalten.

Denn der reale aufgefasste Stoff soll idealisch verarbeitet und beherrscht werden, und weil Objectivität und Subjectivität – an sich Eins und dasselbe – nur dadurch verschieden werden, dass die selbstthätige Handlung der Reflexion sie einander entgegensetzt, da auch das Auffassen wirkliche, nur anders modificirte Selbstthätigkeit ist, so sollen beide Handlungen möglichst genau in Einer verbunden werden.

Das heisst: es soll eine freie Uebereinstimmung zwischen den ursprünglichen das Gemüth und die Welt beherrschenden Grundformen geben, die an sich nicht deutlich angeschaut werden können, die aber wirksam werden, sobald der Geist in die richtige Stimmung versetzt ist – eine Stimmung, die hervorzubringen gerade die Sprache, als ein absichtlos aus der freien und natürlichen Einwirkung der Natur auf Millionen von Menschen, durch mehrere Jahrhunderte, und auf weiten Erdstrichen entstandenes Erzeugniss, als eine eben so ungeheure, unergründliche, geheimnissvolle Masse, als das Gemüth und die Welt selbst, mehr, wie irgend etwas andres hervorzubringen im Stande ist.

So wenig das Wort ein Bild der Sache ist, die es bezeichnet, eben so wenig ist es auch gleichsam eine blosse Andeutung, dass diese Sache mit dem Verstande gedacht, oder der Phantasie vorgestellt werden soll. Von einem Bilde wird es durch die Möglichkeit, sich unter ihm die Sache nach den verschiedensten Ansichten und auf die verschiedenste Weise vorzustellen; von einer solchen blossen Andeutung durch seine eigne bestimmte sinnliche Gestalt unterschieden. Wer das Wort Wolke ausspricht, denkt sich weder die Definition, noch Ein bestimmtes Bild dieser Naturerscheinung. Alle verschiedenen Begriffe und Bilder derselben, alle Empfindungen, die sich an ihre Wahrnehmung anreihen, alles endlich, was nur irgend mit ihr in und ausser uns in Verbindung steht, kann sich auf einmal dem Geiste darstellen, und läuft keine Gefahr, sich zu verwirren, weil der Eine Schall es heftet und zusammenhält. Indem er aber noch mehr thut, führt er zugleich von den ehemals bei ihm gehabten Empfindungen bald diese, bald jene zurück, und wenn er in sich, wie hier, (wo man nur Woge, Welle, Wälzen, Wind, Wehen, Wald u. s. f. mit ihm vergleichen darf, um dies zu finden) bedeutend ist, so stimmt er selbst die Seele auf eine dem Gegenstande angemessene Weise, theils an sich, theils durch die Erinnerung an andere, ihm analoge. So offenbart sich daher das Wort, als ein Wesen einer durchaus eignen Natur, das insofern mit einem Kunstwerk Aehnlichkeit hat, als es durch eine sinnliche, der Natur abgeborgte Form eine Idee möglich macht, die ausser aller Natur ist, aber freilich auch nur insofern, da übrigens die Verschiedenheiten in die Augen springen. Diese ausser aller Natur liegende Idee ist gerade das, was allein die Gegenstände der Welt fähig macht, zum Stoff des Denkens und Empfindens gebraucht zu werden, die Unbestimmtheit des Gegenstandes, da das jedesmal Vorgestellte weder immer vollkommen ausgemahlt, noch festgehalten zu werden braucht, ja dasselbe vielmehr von selbst immer neue Uebergänge darbietet – eine Unbestimmtheit, ohne welche die Selbstthätigkeit des Denkens unmöglich wäre – und die sinnliche Lebhaftigkeit, die eine Folge der in dem Gebrauche der Sprache thätigen Geisteskraft ist. Das Denken behandelt nie einen Gegenstand isolirt, und braucht ihn nie in dem Ganzen seiner Realität. Es schöpft nur Beziehungen, Verhältnisse, Ansichten ab, und verknüpft sie. Das Wort ist nun bei weitem nicht bloss ein leeres Substratum, in das sich diese Einzelheiten hineinlegen lassen, sondern es ist eine sinnliche Form, die durch ihre schneidende Einfachheit unmittelbar anzeigt, dass auch der ausgedrückte Gegenstand nur nach dem Bedürfniss des Gedankens vorgestellt werden soll, durch ihre Entstehung aus einer selbstthätigen Handlung des Geistes die bloss auffassenden Seelenkräfte in ihre Grenzen zurückweist, durch ihre Veränderungsfähigkeit und die Analogie mit den übrigen Sprachelementen den Zusammenhang vorbereitet, den das Denken in der Welt zu finden, und in seinen Erzeugnissen hervorzubringen bemüht ist, und endlich durch seine Flüchtigkeit auf keinem Punkt zu verweilen, sondern von allen dem jedesmaligen Ziele zuzueilen gebietet. In allen diesen Hinsichten ist die Art der sinnlichen Form, die nicht gedacht werden kann, ohne nicht auf eine weiter unten zu untersuchende vielfache Weise selbst als solche eine Wirkung auszuüben, auf keine Weise gleichgültig, und es lässt sich daher mit Grunde behaupten, dass auch bei durchaus sinnlichen Gegenständen die Wörter verschiedener Sprachen nicht vollkommene Synonyma sind, und dass wer *ιππος*, *equus* und Pferd ausspricht, nicht durchaus und vollkommen dasselbe sagt.

Wo von unsinnlichen Gegenständen die Rede ist, ist dies noch weit mehr der Fall, und das Wort erlangt eine weit grössere Wichtigkeit, indem es sich noch bei weitem mehr als bei sinnlichen von dem gewöhnlichen Begriff eines Zeichens entfernt. Gedanken und Empfindungen haben gewissermassen noch unbestimmtere Umrisse, können von noch mehr verschiedenen Seiten gefasst und unter mehr verschiedenen sinnlichen Bildern, die jedes wieder eigne Empfindungen erregen, dargestellt werden. Wörter dieser Art sind daher, auch wenn sie Begriffe anzeigen, die sich vollkommen in Definitionen auflösen lassen, noch weniger gleichbedeutend zu nennen.

GS III: 166–170

5. Das gesamte Sprachstudium

Aus: *Einleitung in das gesammte Sprachstudium* (1810/11)

1. Unter einer *Einleitung in das gesammte Sprachstudium* verstehe ich den systematisch geordneten Inbegriff aller derjenigen leitenden Grundsätze und geschichtlichen Angaben, welche dazu dienen können, das Sprachstudium – es sey nun auf mehrere, oder alle Sprachen, oder auf eine einzelne, oder endlich auf die Natur der Sprache selbst gerichtet – zu erleichtern, zu berichtigen, zu erweitern, und fruchtbar zu machen.

2. Eine solche Einleitung muss daher das Allgemeinste umfassen, dem Tiefsten sich so sehr, als möglich nähern, und zugleich soweit zum Besondren hinabsteigen, als der Verstand noch Analogie und Zusammenhang aufzufinden vermag, und sein Geschäft nicht bloss dem Gedächtniss und der Uebung anvertrauen darf.

3. Man konnte der hier angedeuteten Lehre aber nur den Namen einer Einleitung in ein Studium geben, da weder von allen, noch von Einer Sprache eine Wissenschaft, oder Kunde, sondern von jeder nur ein *Studium* möglich ist. Denn jede Sprache ist unendlicher Natur, und erlaubt daher nicht, dass sie je vollständig ergründet, und noch viel weniger vollständig dargestellt werde.

4. So wie eine einzelne Sprache das Gepräge der Eigenthümlichkeit der Nation an sich trägt; so ist es höchst wahrscheinlich, dass sich in dem Inbegriff aller Sprachen die Sprachfähigkeit, und insofern derselbe davon abhängt, der Geist des Menschengeschlechts ausspricht.

Denn die Sprache ist ein selbstständiges, den Menschen eben so wohl leitendes, als durch ihn erzeugtes Wesen; und der Irrthum ist längst verschwunden, dass sie ein Inbegriff von Zeichen von, ausser ihr, für sich bestehenden Dingen, oder auch nur Begriffen sey.

Nichts berechtigt uns anzunehmen, dass die Mehrheit der Sprachen nur die Absonderung der Nationen, als eine naturnothwendige Folge, begleite, und dass derselben nicht eine viel wichtigere Absicht der Weltanordnung, oder eine viel tiefere Thätigkeit des menschlichen Geistes zum Grunde liege. Wir wissen vielmehr, dass jede einzelne Wirksamkeit desselben eine gewisse Einseitigkeit an sich trägt, die aber durch andre, zu ihr passende vervollständigt wird; und wir sehen, dass sich mehrere, genau erforschte Sprachen in ihren Vorzügen und Mängeln gegenseitig ergänzen. Vermuthlich ist dies daher bei allen, wenn gleich viele vor ihrer völligen Ausbildung untergehen, der Fall; und vermuthlich ist der eigentliche Grund der Vielheit der Sprachen das innere Bedürfniss des menschlichen Geistes, eine Mannigfaltigkeit intellectueller Formen hervorzubringen, welche ihre Schranke auf uns gleich unbekannte Weise, als die Mannigfaltigkeit der belebten Naturbildungen, findet. Will man diese Aehnlichkeit weiter verfolgen; so lässt sich vielleicht auch behaupten, dass eigentlich neue Sprachen nicht mehr entstehen; allein Spielarten viel mehr als in der, überhaupt weit fester begränzten physischen Natur.

5. Jede Sprache setzt dem Geiste derjenigen, welche sie sprechen, gewisse Gränzen, schliesst, insofern sie eine gewisse Richtung giebt, andre aus. Die Erforschung aller Sprachen kann daher darauf führen, zu sehen, welches der weiteste Aufflug ist, den eine gestattet, und auf welche Weise die Gränzen des menschlichen Geistes von dieser Seite gleichsam historisch zu bestimmen sind.

6. Diese Hauptaufgabe, so weit es geschehen kann, zu lösen, *die Sprachfähigkeit des Menschengeschlechts auszumessen*, muss das eigentliche Geschäft einer Einleitung in das gesammte Sprachstudium seyn.

Indem sie dahin strebt, erfüllt sie von selbst alle untergeordneten Forderungen.

7. Sie hat aber nur Bruchstücke des Werks der menschlichen Spracherzeugung vor sich. Das Meiste ist untergegangen; Vieles bleibt ewig unergründlich. Man muss sich daher vorzüglich auf dasjenige stützen, was die Vernunft über das Vorhandne hinaus, allein immer mit Hülfe desselben, zu erkennen im Stande ist.

8. Die erste hier nothwendige Untersuchung richtet sich daher auf die Sprache, und ihren Einfluss auf den Menschen, beide in ihrem allgemeinen Begriff genommen, und ohne Rücksicht auf individuelle Vielheit und Eigenthümlichkeit.

9. Zwischen dem Punkte, wo man alle Eigenthümlichkeit ausschliesst, bis zu dem, wo man alle bekannte zusammenfasst, zwischen dem Begriff des Menschen und dem Menschengeschlechte, liegt das ganze Gebiet der lebendigen Mannigfaltigkeit der wirklichen Sprachen, Nationen und Individuen; welches die Untersuchung vollständig prüfen, ausmessen, und bearbeiten, allein vorher die leitenden Grundsätze dazu in dem Charakter, welcher eine einzelne Sprache bestimmt, und in dem Zweck und der Beschaffenheit der Absonderung des Menschengeschlechts in Stämme, Nationen und Individuen aufsuchen muss.

10. Die Nothwendigkeit eigner und tief eindringender Untersuchungen über diese Gegenstände ergiebt sich bei der ersten selbst oberflächlichen Betrachtung der Sprachen. Denn wie Wolken auf einem Berggipfel nur, von fern gesehen, eine bestimmte Gestalt haben, allein wie man hineintritt, sich in ein nebligtes Grau verlieren; so ist die Wirkung und der Charakter der Sprachen zwar im Ganzen deutlich erkennbar, allein so wie man anfängt zu untersuchen, woran nun dieser Charakter im Einzelnen hängt, entschlüpft einem der Gegenstand gleichsam unter den Händen.

Eine zweite Schwierigkeit ist dass der Mensch von der Sprache immer in ihrem Kreise gefangen gehalten wird, und keinen freien Standpunkt ausser ihr gewinnen kann. Sobald er von irgend einem Wort auf den durch dasselbe bezeichneten Begriff übergehen will, so bleibt ihm (Gegenstände der Anschauung ausgenommen) kein anderes Mittel übrig, als Uebersetzung in eine andre Sprache, oder eine wieder nur durch Worte zusammenzusetzende Definition.

Der innige Zusammenhang zwischen der Sprache und dem Nationalcharakter lässt sich ferner darum schwer enträthseln, weil auch die ganze Materie des Charakters und seiner Abstufungen nach Nationen, und Individuen ganz neuer, mehr durchdringender Erörterungen bedarf, zum Theil aber in ein nie ganz durchforschbares Gebiet gehört.

Endlich lässt sich der im Vorigen angegebene Zweck nur erreichen, wenn man immer wieder auf den Grund der Erfahrung auftritt, und immer zu ihm zurückkehrt. Die Erfahrung führt aber hier unvermeidlich zu Irrthum und Einseitigkeit, wenn man nicht den ganzen vorhandenen Sprachstoff vollständig sammelt, sichtet, systematisch zusammenstellt, und mit einander vergleicht.

Ohne daher über diesen ganzen Gegenstand eine neue, eigne, in sich vollständig, und im Zusammenhange mit allen angränzenden Gebieten durchgeführte Untersuchung aufs Neue anzustellen, wird es nie möglich seyn, das Sprachstudium auf eine wahrhaft fruchtbringende Weise in die übrigen menschlichen Kenntnisse eingreifen zu lassen.

11. So grosse Fortschritte aber auch in unsrer Zeit Philosophie und Philologie gemacht haben, so sehr das Studium aller cultivirten Sprachen zugenommen hat, und so sehr, vorzüglich durch Missionarien und Reisende, die Aufmerksamkeit auch auf die rohen und nur durch ihren Bau interessirenden gerichtet worden ist; so ist dennoch für den hier angegebenen Gesichtspunkt noch unglaublich wenig geschehen.

In Absicht der philosophischen Ideen ist man fast nur innerhalb des dürftigen Gebietes der allgemeinen Grammatik stehen geblieben, hat aber auch diese nur selten als eine reine Vernunftwissenschaft, und nie als eine allgemein vergleichende Grammatik behandelt, sondern meistentheils als eine Mischung von Vernunftsätzen und höchst unvollständig gesammelten, mehr zufällig aufgegriffenen factischen Angaben.

In Absicht des historischen Stoffs hat man sich begnügt, Materialien zusammenzutragen, allein auch dies weder vollständig, noch rein genug, um zu allen Zwecken dienen zu können, gethan. Zu noch grösserem Unglück hat man fast überall daran Urtheile geknüpft, denen man es nur zu sehr ansieht, dass es ihnen an der sicheren Grundlage gehörig aufgestellter leitender Ideen fehlt.

Daher haben bis jetzt weder die philosophischen Wissenschaften, noch die Geschichte, am wenigsten aber die Einsicht in die Sprache selbst aus dieser so bearbeiteten allgemeinen Sprachkunde bedeutenden Gewinn gezogen. Die Etymologie aber, und die Lehre von der Abstammung und Verwandtschaft der Völker müssen sogar in sehr verdächtigen Ruf kommen, wenn man noch immer fortfährt, aus einigen Duzend mühselig aufgefundenen, in ihrem inneren Zusammenhang mit den übrigen ihrer Sprache gar nicht untersuchten Wörtern auf eine Verwandtschaft der Sprachen zu schliessen.

Daher kommt es denn natürlich, dass selbst wissenschaftlich gebildete Männer das Aufsuchen jedes Sprachüberrestes, als solchen, nur wie eine höchstens verzeihliche Neugierde ansehen, dass Philologen die Beschäftigung mit sogenannten barbarischen Sprachen für einen Entschluss der Verzweiflung derer achten, die in den klassischen nicht fortkommen können, und nur sehr Wenige begreifen, dass eine Sprache gar nicht allein durch ihre Literatur, auch nicht bloss durch den sich in ihr offenbarenden Charakter der Nation, und die sich aus ihr ergebenden historischen Aufschlüsse interessirt, sondern den Geist und die Empfindung noch viel anders durch ihren innern Bau und die Natur ihrer Grundbestandtheile anzieht und fesselt.

12. Die innere Harmonie dieses Baues, oft am jugendlichsten und einfachsten in den Sprachen der rohesten Völker, diese Beziehungen der Ausdrücke auf die feinsten Abstufungen des Gefühls, diese Andeutungen tiefer Einsicht in den Zusammenhang der Dinge durch die Verwandtschaft ihrer Bezeichnungen, und so manche andre überraschende Schönheit offenbart sich nur dann, wann man eine Sprache rein objectiv, und, mit Beiseitesetzung jedes andern Zwecks, um ihrer selbst willen untersucht. Und das verdient unstreitig dasjenige, was nicht eine Erfindung des Menschen, nicht ein Erzeugniss der Natur, sondern ein dem Menschen ohne sein Zuthun, und über alles sein im Bewusstseyn liegendes Vermögen hinaus gegebenes Instrument ist, das einen von keinem, der es spielt, je erschöpften Reichthum von Tönen, und in jedem einen nur nach und nach erkannten Gehalt bewahrt, das für die weiteste Tonleiter der Empfindungen besaitet ist, und indem es nur dem Geist und dem Gefühle zu folgen scheint, beiden erst die rechten Bahnen anweist, und ihnen die Flügel leiht, sie zu verfolgen. Wer von der Schönheit dieses Baues nicht ergriffen ist, hat ihn nie in seinem Zusammenhange zu durchschauen versucht; und in der That werden die Sprachen dermassen, als Mittel zu andern wichtigeren Zwecken betrachtet, dass die Meisten, Gelehrte und Sprachgelehrte nicht ausgenommen, ihr ganzes Leben hindurch in ihnen herumwandern, ohne sich einmal auf den Standpunkt zu stellen, von welchem sie das Ganze und seine Anordnung zu übersehen im Stande wären.

13. Wenn die gegenwärtige Arbeit Anleitung giebt, dass man die Sprache mehr als Sprache erkennt und fühlt, und dass das Wort, auch ausser seinem Alltagsgebrauche, anders an uns und in uns fruchtbar wird; so hat sie damit den vorzüglichsten, von ihr zu erwartenden Vortheil erreicht, und braucht sich nicht weiter um von selbst erfolgenden Nebennutzen zu kümmern.

Es würde eine ganz andre Klarheit der Begriffe, Bestimmtheit des Ausdrucks, und Besonnenheit des Bewusstseyns herrschen, wenn eine richtige Einsicht in den Zusammenhang der Muttersprache allgemeiner wäre; die Liebe zu ihr und zum Vaterlande und mit dieser die Innigkeit jedes Gefühls würde wachsen; der Mensch würde einen ihn immerfort anregenden, immer, unabhängig von seiner äusseren Brauchbarkeit, auf ihn zurückwirkenden Gegenstand mit sich herumtragen, wenn er aufhörte, die Sprache als ein fast verabredetes gleichgültiges Zeichen zu betrachten, und sie wie ein auf seinem Stamm empor geschossenes Gewächs ansähe, wenigstens eben so sehr seiner Aufmerksamkeit würdig, als die Gebirge und Flüsse, welche seinen Geburtsort umgeben. Eben dadurch würde er auch fremde Sprachen richtiger beurtheilen, und selbst bei geringerer Kenntniss derselben, als jetzt sehr gewöhnlich ist, ihr Verhältniss zu der seinigen fehlerfreier würdigen. Der Zahl der selbstthätigen Kräfte, welche sich mit ihm in Wechselwirkung stellen, würde sich eine mehr beigesellen; und da der Mensch und seine Sprache immerfort in gegenseitigem Einflusse auf einander stehen, so würde derselbe eindringender, fruchtbarer und geregelter werden.

Mit der erwachenden Lust an der Sprache, als Sprache würde auch der stolze Ekel hinwegfallen, mit dem noch so häufig jetzt auf Provinzial- und Volkssprache herabgesehen wird, und welcher den Keim des Hinsterbens aller Tüchtigkeit und Lebendigkeit in der Sprache und Nation in sich trägt. Dadurch würden die höheren Stände und das Volk einander näher treten, die Cultur würde eine gesundere Richtung erhalten, und man würde bei dem Volke williger für die Veredlung seiner Sprache Sorge tragen, wenn man anfienge ihre Frische, Innigkeit und Derbheit liebzugewinnen.

Aller wissenschaftliche Nutzen endlich, welchen Sprachuntersuchungen, auf welche Weise es immer sey, der Sprache und der Geschichte leisten können, erhält erst seine Vollendung, wenn alle Sprachen zusammengenommen werden, und man auf einmal den ganzen Stoff bearbeitet, welchen ihr gesammtes Gebiet umfasst. Es fehlt bis dahin der Untersuchung nicht bloss an Vollständigkeit, sondern auch die Richtigkeit des auf mangelhafte Kenntniss Gegründeten wird verdächtig.

14. Kein Einzelner kann hoffen, ein so ungeheures Gebiet ganz zu bearbeiten; dies kann nur den auf einander folgenden Bemühungen Vieler gelingen, die sich einander berichtigen und ergänzen. Am wenigsten könnte ich, und unter den Umständen, unter welchen ich diese Blätter beginne, mir schmeicheln, irgend etwas Vollständiges zu leisten. Es hat mir nur besser geschienen, selbst Hand an den Versuch zu legen, als bloss einen Entwurf dazu vorzuzeichnen. Sowohl die aufstossenden Schwierigkeiten, als die sich ergebenden Vortheile zeigen sich besser, wenn man den Weg selbst zu gehen unternimmt, als wenn man sich bloss ihn von einer Anhöhe zu übersehen versucht.

15. Um ihn ganz zurückzulegen, muss man drei Theile vollenden, welche man beinahe als drei verschiedene Werke ansehen kann:

einen allgemeinen, welcher aus dem weiten Umfange aller Sprachen nur dasjenige herausnimmt, was über die Sprache, ihre Natur und ihren Einfluss überhaupt Licht zu verbreiten vermag;

einen speciellen, der Alles in den wirklichen Sprachen Vorhandene, bloss darum, weil es vorhanden ist, sammelt, sichtet, und ordnet;

einen bloss geschichtlichen, welcher die Resultate der beiden ersten mit einander verbindet.

GS VII: 620–627

6. Übersetzen

Aus: Einleitung zu: *Aeschylos Agamemnon metrisch übersetzt* (1816)

Ein solches Gedicht [Humboldt spricht vom *Agamemnon*] ist, seiner eigenthümlichen Natur nach, und in einem noch viel andren Sinn, als es sich überhaupt von allen Werken grosser Originalitaet sagen lässt, unübersetzbar. Man hat schon öfter bemerkt, und die Untersuchung sowohl, als die Erfahrung bestätigen es, dass, so wie man von den Ausdrücken absieht, die bloss körperliche Gegenstände bezeichnen, kein Wort Einer Sprache vollkommen einem in einer andren Sprache gleich ist. Verschiedene Sprachen sind in dieser Hinsicht nur ebensoviel Synonymieen; jede drückt den Begriff etwas anders, mit dieser oder jener Nebenbestimmung, eine Stufe höher oder tiefer auf der Leiter der Empfindungen aus. Eine solche Synonymik der hauptsächlichsten Sprachen, auch nur (was gerade vorzüglich dankbar wäre) des Griechischen, Lateinischen und Deutschen, ist noch nie versucht worden, ob man gleich in vielen Schriftstellern Bruchstücke dazu findet, aber bei geistvoller Behandlung müsste sie zu einem der anziehendsten Werke werden. Ein Wort ist so wenig ein Zeichen eines Begriffs, dass ja der Begriff ohne dasselbe nicht entstehen, geschweige denn fest gehalten werden kann; das unbestimmte Wirken der Denkkraft zieht sich in ein Wort zusammen, wie leichte Gewölke am heitren Himmel entstehen. Nun ist es ein individuelles Wesen, von bestimmtem Charakter und bestimmter Gestalt, von einer auf das Gemüth wirkenden Kraft, und nicht ohne Vermögen sich fortzupflanzen. Wenn man sich die Entstehung eines Worts menschlicher Weise denken wollte (was aber schon darum unmöglich ist, weil das Aussprechen desselben auch die Gewissheit, verstanden zu werden, voraussetzt, und die Sprache überhaupt sich nur als ein Produkt gleichzeitiger Wechselwirkung, in der nicht einer dem andern zu helfen im Stande ist, sondern jeder seine und aller übrigen Arbeit zugleich in sich tragen muss, gedacht werden kann), so würde dieselbe der Entstehung einer idealen Gestalt in der Phantasie des Künstlers gleich sehen. Auch diese kann nicht von etwas Wirklichem entnommen werden, sie entsteht durch eine reine Energie des Geistes, und im eigentlichsten Verstande aus dem Nichts; von diesem Augenblick an aber tritt sie ins Leben ein, und ist nun wirklich und bleibend. Welcher Mensch, auch ausser dem künstlerischen und genialischen Hervorbringen, hat sich nicht, oft schon in früher Jugend, Gebilde der Phantasie geschaffen, mit denen er hernach oft vertrauter lebt, als mit den Gestalten der Wirklichkeit? Wie könnte daher je ein Wort, dessen Bedeutung nicht unmittelbar durch die Sinne gegeben ist, vollkommen einem Worte einer andern Sprache gleich seyn? Es muss nothwendig Verschiedenheiten darbieten, und wenn man die besten, sorgfältigsten, treuesten Uebersetzungen genau vergleicht, so erstaunt man, welche Verschiedenheit da ist, wo man bloss Gleichheit und Einerleiheit zu erhalten suchte. Man kann sogar behaupten, dass eine Uebersetzung um so abweichender wird, je mühsamer sie nach Treue strebt. Denn sie sucht alsdann auch feine Eigenthümlichkeiten nachzuahmen, vermeidet das bloss Allgemeine, und kann doch immer nur jeder Eigenthümlichkeit eine verschiedne gegenüberstellen. Dies darf indess vom Uebersetzen nicht abschrecken. Das Uebersetzen und gerade der Dichter ist vielmehr eine der nothwendigsten Arbeiten in einer Literatur, theils um den nicht Sprachkundigen ihnen sonst ganz unbekannt bleibende Formen der Kunst und der Menschheit, wodurch jede Nation immer bedeutend gewinnt, zuzuführen, theils aber und vorzüglich, zur Erweiterung der Bedeutsamkeit und der Ausdrucksfähigkeit der eignen Sprache. Denn es ist die wunderbare Eigenschaft der Sprachen, dass alle erst zu dem gewöhnlichen Gebrauche des Lebens hinreichen, dann aber durch den Geist der Nation, die sie bearbeitet, bis ins Unendliche hin zu einem höheren, und immer mannigfaltigeren gesteigert werden können. Es ist nicht zu kühn zu behaupten, dass in jeder, auch in den Mundarten sehr roher Völker, die wir nur nicht genug kennen (womit aber gar nicht gesagt werden soll, dass nicht eine Sprache ursprünglich besser als eine andre, und nicht einige andren auf immer unerreichbar wären), sich Alles, das Höchste und Tiefste, Stärkste und Zarteste ausdrücken lässt. Allein diese Töne schlummern, wie in einem ungespielten Instrument, bis die Nation sie hervorzulocken versteht. Alle Sprachformen sind Symbole, nicht die Dinge selbst, nicht verabredete Zeichen, sondern Laute, welche mit den Dingen und Begriffen, die sie darstellen, durch den Geist, in dem sie entstanden sind, und immerfort entstehen, sich in wirklichem, wenn man es so nennen will, mystischem Zusammenhange befinden, welche die Gegenstände der Wirklichkeit gleichsam aufgelöst in Ideen enthalten, und nun auf eine Weise, der keine Gränze gedacht werden kann, verändern, bestimmen, trennen und verbinden können. Diesen Symbolen kann ein höherer, tieferer, zarterer Sinn untergelegt werden, was nur dadurch geschieht, dass man sie in solchem denkt, ausspricht, empfängt und wiedergiebt, und so wird die Sprache, ohne eigentlich merkbare Veränderung, zu einem höheren Sinne gesteigert, zu einem mannigfaltiger sich darstellenden ausgedehnt. Wie sich aber der Sinn der Sprache erweitert, so erweitert sich auch der Sinn der Nation. Wie hat, um nur dies Beispiel anzuführen, nicht die Deutsche Sprache gewonnen, seitdem sie die griechischen Silbenmasse nachahmt, und wie vieles hat sich nicht in der Nation, gar nicht bloss in dem gelehrten Theile derselben, sondern in ihrer Masse, bis auf Frauen und Kinder verbreitet, dadurch entwickelt, dass die Griechen in ächter und unverstellter Form wirklich zur Nationallecture geworden sind. Es ist nicht zu sagen, wieviel Verdienst um die Deutsche Nation durch die erste gelungene Behandlung der antiken Silbenmasse Klopstock, wie noch weit mehr Voss gehabt, von dem man behaupten kann, dass er das klassische Alterthum in die Deutsche Sprache eingeführt hat. Eine mächtigere und wohlthätigere Einwirkung auf die Nationalbildung ist in einer schon hoch cultivirten Zeit kaum denkbar, und sie gehört ihm allein an. Denn er hat, was nur durch diese mit dem Talente verbundene Beharrlichkeit des Charakters möglich war, die denselben Gegenstand unermüdet von neuem bearbeitete, die feste, wenn gleich allerdings noch der Verbesserung fähige Form erfunden, in der nun, solange Deutsch gesprochen wird, allein die Alten deutsch wiedergegeben werden können, und wer eine wahre Form erschafft, der ist der Dauer seiner Arbeit gewiss, da hingegen auch das genialischste Werk, als einzelne Erscheinung, ohne eine solche Form, ohne Folgen für das Fortgehen auf demselben Wege bleibt. Soll aber das Uebersetzen der Sprache und dem Geist der Nation dasjenige aneignen, was sie nicht, oder was sie doch anders besitzt, so ist die erste Forderung einfache Treue. Diese Treue muss auf den wahren Charakter des Originals, nicht, mit Verlassung jenes, auf seine Zufälligkeiten gerichtet seyn, so wie überhaupt jede gute Uebersetzung von einfacher und anspruchloser Liebe zum Original, und daraus entspringendem Studium ausgehen, und in sie zurückkehren muss. Mit dieser Ansicht ist freilich nothwendig verbunden, dass die Uebersetzung eine gewisse Farbe der Fremdheit an sich trägt, aber die Gränze, wo dies ein nicht abzuläugnender Fehler wird, ist hier sehr leicht zu ziehen. Solange nicht die Fremdheit, sondern das Fremde gefühlt wird, hat die Uebersetzung ihre höchsten Zwecke erreicht; wo aber die Fremdheit an sich erscheint, und vielleicht gar das Fremde verdunkelt, da verräth der Uebersetzer, dass er seinem Original nicht gewachsen ist. Das Gefühl des uneingenommenen Lesers verfehlt hier nicht leicht die wahre Scheidelinie. Wenn man in ekler Scheu vor dem Ungewöhnlichen noch weiter geht, und auch das Fremde selbst vermeiden will, so wie man wohl sonst sagen hörte, dass der Uebersetzer schreiben müsse, wie der Originalverfasser in der Sprache des Uebersetzers geschrieben haben würde (ein Gedanke, bei dem man nicht überlegte, dass, wenn man nicht bloss von Wissenschaften und Thatsachen redet, kein Schriftsteller dasselbe und auf dieselbe Weise in einer andern Sprache geschrieben haben würde), so zerstört man alles Uebersetzen und allen Nutzen desselben für Sprache und Nation. Denn woher käme es sonst, dass, da doch alle Griechen und Römer im Französischen, und einige in der gegebenen Manier sehr vorzüglich übersetzt sind, dennoch auch nicht das Mindeste des antiken Geistes mit ihnen auf die Nation übergegangen ist, ja nicht einmal das nationelle Verstehen derselben (denn von einzelnen Gelehrten kann hier nicht die Rede seyn) dadurch im geringsten gewonnen hat?

GS VIII: 129–133

7. Kassandra: Übersetzung aus dem Griechischen

Aus: *Aeschylos Agamemnon metrisch übersetzt* (1816)

[Über die folgende Stelle aus dem *Agamemnon* schreibt Humboldt in der Einleitung:

Kassandra füllt den schrecklichsten Moment des Stücks aus, den zwischen Agamemnons Eintritt in den Pallast, bei dem sein Schicksal nicht mehr zweifelhaft ist, und seiner Ermordung. Nichts im ganzen Alterthum reicht an die Erhabenheit dieser Scene, ist gleich erschütternd und rührend. Die nun, als Gefangene, dienende Königstochter löst nach und nach ihr starres Schweigen; bricht erst in Wehklagen, blosse unarticulirte Laute und Ausrufungen, dann in Weissagungen aus; anfangs in dunkle; darauf, wo auch das Silbenmass so schön und bedeutungsvoll von den wechselnden Chorweisen zu den festen und klaren Trimetern übergeht, entfernt sie jedes Dunkel; unverhüllt soll der Seherspruch der Sonne entgegentreten.]

Kassandra.
Agamemnons Mordverhängniss, sag' ich, wirst du schau'n.

Chor.
Beschwicht'ge, Unglücksel'ge, deinen Frevelmund.

Kassandra.
Doch nimmer wird ein Retter diesem Wort erstehn.

Chor.
Nicht wenn's zur That wird; aber nimmermehr gescheh's.

Kassandra.
Du flehest betend, aber jene sinnen Mord.

Chor.
Vollbracht von welchem Manne wird die Jammerthat?

Kassandra.
Weit hast du warlich meinen Seherspruch verfehlt.

Chor.
Wer sey der Thatvollbringer? hab' ich nicht gefasst.

Kassandra.
Und dennoch bin mit Hellas Sprach' ich wohlbekannt.

Chor.
Nicht minder Pytho's Sprüche, dennoch räthselhaft.

Kassandra.
Weh! welche Flamme plötzlich, die mich überströmt!
Apollon! du, Lykeios! wehe, wehe mir!
Sie selbst, die doppelfüss'ge Löwin, beigesellt
dem Wolf, da fern der edle Löwe weilete,
wird hin mich, Arme, morden; gleich wie Giftestrank
bereitend, ihrem Groll zu mischen Rach' an mir,
rühmt frevelhaft sie, wetzend ihrem Mann das Schwerdt,
mit Mord für mein Herkommen auch zu lohnen ihm.
Allein warum noch trag' ich dieses Spottgepräng,
den Scepter hier, und meines Halses Seherschmuck?
Dich weih'n dem Untergange will vor mir ich hier.
Stürzt hin verderbend! gleiche Gunst vergelt' ich euch.
Bereichert unheilschwanger eine andere!
Es ziehet, schaut! Apollon selbst das Seherkleid
mir aus. Er sah mir also auch frohlockend zu,
als dort in diesem Schmucke, sichtbar feindgesinnt,

die Freunde meiner, wahnverblendet, spotteten –
denn Zauberweib genennet, landdurchstreichendes,
arm, flüchtig, elend, hungersterbend duldet' ich –
er hat, mich, Seher, bildend erst zur Seherin,
mich jetzo diesem Todverhängniss zugeführt.
Statt väterlichen Altares harret, rauchend bald
von Blut, die Schlachtbank jetzt der Hingewürgeten.
Doch nicht von Göttern ungerochen, sterben wir.
Ein Vergelter kommt, ein andrer, uns auch wiederum,
ein vaterrächend, muttermörderisches Gewächs.
Der jetzt, ein Flüchtling, irret, kehret einst zurück
den Freunden, krönend dieses Stammes Misgeschick.
Denn fest ja ist der Götter grosser Schwur gelobt,
dass wieder her ihn führt des Vaters Todessturz.
Doch was vor diesem Hause seufz' ich klagend noch?
Nachdem ich einmal also sahe Ilion
erleiden, was sie litt, und die drin weileten,
vom Strafgericht der Götter also heimgesandt;
so werde ich auch gehend dulden jetzt den Tod.
Doch erst noch red' ich diese Hadespforten an:
ich flehe, lasst mich tödtlich meinen Streich empfahn,
dass, sonder krampfhaft Zucken, rein den Todesstrom
des Bluts vergeudend, schliessen dieses Aug' ich kann.

Chor.
O, tief du unglücksel'ges, tief auch wiederum
du weises Weib. Du sprachest lang. Doch wenn gewiss
den Tod du schauest, warum schreitest, mutherfüllt,
du, gottgetriebner Färse gleich, zum Opfertisch?

Kassandra.
Zum Fliehen ist mehr keine Zeit, ihr Fremdlinge.

Chor.
Doch trägt der letzte stets den Preis der Zeit davon.

Kassandra.
Gekommen ist die Stunde, wenig frommet Flucht.

Chor.
Unglücklich macht dich; wiss' es, diese Zuversicht.

Kassandra.
Doch ruhmbekrönt zu sterben, ist dem Menschen süss.

Chor.
Niemals vernehmen solches Wort die Glücklichen.

Kassandra.
Weh, Vater, dein, und deiner edlen Kinder Loos.

Chor.
Was hast du? welch Entsetzen fasst dich abgewandt?

Kassandra.
Weh, weh'!

Chor.
Was rufst du weh! wenn Schauder nicht dich bang ergreift?

Kassandra.
Mord hauchen diese Mauern her, bluttriefenden.

Chor.
Wie so vom Opfermahl des Heerdes duftet es?

Kassandra.
Duft ist es ähnlich jenem, der dem Grab' entsteigt.

Chor.
Du rühmest nicht dem Hause Reize Syriens.

Kassandra.
Allein ich gehe, drinnen auch Agamemnons Loos,
und meins zu weinen. Denn genug des Lebens sey's!
Weh, Fremdlinge!
Nicht wie ums Gebüsch der Vogel, jammr' ich, furchtbewegt,
umsonst. Gewähret Zeugniss dess der Sterbenden,
wenn mir, dem Weib, zur Rache sinkt in Staub das Weib,
der Mann, der Unheilgatte, fällt für ihn, den Mann.
So ein ins Gastrecht trete jetzt ich, todgeweiht.

Chor.
Du Arme, dein, verheissnes Sterben schmerzt mich tief.

Kassandra.
Einmal noch will ausgiessen Trauerklageton
ich über mich. Ich erflehe laut von Helios
beim letzten Strahl des Lichtes! meinen Rächern auch,
dass meine Feind' und Mörder büssen meinen Tod,
der Sklavin Tod, den leichten Siegs errungenen.
O Menschenschicksal! Hoch in Glück Gepriesenes
stürzt leicht ein Schatten; aber nahet Misgeschick,
so tilget bald ein feuchter Schwamm das Bild hinweg.
Weit mehr, als jenes, scheinet dies mir jammernswerth.
(Sie geht in den Pallast.)

[Vers 1220–1304]

GS VIII: 124f., 188–191

8. Humboldts Projekt: das vergleichende Sprachstudium

Ueber das vergleichende Sprachstudium in Beziehung auf die verschiedenen Epochen der Sprachentwicklung (1820 [1822])

1. Das vergleichende Sprachstudium kann nur dann zu sichern und bedeutenden Aufschlüssen über Sprache, Völkerentwicklung und Menschenbildung führen, wenn man es zu einem eignen, seinen Nutzen und Zweck in sich selbst tragenden Studium macht. Auf diese Weise wird zwar allerdings selbst die Bearbeitung einer einzigen Sprache schwierig. Denn wenn auch der Totaleindruck jeder leicht zu fassen ist, so verliert man sich, wie man den Ursachen desselben nachzuforschen strebt, in einer zahllosen Menge scheinbar unbedeutender Einzelheiten, und sieht bald, daß die Wirkung der Sprachen nicht sowohl von gewissen großen und entschiedenen Eigenthümlichkeiten abhängt, als auf dem gleichmäßigen, einzeln kaum bemerkbaren Eindruck der Beschaffenheit ihrer Elemente beruht. Hier aber wird gerade die Allgemeinheit des Studiums das Mittel, diesen feingewebten Organismus mit Deutlichkeit vor die Sinne zu bringen, da die Klarheit der in vielfach verschiedner Gestalt doch immer im Ganzen gleichen Form die Forschung erleichtert.

2. Wie unsere Erdkugel große Umwälzungen durchgangen ist, ehe sie die jetzige Gestaltung der Meere, Gebirge und Flüsse angenommen, sich aber seitdem wenig verändert hat, so giebt es auch in den Sprachen einen Punkt der vollendeten Organisation, von dem an der organische Bau, die feste Gestalt sich nicht mehr abändert. Dagegen kann in ihnen, als lebendigen Erzeugnissen des Geistes, die feinere Ausbildung, innerhalb der gegebenen Gränzen, bis ins Unendliche fortschreiten. Die wesentlichen grammatischen Formen bleiben, wenn eine Sprache einmal ihre Gestalt gewonnen hat, dieselben; diejenige, welche kein Ge-

schlecht, keine Casus, kein Passivum oder Medium unterschieden hat, ersetzt diese Lücken nicht mehr; eben so wenig nehmen die großen Wortfamilien, die Hauptformen der Ableitung ferner zu. Allein durch Ableitung in den feineren Verzweigungen der Begriffe, durch Zusammensetzung, durch den inneren Ausbau des Gehalts der Wörter, durch ihre sinnvolle Verknüpfung, durch phantasiereiche Benutzung ihrer ursprünglichen Bedeutungen, durch richtig empfundene Absonderung gewisser Formen für bestimmte Fälle, durch Ausmerzung des Ueberflüssigen, durch Abglättung des rauh Tönenden geht in der, im Augenblick ihrer Gestaltung armen, unbehülflichen und unscheinbaren Sprache, wenn ihr die Gunst des Schicksals blüht, eine neue Welt von Begriffen, und ein vorher unbekannter Glanz der Beredsamkeit auf.

3. Es ist eine bemerkenswerthe Erscheinung, daß man wohl noch keine Sprache jenseits der Grenzlinie vollständigerer grammatischer Gestaltung gefunden, keine in dem flutenden Werden ihrer Formen überrascht hat. Es muß, um diese Behauptung noch mehr geschichtlich zu prüfen, ein hauptsächliches Streben bei dem Studium der Mundarten wilder Nationen bleiben, den niedrigsten Stand der Sprachbildung zu bestimmen, um wenigstens die unterste Stufe auf der Organisationsleiter der Sprachen aus Erfahrung zu kennen. Meine bisherige aber hat mir bewiesen, daß auch die sogenannten rohen und barbarischen Mundarten schon Alles besitzen, was zu einem vollständigen Gebrauche gehört, und Formen sind, in welche sich, wie es die besten und vorzüglichsten erfahren haben, in dem Laufe der Zeit das ganze Gemüth hineinbilden könnte, um, vollkommener oder unvollkommener, jede Art von Ideen in ihnen auszuprägen.

4. Es kann auch die Sprache nicht anders, als auf einmal entstehen, oder um es genauer auszudrücken, sie muß in jedem Augenblick ihres Daseins dasjenige besitzen, was sie zu einem Ganzen macht. Unmittelbarer Aushauch eines organischen Wesens in dessen sinnlicher und geistiger Geltung, theilt sie darin die Natur alles Organischen, daß Jedes in ihr nur durch das Andere, und

Alles nur durch die eine, das Ganze durchdringende Kraft besteht. Ihr Wesen wiederholt sich auch immerfort, nur in engeren und weiteren Kreisen, in ihr selbst; schon in dem einfachen Satze liegt es, soweit es auf grammatischer Form beruht, in vollständiger Einheit, und da die Verknüpfung der einfachsten Begriffe das ganze Gewebe der Kategorien des Denkens anregt, da das Positive das Negative, der Theil das Ganze, die Einheit die Vielheit, die Wirkung die Ursach, die Wirklichkeit die Möglichkeit und Nothwendigkeit, das Bedingte das Unbedingte, eine Dimension des Raumes und der Zeit die andere, jeder Grad der Empfindung die ihn zunächst umgebenden fordert und herbeiführt, so ist, sobald der Ausdruck der einfachsten Ideenverknüpfung mit Klarheit und Bestimmtheit gelungen ist, auch der Wortfülle nach ein Ganzes der Sprache vorhanden. Jedes Ausgesprochene bildet das Unausgesprochene, oder bereitet es vor.

5. Es vereinigen sich also im Menschen zwei Gebiete, welche der Theilung bis auf eine übersehbare Zahl fester Elemente, der Verbindung dieser aber bis ins Unendliche fähig sind, und in welchen jeder Theil seine eigenthümliche Natur immer zugleich als Verhältniß zu den zu ihm gehörenden darstellt. Der Mensch besitzt die Kraft, diese Gebiete zu theilen, geistig durch Reflexion, körperlich durch Artikulation, und ihre Theile wieder zu verbinden, geistig durch die Synthesis des Verstandes, körperlich durch den Accent, welcher die Sylben zum Worte, und die Worte zur Rede vereint. Wie daher sein Bewußtsein mächtig genug geworden ist, um sich diese beiden Gebiete mit der Kraft durchdringen zu lassen, welche dieselbe Durchdringung im Hörenden bewirkt, so ist er auch im Besitz des Ganzen beider Gebiete. Ihre wechselseitige Durchdringung kann nur durch eine und dieselbe Kraft geschehen, und diese nur vom Verstande ausgehen. Auch läßt sich die Artikulation der Töne, der ungeheure Unterschied zwischen der Stummheit des Thiers, und der menschlichen Rede nicht physisch erklären. Nur die Stärke des Selbstbewußtseins nöthigt der körperlichen Natur die scharfe Theilung und feste Begrenzung der Laute ab, die wir Artikulation nennen.

6. Die feinere Ausbildung hat sich schwerlich gleich an das erste Werden der Sprache angeschlossen. Sie setzt Zustände voraus, welche die Nationen erst in einer langen Reihe von Jahren durchgehen, und inzwischen wird gewöhnlich das Wirken der einen von dem Wirken anderer durchkreuzt. Dieses Zusammenfließen mehrerer Mundarten ist eins der hauptsächlichsten Momente in der Entstehung der Sprachen; es sei nun, daß die neu hervorgehende mehr oder weniger bedeutende Elemente von den andern sich mit ihr vermischenden empfange, oder daß, wie es bei der Verwilderung und Ausartung gebildeter Sprachen geschieht, des Fremden wenig hinzukomme, und nur der ruhige Gang der Entwicklung unterbrochen, die gebildete Form verkannt und entstellt, und nach anderen Gesetzen gemodelt und gebraucht werde.

7. Die Möglichkeit mehrerer, ohne alle Gemeinschaft unter einander, hervorgegangener Mundarten, läßt sich im Allgemeinen nicht bestreiten. Dagegen giebt es auch keinen nöthigenden Grund, die hypothetische Annahme eines allgemeinen Zusammenhanges aller zu verwerfen. Kein Winkel der Erde ist so unzugänglich, daß er nicht Bevölkerung und Sprache habe anderswoher bekommen können; und wir vermögen nicht einmal über die, von der jetzigen vielleicht ganz verschiedene ehemalige Vertheilung der Meere und des festen Landes abzusprechen. Die Natur der Sprache selbst, und der Zustand des Menschengeschlechts, so lange es noch ungebildet ist, befördern einen solchen Zusammenhang. Das Bedürfniß, verstanden zu werden, nöthigt, schon Vorhandenes und Verständliches aufzusuchen, und ehe die Civilisation die Nationen mehr vereinigt, bleiben die Sprachen lange im Besitz kleiner Völkerschaften, die, eben so wenig geneigt, ihre Wohnsitze dauernd zu behaupten, als fähig, sie mit Erfolg zu vertheidigen, sich oft gegenseitig verdrängen, unterjochen und vermischen, was natürlich auf ihre Sprachen zurückwirkt. Nimmt man auch keine gemeinschaftliche Abstammung der Sprachen ursprünglich an, so mag doch leicht später kein Stamm unvermischt geblieben sein. Es muß daher als Maxime in der Sprach-

forschung gelten, so lange nach Zusammenhang zu suchen, als irgend eine Spur davon erkennbar ist, und bei jeder einzelnen Sprache wohl zu prüfen, ob sie aus Einem Gusse selbstständig geformt, oder in grammatischer oder lexicalischer Bildung mit Fremdem, und auf welche Weise vermischt ist?

8. Drei Momente also können zum Behuf einer prüfenden Zergliederung der Sprachen unterschieden werden:

die erste, aber vollständige Bildung ihres organischen Baues;
die Umänderungen durch fremde Beimischung, bis sie wieder zu einem Zustande der Stätigkeit gelangen;
ihre innere und feinere Ausbildung, wenn ihre äussere Umgrenzung (gegen andere) und ihr Bau im Ganzen einmal unveränderlich feststeht.

Die beiden ersten lassen sich nicht mit Sicherheit von einander absondern. Aber einen entschiedenen und wesentlichen Unterschied begründet der dritte. Der Punkt, welcher ihn von den andern trennt, ist der der vollendeten Organisation, in welchem die Sprache im Besitz und freien Gebrauch aller ihrer Functionen ist, und über den hinaus sie in ihrem eigentlichen Bau keine Veränderungen mehr erleidet. Bei den Töchtersprachen der Lateinischen, bei der Neu-Griechischen und bei der Englischen, welche für die Möglichkeit der Zusammensetzung einer Sprache aus sehr heterogenen Theilen eine der lehrreichsten Erscheinungen und der dankbarsten Gegenstände für die Sprachuntersuchung ist, läßt sich die Organisationsperiode sogar geschichtlich verfolgen, und der Vollendungspunkt bis auf einen gewissen Grad ausmitteln; die Griechische finden wir bei ihrem ersten Erscheinen in einem, uns sonst bei keiner bekannten Grade der Vollendung; aber sie betritt, von diesem Moment an, von Homer bis auf die Alexandriner, eine Laufbahn fortschreitender Ausbildung; die Römische sehen wir einige Jahrhunderte hindurch gleichsam ruhen, ehe feinere und wissenschaftliche Cultur in ihr sichtbar zu werden beginnt.

9. Die hier versuchte Absonderung bildet zwei verschiedene Theile des vergleichenden Sprachstudiums, von deren gleichmäßiger Behandlung die Vollendung desselben abhängt. Die Verschiedenheit der Sprachen ist das Thema, welches aus der Erfahrung, und an der Hand der Geschichte bearbeitet werden soll, und zwar in ihren Ursachen und ihren Wirkungen, ihrem Verhältniß zu der Natur, zu den Schicksalen und den Zwecken der Menschheit. Die Sprachverschiedenheit tritt aber in doppelter Gestalt auf, einmal als naturhistorische Erscheinung, als unvermeidliche Folge der Verschiedenheit und Absonderung der Völkerstämme, als Hinderniß der unmittelbaren Verbindung des Menschengeschlechts; dann als intellectuell-teleologische Erscheinung, als Bildungsmittel der Nationen, als Vehikel einer reicheren Mannichfaltigkeit und größeren Eigenthümlichkeit intellectueller Erzeugnisse, als Schöpferin einer auf gegenseitiges Gefühl der Individualität gegründeten, und dadurch innigeren Verbindung des gebildeten Theils des Menschengeschlechts. Diese letzte Erscheinung ist nur der neuern Zeit eigen, dem Alterthume war sie bloß in der Verbindung der Griechischen und Römischen Literatur, und da beide nicht zu gleicher Zeit blühten, auch so nur unvollkommen bekannt.

10. Der Kürze wegen, will ich, mit Uebersehung der kleinen Unrichtigkeit, welche daraus entsteht, daß die Ausbildung auch auf den schon feststehenden Organismus Einfluß hat, und daß dieser, auch ehe er diesen Zustand erreichte, schon die Einwirkung jener erfahren haben kann, die beiden beschriebenen Theile des vergleichenden Sprachstudiums durch

die Untersuchung des Organismus der Sprachen, und
die Untersuchung der Sprachen im Zustande ihrer Ausbildung

bezeichnen.

Der Organismus der Sprachen entspringt aus dem allgemeinen Vermögen und Bedürfniß des Menschen zu reden, und stammt von der ganzen Nation her; die Cultur einer einzelnen hängt von besonderen Anlagen und Schicksalen ab, und beruht großentheils auf nach und nach in der Nation aufstehenden Individuen. Der Organismus gehört zur Physiologie des intellectuellen Menschen, die Ausbildung zur Reihe der geschichtlichen Entwickelungen. Die Zergliederung der Verschiedenheiten des Organismus führt zur Ausmessung und Prüfung des Gebiets der Sprache und der Sprachfähigkeit des Menschen; die Untersuchung im Zustande höherer Bildung zum Erkennen der Erreichung aller menschlichen Zwecke durch Sprache. Das Studium des Organismus fordert, soweit als möglich, fortgesetzte Vergleichung, die Ergründung des Ganges der Ausbildung, Isoliren auf dieselbe Sprache, und Eindringen in ihre feinsten Eigenthümlichkeiten, daher jenes Ausdehnung, dieses Tiefe der Forschung. Wer folglich diese beiden Theile der Sprachwissenschaft wahrhaft verknüpfen will, muß sich zwar mit sehr vielen verschiedenartigen, ja, wo möglich, mit allen Sprachen beschäftigen, aber immer von genauer Kenntniß einer einzigen, oder weniger, ausgehen. Mangel an dieser Genauigkeit bestraft sich empfindlicher, als Lücken in der doch nie ganz zu erreichenden Vollständigkeit. So bearbeitet kann das Erfahrungsstudium der Sprachvergleichung zeigen, auf welche verschiedene Weise der Mensch die Sprache zu Stande brachte, und welchen Theil der Gedankenwelt es ihm gelang in sie hinüber zu führen? wie die Individualität der Nationen darauf ein-, und die Sprache auf sie zurückwirkte? Denn die Sprache, die durch sie erreichbaren Zwecke des Menschen überhaupt, das Menschengeschlecht in seiner fortschreitenden Entwicklung, und die einzelnen Nationen sind die vier Gegenstände, welche die vergleichende Sprachforschung in ihrem wechselseitigen Zusammenhang zu betrachten hat.

11. Ich behalte alles, was den Organismus der Sprachen betrifft, einer ausführlichen Arbeit vor, die ich über die amerikanischen unternommen habe. Die Sprachen eines großen, von einer Menge von Völkerschaften bewohnten und durchstreiften Welttheils, von dem es sogar zweifelhaft ist, ob er jemals mit andern in

Verbindung gestanden hat, bieten für diesen Theil der Sprachkunde einen vorzüglich günstigen Gegenstand dar. Man findet dort, wenn man bloß diejenigen zählt, über welche man ausführlichere Nachrichten besitzt, etwa dreißig noch so gut als ganz unbekannte Sprachen, die man als eben so viel neue Naturspecies ansehen kann, und an welche sich eine viel größere Anzahl anreihen läßt, von denen die Data unvollständiger sind. Es ist daher wichtig, diese sämmtlich genau zu zergliedern. Denn was der allgemeinen Sprachkunde noch vorzüglich abgeht, ist, daß man nicht hinlänglich in die Kenntniß der einzelnen Sprachen eingedrungen ist, da doch sonst die Vergleichung noch so vieler nur wenig helfen kann. Man hat genug zu thun geglaubt, wenn man einzelne abweichende Eigenthümlichkeiten der Grammatik anmerkte, und mehr oder weniger zahlreiche Reihen von Wörtern mit einander verglich. Aber auch die Mundart der rohesten Nation ist ein zu edles Werk der Natur, um, in so zufällige Stücke zerschlagen, der Betrachtung fragmentarisch dargestellt zu werden. Sie ist ein organisches Wesen, und man muß sie, als solches, behandeln. Die erste Regel ist daher, zuvörderst jede bekannte Sprache in ihrem inneren Zusammenhange zu studiren, alle darin aufzufindenden Analogien zu verfolgen und systematisch zu ordnen, um dadurch die anschauliche Kenntniß der grammatischen Ideenverknüpfung in ihr, des Umfangs der bezeichneten Begriffe, der Natur dieser Bezeichnung und des ihr beiwohnenden mehr oder minder lebendigen geistigen Triebes nach Erweiterung und Verfeinerung, zu gewinnen. Ausser diesen Monographien der ganzen Sprachen, fordert aber die vergleichende Sprachkunde andere einzelne Theile des Sprachbaues z.B. des Verbum durch alle Sprachen hindurch. Denn alle Fäden des Zusammenhangs sollen durch sie aufgesucht und verknüpft werden, und es gehen von diesen einige, gleichsam in der Breite, durch die gleichartigen Theile aller Sprachen, und andere, gleichsam in der Länge, durch die verschiedenen Theile jeder Sprache. Die ersten erhalten ihre Richtung durch die Gleichheit des Sprachbedürfnisses und Sprachvermögens aller Nationen, die letzten durch die Individualität jeder einzelnen. Durch diesen doppelten Zusammenhang erst wird erkannt, in welchem Umfang der Verschiedenheiten das Menschengeschlecht, und in welcher Consequenz ein einzelnes Volk seine Sprache bildet, und beide, die Sprache und der Sprachcharakter der Nationen, treten in ein helleres Licht, wenn man die Idee jener in so mannichfaltigen individuellen Formen ausgeführt, diesen zugleich der Allgemeinheit und seinen Nebengattungen gegenüber gestellt erblickt. Die wichtige Frage, ob und wie sich die Sprachen, ihrem inneren Bau nach, in Classen, wie etwa die Familien der Pflanzen, abtheilen lassen, kann nur auf diese Weise gründlich beantwortet werden. Das bisher darüber Gesagte bleibt, wie scharfsinnig es geahnet sein möchte, ohne strengere factische Prüfung, dennoch nur Muthmaßung. Die Sprachkunde, von der hier die Rede ist, darf sich aber nur auf Thatsachen, und ja nicht auf einseitig und unvollständig gesammelte stützen. Auch zu der Beurtheilung der Abstammung der Nationen von einander nach ihren Sprachen müssen die Grundsätze durch eine noch immer mangelnde genaue Analyse solcher Sprachen und Mundarten gefunden werden, deren Verwandtschaft anderweitig historisch erwiesen ist. So lange man nicht auch in diesem Felde vom Bekannten zum Unbekannten fortschreitet, befindet man sich auf einer schlüpfrigen und gefährlichen Bahn.

12. Wie genau und vollständig man aber auch die Sprachen in ihrem Organismus untersuche, so entscheidet, wozu sie vermittelst desselben werden können, erst ihr Gebrauch. Denn was der zweckmäßige Gebrauch dem Gebiet der Begriffe abgewinnt, wirkt auf sie bereichernd und gestaltend zurück. Daher zeigen erst solche Untersuchungen, als sich vollständig nur bei den gebildeten anstellen lassen, ihre Angemessenheit zur Erreichung der Zwecke der Menschheit. Hierin also liegt der Schlußstein der Sprachkunde, ihr Vereinigungspunkt mit Wissenschaft und Kunst. Wenn man sie nicht bis dahin fortführt, nicht die Verschiedenheit des Organismus in der Absicht betrachtet, dadurch die Sprachfähigkeit in ihren höchsten und mannichfaltigsten An-

wendungen zu ergründen, so bleibt die Kenntniß einer großen Anzahl von Sprachen doch höchstens für die Ergründung des Sprachbaues überhaupt, und für einzelne historische Untersuchungen fruchtbar, und schreckt den Geist nicht mit Unrecht von dem Erlernen einer Menge von Formen und Schällen zurück, die am Ende doch immer zu demselben Ziel führen, und dasselbe, nur mit anderm Klange, bedeuten. Abgesehen vom unmittelbaren Lebensgebrauch, behält dann nur das Studium derjenigen Sprachen Wichtigkeit, welche eine Literatur besitzen, und es wird der Rücksicht auf diese untergeordnet, wie es der ganz richtig gefaßte Gesichtspunkt der Philologie ist, insofern man dieselbe dem allgemeinen Sprachstudium entgegensetzen kann, welches diesen Namen führt, weil es die Sprache im Allgemeinen zu ergründen strebt, nicht weil es alle Sprachen umfassen will, wozu es vielmehr nur wegen jenes Zweckes genöthigt wird.

13. Werden wir nun aber so zu den gebildeten Sprachen hingedrängt, so fragt es sich zuvörderst, ob jede Sprache der gleichen, oder nur irgend einer bedeutenden Cultur fähig ist? oder ob es Sprachformen giebt, die nothwendig erst hätten zertrümmert werden müssen, ehe die Nationen hätten die höheren Zwecke der Menschheit durch Rede erreichen können. Das letztere ist das Wahrscheinlichste. Die Sprache muß zwar, meiner vollsten Ueberzeugung nach, als unmittelbar in den Menschen gelegt, angesehen werden; denn als Werk seines Verstandes in der Klarheit des Bewußtseins ist sie durchaus unerklärbar. Es hilft nicht, zu ihrer Erfindung Jahrtausende und abermals Jahrtausende einzuräumen. Die Sprache ließe sich nicht erfinden, wenn nicht ihr Typus schon in dem menschlichen Verstande vorhanden wäre. Damit der Mensch nur ein einziges Wort wahrhaft, nicht als bloßen sinnlichen Anstoß, sondern als articulirten, einen Begriff bezeichnenden Laut verstehe, muß schon die Sprache ganz und im Zusammenhange in ihm liegen. Es giebt nichts Einzelnes in der Sprache, jedes ihrer Elemente kündigt sich nur als Theil eines Ganzen an. So natürlich die Annahme allmähliger Ausbildung der Sprachen ist, so konnte die Erfindung nur mit Einem Schlage

geschehen. Der Mensch ist nur Mensch durch Sprache; um aber die Sprache zu erfinden, müßte er schon Mensch sein. So wie man wähnt, daß dies allmählig und stufenweise, gleichsam umzechig, geschehen, durch einen Theil mehr erfundener Sprache der Mensch mehr Mensch werden, und durch diese Steigerung wieder mehr Sprache erfinden könne, verkennt man die Untrennbarkeit des menschlichen Bewußtseins und der menschlichen Sprache, und die Natur der Verstandeshandlung, welche zum Begreifen eines einzigen Wortes erfordert wird, aber hernach hinreicht, die ganze Sprache zu fassen. Darum aber darf man sich die Sprache nicht als etwas fertig Gegebenes denken, da sonst eben so wenig zu begreifen wäre, wie der Mensch die gegebene verstehen und sich ihrer bedienen könnte. Sie geht nothwendig aus ihm selbst hervor, und gewiß auch nur nach und nach, aber so, daß ihr Organismus nicht zwar als eine todte Masse im Dunkel der Seele liegt, aber als Gesetz die Functionen der Denkkraft bedingt, und mithin das erste Wort schon die ganze Sprache antönt und voraussetzt. Wenn sich daher dasjenige, wovon es eigentlich nichts Gleiches im ganzen Gebiete des Denkbaren giebt, mit etwas anderem vergleichen läßt, so kann man an den Naturinstinkt der Thiere erinnern, und die Sprache einen intellectuellen der Vernunft nennen. So wenig sich der Instinkt der Thiere aus ihren geistigen Anlagen erklären läßt, eben so wenig kann man für die Erfindung der Sprachen Rechenschaft geben aus den Begriffen und dem Denkvermögen der rohen und wilden Nationen, welche ihre Schöpfer sind. Ich habe mir daher nie vorstellen können, daß ein sehr consequenter und in seiner Mannichfaltigkeit künstlicher Sprachbau große Gedankenübung voraussetzen, und eine verloren gegangene Bildung beweisen sollte. Aus dem rohesten Naturstande kann eine solche Sprache, die selbst Produkt der Natur, aber der Natur der menschlichen Vernunft ist, hervorgehen. Consequenz, Gleichförmigkeit, auch bei verwickeltem Bau, ist überall Gepräge der Erzeugnisse der Natur, und die Schwierigkeit, sie hervorzubringen, ist nicht die hauptsächlichste. Die wahre der Spracherfindung liegt nicht sowohl in der Aneinanderreihung und Unterordnung einer Menge sich auf einander beziehender Verhältnisse, als vielmehr in der unergründlichen Tiefe der einfachen Verstandeshandlung, die überhaupt zum Verstehen und Hervorbringen der Sprache auch in einem einzigen ihrer Elemente gehört. Ist dieß geschehn, so folgt alles Uebrige von selbst und es kann nicht erlernt werden, muß ursprünglich im Menschen vorhanden sein. Der Instinkt des Menschen aber ist minder gebunden, und läßt dem Einflusse der Individualität Raum. Daher kann das Werk des Vernunftinstinkts zu größerer oder geringerer Vollkommenheit gedeihen, da das Erzeugniß des thierischen eine stätigere Gleichförmigkeit bewahrt, und es widerspricht nicht dem Begriffe der Sprache, daß einige in dem Zustande, in welchem sie uns erscheinen, der vollendeten Ausbildung wirklich unfähig wären. Die Erfahrung bei Uebersetzungen aus sehr verschiedenen Sprachen, und bei dem Gebrauche der rohesten und ungebildetsten zur Unterweisung in den geheimnißvollsten Lehren einer geoffenbarten Religion zeigt zwar, daß sich, wenn auch mit großen Verschiedenheiten des Gelingens, in jeder jede Ideenreihe ausdrücken läßt. Dieß aber ist bloß eine Folge der allgemeinen Verwandtschaft aller und der Biegsamkeit der Begriffe und ihrer Zeichen. Für die Sprachen selbst und ihren Einfluß auf die Nationen beweist nur was aus ihnen natürlich hervorgeht; nicht das wozu sie gezwängt werden können, sondern das, wozu sie einladen und begeistern.

14. Den Gründen der Unvollkommenheit einiger Sprachen mag die historische Prüfung im Einzelnen nachforschen. Dagegen muß ich hier eine andere Frage anknüpfen: ob nämlich irgend eine Sprache zur vollendeten Bildung reif ist, ehe sie nicht mehrere Mittelzustände und gerade solche durchgangen ist, durch welche die ursprüngliche Vorstellungsweise dergestalt gebrochen wird, daß die anfängliche Bedeutung der Elemente nicht mehr völlig klar ist? Die merkwürdige Beobachtung, daß eine charakteristische Eigenschaft der rohen Sprachen Consequenz, der gebildeten Anomalie in vielen Theilen ihres Baues ist, und auch aus der Natur der Sache geschöpfte Gründe machen dieß

wahrscheinlich. Das durch die ganze Sprache herrschende Princip ist Artikulation; der wichtigste Vorzug jeder, feste und leichte Gliederung; diese aber setzt einfache und in sich untrennbare Elemente voraus. Das Wesen der Sprache besteht darin, die Materie der Erscheinungswelt in die Form der Gedanken zu gießen; ihr ganzes Streben ist formal, und da die Wörter die Stelle der Gegenstände vertreten, so muß auch ihnen, als Materie, eine Form entgegenstehen, welcher sie unterworfen werden. Nun aber häufen die ursprünglichen Sprachen gerade eine Menge von Bestimmungen in dieselbe Silbengruppe und sind sichtbar mangelhaft in der Herrschaft der Form. Ihr einfaches Geheimniß, welches den Weg anzeigt, auf welchem man sie, mit gänzlicher Vergessenheit unserer Grammatik, immer zuerst zu enträthseln versuchen muß, ist, das in sich Bedeutende unmittelbar an einander zu reihen. Die Form wird in Gedanken hiezu verstanden, oder durch ein in sich bedeutendes Wort, das man auch als solches nimmt, mithin als Stoff, gegeben. Auf der zweiten großen Stufe des Fortschreitens weicht die stoffartige Bedeutung dem formalen Gebrauch, und es entstehen daraus grammatische Beugungen und Wörter grammatischer, also formaler Bedeutung. Aber die Form wird nur da angedeutet, wo sie durch einen einzelnen, im Sinn der Rede liegenden Umstand, gleichsam materiell, nicht wo sie durch die Ideenverknüpfung formal gefordert wird. Der Plural wird wohl als Vielheit, aber der Singular nicht gerade als Einzelnes, sondern nur als der Begriff überhaupt gedacht, Verbum und Nomen fallen zusammen, wo nicht gerade Person oder Zeit auszudrücken ist; die Grammatik waltet noch nicht in der Sprache, sondern tritt nur im Fall des Bedürfnisses auf. Erst wenn kein Element mehr als formlos gedacht, und der Stoff als Stoff ganz in der Rede besiegt wird, ist die dritte Stufe erstiegen, welche aber insofern, daß auch in jedem Element die Form hörbar angedeutet wäre, kaum die gebildetsten Sprachen erreichen, obgleich darauf erst die Möglichkeit architektonischer Eurythmie im Periodenbau beruht. Auch ist mir keine bekannt, deren grammatische Formen nicht noch, selbst in ihrer höchsten

Vollendung, unverkennbare Spuren der ursprünglichen Silben-Agglutination an sich trügen. So lange nun auf den früheren Stufen das Wort, als mit seiner Modification zusammengesetzt, nicht als in seiner Einfachheit modificirt erscheint, fehlt es an der leichten Trennbarkeit der Elemente, und wird der Geist durch die Schwerfälligkeit des Bedeutenden, mit der jedes Grundtheilchen auftritt, niedergedrückt, nicht durch Gefühl des Formalen wieder zu formalem Denken angeregt. Der dem Naturstande noch nahe stehende Mensch verfolgt auch eine einmal angenommene Vorstellungsweise leicht zu weit, denkt jeden Gegenstand und jede Handlung mit allen ihren Nebenumständen, trägt dieß in die Sprache über und wird nachher wieder von ihr, da der lebendige Begriff doch in ihr zum Körper erstarrt, überwältigt. Dieß nun auf das wahre Maaß zurückzuführen und die Kraft des materiell Bedeutenden zu mindern, ist Kreuzung der Nationen und Sprachen durch einander ein höchst wirksames Mittel. Eine neue Vorstellungsweise gesellt sich zu der bisherigen, die sich vermischenden Stämme kennen gegenseitig nicht die einzelne Zusammensetzung der Wörter ihrer Mundarten, sondern nehmen sie bloß als Formeln im Ganzen auf, das Unbequemere und Schwerfälligere weicht, bei der Möglichkeit der Wahl, dem Leichteren und Fügsameren, und da Geist und Sprache nicht mehr so einseitig verwachsen sind, so übt jener eine freiere Gewalt über diese aus. Der ursprüngliche Organismus wird allerdings gestört, aber die neu hinzutretende Kraft ist wieder eine organische, und so wird das Gewebe ununterbrochen, nur nach größerem und mannichfaltigerem Plane fortgesetzt. Das anscheinend verwirrte und wilde Durcheinanderziehen der Völkerstämme der Urzeit bereitete also die Blüthe der Rede und des Gesanges in lange darauf folgenden Jahrhunderten vor.

15. Auf die eben berührte Unvollkommenheit einiger Sprachen darf aber hier nicht gesehen werden. Nur durch die Prüfung gleich vollkommener oder doch solcher, deren Unterschied nicht bloß dem Grade nach gemessen werden kann, läßt sich die allgemeine Frage beantworten, wie die Verschiedenheit der Sprachen

überhaupt im Verhältniß zur Bildung des Menschengeschlechts anzusehen ist? ob nur als ein zufälliger, das Leben der Nationen begleitender Umstand, der aber mit Geschicklichkeit und Glück benutzt werden kann, oder als ein nothwendiges, sonst durch nichts zu ersetzendes Mittel zur Bearbeitung des Ideengebiets? Denn zu diesem neigen sich alle Sprachen wie convergirende Strahlen, und ihr Verhältniß zu ihm, als ihrem gemeinschaftlichen Inhalt, ist daher der Endpunkt unserer Untersuchung. Kann dieser Inhalt von der Sprache unabhängig, oder ihr Ausdruck für ihn gleichgültig gemacht werden, oder sind beide dieß schon von selbst, so hat die Ausbildung und das Studium der Verschiedenheit der Sprachen nur eine bedingte und untergeordnete, im entgegengesetzten Fall aber eine unbedingte und entscheidende Wichtigkeit.

16. Am sichersten wird dieß beurtheilt an der Vergleichung des einfachen Worts mit dem einfachen Begriff. Das Wort macht zwar nicht die Sprache aus, aber es ist doch der bedeutendste Theil derselben, nämlich das, was in der lebendigen Welt das Individuum. Es ist auch schlechterdings nicht gleichgültig, ob eine Sprache umschreibt, was eine andere durch Ein Wort ausdrückt; nicht bei grammatischen Formen, da diese bei der Umschreibung gegen den Begriff einer bloßen Form, nicht mehr als modificirte Ideen, sondern als die Modification angebende erscheinen; aber auch nicht in der Bezeichnung der Begriffe. Das Gesetz der Gliederung leidet nothwendig, wenn dasjenige, was sich im Begriff als Einheit darstellt, nicht eben so im Ausdruck erscheint, und die ganze lebendige Wirklichkeit des Worts als Individuum, fällt für den Begriff weg, dem es an einem solchen Ausdrucke fehlt. Dem Verstandesakt, welcher die Einheit des Begriffes hervorbringt, entspricht, als sinnliches Zeichen, die des Worts, und beide müssen einander im Denken durch Rede möglichst nahe begleiten. Denn wie die Stärke der Reflection Trennung und Individualisirung der Töne durch Artikulation hervorbringt, so muß diese wieder trennend und individualisirend auf den Gedankenstoff zurückwirken und es ihm möglich machen, vom

Ungeschiedenen ausgehend und zum Ungeschiedenen, der absoluten Einheit, hinstrebend, diesen Weg durch Trennung zurückzulegen.

17. Das Denken ist aber nicht bloß abhängig von der Sprache überhaupt, sondern bis auf einen gewissen Grad, auch von jeder einzelnen bestimmten. Man hat zwar die Wörter der verschiedenen Sprachen mit allgemein gültigen Zeichen vertauschen wollen, wie dieselben die Mathematik in den Linien, Zahlen und der Buchstabenrechnung besitzt. Allein es läßt sich damit nur ein kleiner Theil der Masse des Denkbaren erschöpfen, da diese Zeichen, ihrer Natur nach, nur auf solche Begriffe passen, welche durch bloße Construction erzeugt werden können, oder sonst rein durch den Verstand gebildet sind. Wo aber der Stoff innerer Wahrnehmung und Empfindung zu Begriffen gestempelt werden soll, da kommt es auf das individuelle Vorstellungsvermögen des Menschen an, von dem seine Sprache unzertrennlich ist. Alle Versuche, in die Mitte der verschiedenen einzelnen allgemeine Zeichen für das Auge, oder das Ohr zu stellen, sind nur abgekürzte Uebersetzungsmethoden, und es wäre ein thörichter Wahn, sich einzubilden, daß man dadurch, ich sage nicht aus aller Sprache, sondern auch nur aus dem bestimmten und beschränkten Kreise seiner eigenen hinausträte. Es läßt sich zwar allerdings ein solcher Mittelpunkt aller Sprachen suchen und wirklich finden, und es ist nothwendig, ihn auch bei dem vergleichenden Sprachstudium, sowohl dem grammatischen als lexicalischen Theile, nicht aus den Augen zu verlieren. Denn in beiden giebt es eine Anzahl von Dingen, welche ganz a priori bestimmt und von allen Bedingungen einer besondern Sprache getrennt werden können. Dagegen giebt es eine weit größere Menge von Begriffen und auch grammatischen Eigenheiten, die so unlösbar in die Individualität ihrer Sprache verwebt sind, daß sie weder am bloßen Faden der innern Wahrnehmung zwischen allen schwebend erhalten, noch ohne Umänderung in eine andere übertragen werden können. Ein sehr bedeutender Theil des Inhalts jeder Sprache steht daher in so unbezweifelter Abhän-

gigkeit von ihr, daß ihr Ausdruck für ihn nicht mehr gleichgültig bleiben kann.

18. Das Wort, welches den Begriff erst zu einem Individuum der Gedankenwelt macht, fügt zu ihm bedeutend von dem Seinigen hinzu, und indem die Idee durch dasselbe Bestimmtheit empfängt, wird sie zugleich in gewissen Schranken gefangen gehalten. Aus seinem Laute, seiner Verwandtschaft mit andern Wörtern ähnlicher Bedeutung, dem meistentheils in ihm zugleich enthaltenen Uebergangsbegriff zu dem neu bezeichneten Gegenstande, welchem man es aneignet, und seinen Nebenbeziehungen auf die Wahrnehmung oder Empfindung, entsteht ein bestimmter Eindruck, und indem dieser zur Gewohnheit wird, trägt er ein neues Moment zur Individualisirung des in sich unbestimmteren, aber auch freieren Begriffs hinzu. Denn an jedes irgend bedeutendere Wort knüpfen sich die nach und nach durch dasselbe angeregten Empfindungen, die gelegentlich hervorgebrachten Anschauungen und Vorstellungen, und verschiedene Wörter zusammen bleiben sich auch in den Verhältnissen der Grade gleich, in welchen sie einwirken. So wie ein Wort ein Object zur Vorstellung bringt, schlägt es auch, obschon oft unmerklich, eine zugleich seiner Natur und der des Objects entsprechende Empfindung an, und die ununterbrochene Gedankenreihe im Menschen ist von einer eben so ununterbrochenen Empfindungsfolge begleitet, die allerdings durch die vorgestellten Objecte, allein zunächst und dem Grade und der Farbe nach, durch die Natur der Wörter und der Sprache bestimmt wird. Das Object, dessen Erscheinung im Gemüth immer ein durch die Sprache individualisirter, stets gleichmäßig wiederkehrender Eindruck begleitet, wird auch in sich auf eine dadurch modificirte Art vorgestellt. Im Einzelnen ist dieß wenig bemerkbar; aber die Macht der Wirkung im Ganzen liegt in der Gleichmäßigkeit und beständigen Wiederkehr des Eindrucks. Denn indem sich der Charakter der Sprache an jeden Ausdruck und jede Verbindung von Ausdrücken heftet, erhält die ganze Masse der Vorstellungen eine von ihm herrührende Farbe.

19. Die Sprache ist aber kein freies Erzeugniß des einzelnen Menschen, sondern gehört immer der ganzen Nation an; auch in dieser empfangen die späteren Generationen dieselbe von früher da gewesenen Geschlechtern. Dadurch daß sich in ihr die Vorstellungsweise aller Alter, Geschlechte, Stände, Charakter- und Geistesverschiedenheiten desselben Völkerstamms, dann durch den Uebergang von Wörtern und Sprachen verschiedener Nationen, endlich bei zunehmender Gemeinschaft, des ganzen Menschengeschlechts mischt, läutert und umgestaltet, wird die Sprache der große Uebergangspunkt von der Subjectivität zur Objectivität, von der immer beschränkten Individualität zu Alles zugleich in sich befassendem Dasein. Erfindung nie vorher vernommener Lautzeichen läßt sich nur bei dem, über alle menschliche Erfahrung hinausgehenden Ursprung der Sprachen denken. Wo der Mensch irgend bedeutsame Laute überliefert erhalten hat, bildet er seine Sprache an sie an und baut nach der durch sie gegebenen Analogie seine Mundart aus. Dieß liegt in dem Bedürfniß, sich verständlich zu machen, in dem durchgängigen Zusammenhange aller Theile und Elemente jeder Sprache und aller Sprachen unter einander und in der Einerleiheit des Sprachvermögens. Es ist auch selbst für die grammatische Spracherklärung wichtig, fest im Auge zu behalten, daß die Stämme, welche die auf uns gekommenen Sprachen bildeten, nicht leicht zu erfinden, aber da, wo sie selbstthätig wirkten, das von ihnen Vorgefundene zu vertheilen und anzuwenden hatten. Von vielen feinen Nuancen grammatischer Formen läßt sich nur dadurch Rechenschaft geben. Man würde schwerlich verschiedene Bezeichnungen für sie erfunden haben; dagegen war es natürlich, die schon vorhandenen verschiedenen nicht gleichgültig zu gebrauchen. Die Hauptelemente der Sprache, die Wörter, sind es vorzüglich, die von Nation zu Nation überwandern. Den grammatischen Formen wird dieß schwerer, da sie, von feinerer intellectueller Natur, mehr in dem Verstande ihren Sitz haben, als materiell und sich selbst erklärend an den Lauten haften. Zwischen den ewig wechslenden Geschlechten der Menschen, und

der Welt der darzustellenden Objecte, stehen daher eine unendliche Anzahl von Wörtern, die man, wenn sie auch ursprünglich nach Gesetzen der Freiheit erzeugt sind, und immerfort auf diese Weise gebraucht werden, eben sowohl, als die Menschen und Objecte, als selbstständige, nur geschichtlich erklärbare, nach und nach durch die vereinte Kraft der Natur, der Menschen und Ereignisse entstandene Wesen ansehen kann. Ihre Reihe erstreckt sich so weit in das Dunkel der Vorwelt hinaus, daß sich der Anfang nicht mehr bestimmen läßt; ihre Verzweigung umfaßt das ganze Menschengeschlecht, so weit je Verbindung unter demselben gewesen ist; ihr Fortwirken und ihre Forterzeugung könnte nur dann einen Endpunkt finden, wenn alle jetzt lebende Geschlechter vertilgt und alle Fäden der Ueberlieferung auf einmal abgeschnitten würden. Indem nun die Nationen sich dieser, schon vor ihnen vorhandenen Sprachelemente bedienen, indem diese ihre Natur der Darstellung der Objecte beimischen, ist der Ausdruck nicht gleichgültig und der Begriff nicht von der Sprache unabhängig. Der durch die Sprache bedingte Mensch wirkt aber wieder auf sie zurück, und jede besondere ist daher das Resultat drei verschiedener, zusammentreffender Wirkungen, der realen Natur der Objecte, insofern sie den Eindruck auf das Gemüth hervorbringt, der subjectiven der Nation und der eigenthümlichen der Sprache durch den fremden ihr beigemischten Grundstoff, und durch die Kraft, mit der alles einmal in sie Uebergegangene, wenn auch ursprünglich ganz frei geschaffen, nur in gewissen Grenzen der Analogie Fortbildung erlaubt.

20. Durch die gegenseitige Abhängigkeit des Gedankens und des Wortes von einander leuchtet es klar ein, daß die Sprachen nicht eigentlich Mittel sind, die schon erkannte Wahrheit darzustellen, sondern weit mehr, die vorher unerkannte zu entdecken. Ihre Verschiedenheit ist nicht eine von Schällen und Zeichen, sondern eine Verschiedenheit der Weltansichten selbst. Hierin ist der Grund und der letzte Zweck aller Sprachuntersuchung enthalten. Die Summe des Erkennbaren liegt, als das von dem menschlichen Geiste zu bearbeitende Feld, zwischen allen Spra-

chen und unabhängig von ihnen in der Mitte; der Mensch kann sich diesem rein objectiven Gebiet nicht anders, als nach seiner Erkennungs- und Empfindungsweise, also auf einem subjectiven Wege, nähern. Gerade da, wo die Forschung die höchsten und tiefsten Punkte berührt, findet sich der von jeder besonderen Eigenthümlichkeit am leichtesten zu trennende mechanische und logische Verstandesgebrauch am Ende seiner Wirksamkeit, und es tritt ein Verfahren der inneren Wahrnehmung und Schöpfung ein, von dem bloß so viel deutlich wird, daß die objective Wahrheit aus der ganzen Kraft der subjectiven Individualität hervorgeht. Dieß ist nur mit und durch Sprache möglich. Die Sprache aber ist, als ein Werk der Nation und der Vorzeit, für den Menschen etwas Fremdes; er ist dadurch auf der einen Seite gebunden, aber auf der andern durch das von allen früheren Geschlechten in sie Gelegte bereichert, erkräftigt und angeregt. Indem sie dem Erkennbaren, als subjectiv, entgegensteht, tritt sie dem Menschen, als objectiv, gegenüber. Denn jede ist ein Anklang der allgemeinen Natur des Menschen, und wenn zwar auch der Inbegriff aller zu keiner Zeit ein vollständiger Abdruck der Subjectivität der Menschheit werden kann, nähern sich die Sprachen doch immerfort diesem Ziele. Die Subjectivität der ganzen Menschheit wird aber wieder in sich zu etwas Objectivem. Die ursprüngliche Uebereinstimmung zwischen der Welt und dem Menschen, auf welcher die Möglichkeit aller Erkenntniß der Wahrheit beruht, wird also auch auf dem Wege der Erscheinung stückweise und fortschreitend wiedergewonnen. Denn immer bleibt das Objective das eigentlich zu Erringende, und wenn der Mensch sich demselben auf der subjectiven Bahn einer eigenthümlichen Sprache naht, so ist sein zweites Bemühen, wieder, und wäre es auch nur durch Vertauschung einer Sprach-Subjectivität mit der andern, das Subjective abzusondern und das Object möglich rein davon auszuscheiden.

21. Vergleicht man in mehreren Sprachen die Ausdrücke für unsinnliche Gegenstände, so wird man nur diejenigen gleichbedeutend finden, die, weil sie rein construirbar sind, nicht mehr

und nichts anders enthalten können, als in sie gelegt worden ist. Alle übrigen schneiden das in ihrer Mitte liegende Gebiet, wenn man das durch sie bezeichnete Object so benennen kann, auf verschiedene Weise ein und ab, enthalten weniger und mehr, andere und andere Bestimmungen. Die Ausdrücke sinnlicher Gegenstände sind wohl insofern gleichbedeutend, als bei allen derselbe Gegenstand gedacht wird; aber da sie die bestimmte Art, ihn vorzustellen, ausdrücken, so geht ihre Bedeutung darin gleichfalls auseinander. Denn die Einwirkung der individuellen Ansicht des Gegenstandes auf die Bildung des Wortes bestimmt, so lange sie lebendig bleibt, auch diejenige, wie das Wort den Gegenstand zurückruft. Eine große Menge von Wörtern entspringt aber aus der Verbindung sinnlicher und unsinnlicher Ausdrücke, oder aus der intellectuellen Bearbeitung jener, und alle diese theilen daher das sich nicht so wieder findende individuelle Gepräge der letzteren, wenn auch das der ersteren sollte im Laufe der Zeit erloschen sein. Denn da die Sprache zugleich Abbild und Zeichen, nicht ganz Produkt des Eindrucks der Gegenstände, und nicht ganz Erzeugniß der Willkühr der Redenden ist, so tragen alle besonderen in jedem ihrer Elemente Spuren der ersteren dieser Eigenschaften, aber die jedesmalige Erkennbarkeit dieser Spuren beruht, ausser ihrer eigenen Deutlichkeit, auf der Stimmung des Gemüths, das Wort mehr als Abbild, oder mehr als Zeichen nehmen zu wollen. Denn das Gemüth kann, vermöge der Kraft der Abstraction, zu dem letzteren gelangen, es kann aber auch, indem es alle Pforten seiner Empfänglichkeit öffnet, die volle Einwirkung des eigenthümlichen Stoffes der Sprache aufnehmen. Der Redende kann durch seine Behandlung zu dem einen und dem andern die Richtung geben, und der Gebrauch eines dichterischen, der Prosa fremden Ausdrucks hat oft keine andere Wirkung, als das Gemüth zu stimmen, ja nicht die Sprache als Zeichen anzusehen, sondern sich ihr in ihrer ganzen Eigenthümlichkeit hinzugeben. Will man diesen zwiefachen Gebrauch der Sprache in Gattungen einander gegenüberstellen, welche ihn schärfer trennen, als er es in der Wirklichkeit sein kann, so läßt sich der eine der wissenschaftliche, der andere der rednerische nennen. Der erstere ist zugleich der der Geschäfte, der letztere der des Lebens in seinen natürlichen Verhältnissen. Denn der freie Umgang löst die Bande, welche die Empfänglichkeit des Gemüths gefesselt halten könnten. Der wissenschaftliche Gebrauch, im hier angenommenen Sinne, ist nur auf die Wissenschaften der reinen Gedanken-Construction, und auf gewisse Theile und Behandlungsarten der Erfahrungswissenschaften anwendbar; bei jeder Erkenntniß, welche die ungetheilten Kräfte des Menschen fordert, tritt der rednerische ein. Von dieser Art der Erkenntniß aber fließt gerade auf alle übrigen erst Licht und Wärme über; nur auf ihr beruht das Fortschreiten in allgemeiner geistiger Bildung, und eine Nation, welche nicht den Mittelpunkt der ihrigen in Poesie, Philosophie und Geschichte, die dieser Erkenntniß angehören, sucht und findet, entbehrt bald der wohlthätigen Rückwirkung der Sprache, weil sie durch ihre eigene Schuld sie nicht mehr mit dem Stoffe nährt, der allein ihr Jugend und Kraft, Glanz und Schönheit erhalten kann. In diesem Gebiet ist der eigentliche Sitz der Beredsamkeit, wenn man nämlich darunter in der weitumfassendsten und nicht gerade gewöhnlichen Bedeutung, die Behandlung der Sprache insofern versteht, als sie entweder von selbst wesentlich auf die Darstellung der Objecte einwirkt, oder absichtlich dazu gebraucht wird. In dieser letzteren Art kann die Beredsamkeit auch, mit Recht oder Unrecht, in den wissenschaftlichen und den Geschäftsgebrauch übergehen. Der wissenschaftliche Gebrauch der Sprache muß wiederum von dem conventionellen geschieden werden. Beide gehören insofern in Eine Klasse, als sie, die eigenthümliche Wirkung der Sprache, als eines selbstständigen Stoffes, vertilgend, dieselbe nur als Zeichen ansehen wollen. Aber der wissenschaftliche Gebrauch thut dies auf dem Felde, wo es statthaft ist, und bewirkt es, indem er jede Subjectivität von dem Ausdruck abzuschneiden, oder vielmehr das Gemüth ganz objectiv zu stimmen versucht, und der ruhige und vernünftige Geschäftsgebrauch folgt ihm hierin nach; der conventionelle Gebrauch versetzt diese Behandlung der Sprachen auf ein Feld, das der Freiheit der Empfänglichkeit bedürfte, drängt dem Ausdruck eine nach Grad und Farbe bestimmte Subjectivität auf, und versucht es, das Gemüth in die gleiche zu versetzen. So geht er hernach auf das Gebiet des rednerischen über, und bringt entartete Beredsamkeit und Dichtung hervor. Es giebt Nationen, welche, nach der Individualität ihres Charakters, den einen oder andern dieser falschen Wege einschlagen, oder dieser richtigen einseitig verfolgen; es giebt solche, die ihre Sprache mehr oder minder glücklich behandeln; und wenn das Schicksal es fügt, daß ein dem Gemüthe, Ohr und Tone nach vorzugsweise für Rede und Gesang gestimmtes Volk gerade in den entscheidenden Congelationspunkt des Organismus einer Mundart eintritt, so entstehen herrliche und durch alle Zeit hin bewunderte Sprachen. Nur durch einen solchen glücklichen Wurf kann man das Hervorgehen der Griechischen erklären.

22. Diesen letzten und wesentlichsten Anwendungen der Sprache kann der ursprüngliche Organismus derselben nicht fremd sein. In ihm liegt der erste Keim zur folgenden Ausbildung, und die beiden im Vorigen geschiedenen Theile des vergleichenden Sprachstudiums finden hier ihre Verbindung. Aus der Erforschung der Grammatik und des Wortvorrathes aller Nationen, soweit Hülfsmittel dazu vorhanden sind, und aus der Prüfung der schriftlichen Denkmale der gebildeten muß die Art und der Grad der Ideenerzeugung, zu welcher die menschlichen Sprachen gelangt sind, und in ihrem Baue der Einfluß ihrer verschiedenen Eigenschaften auf ihre letzte Vollendung zusammenhängend und lichtvoll dargestellt werden.

23. Es ist hier nur meine Absicht gewesen, das Feld der vergleichenden Sprachuntersuchungen im Ganzen zu überschlagen, ihr Ziel festzustellen und zu zeigen, daß, um es zu erreichen, der Ursprung und die Vollendung der Sprachen zusammengenommen werden muß. Nur auf diesem Wege können diese Forschungen dahin führen, die Sprachen immer weniger als willkührliche Zeichen anzusehen und auf eine, tiefer in das geistige Leben ein-

greifende Weise, in der Eigenthümlichkeit ihres Baues Hülfsmittel zur Erforschung und Erkennung der Wahrheit, und Bildung der Gesinnung und des Charakters aufzusuchen. Denn wenn in den zu höherer Ausbildung gediehenen Sprachen eigene Weltansichten liegen, so muß es ein Verhältniß dieser nicht nur zu einander, sondern auch zur Totalität aller denkbaren geben. Es ist alsdann mit den Sprachen wie mit den Charakteren der Menschen selbst, oder um einen einfacheren Gegenstand zur Vergleichung zu wählen, wie mit den Götteridealen der bildenden Kunst, in welchen sich Totalität aufsuchen und ein geschlossener Kreis bilden läßt, da jedes das allgemeine, als gleichzeitiger Inbegriff aller Erhabenheiten nicht individualisirbare Ideal von Einer bestimmten Seite darstellt. Daß dies je in irgend einer Gattung der Vorzüge rein vorhanden wäre, darf man allerdings nicht wähnen, und man würde der Wirklichkeit nur Gewalt anthun, wenn man Charakter- und Sprachverschiedenheiten historisch so darstellen wollte. Allein die Anlagen und nur nicht rein durchgeführten Richtungen sind vorhanden, und es läßt sich weder bei Menschen und Nationen, noch bei Sprachen eine Charakterbildung (die nicht Unterwerfung der Aeusserungen unter ein Gesetz, sondern Annäherung des Wesens an ein Ideal ist) denken, als wenn man sich auf einer Bahn begriffen ansieht, deren, durch die Vorstellung des Ideals gegebene Richtung bestimmte andere, erst alle Seiten desselben erschöpfende voraussetzt. Der Zustand der Nationen, auf welchem dies in ihren Sprachen Anwendung finden kann, ist der höchste und letzte, zu welchem Verschiedenheit der Völkerstämme führen kann; er setzt verhältnißmäßig große Menschenmassen voraus, weil die Sprachen diese erfordern, um sich zu ihrer Vollendung zu erheben. Ihm zum Grunde liegt der niedrigste, von dem wir ausgingen, der aus der unvermeidlichen Zerstückelung und Verzweigung des Menschengeschlechts entsteht und dem die Sprachen ihren Ursprung schuldig sind; dieser setzt viele und kleine Menschenmassen voraus, weil das Entstehen der Sprachen in diesen leichter ist, und viele sich mischen und zusammenfließen müssen, wenn reiche und bildsame hervorgehen sollen. In beiden vereinigt sich, was in der ganzen Oeconomie des Menschengeschlechts auf Erden gefunden wird, daß der Ursprung in Naturnothwendigkeit und physischem Bedürfniß liegt, aber in der fortschreitenden Entwicklung beide den höchsten geistigen Zwecken dienen.

Ueber das vergleichende Sprachstudium in Beziehung
auf die verschiedenen Epochen der Sprachentwicklung [29. Juni 1820].
In: *Abhandlungen der Königlichen Akademie*
der Wissenschaften zu Berlin aus den Jahren 1820–1821.
Berlin: Reimer 1822: 239–260.
(GS IV: 1–34)

9. Artikulation: Sprache und Buchstabenschrift

Aus: *Ueber die Buchstabenschrift und ihren Zusammenhang mit dem Sprachbau* (1824 [1826])

Das Bemühen, sich von einer bestimmten Sprache unabhängig zu machen, muß, da das Denken ohne Sprache einmal unmöglich ist, nachtheilig und verödend auf den Geist einwirken. Eine Begriffsschrift übt diese Nachtheile nur insofern nicht in dem hier geschilderten Grade aus, als ihr System nicht consequent durchgeführt ist, und als sie im Gebrauch phonetisch aufgenommen wird.

Die Buchstabenschrift ist von diesen Fehlern frei, einfaches, durch keinen Nebenbegriff zerstreuendes Zeichen des Zeichens, die Sprache überall begleitend, ohne sich ihr vorzudrängen, oder zur Seite zu stellen, nichts hervorrufend, als den Ton, und daher die natürliche Unterordnung bewahrend, in welcher der Gedanke nach dem durch den Ton gemachten Eindruck angeregt werden, und die Schrift ihn nicht an sich, sondern in dieser bestimmten Gestalt festhalten soll.

Durch dies enge Anschließen an die eigenthümliche Natur der Sprache verstärkt sie gerade die Wirkung dieser, indem sie auf die prangenden Vorzüge des Bildes und Begriffsausdrucks Verzicht leistet. Sie stört die reine Gedankennatur der Sprache nicht, sondern vermehrt vielmehr dieselbe durch den nüchternen Gebrauch an sich bedeutungsloser Züge, und läutert und erhöht ihren sinnlichen Ausdruck, indem sie den im Sprechen verbundenen Laut in seine Grundtheile zerlegt, den Zusammenhang derselben unter einander, und in der Verknüpfung zum Wort anschaulich macht, und durch die Fixirung vor dem Auge auch auf die hörbare Rede zurückwirkt.

An diese Spaltung des verbundenen Lauts, als an das Wesen

der Buchstabenschrift, haben wir uns daher zu halten, wenn wir den inneren Einfluß derselben auf die Sprache beurtheilen wollen.

Die Rede bildet im Geiste des Sprechenden, bis sie einen Gedanken erschöpft, ein verbundenes Ganzes, in welchem erst die Reflexion die einzelnen Abschnitte aufsuchen muß. Dies erfährt man vorzüglich bei der Beschäftigung mit den Sprachen ungebildeter Nationen. Man muß theilen und theilen, und immer mistrauisch bleiben, ob das einfach Scheinende nicht auch noch zusammengesetzt ist. Gewissermaßen ist freilich dasselbe auch bei den hochgebildeten der Fall, allein auf verschiedene Weise; bei diesen nur etymologisch zum Behuf der Einsicht in die Wortentstehung, bei jenen grammatisch und syntaktisch zum Behuf der Einsicht in die Verknüpfung der Rede. Das Verbinden des zu Trennenden ist allemal Eigenschaft des ungeübten Denkens und Sprechens; von dem Kinde und dem Wilden erhält man schwer Wörter, statt Redensarten. Die Sprachen von unvollkommnerem Bau überschreiten auch leicht das Maaß dessen, was in einer grammatischen Form verbunden seyn darf. Die logische Theilung, welche die Gedankenverknüpfung auflöst, geht aber nur bis auf das einfache Wort. Die Spaltung dieses ist das Geschäft der Buchstabenschrift. Eine Sprache, die sich einer anderen Schrift bedient, vollendet daher das Theilungsgeschäft der Sprache nicht, sondern macht einen Stillstand, wo die Vervollkommnung der Sprache weiter zu gehen gebietet.

Zwar ist die Aufsuchung der Lautelemente auch ohne den Gebrauch der Buchstabenschrift denkbar, und die Chinesen besitzen namentlich eine Analyse der verbundenen Laute, indem sie die Zahl und Verschiedenheit ihrer Anfangs- und End-Articulationen und ihrer Wortbetonungen bestimmt und genau angeben. Da aber nichts weder in der gewöhnlichen Sprache, noch in der Schrift (insofern sie nemlich wirklich Zeichenschrift ist, da die Chinesen bekanntlich dieser auch Lautbezeichnung beimischen) zu dieser Analyse nöthigt, so kann sie schon darum nicht so allgemein seyn. Da ferner der einzelne Ton (Consonant und

Vocal) nicht durch ein nur ihm angehörendes Zeichen isolirt dargestellt, sondern nur den Anfängen und Endigungen verbundener Laute abgehört wird, so ist die Darstellung des Tonelements nie so rein und anschaulich, als durch die Buchstabenschrift, und die Lautanalyse, wenn ihr auch nichts an Vollständigkeit und Genauigkeit abginge, macht nicht auf den Geist den Eindruck einer rein vollendeten Sprachtheilung. Bei der inneren Wirkung der Sprachen aber, welche allein ihre wahren Vorzüge bestimmt, kommt Alles auf das volle und reine Wirken jedes Eindrucks an, und der geringste, im äußeren Erfolg gar nicht bemerkbare Mangel an einem von beiden ist von Erheblichkeit. Das alphabetische Lesen und Schreiben dagegen nöthigt in jedem Augenblick zum Anerkennen der zugleich dem Ohr und dem Auge fühlbaren Lautelemente, und gewöhnt an die leichte Trennung und Zusammensetzung derselben; es macht daher eine vollendet richtige Ansicht der Theilbarkeit der Sprache in ihre Elemente in eben dem Grade allgemein, in welchem es selbst über die Nation verbreitet ist.

Zunächst äußert sich diese berichtigte Ansicht in der Aussprache, die, durch das Erkennen und Ueben der Lautelemente in abgesonderter Gestalt, befestigt und geläutert wird. So wie für jeden Laut ein Zeichen gegeben ist, gewöhnen sich das Ohr und die Sprachorgane, ihn immer genau auf dieselbe Weise zu fordern und wiederzugeben; zugleich wird er, mit Abschneidung des unbestimmten Tönens, mit dem, im ungebildeten Sprechen, ein Laut in den andern überfließt, schärfer und richtiger begränzt. Diese reinere Aussprache, die feine Ausbildung des Ohrs und der Sprachwerkzeuge ist schon an sich, und in ihrer Wirkung auch auf das Innere der Sprache von der äußersten Wichtigkeit; die Absonderung der Lautelemente übt aber auch einen noch tiefer in das Wesen der Sprache eingehenden Einfluß aus.

Sie führt nemlich der Seele die Articulation der Töne vor, indem sie die articulirten Töne vereinzelt und bezeichnet. Die alphabetische Schrift thut dies klarer und anschaulicher, als es auf irgend einem anderen Wege geschehen könnte, und man behauptet nicht zu viel, wenn man sagt, daß durch das Alphabet einem Volke eine ganz neue Einsicht in die Natur der Sprache aufgeht. Da die Articulation das Wesen der Sprache ausmacht, die ohne dieselbe nicht einmal möglich seyn würde, und der Begriff der Gliederung sich über ihr ganzes Gebiet, auch wo nicht bloß von Tönen die Rede ist, erstreckt; so muß die Versinnlichung und Vergegenwärtigung des gegliederten Tons vorzugsweise mit der ursprünglichen Richtigkeit und der allmählichen Entwickelung des Sprachsinnes in Zusammenhang stehen. Wo dieser stark und lebendig ist, wird ein Volk aus eigenem Drange der Erfindung des Alphabets entgegengehen, und wo ein Alphabet einer Nation von der Fremde her zukommt, wird es die Sprachausbildung in ihr befördern und beschleunigen.

Obgleich der articulirte Laut körperlich und instinctartig hervorgebracht ist, so stammt sein Wesen doch eigentlich nur aus der inneren Seelenanlage zur Sprache, die Sprachwerkzeuge besitzen bloß die Fähigkeit, sich dem Drange dieser gemäß zu gestalten. Eine Definition des articulirten Lauts, bloß nach seiner physischen Beschaffenheit, ohne die Absicht oder den Erfolg seiner Hervorbringung darin aufzunehmen, scheint mir daher unmöglich. Er ist ein sich einzeln abschneidender Laut, nicht ein verbundenes und vermischtes Tönen oder Schmettern, wie die meisten Gefühllaute. Sein charakteristischer Unterschied liegt nicht, musikalisch, in der Höhe und Tiefe, da er durch die ganze Tonleiter hindurch angestimmt werden kann. Derselbe beruht ebensowenig auf der Dehnung und Verkürzung, Helligkeit oder Dumpfheit, Härte oder Weiche, da diese Verschiedenheiten theils Eigenschaften aller articulirten Töne seyn können, theils Gattungen derselben bilden. Versucht man nun aber die Unterschiede zwischen *a* und *e*, *p* und *k* u. s. w. auf einen allgemeinen sinnlichen Begriff zurückzuführen, so ist mir wenigstens bis jetzt dies immer mislungen. Es bleibt nichts übrig, als überhaupt zu sagen, daß diese Töne, unabhängig von jenen Kennzeichen, dennoch specifisch verschieden sind, oder daß ihr Unterschied aus einem bestimmten Zusammenwirken der Organe entsteht, oder eine andere ähnliche Beschreibung zu versuchen, die aber nie eine wahre Definition giebt. Erschöpfend und ausschließend wird ihr Wesen immer nur dadurch geschildert, daß man ihnen die Eigenschaft zuschreibt, unmittelbar durch ihr Ertönen Begriffe hervorzubringen, indem theils jeder einzelne dazu gebildet ist, theils die Bildung des einzelnen eine in bestimmbaren Classen bestimmbare Anzahl gleichartiger, aber specifisch verschiedener möglich macht und fordert, welche nothwendige oder willkührliche Verbindungen mit einander einzugehen geeignet sind. Hierdurch ist jedoch nicht mehr gesagt, als daß articulirte Laute Sprachlaute und umgekehrt sind.

Die Sprache aber liegt in der Seele, und kann sogar bei widerstrebenden Organen und fehlendem äußeren Sinn hervorgebracht werden. Dies sieht man bei dem Unterrichte der Taubstummen, der nur dadurch möglich wird, daß der innere Drang der Seele, die Gedanken in Worte zu kleiden, demselben entgegenkommt, und vermittelst erleichternder Anleitung den Mangel ersetzt, und die Hindernisse besiegt. Aus der individuellen Beschaffenheit dieses Dranges, verständliche Laute hervorzubringen, aus der Individualität des Lautgefühls, (überhaupt in Hinsicht des Lautes, als solchen, des musikalischen Tons und der Articulation) und endlich aus der Individualität des Gehörs und der Sprachwerkzeuge entsteht das besondere Lautsystem jeder Sprache, und wird, sowohl durch seine ursprüngliche Gleichartigkeit mit der ganzen Sprachanlage des Individuums, als in seinen tausendfachen, einzeln gar nicht zu verfolgenden Einflüssen auf alle Theile des Sprachbaues, die Grundlage der besonderen Eigenthümlichkeit der ganzen Sprache selbst. Die aus der Seele heraustönende specifische Sprachanlage verstärkt sich in ihrer Eigenthümlichkeit, indem sie wieder ihr eigenes Tönen, als etwas fremdes Erklingendes, vernimmt.

[...]

Wodurch aber die Buchstabenschrift noch viel wesentlicher, obgleich nicht so sichtlich an einzelnen Beschaffenheiten erkennbar, auf die Sprache wirkt, ist dadurch, daß sie allein erst die Einsicht in die Gliederung derselben vollendet, und das Gefühl davon allgemeiner verbreitet. Denn ohne die Unterscheidung, Bestimmung und Bezeichnung der einzelnen Articulationen, werden nicht die Grundtheile des Sprechens erkannt, und der Begriff der Gliederung wird nicht durch die ganze Sprache durchgeführt. Jeden in einem Gegenstande liegenden Begriff aber vollständig durchzuführen, ist überhaupt und überall von der größesten Wichtigkeit, und noch mehr da, wo der Gegenstand, wie die Sprache, ganz ideal ist, und wo, theils zugleich, theils nach einander, der Instinct handelt, das Gefühl ahndet, der Verstand einsieht, und die Verstandeseinsicht wieder auf das Gefühl, und dieses auf den Instinct berichtigend zurückwirkt. Die Folgen des Mangels davon erstrecken sich weit über den unvollendet bleibenden Theil hinaus, bei den Sprachen ohne Buchstabenschrift, und ohne sichtbare Spuren eines nach derselben empfundenen Bedürfnisses, nicht bloß auf die richtige und vollständige Einsicht in die Articulation der Laute, sondern über die ganze Art ihres Baues und ihres Gebrauchs. Die Gliederung ist aber gerade das Wesen der Sprache; es ist nichts in ihr, das nicht Theil und Ganzes seyn könnte, die Wirkung ihres beständigen Geschäfts beruht auf der Leichtigkeit, Genauigkeit und Uebereinstimmung ihrer Trennungen und Zusammensetzungen. Der Begriff der Gliederung ist ihre logische Function, so wie die des Denkens selbst. Wo also, vermöge der Schärfe des Sprachsinnes, in einem Volk die Sprache in ihrer ächten, geistigen und tönenden Eigenthümlichkeit empfunden wird, da wird dasselbe angeregt, bis zu ihren Elementen, den Grundlauten, vorzudringen, dieselben zu unterscheiden und zu bezeichnen, oder mit anderen Worten, Buchstabenschrift zu erfinden, oder sich darbietende begierig zu ergreifen.

Richtigkeit der intellectuellen Ansicht der Sprache, von Lebendigkeit und Feinheit zeugende Bearbeitung ihrer Laute, und Buchstabenschrift erheischen und befördern sich daher gegenseitig, und vollenden, vereint, die Auffassung und Bildung der

Sprache in ihrer ächten Eigenthümlichkeit. Jeder Mangel an einem dieser drei Punkte wird in ihrem Bau, oder ihrem Gebrauche fühlbar, und wo die natürliche Einwirkung der Dinge nicht durch besondere Umstände Abweichungen erfährt, da darf man sie vereint, und noch verbunden mit Festigkeit grammatischer Formen und rhythmischer Kunst anzutreffen hoffen.

Aus: *Ueber die Buchstabenschrift und ihren Zusammenhang mit dem Sprachbau* [20. Mai 1824].
In: *Abhandlungen der Königlichen Akademie der Wissenschaften zu Berlin. Aus dem Jahre 1824.*
Berlin: Dümmler 1826: 167–172, 176–177.
(GS V: 113–117, 121–122)

10. Der unabänderliche Dualismus

Aus: *Ueber den Dualis* (1827 [1830])

Besonders entscheidend für die Sprache ist es, daß die Zweiheit in ihr eine wichtigere Stelle, als irgendwo sonst, einnimmt. Alles Sprechen ruht auf der Wechselrede, in der, auch unter Mehreren, der Redende die Angeredeten immer sich als Einheit gegenüberstellt. Der Mensch spricht, sogar in Gedanken, nur mit einem Andren, oder mit sich, wie mit einem Andren, und zieht danach die Kreise seiner geistigen Verwandtschaft, sondert die, wie er, Redenden von den anders Redenden ab. Diese, das Menschengeschlecht, in zwei Classen, Einheimische und Fremde, theilende Absonderung ist die Grundlage aller ursprünglichen geselligen Verbindung.

Es hätte schon können oben bemerkt werden, daß die in der Natur äußerlich erscheinende Zweiheit oberflächlicher und in innigerer Durchdringung des Gedanken und des Gefühls aufgefaßt werden kann. Es wird genug seyn, nur an einiges Einzelne in dieser Beziehung zu erinnern. Wie tief die bilaterale Symmetrie der Menschen- und Thierkörper in die Phantasie und das Gefühl eingeht, und zu einer der Hauptquellen der Architektonik der Kunst wird, ist neuerlich von A. W. v. Schlegel auf eine überraschend treffende und höchst geistvolle Weise gezeigt worden*. Der in seiner allgemeinsten und geistigsten Gestaltung aufgefaßte Geschlechtsunterschied führt das Bewußtseyn einer, nur durch gegenseitige Ergänzung zu heilenden Einseitigkeit durch alle Beziehungen des menschlichen Denkens und Empfindens hindurch.

Ich erwähne aber mit Absicht dieser zwiefachen, oberflächli-

* Indische Bibliothek B. 2, S. 458.

cheren und tieferen, sinnlicheren und geistigeren Auffassung erst hier, da sie vorzüglich da eintritt, wo die Sprache auf der Zweiheit der Wechselrede ruht. Es ist im Vorigen nur die ganz empirische Erscheinung hiervon angedeutet worden. Es liegt aber in dem ursprünglichen Wesen der Sprache ein unabänderlicher Dualismus, und die Möglichkeit des Sprechens selbst wird durch Anrede und Erwiederung bedingt. Schon das Denken ist wesentlich von Neigung zu gesellschaftlichem Daseyn begleitet, und der Mensch sehnt sich, abgesehen von allen körperlichen und Empfindungsbeziehungen, auch zum Behuf seines bloßen Denkens, nach einem dem *Ich* entsprechenden *Du*; der Begriff scheint ihm erst seine Bestimmtheit und Gewißheit durch das Zurückstrahlen aus einer fremden Denkkraft zu erreichen. Er wird erzeugt, indem er sich aus der bewegten Masse des Vorstellens losreißt, und dem Subject gegenüber, zum Object bildet. Die Objectivität erscheint aber noch vollendeter, wenn diese Spaltung nicht in dem Subject allein vorgeht, sondern der Vorstellende den Gedanken wirklich außer sich erblickt, was nur in einem andren, gleich ihm vorstellenden und denkenden Wesen möglich ist. Zwischen Denkkraft und Denkkraft aber giebt es keine andre Vermittlerin, als die Sprache.

Das Wort an sich selbst ist kein Gegenstand, vielmehr den Gegenständen gegenüber, etwas Subjectives; dennoch soll es im Geiste des Denkenden zum Object, von ihm erzeugt und auf ihn zurückwirkend werden. Es bleibt zwischen dem Wort und seinem Gegenstande eine so befremdende Kluft; das Wort gleicht, allein im Einzelnen geboren, so sehr einem bloßen Scheinobject; die Sprache kann auch nicht vom Einzelnen, sie kann nur gesellschaftlich, nur, indem an einen gewagten Versuch ein neuer sich anknüpft, zur Wirklichkeit gebracht werden. Das Wort muß also Wesenheit, die Sprache Erweiterung in einem Hörenden und Erwiedernden gewinnen. Diesen Urtypus aller Sprachen druckt das Pronomen durch die Unterscheidung der zweiten Person von der dritten aus. *Ich* und *Er* sind wirklich verschiedene Gegenstände, und mit ihnen ist eigentlich Alles erschöpft, denn sie heißen mit andren Worten *Ich* und *Nicht-ich*. *Du* aber ist ein dem *Ich* gegenübergestelltes *Er*. Indem *Ich* und *Er* auf innerer und äußerer Wahrnehmung beruhen, liegt in dem *Du* Spontaneitat der Wahl. Es ist auch ein *Nicht-ich*, aber nicht wie das *Er*, in der Sphäre aller Wesen, sondern in einer andren, in der eines durch Einwirkung gemeinsamen Handelns. In dem *Er* selbst liegt nun dadurch, außer dem *Nicht-ich*, auch ein *Nicht-du*, und es ist nicht bloß einem von ihnen, sondern beiden entgegengesetzt. Hierauf deutet auch der oben angeführte Umstand hin, daß in vielen Sprachen die Bezeichnung und die grammatische Bildung des Pronomen der dritten Person in ihrem ganzen Wesen von den beiden ersten Personen abweicht, der Begriff desselben bald nicht rein, bald nicht in allen Beugungsfällen der Declination vorhanden ist.

Erst durch die, vermittelst der Sprache bewirkte Verbindung eines Andren mit dem Ich entstehen nun alle, den ganzen Menschen anregenden, tieferen und edleren Gefühle, welche in Freundschaft, Liebe und jeder geistigen Gemeinschaft die Verbindung zwischen Zweien zu der höchsten und innigsten machen.

Aus: *Ueber den Dualis* [26. April 1827].
In: *Abhandlungen der Königlichen Akademie der Wissenschaften zu Berlin. Aus dem Jahre 1827.*
Berlin: Dümmler 1830: 182–184.
(GS VI: 25–27)

11. Quechua

Aus: *Quichua Grammatik* (ca. 1822–1826)

Die Qquichua-Sprache gehört zu den merkwürdigsten unter den Amerikanischen, sowohl wenn man die sonderbaren Eigenthümlichkeiten ihres Baues, als wenn man die Größe, Macht u. selbst die Cultur des Reiches erwägt, in welchem sie ursprünglich gesprochen wurde, vorzüglich aber, wenn man diese beiden Dinge zusammennimmt. Denn es ist nicht zu läugnen, daß sie den Charakter der Sprache einer Nation an sich trägt, die noch in einem sehr rohen Zustande, u. kaum im Anfange irgend einer Cultur ist, und das nicht bloß mehr als die Mexikanische, sondern mehr als selbst die Mundarten andrer, wirklich sehr rohen Amerikanischen Völkerschaften. Mitten in ihrer grammatischen Dürftigkeit hat sie aber zugleich eine Festigkeit u. selbst eine Künstlichkeit des Baues, die anders ist, als was sich sonst von dieser Art in den Amerikanischen Sprachen findet.

Mehr als irgend eine der übrigen Amerikanischen Sprachen besteht die Qquichua aus bloßen Zusammensetzungen für sich bedeutsamer Wörter, u. keine ist so entfernt von dem Begriff irgend einer Flexion. Das Nomen hat durchaus keine Casus, die Zusammenziehung des Genitivs mit dem Nomen, welches ihn regiert, ausgenommen; alle Beziehungsverhältnisse werden durch Praepositionen bezeichnet. Es fehlt daher in gewisser Rücksicht selbst der reine, mit keiner Sachbestimmung versetzte Begriff des Casus. Den bloßen Dativus kann man eigentlich nicht ausdrücken (§. 25.). Wo er vorkommt, ist er mit den Nebenbegriffen, die in *pac*, *man*, u. bei der Einverleibung in *pu* liegen, vermischt. Daß auch das *ta* des Accusativus solche Nebenbeziehungen enthält, ist §. 15. an einigen Beispielen klar geworden. Wo, auch ohne besondere Zeichen, die Casus durch eine bestimmte Stellung angedeutet werden, erhält sich ihr Begriff viel reiner, als auf diese Weise; u. so ist es z. B. im Mexikanischen mit dem, dem Verbum einverleibten Dativ und Accusativ. Die Behandlung des Plurals beweist ebenso, daß die Sprache dadurch nicht eine grammatische Bezeichnung, ein Zusammenordnen der Wörter nach gleichen Kategorien, bezweckt, sondern immer nur auf das jedesmalige Bedürfniß des Ausdrucks sieht. Daher wird er ausgelassen, wo er nur irgend schon mittelbar durch ein andres Wort angedeutet ist u. daher werden, wo er mit Nebenbegriffen (Paar, Gegenseitigkeit u. s. f.) verbunden ist, statt des allgemeinen Pluralzeichens, Partikeln genommen, die diese Nebenbeziehungen enthalten. *Cuna* selbst ist gar nicht sowohl grammatisches Zeichen, als ein eignes Wort, das anzeigt, daß alles von dem eben ausgesprochenen Gegenstand genommen werden soll (§. 23.). Die bloße Wiederholung des Worts ist ein reinerer Plural; sie ist aber nur in wenigen Fällen üblich, u. auch mit einem bestimmten Nebenbegriff verbunden. Die Pronomina haben auch nur eine zwiefache Gestalt, als selbständige u. suffigirte. Denn die Verschiedenheiten zwischen diesen letzteren, wenn sie Besitzpronomina, u. wenn sie Personenzeichen sind, können nicht, als wesentlich angesehen werden, u. verschwinden noch zum Theil in einigen Dialecten (§. 27.). Im Verbum fallen Activum u. Passivum, Praesens u. Praeteritum, ja zum Theil selbst das Futurum in denselben Formen zusammen, u. die Unterschiede beruhen nur auf Partikeln u. Zusammensetzungen mit dem Hülfsverbum. Die Partikeln sind aber nicht so bestimmt, daß sie Flexionen gleichkämen, sie bilden vielmehr wirkliche Phrasen, u. wenn von Formen die Rede ist, so bleibt dem ganzen Verbum, genau genommen, keine andre, als die Anfügung der Pronominalsuffixa. Die Modi kennen nur eine einzige Partikel. Dagegen ist die häufige Zusammenfügung des Hülfsverbum mit sich selbst, u. mit den attributiven Verben höchst merkwürdig, so wie der mannichfaltige Gebrauch von Verbalien, aus dem ein wirklicher grammatischer Reichthum von Participial- u. Gerundivconstructionen hervorgeht. Ueberhaupt ist es, als wenn die Nation von dem eigentlichen Begriff des Verbum u. dem freien u. gewandten Gebrauch dieses Redetheils sehr fern geblieben wäre, dagegen diesen Mangel überall durch Constructionen vermittelst des Nomen zu ersetzen gesucht habe, wodurch sie dann nothwendig auf die, zwischen Nomen u. Verbum mitten inne liegenden Formen geführt werden mußte. Ebendaher stammt auch der Hang zu den unpersönlichen Formen, u. der zur Sprachregel gewordene Uebergang in dieselben. Die Lieblingsmanier der Sprache ist offenbar die, wo sie sich des Besitzpronomen bedienen kann. Auf diese Weise schmilzt, was man, es möchte nun aus Agglutination entstanden seyn, oder nicht, noch Flexion, u. grammatische Form nennen kann, unglaublich zusammen, wie man auch aus dem in §. 28. enthaltenen Verzeichniß sehen kann. Nimmt man aus diesem die so mannigfaltigen Formen der Pronominalsuffixa, u. was dort Suffixa der Nomina u. Verba genannt ist, die aber eigentlich Zusammensetzungs-Elemente, Substantiva od. Adjectiva, sind, hinweg, so bleibt in der That nur äußerst wenig übrig. Auch die Art der Sätzeverbindung zeigt das durch die Sprache bezeichnete Denken noch auf einer sehr niedrigen Stufe. Soweit ich die Natur der Qquichua-Conjunctionen beurtheilen kann, scheinen sie nicht eigentlich die Sätze zu regieren, den Sinn des einen schwebend zu erhalten, bis der andre hinzutritt, sondern dieselben nur zu modificiren, ihnen Nebenbestimmungen zu geben, aus welchen unmittelbar die Verbindung im Kopfe des Hörenden hervorgehen kann. An sich, u. der Conjunction nach, könnte jeder für sich für vollständig angesehen werden.

Künstlich u. systematisch ist aber in der Sprache die Constructionsordnung, u. die genau geregelte Folge aller Redetheile, u. man kann nicht einmal sagen, daß sie bei dem Mangel an Bildungssilben, aus Bedürfniß entstanden sey. Da jener Mangel durch bedeutsame Partikeln ersetzt ist, so bringt er nicht sowohl Undeutlichkeit, als Unbehülflichkeit hervor. Die Begriffe treten wohl mit hinreichender Klarheit, aber nicht rein begränzt hervor. Auf der andren Seite könnte aber auch die Constructionsfolge immer weniger fest seyn, u. die Deutlichkeit würde dennoch darunter nicht leiden. Nur freilich diejenigen Wörter, die von derselben Praeposition oder demselben Pluralzeichen regiert werden, könnten keine Versetzung ohne gänzliche Störung des Sinnes, erleiden. Ob aber das Verbum hinten, oder mehr in der Mitte, der Accusativus vor, oder nach dem Nominativ stände, wäre im Ganzen, u. einzelne Fälle abgerechnet, für das Verständniß gleichgültig. Vermöge dieser Einrichtung der Sprache besteht jeder Satz aus einzelnen, in sich geschlossenen Wortgruppen, u. man kann die Elemente dieser so gut, als gar nicht, sie selbst nur innerhalb sehr enger Gränzen umstellen. Eine solche Gruppe schließt allemal mit dem Pluralzeichen, oder dem Besitzpronomen oder einer Praeposition, oder einer Verbalendung, oder einer Anfügungspartikel. Wo nichts von diesem Allem ist, kann nur der Nominativ stehn. Sie kann aus zwei Theilen bestehen, welche allemal durch das Substantivum, oder Verbum darin bezeichnet werden. Vor dem Substantivum können Adjectiva stehen, die an seinen grammatischen Flexionen Theil nehmen, ebenso vor dem Verbum Adverbia; nach beiden folgen Besitzpronomina, Pluralzeichen, Praepositionen, Verbalendungen u. Anfügungspartikeln, u. vom Substantivum oder Verbum an machen alle nun folgende Silben, jene mitgerechnet, ein einziges, unter denselben Accent befaßtes Wort. In folgendem Satz habe ich die Gruppen durch Parenthesenzeichen, die Ein Wort ausmachenden Silben durch Verbindungsstriche, und die Stammsilben solcher Wörter durch doppeltes Unterstreichen bezeichnet.

1. 2. 5. 6. 7. 8.
(*Khapac apu-cuna-ca*) (*hatun çumac ccorin-cha-sca huaci-cuna-*
10. 11. 12. 13. 9. 14. 4.
cta) (*achca ccari huarmi yana-cuna-cta-huam-pas*) (*muna-paya-*
3. 3. 15. 16. 17. 19. 18. 24. 22.
c-ca-ncu); (*ychaca huaccha runa-maci-nchic-cuna*) (*ratapa-çapa-*

25. 23. 21. 20. 32. 33. 31. 30. 29. 27. 28.
churi-lla-n-cuna-huan) (*uçuc chuclla-n-cuna-pi-pas*) *cusi-sonco*
26.
causa-ncu.

1. 2. 3. 4. 4. 5. 6. 7.
Die reichen Herren pflegen zu sehr große, schöne vergoldete
8.
(*ccori*, Gold, *cha*, machen, *ccori-n-cha-ni*, ich vergolde) Häuser,
9. 10. 11. 12. 13. 14. 15.
und viele Mann- (und) Frauen-Bediente zu begehren; aber die
16. 17. 18. 19.
armen Menschen unserer Art (*maci*, Gefährte, mit Anzeigung
23. 20. 21. 22.
der Person durch das Besitzpronomen) bloß mit ihren sehr zer-
24. 25. 26. 27. 28. 29. 30. 31. 32.
lumpten Kindern leben vergnügten Herzens selbst in ihren elen-
33.
den Hütten.

Ich bin indeß bei dieser Abtheilung zweifelhaft, ob ich *ychaca* recht gestellt habe. Es müßte vielleicht allein stehen. Auch ob bei Verbalausdrücken Alles, was zum Verbum an Participien u. Hülfsverben gehört, nur Ein Wort ausmacht, wie ich *muna-payac-cancu* (den sogenannten Gewohnheitsmodus) zusammengenommen habe, ist nicht deutlich aus den Hülfsmitteln zu ersehen. Doch ist es der Analogie beim Nomen gemäß.

Die gleichsam lose vor den Substantiven stehenden Wörter, immer Attributiva oder Adverbia, befinden sich in einem Mittelzustande der Anfügung, indem sie ganz enge mit den Substantiven verbunden sind, durch die sie erst ihre grammatische Geltung im Satz erhalten, indeß doch nicht zu Einem Wort mit ihm zusammenschmelzen. Ich erinnere mich in Remusat gelesen zu haben, daß die Tatarischen Sprachen auch eine ganz feste Wortstellung haben, u. auch die regierten Redetheile den bestimmenden vorsetzen.

Daß die Nation ein Gefallen an der Wiederkehr derselben Töne, u. an einer Aneinanderreihung von Lauten haben muß, die ihr wohlklingend scheinen, davon liegen auch in der Sprache Beweise. Das dem Besitzpronomen u. auch einigen Partikeln bisweilen vorgesetzte *ni* u. *nin* muß größtentheils phonetisch seyn. Denn die Regel, diese beiden Vorschläge zu gebrauchen, oder wegzulassen, ist unabhängig von der Bedeutung u. ebenso scheint bei der Wahl zwischen *ni* u. *nin* nur das Ohr, u. ein Wohlgefallen an Zierlichkeit zu entscheiden (§. 9.). Bisweilen, wie bei der Steigerung der Adjectiva (§. 6.) u. auch sonst in einzelnen Fällen, ist freilich dies *nin* u. das *n* überhaupt schon, ein angehängtes Pronomen (nicht aber des Besitzes), das, auf das vorhergehende Wort bezogen, diesem gewissermaßen Selbständigkeit verleiht. Immer muß jedoch der so oft wiederkehrende *n*-Laut ein eignes Geklingel im Reden hervorbringen. Eine andre Art der Musik liegt in der Aneinanderfügung der Ausschmückungspartikeln, die auch großentheils (§. 12.) nur den Klang zum Zweck u. zur Regel haben kann. Man wird daher bei der Qquichua-Sprache mehr, wie bei einer andren, darauf geführt, daß wohl jeder Nation, wie jeder Vögelgattung, eine eigne Gesangweise in ihrer Sprache gegeben ist, u. daß diese reine Klanggewohnheit bei der Erklärung keiner Sprache darf aus den Augen gelassen werden. Hierzu gehört auch, daß die Qquichua-Sprache vorzugsweise gern dasselbe Wort zweimal, entweder ganz auf die nemliche Weise, oder in verschiedener grammatischer Form neben einander stellt, was auch zu dem Charakter der Sprachen beginnender Nationen gehört, obgleich es sich auch im Sanskrit findet. Reduplication, Wiederholung einer einzelnen Silbe, ist der Qquichua Sprache ganz fremd. Ich finde kein einziges Beispiel davon. Sie ist ein grammatisches Bildungsmittel, u. zu diesen ist diese Sprache überhaupt nur wenig gekommen. Sie wiederholt immer das ganze Wort, u. wie es scheint, immer aus einem in dem Sinn, oder der Empfindung, dann aber auch wohl im Klange liegenden Grunde. Zugleich aber kann in einigen Fällen diese Wiederholung als grammatische Bezeichnung angesehen werden. Wo solche Wiederholungen zu geschehen pflegen, ist im Vorigen einzeln aufgeführt worden. Aber zu besserer Uebersicht stelle ich hier die Fälle kurz zusammen: Sie sind also gebräuchlich bei Pluralen (§. 4.), vorzüglich des Pronomen 3. pers. (§. 8.) bei den Zahlwörtern, wenn sie in gewisser Bedeutung stehen (§. 7.) bei der Praeposition *manta* (vermuthlich auch bei andren) wenn der Nachdruck der Rede es fordert (§. 11.) um Frequentativa zu bilden (§. 13.) bei dem Gerundiv-Ausdruck einander begleitender Handlungen, sowohl bei dem Gerundium in *-sti* u. dem in *-spa*, als da, wo nur das Verbum finitum in Gerundivsinn steht (§. 15. 25.) bei einigen Redensarten, die ein im Affect geschehendes Zulassen anzeigen, bei Holguin imperativo permissivo (§. 25. S. 85.) endlich bei einzelnen §. 22. namhaft gemachten Redensarten. An diese schließen sich die an derselben Stelle berührten an, wo nicht dasselbe Wort wiederholt, aber zwei ähnlich klingende an einander angefügt werden. In den zulassenden Ausdrücken findet sich dasselbe Verbum sogar dreimal.

Ueber die Quipo's, die Schreibmethode der Peruaner, s. de Laet nov. orb. p. 479.

[Transkription aus der Handschrift, die sich im Konvolut *Coll. ling. fol. 149, Bl. 70r–73v* in der Staatsbibliothek zu Berlin befindet. Die Abschrift wurde von der Wilhelm-von-Humboldt-Arbeitstelle der Berlin-Brandenburgischen Akademie der Wissenschaften erstellt. Die gesamte Quechua-Grammatik erscheint im Band *Südamerikanische Sprachen*, den Manfred Ringmacher und Ute Tintemann herausgeben.]

12. Das bildende Organ des Gedanken

Aus: *Über die Verschiedenheit des menschlichen Sprachbaues und ihren Einfluß auf die geistige Entwickelung des Menschengeschlechts* [Einleitung ins Kawi-Werk] (1836)

§. 7.

Wir sind jetzt bis zu dem Punkte gelangt, auf dem wir in der primitiven Bildung des Menschengeschlechts die *Sprachen* als die erste nothwendige Stufe erkennen, von der aus die Nationen erst jede höhere menschliche Richtung zu verfolgen im Stande sind. Sie wachsen auf gleich bedingte Weise mit der *Geisteskraft* empor, und bilden zugleich das belebend anregende Princip derselben. Beides aber geht nicht nach einander und abgesondert vor sich, sondern ist durchaus und unzertrennlich dieselbe Handlung des intellectuellen Vermögens. Indem ein Volk der Entwicklung seiner Sprache, als des Werkzeuges jeder menschlichen Thätigkeit in ihm, aus seinem Inneren Freiheit erschafft, sucht und erreicht es zugleich die Sache selbst, also etwas Anderes und Höheres; und indem es auf dem Wege dichterischer Schöpfung und grübelnder Ahndung dahin gelangt, wirkt es zugleich wieder auf die Sprache zurück. Wenn man die ersten, selbst rohen und ungebildeten Versuche des intellectuellen Strebens mit dem Namen der *Litteratur* belegt, so geht die Sprache immer den gleichen Gang mit ihr, und so sind beide unzertrennlich mit einander verbunden.

Die *Geisteseigenthümlichkeit* und die *Sprachgestaltung* eines Volkes stehen in solcher Innigkeit der Verschmelzung in einander, daß, wenn die eine gegeben wäre, die andere müßte vollständig aus ihr abgeleitet werden können. Denn die *Intellectualität* und die *Sprache* gestatten und befördern nur einander gegenseitig zusagende Formen. Die Sprache ist gleichsam die äußerliche

Erscheinung des Geistes der Völker; ihre Sprache ist ihr Geist und ihr Geist ihre Sprache; man kann sich beide nie identisch genug denken. Wie sie in Wahrheit mit einander in einer und ebenderselben, unserem Begreifen unzugänglichen Quelle zusammenkommen, bleibt uns unerklärlich verborgen. Ohne aber über die Priorität der einen oder andren entscheiden zu wollen, müssen wir als das reale Erklärungsprincip und als den wahren Bestimmungsgrund der Sprachverschiedenheit die geistige Kraft der Nationen ansehen, weil sie allein lebendig selbstständig vor uns steht, die Sprache dagegen nur an ihr haftet. Denn insofern sich auch diese uns in schöpferischer Selbstständigkeit offenbart, verliert sie sich über das Gebiet der Erscheinungen hinaus in ein ideales Wesen. Wir haben es historisch nur immer mit dem wirklich sprechenden Menschen zu thun, dürfen aber darum das wahre Verhältniß nicht aus den Augen lassen. Wenn wir Intellectualität und Sprache trennen, so existirt eine solche Scheidung in der Wahrheit. nicht. Wenn uns die Sprache mit Recht als etwas Höheres erscheint, als daß sie für ein menschliches Werk, gleich andren Geisteserzeugnissen, gelten könnte, so würde sich dies anders verhalten, wenn uns die menschliche Geisteskraft nicht bloß in einzelnen Erscheinungen begegnete, sondern ihr Wesen selbst uns in seiner unergründlichen Tiefe entgegenstrahlte, und wir den Zusammenhang der menschlichen Individualität einzusehen vermöchten, da auch die Sprache über die Geschiedenheit der Individuen hinausgeht. Für die praktische Anwendung besonders wichtig ist es nur, bei keinem niedrigeren Erklärungsprincipe der Sprachen stehen zu bleiben, sondern wirklich bis zu diesem höchsten und letzten hinaufzusteigen, und als den festen Punkt der ganzen geistigen Gestaltung den Satz anzusehen, daß der Bau der Sprachen im Menschengeschlechte darum und insofern verschieden ist, weil und als es die Geisteseigenthümlichkeit der Nationen selbst ist.

Gehen wir aber, wie wir uns nicht entbrechen können zu thun, in die *Art* dieser *Verschiedenheit* der einzelnen Gestaltung des Sprachbaues ein, so können wir nicht mehr die Erforschung der geistigen Eigenthümlichkeit, erst abgesondert für sich angestellt, auf die Beschaffenheiten der Sprache anwenden wollen. In den frühen Epochen, in welche uns die gegenwärtigen Betrachtungen zurückversetzen, kennen wir die Nationen überhaupt nur durch ihre Sprachen, wissen nicht einmal immer genau, welches Volk wir uns, der Abstammung und Verknüpfung nach, bei jeder Sprache zu denken haben. So ist das *Zend* wirklich für uns die Sprache einer Nation, die wir nur auf dem Wege der Vermuthung genauer bestimmen können. Unter allen Äußerungen, an welchen Geist und Charakter erkennbar sind, ist aber die Sprache auch die allein geeignete, beide bis in ihre geheimsten Gänge und Falten darzulegen. Wenn man also die *Sprachen* als einen Erklärungsgrund der successiven *geistigen Entwickelung* betrachtet, so muß man zwar dieselben als durch die intellectuelle Eigenthümlichkeit entstanden ansehen, allein die Art dieser Eigenthümlichkeit bei jeder einzelnen in ihrem Baue aufsuchen, so daß, wenn die hier eingeleiteten Betrachtungen zu einiger Vollständigkeit durchgeführt werden sollen, es uns jetzt obliegt, in die Natur der Sprachen und die Möglichkeit ihrer rückwirkenden Verschiedenheiten näher einzugehen, um auf diese Weise das vergleichende Sprachstudium an seinen letzten und höchsten Beziehungspunkt anzuknüpfen.

§. 8.

Es gehört aber allerdings eine eigne Richtung der Sprachforschung dazu, den im Obigen vorgezeichneten Weg mit Glück zu verfolgen. Man muß die *Sprache* nicht sowohl wie ein todtes *Erzeugtes*, sondern weit mehr wie eine *Erzeugung* ansehen, mehr von demjenigen abstrahiren, was sie als Bezeichnung der Gegenstände und Vermittelung des Verständnisses wirkt, und dagegen sorgfältiger auf ihren mit der inneren Geistesthätigkeit eng verwebten Ursprung und ihren gegenseitigen Einfluß darauf zurückgehen. Die Fortschritte, welche das Sprachstudium den gelungenen Bemühungen der letzten Jahrzehende verdankt, erleichtern die Übersicht desselben in der Totalität seines Umfangs. Man kann nun dem Ziele näher rücken, die einzelnen Wege anzugeben, auf welchen den mannigfach abgetheilten, isolirten und verbundenen Völkerhaufen des Menschengeschlechts das Geschäft der *Spracherzeugung* zur Vollendung gedeiht. Hierin aber liegt gerade sowohl die Ursach der Verschiedenheit des menschlichen Sprachbaues, als ihr Einfluß auf den Entwicklungsgang des Geistes, also der ganze uns hier beschäftigende Gegenstand.

Gleich bei dem ersten Betreten dieses Forschungsweges stellt sich uns jedoch eine wichtige Schwierigkeit in den Weg. Die Sprache bietet uns eine Unendlichkeit von *Einzelnheiten* dar, in Wörtern, Regeln, Analogieen und Ausnahmen aller Art, und wir gerathen in nicht geringe Verlegenheit, wie wir diese Menge, die uns, der schon in sie gebrachten Anordnung ungeachtet, doch noch als verwirrendes Chaos erscheint, mit der Einheit des Bildes der *menschlichen Geisteskraft* in beurtheilende Vergleichung bringen sollen. Wenn man sich auch im Besitze alles nöthigen lexicalischen und grammatischen Details zweier wichtigen Sprachstämme, z.B. des Sanskritischen und Semitischen, befindet, so wird man dadurch doch noch wenig in dem Bemühen gefördert, den Charakter eines jeden von beiden in so einfache Umrisse zusammenzuziehen, daß dadurch eine fruchtbare Vergleichung derselben und die Bestimmung der ihnen, nach ihrem Verhältniß zur Geisteskraft der Nationen, gebührenden Stelle in dem allgemeinen Geschäfte der Spracherzeugung möglich wird. Dies erfordert noch ein eignes Aufsuchen der gemeinschaftlichen *Quellen* der einzelnen Eigenthümlichkeiten, das Zusammenziehen der zerstreuten Züge in das Bild eines *organischen Ganzen*. Erst dadurch gewinnt man eine Handhabe, an der man die Einzelnheiten festzuhalten vermag. Um daher verschiedene Sprachen in Bezug auf ihren charakteristischen Bau fruchtbar mit einander zu vergleichen, muß man der *Form* einer jeden derselben sorgfältig nachforschen, und sich auf diese Weise vergewissern, auf welche Art jede die hauptsächlichen Fragen löst, welche aller Spracherzeugung als Aufgaben vorliegen. Da aber dieser Ausdruck der *Form* in Sprachuntersuchungen in mehrfacher Beziehung gebraucht wird, so glaube ich ausführlicher entwickeln zu müssen, in welchem Sinne ich ihn hier genommen wünsche. Dies erscheint um so nothwendiger, als wir hier nicht von der Sprache überhaupt, sondern von den einzelnen verschiedener Völkerschaften reden, und es daher auch darauf ankommt, abgränzend zu bestimmen, was unter einer *einzelnen Sprache*, im Gegensatz auf der einen Seite des *Sprachstammes*, auf der andren des *Dialektes*, und was unter *Einer* da zu verstehen ist, wo die nämliche in ihrem Verlaufe wesentliche Veränderungen erfährt.

Die *Sprache*, in ihrem wirklichen Wesen aufgefaßt, ist etwas beständig und in jedem Augenblicke *Vorübergehendes*. Selbst ihre Erhaltung durch die Schrift ist immer nur eine unvollständige, mumienartige Aufbewahrung, die es doch erst wieder bedarf, daß man dabei den lebendigen Vortrag zu versinnlichen sucht. Sie selbst ist kein Werk (*Ergon*), sondern eine Thätigkeit (*Energeia*). Ihre wahre Definition kann daher nur eine genetische sein. Sie ist nämlich die sich ewig wiederholende *Arbeit des Geistes*, den *articulirten Laut* zum Ausdruck des *Gedanken* fähig zu machen. Unmittelbar und streng genommen, ist dies die Definition des jedesmaligen *Sprechens*; aber im wahren und wesentlichen Sinne kann man auch nur gleichsam die Totalität dieses Sprechens als die Sprache ansehen. Denn in dem zerstreuten Chaos von Wörtern und Regeln, welches wir wohl eine Sprache zu nennen pflegen, ist nur das durch jenes Sprechen hervorgebrachte *Einzelne* vorhanden, und dies niemals vollständig, auch erst einer neuen Arbeit bedürftig, um daraus die Art des lebendigen Sprechens zu erkennen und ein wahres Bild der lebendigen Sprache zu geben. Gerade das Höchste und Feinste läßt sich an jenen getrennten Elementen nicht erkennen, und kann nur, was um so mehr beweist, daß die eigentliche Sprache in dem Acte ihres wirklichen Hervorbringens liegt, in der *verbundenen Rede* wahrgenommen oder geahndet werden. Nur sie muß man sich überhaupt in allen Untersuchungen, welche in die lebendige Wesenheit der Sprache eindringen sollen, immer als das Wahre und

Erste denken. Das Zerschlagen in Wörter und Regeln ist nur ein todtes Machwerk wissenschaftlicher Zergliederung.

Die Sprachen als eine *Arbeit des Geistes* zu bezeichnen, ist schon darum ein vollkommen richtiger und adäquater Ausdruck, weil sich das Dasein des Geistes überhaupt nur in Thätigkeit und als solche denken läßt. Die zu ihrem Studium unentbehrliche Zergliedrung ihres Baues nöthigt uns sogar, sie als ein *Verfahren* zu betrachten, das durch bestimmte Mittel zu bestimmten Zwecken vorschreitet, und sie insofern wirklich als *Bildungen* der Nationen anzusehen. Der hierbei möglichen Mißdeutung ist schon oben hinlänglich vorgebeugt worden, und so können jene Ausdrücke der Wahrheit keinen Eintrag thun.

Ich habe schon im Obigen darauf aufmerksam gemacht, daß wir uns, wenn ich mich so ausdrücken darf, mit unsrem Sprachstudium durchaus in eine geschichtliche Mitte versetzt befinden, und daß weder eine Nation, noch eine Sprache unter den uns bekannten *ursprünglich* genannt werden kann. Da jede schon einen Stoff von früheren Geschlechtern aus uns unbekannter Vorzeit empfangen hat, so ist die, nach der obigen Erklärung, den Gedankenausdruck hervorbringende geistige Thätigkeit immer zugleich auf etwas schon *Gegebenes* gerichtet, nicht rein erzeugend, sondern umgestaltend.

Diese Arbeit nun wirkt auf eine constante und *gleichförmige* Weise. Denn es ist die gleiche, nur innerhalb gewisser, nicht weiter Gränzen verschiedene geistige Kraft, welche dieselbe ausübt. Sie hat zum Zweck das *Verständniß*. Es darf also Niemand auf andere Weise zum Anderen reden, als dieser, unter gleichen Umständen, zu ihm gesprochen haben würde. Endlich ist der überkommene Stoff nicht bloß der nämliche, sondern auch, da er selbst wieder einen gleichen Ursprung hat, ein mit der Geistesrichtung durchaus nahe verwandter. Das in dieser Arbeit des Geistes, den articulirten Laut zum Gedankenausdruck zu erheben, liegende Beständige und Gleichförmige, so vollständig, als möglich, in seinem Zusammenhange aufgefaßt, und systematisch dargestellt, macht die Form der Sprache aus.

In dieser Definition erscheint dieselbe als ein durch die Wissenschaft gebildetes *Abstractum*. Es würde aber durchaus unrichtig sein, sie auch an sich bloß als ein solches daseinloses Gedankenwesen anzusehen. In der That ist sie vielmehr der durchaus individuelle *Drang*, vermittelst dessen eine Nation dem Gedanken und der Empfindung Geltung in der Sprache verschafft. Nur weil uns nie gegeben ist, diesen Drang in der ungetrennten Gesammtheit seines Strebens, sondern nur in seinen jedesmal einzelnen Wirkungen zu sehen, so bleibt uns auch bloß übrig, die Gleichartigkeit seines Wirkens in einen todten allgemeinen Begriff zusammenzufassen. In sich ist jener Drang Eins und lebendig.

Die Schwierigkeit gerade der wichtigsten und feinsten Sprachuntersuchungen liegt sehr häufig darin, daß etwas aus dem Gesammteindruck der Sprache Fließendes zwar durch das klarste und überzeugendste Gefühl wahrgenommen wird, dennoch aber die Versuche scheitern, es in genügender Vollständigkeit einzeln darzulegen und in bestimmte Begriffe zu begränzen. Mit dieser nun hat man auch hier zu kämpfen. Die charakteristische Form der Sprachen hängt an jedem *einzelnen* ihrer kleinsten *Elemente*; jedes wird durch sie, wie unerklärlich es im Einzelnen sei, auf irgend eine Weise bestimmt. Dagegen ist es kaum möglich, Punkte aufzufinden, von denen sich behaupten ließe, daß sie an ihnen, einzeln genommen, entscheidend haftete. Wenn man daher irgend eine gegebene Sprache durchgeht, so findet man Vieles, das man sich, dem Wesen ihrer Form unbeschadet, auch wohl anders denken könnte, und wird, um diese rein geschieden zu erblicken, zu dem *Gesammteindruck* zurückgewiesen. Hier nun tritt sogleich das Gegentheil ein. Die entschiedenste *Individualität* fällt klar in die Augen, drängt sich unabweisbar dem Gefühl auf. Die Sprachen können hierin noch am wenigsten unrichtig mit den *menschlichen Gesichtsbildungen* verglichen werden. Die Individualität steht unläugbar da, Ähnlichkeiten werden erkannt, aber kein Messen und kein Beschreiben der Theile im Einzelnen und in ihrem Zusammenhange vermag die Eigenthümlichkeit in einen Begriff zusammenzufassen. Sie ruht auf dem Ganzen und in der wieder individuellen Auffassung; daher auch gewiß jede Physiognomie jedem anders erscheint. Da die Sprache, in welcher Gestalt man sie aufnehmen möge, immer ein geistiger Aushauch eines nationell individuellen Lebens ist, so muß beides auch bei ihr eintreffen. Wie viel man in ihr heften und verkörpern, vereinzeln und zergliedern möge, so bleibt immer etwas unerkannt in ihr übrig, und gerade dies der Bearbeitung Entschlüpfende ist dasjenige, worin die Einheit und der Odem eines Lebendigen ist. Bei dieser Beschaffenheit der Sprachen kann daher die Darstellung der Form irgend einer in dem hier angegebenen Sinne niemals ganz vollständig, sondern immer nur bis auf einen gewissen, jedoch zur Übersicht des Ganzen genügenden Grad gelingen. Darum ist aber dem Sprachforscher durch diesen Begriff nicht minder die Bahn vorgezeichnet, in welcher er den Geheimnissen der Sprache nachspüren und ihr Wesen zu enthüllen suchen muß. Bei der Vernachlässigung dieses Weges übersieht er unfehlbar eine Menge von Punkten der Forschung, muß sehr vieles, wirklich Erklärbares, unerklärt lassen, und hält für isolirt dastehend, was durch lebendigen Zusammenhang verknüpft ist.

Es ergiebt sich schon aus dem bisher Gesagten von selbst, daß unter *Form* der *Sprache* hier durchaus nicht bloß die sogenannte *grammatische Form* verstanden wird. Der Unterschied, welchen wir zwischen Grammatik und Lexicon zu machen pflegen, kann nur zum praktischen Gebrauche der Erlernung der Sprachen dienen, allein der wahren Sprachforschung weder Gränze, noch Regel vorschreiben. Der Begriff der Form der Sprachen dehnt sich weit über die Regeln der *Redefügung* und selbst über die der *Wortbildung* hinaus, insofern man unter der letzteren die Anwendung gewisser allgemeiner logischer Kategorieen des Wirkens, des Gewirkten, der Substanz, der Eigenschaft u. s. w. auf die Wurzeln und Grundwörter versteht. Er ist ganz eigentlich auf die Bildung der *Grundwörter* selbst anwendbar, und muß in der That möglichst auf sie angewandt werden, wenn das Wesen der Sprache wahrhaft erkennbar sein soll.

Der Form steht freilich ein *Stoff* gegenüber; um aber den Stoff der Sprachform zu finden, muß man über die Gränzen der Sprache hinausgehen. Innerhalb derselben läßt sich etwas nur beziehungsweise gegen etwas anderes als Stoff betrachten, z. B. die Grundwörter in Beziehung auf die Declination. In anderen Beziehungen aber wird, was hier Stoff ist, wieder als Form erkannt. Eine Sprache kann auch aus einer fremden Wörter entlehnen und wirklich als Stoff behandeln. Aber alsdann sind dieselben dies wiederum in Beziehung auf sie, nicht an sich. Absolut betrachtet, kann es innerhalb der Sprache keinen *ungeformten Stoff* geben, da alles in ihr auf einen bestimmten Zweck, den Gedankenausdruck, gerichtet ist, und diese Arbeit schon bei ihrem ersten Element, dem articulirten Laute, beginnt, der ja eben durch Formung zum articulirten wird. Der wirkliche Stoff der Sprache ist auf der einen Seite der Laut überhaupt, auf der andren die Gesammtheit der sinnlichen Eindrücke und selbstthätigen Geistesbewegungen, welche der Bildung des Begriffs mit Hülfe der Sprache vorausgehen.

Es versteht sich daher von selbst, daß die reelle Beschaffenheit der *Laute*, um eine Vorstellung von der Form einer Sprache zu erhalten, ganz vorzugsweise beachtet werden muß. Gleich mit dem Alphabete beginnt die Erforschung der Form einer Sprache, und durch alle Theile derselben hindurch wird dies als ihre hauptsächlichste Grundlage behandelt. Überhaupt wird durch den Begriff der Form nichts Factisches und Individuelles ausgeschlossen, sondern alles nur wirklich historisch zu Begründende, so wie das Allerindividuellste, gerade in diesen Begriff befaßt und eingeschlossen. Sogar werden alle *Einzelnheiten*, nur wenn man die hier bezeichnete Bahn verfolgt, mit Sicherheit in die Forschung aufgenommen, da sie sonst leicht übersehen zu werden Gefahr laufen. Dies führt freilich in eine mühvolle, oft ins Kleinliche gehende Elementaruntersuchung; es sind aber auch lauter in sich kleinliche Einzelnheiten, auf welchen der Totaleindruck der Sprachen beruht, und nichts ist mit ihrem Studium so unverträglich, als in ihnen bloß das Große, Geistige, Vorherrschende aufsuchen zu wollen. Genaues Eingehen in jede grammatische Subtilität und Spalten der Wörter in ihre Elemente ist durchaus nothwendig, um sich nicht in allen Urtheilen über sie Irrthümern auszusetzen. Es versteht sich indeß von selbst, daß in den Begriff der Form der Sprache keine Einzelnheit als *isolirte Thatsache*, sondern immer nur insofern aufgenommen werden darf, als sich eine Methode der Sprachbildung an ihr entdecken läßt. Man muß durch die Darstellung der Form den specifischen Weg erkennen, welchen die Sprache und mit ihr die Nation, der sie angehört, zum *Gedankenausdruck* einschlägt. Man muß zu übersehen im Stande sein, wie sie sich zu *andren Sprachen*, sowohl in den bestimmten ihr vorgezeichneten Zwecken, als in der Rückwirkung auf die geistige Thätigkeit der Nation, verhält. Sie ist in ihrer Natur selbst eine Auffassung der einzelnen, im Gegensatze zu ihr als Stoff zu betrachtenden, *Sprachelemente* in *geistiger Einheit*. Denn in jeder Sprache liegt eine solche, und durch diese zusammenfassende Einheit macht eine Nation die ihr von ihren Vorfahren überlieferte Sprache zu der ihrigen. Dieselbe Einheit muß sich also in der Darstellung wiederfinden; und nur wenn man von den zerstreuten Elementen bis zu dieser Einheit hinaufsteigt, erhält man wahrhaft einen Begriff von der Sprache selbst, da man, ohne ein solches Verfahren, offenbar Gefahr läuft, nicht einmal jene Elemente in ihrer wahren Eigenthümlichkeit, und noch weniger in ihrem realen Zusammenhange zu verstehen.

Die *Identität*, um dies hier im Voraus zu bemerken, so wie die *Verwandtschaft* der *Sprachen*, muß auf der Identität und der Verwandtschaft ihrer Formen beruhen, da die Wirkung nur der Ursach gleich sein kann. Die Form entscheidet daher allein, zu welchen anderen eine Sprache, als stammverwandte, gehört. Wir werden dies in der Folge auf das *Kawi* anwenden, das, wie viele Sanskritwörter es auch in sich aufnehmen möchte, darum nicht aufhört, eine Malayische Sprache zu sein. Die Formen *mehrerer Sprachen* können in einer noch *allgemeineren Form* zusammenkommen, und die Formen *aller* thun dies in der That, insofern man überall bloß von dem *Allgemeinsten* ausgeht: von den Verhältnissen und Beziehungen der zur Bezeichnung der Begriffe und der zur Redefügung nothwendigen Vorstellungen, von der Gleichheit der Lautorgane, deren Umfang und Natur nur eine bestimmte Zahl articulirter Laute zuläßt, von den Beziehungen endlich, welche zwischen einzelnen Consonant- und Vocallauten und gewissen sinnlichen Eindrücken obwalten, woraus dann Gleichheit der Bezeichnung, ohne Stammverwandtschaft, entspringt. Denn so wundervoll ist in der Sprache die *Individualisirung* innerhalb der *allgemeinen Übereinstimmung*, daß man ebenso richtig sagen kann, daß das ganze Menschengeschlecht nur Eine Sprache, als daß jeder Mensch eine besondere besitzt. Unter den durch nähere Analogieen verbundenen Sprachähnlichkeiten aber zeichnet sich vor allen die aus *Stammverwandtschaft* der Nationen entstehende aus. Wie groß und von welcher Beschaffenheit eine solche Ähnlichkeit sein muß, um zur Annahme von Stammverwandtschaft da zu berechtigen, wo nicht geschichtliche Thatsachen dieselbe ohnehin begründen, ist es hier nicht der Ort zu untersuchen. Wir beschäftigen uns hier nur mit der Anwendung des eben entwickelten Begriffs der Sprachform auf stammverwandte Sprachen. Bei dieser ergiebt sich nun natürlich aus dem Vorigen, daß die Form der einzelnen stammverwandten Sprachen sich in der des ganzen Stammes wiederfinden muß. Es kann in ihnen nichts enthalten sein, was nicht mit der allgemeinen Form in Einklang stände; vielmehr wird man in der Regel in dieser jede ihrer Eigenthümlichkeiten auf irgend eine Weise angedeutet finden. In jedem Stamme wird es auch eine oder die andere Sprache geben, welche die ursprüngliche Form reiner und vollständiger in sich enthält. Denn es ist hier nur von aus einander entstandenen Sprachen die Rede, wo also ein wirklich gegebener Stoff (dies Wort immer, nach den obigen Erklärungen, beziehungsweise genommen) von einem Volke zum andren in bestimmter Folge, die sich jedoch nur selten genau nachweisen läßt, übergeht und umgestaltet wird. Die Umgestaltung selbst aber kann bei der ähnlichen Vorstellungsweise und Ideenrichtung der sie bewirkenden Geisteskraft, bei der Gleichheit der Sprachorgane und der überkommenen Lautgewohnheiten, endlich bei vielen zusammentreffenden historischen äußerlichen Einflüssen immer nur eine nah verwandte bleiben.

§. 9.

Da der Unterschied der Sprachen auf ihrer Form beruht, und diese mit den Geistesanlagen der Nationen und der sie im Augenblicke der Erzeugung oder neuen Auffassung durchdringenden Kraft in der engsten Verbindung steht, so ist es nunmehr nothwendig, diese Begriffe mehr im Einzelnen zu entwickeln.

Zwei Principe treten bei dem Nachdenken über die Sprache im Allgemeinen und der Zergliedrung der einzelnen, sich deutlich von einander absondernd, an das Licht: die *Lautform*, und der von ihr zur Bezeichnung der Gegenstände und Verknüpfung der Gedanken gemachte *Gebrauch*. Der letztere gründet sich auf die Forderungen, welche das *Denken* an die Sprache bildet, woraus die *allgemeinen Gesetze* dieser entspringen; und dieser Theil ist daher in seiner ursprünglichen Richtung, bis auf die Eigenthümlichkeit ihrer geistigen Naturanlagen oder nachherigen Entwickelungen, in allen Menschen, als solchen, gleich. Dagegen ist die Lautform das eigentlich constitutive und leitende Princip der Verschiedenheit der Sprachen, sowohl an sich, als in der befördernden oder hemmenden Kraft, welche sie der inneren Sprachtendenz gegenüberstellt. Sie hängt natürlich, als ein in enger Beziehung auf die innere Geisteskraft stehender Theil des ganzen menschlichen Organismus, ebenfalls genau mit der Gesammtanlage der Nation zusammen; aber die Art und die Gründe dieser Verbindung sind in, kaum irgend eine Aufklärung erlaubendes Dunkel gehüllt. Aus diesen beiden Principien nun, zusammengenommen mit der Innigkeit ihrer gegenseitigen Durchdringung, geht die *individuelle Form* jeder Sprache hervor, und sie machen die Punkte aus, welche die Sprachzergliedrung zu erforschen und in ihrem Zusammenhange darzustellen versuchen muß. Das Unerlaßlichste hierbei ist, daß dem Unternehmen eine richtige und würdige Ansicht der Sprache, der Tiefe ihres Ursprungs und der Weite ihres Umfangs zum Grunde gelegt werde; und bei der Aufsuchung dieser haben wir daher hier noch zunächst zu verweilen.

Ich nehme hier das *Verfahren der Sprache* in seiner weitesten Ausdehnung, nicht bloß in der Beziehung derselben auf die Rede und den Vorrath ihrer Wortelemente, als ihr unmittelbares Erzeugniß, sondern auch in ihrem Verhältniß zu dem Denk- und Empfindungsvermögen. Der ganze Weg kommt in Betrachtung, auf dem sie, vom Geiste ausgehend, auf den Geist zurückwirkt.

Die Sprache ist das bildende Organ des *Gedanken*. Die *intellectuelle Thätigkeit*, durchaus geistig, durchaus innerlich, und gewissermaßen spurlos vorübergehend, wird durch den *Laut* in der Rede äußerlich und wahrnehmbar für die Sinne. Sie und die Sprache sind daher Eins und unzertrennlich von einander. Sie ist aber auch in sich an die Nothwendigkeit geknüpft, eine *Verbindung* mit dem Sprachlaute einzugehen; das Denken kann sonst nicht zur Deutlichkeit gelangen, die Vorstellung nicht zum Begriff werden. Die unzertrennliche Verbindung des *Gedanken*, der *Stimmwerkzeuge* und des *Gehörs* zur Sprache liegt unabänderlich in der ursprünglichen, nicht weiter zu erklärenden Einrichtung der menschlichen Natur. Die Übereinstimmung des Lautes mit dem Gedanken fällt indeß auch klar in die Augen. Wie der Gedanke, einem Blitze oder Stoße vergleichbar, die ganze Vorstellungskraft in Einen Punkt sammelt und alles Gleichzeitige ausschließt, so erschallt der Laut in abgerissener Schärfe und Einheit. Wie der Gedanke das ganze Gemüth ergreift, so besitzt der Laut vorzugsweise eine eindringende, alle Nerven erschütternde Kraft. Dies ihn von allen übrigen sinnlichen Eindrücken Unterscheidende beruht sichtbar darauf, daß das Ohr (was bei den übrigen Sinnen nicht immer, oder anders der Fall ist) den Eindruck einer Bewegung, ja bei dem der Stimme entschallenden Laut einer wirklichen Handlung empfängt, und diese Handlung hier aus dem Innern eines lebenden Geschöpfes, im articulirten Laut eines denkenden, im unarticulirten eines empfindenden, hervorgeht. Wie das Denken in seinen menschlichsten Beziehungen eine Sehnsucht aus dem Dunkel nach dem Licht, aus der Beschränkung nach der Unendlichkeit ist, so strömt der Laut aus der Tiefe der Brust nach außen, und findet einen ihm wundervoll angemessenen, vermittelnden Stoff in der Luft, dem feinsten und am leichtesten bewegbaren aller Elemente, dessen scheinbare Unkörperlichkeit dem Geiste auch sinnlich entspricht. Die schneidende Schärfe des Sprachlauts ist dem Verstande bei der Auffassung der Gegenstände unentbehrlich. Sowohl die Dinge in der äußeren Natur, als die innerlich angeregte Thätigkeit dringen auf den Menschen mit einer Menge von Merkmalen zugleich ein. Er aber strebt nach Vergleichung, Trennung und Verbindung, und in seinen höheren Zwecken nach Bildung immer mehr umschließender Einheit. Er verlangt also auch, die Gegenstände in bestimmter Einheit aufzufassen, und fordert die Einheit des Lautes, um ihre Stelle zu vertreten. Dieser verdrängt aber keinen der andren Eindrücke, welche die Gegenstände auf den äußeren oder inneren Sinn hervorzubringen fähig sind, sondern wird ihr Träger, und fügt in seiner individuellen, mit der des Gegenstandes, und zwar gerade nach der Art, wie ihn die individuelle Empfindungsweise des Sprechenden auffaßt, zusammenhängenden Beschaffenheit einen neuen bezeichnenden Eindruck hinzu. Zugleich erlaubt die Schärfe des Lauts eine unbestimmbare Menge, sich doch vor der Vorstellung genau absondernder, und in der Verbindung nicht vermischender Modificationen, was bei keiner anderen sinnlichen Einwirkung in gleichem Grade der Fall ist. Da das intellectuelle Streben nicht bloß den Verstand beschäftigt, sondern den ganzen Menschen anregt, so wird auch dies vorzugsweise durch den Laut der Stimme befördert. Denn sie geht, als lebendiger Klang, wie das athmende Dasein selbst, aus der Brust hervor, begleitet, auch ohne Sprache, Schmerz und Freude, Abscheu und Begierde, und haucht also das Leben, aus dem sie hervorströmt, in den Sinn, der sie aufnimmt, so wie auch die Sprache selbst immer zugleich mit dem dargestellten Object die dadurch hervorgebrachte Empfindung wiedergiebt, und in immer wiederholten Acten die Welt mit dem Menschen, oder, anders ausgedrückt, seine Selbstthätigkeit mit seiner Empfänglichkeit in sich zusammenknüpft. Zum Sprachlaut endlich paßt die, den Thieren versagte, aufrechte Stellung des Menschen, der gleichsam durch ihn emporgerufen wird. Denn die Rede will nicht dumpf am Boden verhallen, sie verlangt, sich frei von den Lippen zu dem, an den sie gerichtet ist, zu ergießen, von dem Ausdruck des Blickes und der Mienen, so wie der Geberde der Hände, begleitet zu werden, und sich so zugleich mit Allem zu umgeben, was den Menschen menschlich bezeichnet.

Nach dieser vorläufigen Betrachtung der Angemessenheit des Lautes zu den Operationen des Geistes, können wir nun genauer in den Zusammenhang des *Denkens* mit der Sprache eingehen. Subjective Thätigkeit bildet im Denken ein *Object*. Denn keine Gattung der Vorstellungen kann als ein bloß empfangendes Beschauen eines schon vorhandenen Gegenstandes betrachtet werden. Die Thätigkeit der Sinne muß sich mit der inneren Handlung des Geistes synthetisch verbinden, und aus dieser Verbindung reißt sich die Vorstellung los, wird, der subjectiven Kraft gegenüber, zum Object, und kehrt, als solches aufs neue wahrgenommen, in jene zurück. Hierzu aber ist die *Sprache* unentbehrlich. Denn indem in ihr das geistige Streben sich Bahn durch die Lippen bricht, kehrt das Erzeugniß desselben zum eignen Ohre zurück. Die Vorstellung wird also in wirkliche Objectivität hinüberversetzt, ohne darum der Subjectivität entzogen zu werden. Dies vermag nur die Sprache; und ohne diese, wo Sprache mitwirkt, auch stillschweigend immer vorgehende Versetzung in zum Subject zurückkehrende Objectivität ist die Bildung des Begriffs, mithin alles wahre Denken, unmöglich. Ohne daher irgend auf die Mittheilung zwischen Menschen und Menschen zu sehn, ist das Sprechen eine nothwendige Bedingung des Denkens des Einzelnen in abgeschlossener Einsamkeit. In der Erscheinung entwickelt sich jedoch die Sprache nur *gesellschaftlich*, und der Mensch versteht sich selbst nur, indem er die Verstehbarkeit seiner Worte an Andren versuchend geprüft hat. Denn die Objectivität wird gesteigert, wenn das selbstgebildete

Wort aus fremdem Munde wiedertönt. Der Subjectivität aber wird nichts geraubt, da der Mensch sich immer Eins mit dem Menschen fühlt; ja auch sie wird verstärkt, da die in Sprache verwandelte Vorstellung nicht mehr ausschließend Einem Subject angehört. Indem sie in andere übergeht, schließt sie sich an das dem ganzen menschlichen Geschlechte Gemeinsame an, von dem jeder Einzelne eine, das Verlangen nach Vervollständigung durch die andren in sich tragende Modification besitzt. Je größer und bewegter das gesellige Zusammenwirken auf eine Sprache ist, desto mehr gewinnt sie, unter übrigens gleichen Umständen. Was die Sprache in dem einfachen Acte der Gedankenerzeugung nothwendig macht, das wiederholt sich auch unaufhörlich im geistigen Leben des Menschen; die gesellige Mittheilung durch Sprache gewährt ihm Überzeugung und Anregung. Die Denkkraft bedarf etwas ihr Gleiches und doch von ihr Geschiednes. Durch das Gleiche wird sie entzündet, durch das von ihr Geschiedne erhält sie einen Prüfstein der Wesenheit ihrer innren Erzeugungen. Obgleich der Erkenntnißgrund der Wahrheit, des unbedingt Festen, für den Menschen nur in seinem Inneren liegen kann, so ist das Anringen seines geistigen Strebens an sie immer von Gefahren der Täuschung umgeben. Klar und unmittelbar nur seine veränderliche Beschränktheit fühlend, muß er sie sogar als etwas außer ihm Liegendes ansehn; und eines der mächtigsten Mittel, ihr nahe zu kommen, seinen Abstand von ihr zu messen, ist die gesellige Mittheilung mit Andren. Alles Sprechen, von dem einfachsten an, ist ein Anknüpfen des einzeln Empfundenen an die gemeinsame Natur der Menschheit.

Mit dem *Verstehen* verhält es sich nicht anders. Es kann in der Seele nichts, als durch eigne Thätigkeit, vorhanden sein, und Verstehen und Sprechen sind nur verschiedenartige Wirkungen der nämlichen Sprachkraft. Die gemeinsame Rede ist nie mit dem Übergeben eines Stoffes vergleichbar. In dem Verstehenden, wie im Sprechenden, muß derselbe aus der eigenen, inneren Kraft entwickelt werden; und was der erstere empfängt, ist nur die harmonisch stimmende Anregung. Es ist daher dem Menschen auch schon natürlich, das eben Verstandene gleich wieder auszusprechen. Auf diese Weise liegt die Sprache in jedem Menschen in ihrem ganzen Umfange, was aber nichts Anderes bedeutet, als daß jeder ein, durch eine bestimmt modificirte Kraft, anstoßend und beschränkend, geregeltes Streben besitzt, die ganze Sprache, wie es äußere oder innere Veranlassung herbeiführt, nach und nach aus sich hervorzubringen und hervorgebracht zu verstehen.

Das Verstehen könnte jedoch nicht, so wie wir es eben gefunden haben, auf innerer Selbstthätigkeit beruhen, und das gemeinschaftliche Sprechen müßte etwas Andres, als bloß gegenseitiges Wecken des Sprachvermögens des Hörenden, sein, wenn nicht in der Verschiedenheit der Einzelnen die, sich nur in abgesonderte Individualitäten spaltende, Einheit der menschlichen Natur läge. Das Begreifen von *Wörtern* ist durchaus etwas Andres, als das Verstehen *unarticulirter Laute*, und faßt weit mehr in sich, als das bloße gegenseitige Hervorrufen des Lauts und des angedeuteten Gegenstandes. Das Wort kann allerdings auch als untheilbares Ganzes genommen werden, wie man selbst in der Schrift wohl den Sinn einer Wortgruppe erkennt, ohne noch ihrer alphabetischen Zusammensetzung gewiß zu sein; und es wäre möglich, daß die Seele des Kindes in den ersten Anfängen des Verstehens so verführe. So wie aber nicht bloß das thierische Empfindungsvermögen, sondern die menschliche Sprachkraft angeregt wird (und es ist viel wahrscheinlicher, daß es auch im Kinde keinen Moment giebt, wo dies, wenn auch noch so schwach, nicht der Fall wäre), so wird auch das Wort, als articulirt, vernommen. Nun ist aber dasjenige, was die *Articulation* dem bloßen Hervorrufen seiner Bedeutung (welches natürlich auch durch sie in höherer Vollkommenheit geschieht) hinzufügt, daß sie das Wort unmittelbar durch seine Form als einen Theil eines unendlichen Ganzen, einer Sprache, darstellt. Denn es ist durch sie, auch in einzelnen Wörtern, die Möglichkeit gegeben, aus den Elementen dieser eine wirklich bis ins Unbestimmte gehende Anzahl anderer Wörter nach bestimmenden Gefühlen und Regeln zu bilden, und dadurch unter allen Wörtern eine Verwandtschaft, entsprechend der Verwandtschaft der Begriffe, zu stiften. Die Seele würde aber von diesem künstlichen Mechanismus gar keine Ahndung erhalten, die Articulation ebensowenig, als der Blinde die Farbe, begreifen, wenn ihr nicht eine Kraft beiwohnte, jene Möglichkeit zur Wirklichkeit zu bringen. Denn die Sprache kann ja nicht als ein daliegender, in seinem Ganzen übersehbarer, oder nach und nach mittheilbarer Stoff, sondern muß als ein sich ewig *erzeugender* angesehen werden, wo die Gesetze der Erzeugung bestimmt sind, aber der Umfang und gewissermaßen auch die Art des Erzeugnisses gänzlich unbestimmt bleiben. Das *Sprechenlernen* der *Kinder* ist nicht ein Zumessen von Wörtern, Niederlegen im Gedächtniß, und Wiedernachlallen mit den Lippen, sondern ein Wachsen des Sprachvermögens durch Alter und Übung. Das Gehörte thut mehr, als bloß sich mitzutheilen; es schickt die Seele an, auch das noch nicht Gehörte leichter zu verstehen, macht längst Gehörtes, aber damals halb oder gar nicht Verstandenes, indem die Gleichartigkeit mit dem eben Vernommenen der seitdem schärfer gewordenen Kraft plötzlich einleuchtet, klar, und schärft den Drang und das Vermögen, aus dem Gehörten immer mehr, und schneller, in das Gedächtniß hinüberzuziehen, immer weniger davon als bloßen Klang vorüberrauschen zu lassen. Die Fortschritte beschleunigen sich daher in beständig sich selbst steigerndem Verhältniß, da die Erhöhung der Kraft und die Gewinnung des Stoffs sich gegenseitig verstärken und erweitern. Daß bei den Kindern nicht ein mechanisches Lernen der Sprache, sondern eine Entwickelung der Sprachkraft vorgeht, beweist auch, daß, da den hauptsächlichsten menschlichen Kräften ein gewisser Zeitpunkt im Lebensalter zu ihrer Entwicklung angewiesen ist, alle Kinder unter den verschiedenartigsten Umständen ungefähr in demselben, nur innerhalb eines kurzen Zeitraums schwankenden, Alter sprechen und verstehen. Wie aber könnte sich der Hörende bloß durch das Wachsen seiner eignen, sich abgeschieden in ihm entwickelnden Kraft des Gesprochenen bemeistern, wenn nicht in dem Sprechenden und Hörenden dasselbe, nur individuell und zu gegenseitiger Angemessenheit getrennte Wesen wäre, so daß ein so feines, aber gerade aus der tiefsten und eigentlichsten Natur desselben geschöpftes Zeichen, wie der articulirte Laut ist, hinreicht, beide auf übereinstimmende Weise, vermittelnd, anzuregen?

Man könnte gegen das hier Gesagte einwenden wollen, daß Kinder jedes Volkes, ehe sie sprechen, unter jedes fremde versetzt, ihr Sprachvermögen an dessen Sprache entwickeln. Diese unläugbare Thatsache, könnte man sagen, beweist deutlich, daß die Sprache bloß ein Wiedergeben des Gehörten ist und, ohne Rücksicht auf Einheit oder Verschiedenheit des Wesens, allein vom geselligen Umgange abhängt. Man hat aber schwerlich in Fällen dieser Art mit hinlänglicher Genauigkeit bemerken können, mit welcher Schwierigkeit die Stammanlage hat überwunden werden müssen, und wie sie doch vielleicht in den feinsten Nüancen unbesiegt zurückgeblieben ist. Ohne indeß auch hierauf zu achten, erklärt sich jene Erscheinung hinlänglich daraus, daß der Mensch überall Eins mit dem Menschen ist, und die Entwickelung des Sprachvermögens daher mit Hülfe jedes gegebenen Individuums vor sich gehen kann. Sie geschieht darum nicht minder aus dem eignen Innern; nur weil sie immer zugleich der äußeren Anregung bedarf, muß sie sich derjenigen analog erweisen, die sie gerade erfährt, und kann es bei der Übereinstimmung aller menschlichen Sprachen. Die Gewalt der Abstammung über diese liegt demungeachtet klar genug in ihrer Vertheilung nach Nationen vor Augen. Sie ist auch an sich leicht begreiflich, da die Abstammung so vorherrschend mächtig auf die ganze Individualität einwirkt, und mit dieser wieder die jedesmalige besondere Sprache auf das innigste zusammenhängt. Träte nicht die Sprache durch ihren Ursprung aus der Tiefe des menschlichen Wesens auch mit der physischen Abstammung in wahre und eigentliche Verbindung, warum würde sonst für den Gebildeten und Ungebildeten die vaterländische eine so viel größere Stärke und Innigkeit besitzen, als eine fremde, daß sie das Ohr, nach langer Entbehrung, mit einer Art plötzlichen Zaubers begrüßt, und in der Ferne Sehnsucht erweckt? Es beruht dies sichtbar nicht auf dem Geistigen in derselben, dem ausgedrückten Gedanken oder Gefühle, sondern gerade auf dem Unerklärlichsten und Individuellsten, auf ihrem Laute; es ist uns, als wenn wir mit dem heimischen einen Theil unseres Selbst vernähmen.

Auch bei der Betrachtung des durch die Sprache Erzeugten wird die Vorstellungsart, als bezeichne sie bloß die schon an sich wahrgenommenen *Gegenstände*, nicht bestätigt. Man würde vielmehr niemals durch sie den tiefen und vollen Gehalt der Sprache erschöpfen. Wie, ohne diese, kein Begriff möglich ist, so kann es für die Seele auch kein Gegenstand sein, da ja selbst jeder äußere nur vermittelst des Begriffes für sie vollendete Wesenheit erhält. In die Bildung und in den Gebrauch der Sprache geht aber nothwendig die ganze Art der *subjectiven Wahrnehmung* der Gegenstände über. Denn das *Wort* entsteht eben aus dieser Wahrnehmung, ist nicht ein Abdruck des Gegenstandes an sich, sondern des von diesem in der Seele erzeugten Bildes. Da aller objectiven Wahrnehmung unvermeidlich *Subjectivität* beigemischt ist, so kann man, schon unabhängig von der Sprache, jede menschliche Individualität als einen eignen Standpunkt der Weltansicht betrachten. Sie wird aber noch viel mehr dazu durch die Sprache, da das Wort sich der Seele gegenüber auch wieder, wie wir weiter unten sehen werden, mit einem Zusatz von Selbstbedeutung zum Object macht, und eine neue Eigenthümlichkeit hinzubringt. In dieser, als der eines Sprachlauts, herrscht nothwendig in derselben Sprache eine durchgehende Analogie; und da auch auf die Sprache in derselben Nation eine gleichartige Subjectivität einwirkt, so liegt in jeder Sprache eine eigenthümliche *Weltansicht*. Wie der einzelne Laut zwischen den Gegenstand und den Menschen, so tritt die ganze Sprache zwischen ihn und die innerlich und äußerlich auf ihn einwirkende Natur. Er umgiebt sich mit einer Welt von Lauten, um die Welt von Gegenständen in sich aufzunehmen und zu bearbeiten. Diese Ausdrücke überschreiten auf keine Weise das Maaß der einfachen Wahrheit. Der Mensch lebt mit den Gegenständen hauptsächlich, ja, da Empfinden und Handeln in ihm von seinen Vorstellungen abhängen, sogar ausschließlich so, wie die Sprache sie ihm zuführt. Durch denselben Act, vermöge dessen er die Sprache aus sich herausspinnt, spinnt er sich in dieselbe ein, und jede zieht um das Volk, welchem sie angehört, einen Kreis, aus dem es nur insofern hinauszugehen möglich ist, als man zugleich in den Kreis einer andren hinübertritt. Die *Erlernung* einer *fremden Sprache* sollte daher die Gewinnung eines neuen Standpunktes in der bisherigen Weltansicht sein, und ist es in der That bis auf einen gewissen Grad, da jede Sprache das ganze Gewebe der Begriffe und die Vorstellungsweise eines Theils der Menschheit enthält. Nur weil man in eine fremde Sprache immer, mehr oder weniger, seine eigne Welt-, ja seine eigne Sprachansicht hinüberträgt, so wird dieser Erfolg nicht rein und vollständig empfunden.

Selbst die *Anfänge* der *Sprache* darf man sich nicht auf eine so dürftige Anzahl von Wörtern beschränkt denken, als man wohl zu thun pflegt, indem man ihre Entstehung, statt sie in dem ursprünglichen Berufe zu freier, menschlicher *Geselligkeit* zu suchen, vorzugsweise dem Bedürfniß gegenseitiger *Hülfsleistung* beimißt und die Menschheit in einen eingebildeten Naturstand versetzt. Beides gehört zu den irrigsten Ansichten, die man über die Sprache fassen kann. Der Mensch ist nicht so bedürftig, und zur Hülfsleistung hätten unarticulirte Laute ausgereicht. Die Sprache ist auch in ihren Anfängen durchaus menschlich, und dehnt sich absichtlos auf alle Gegenstände zufälliger sinnlicher Wahrnehmung und innerer Bearbeitung aus. Auch die Sprachen der sogenannten *Wilden*, die doch einem solchen Naturstande näher kommen müßten, zeigen gerade eine überall über das Bedürfniß überschießende Fülle und Mannigfaltigkeit von Ausdrücken. Die Worte entquellen freiwillig, ohne Noth und Absicht, der Brust, und es mag wohl in keiner Einöde eine wandernde Horde gegeben haben, die nicht schon ihre Lieder besessen hätte. Denn der Mensch, als Thiergattung, ist ein singendes Geschöpf, aber Gedanken mit den Tönen verbindend.

Die Sprache verpflanzt aber nicht bloß eine unbestimmbare

Menge *stoffartiger Elemente* aus der Natur in die Seele, sie führt ihr auch dasjenige zu, was uns als Form aus dem Ganzen entgegenkommt. Die *Natur* entfaltet vor uns eine bunte und nach allen sinnlichen Eindrücken hin gestaltenreiche Mannigfaltigkeit, von lichtvoller Klarheit umstrahlt. Unser Nachdenken entdeckt in ihr eine unserer Geistesform zusagende *Gesetzmäßigkeit*. Abgesondert von dem körperlichen Dasein der Dinge, hängt an ihren Umrissen, wie ein nur für den Menschen bestimmter Zauber, äußere Schönheit, in welcher die Gesetzmäßigkeit mit dem sinnlichen Stoff einen uns, indem wir von ihm ergriffen und hingerissen werden, doch unerklärbar bleibenden Bund eingeht. Alles dies finden wir in analogen Anklängen in der Sprache wieder, und sie vermag es darzustellen. Denn indem wir an ihrer Hand in eine Welt von Lauten übergehen, verlassen wir nicht die uns wirklich umgebende. Mit der Gesetzmäßigkeit der Natur ist die ihres eignen Baues verwandt; und indem sie durch diesen den Menschen in der Thätigkeit seiner höchsten und menschlichsten Kräfte anregt, bringt sie ihn auch überhaupt dem Verständniß des formalen Eindrucks der Natur näher, da diese doch auch nur als eine Entwickelung geistiger Kräfte betrachtet werden kann. Durch die dem Laute in seinen Verknüpfungen eigenthümliche rhythmische und musikalische Form erhöht die Sprache, ihn in ein anderes Gebiet versetzend, den Schönheitseindruck der Natur, wirkt aber, auch unabhängig von ihm, durch den bloßen Fall der Rede auf die Stimmung der Seele.

Von dem jedesmal *Gesprochenen* ist die *Sprache*, als die Masse seiner Erzeugnisse, verschieden; und wir müssen, ehe wir diesen Abschnitt verlassen, noch bei der näheren Betrachtung dieser Verschiedenheit verweilen. Eine Sprache in ihrem ganzen Umfange enthält alles durch sie in Laute Verwandelte. Wie aber der Stoff des Denkens und die Unendlichkeit der Verbindungen desselben niemals erschöpft werden, so kann dies ebensowenig mit der Menge des zu Bezeichnenden und zu Verknüpfenden in der Sprache der Fall sein. Die Sprache besteht, neben den schon geformten Elementen, ganz vorzüglich auch aus Methoden, die

Arbeit des Geistes, welcher sie die Bahn und die Form vorzeichnet, weiter fortzusetzen. Die einmal fest geformten Elemente bilden zwar eine gewissermaßen todte Masse, diese Masse trägt aber den lebendigen Keim nie endender Bestimmbarkeit in sich. Auf jedem einzelnen Punkt und in jeder einzelnen Epoche erscheint daher die Sprache, gerade wie die Natur selbst, dem Menschen, im Gegensatze mit allem ihm schon Bekannten und von ihm Gedachten, als eine unerschöpfliche Fundgrube, in welcher der Geist immer noch Unbekanntes entdecken und die Empfindung noch nicht auf diese Weise Gefühltes wahrnehmen kann. In jeder Behandlung der Sprache durch eine wahrhaft neue und große Genialität zeigt sich diese Erscheinung in der Wirklichkeit; und der Mensch bedarf es zur Begeisterung in seinem immer fortarbeitenden intellectuellen Streben und der fortschreitenden Entfaltung seines geistigen Lebensstoffes, daß ihm, neben dem Gebiete des schon Errungenen, der Blick in eine unendliche, allmälig weiter zu entwirrende Masse offen bleibe. Die Sprache enthält aber zugleich nach zwei Richtungen hin eine dunkle, unenthüllte Tiefe. Denn auch rückwärts fließt sie aus unbekanntem Reichthum hervor, der sich nur bis auf eine gewisse Weite noch erkennen läßt, dann aber sich schließt, und nur das Gefühl seiner Unergründlichkeit zurückläßt. Die Sprache hat diese anfangs- und endlose *Unendlichkeit* für uns, denen nur eine kurze Vergangenheit Licht zuwirft, mit dem ganzen Dasein des Menschengeschlechts gemein. Man fühlt und ahndet aber in ihr deutlicher und lebendiger, wie auch die ferne Vergangenheit sich noch an das Gefühl der Gegenwart knüpft, da die Sprache durch die Empfindungen der früheren Geschlechter durchgegangen ist, und ihren Anhauch bewahrt hat, diese Geschlechter aber uns in denselben Lauten der Muttersprache, die auch uns Ausdruck unsrer Gefühle wird, nationell und familienartig verwandt sind.

Dies theils *Feste*, theils *Flüssige* in der Sprache bringt ein eignes Verhältniß zwischen ihr und dem *redenden Geschlechte* hervor. Es erzeugt sich in ihr ein Vorrath von Wörtern und ein System von Regeln, durch welche sie in der Folge der Jahrtausende zu einer selbstständigen Macht anwächst. Wir sind im Vorigen darauf aufmerksam geworden, daß der in Sprache aufgenommene Gedanke für die Seele zum Object wird, und insofern eine ihr fremde Wirkung auf sie ausübt. Wir haben aber das Object vorzüglich als aus dem Subject entstanden, die Wirkung als aus demjenigen, worauf sie zurückwirkt, hervorgegangen betrachtet. Jetzt tritt die entgegengesetzte Ansicht ein, nach welcher die Sprache wirklich ein fremdes Object, ihre Wirkung in der That aus etwas andrem, als worauf sie wirkt, hervorgegangen ist. Denn die Sprache muß nothwendig zweien angehören, und ist wahrhaft ein Eigenthum des ganzen Menschengeschlechts. Da sie nun auch in der Schrift den schlummernden Gedanken dem Geiste erweckbar erhält, so bildet sie sich ein eigenthümliches Dasein, das zwar immer nur in jedesmaligem Denken Geltung erhalten kann, aber in seiner Totalität von diesem unabhängig ist. Die beiden hier angeregten, einander entgegengesetzten Ansichten, daß die Sprache der Seele fremd und ihr angehörend, von ihr unabhängig und abhängig ist, verbinden sich wirklich in ihr, und machen die Eigenthümlichkeit ihres Wesens aus. Es muß dieser Widerstreit auch nicht so gelöst werden, daß sie zum Theil fremd und unabhängig und zum Theil beides nicht sei. Die Sprache ist gerade insofern objectiv einwirkend und selbstständig, als sie subjectiv gewirkt und abhängig ist. Denn sie hat nirgends, auch in der Schrift nicht, eine bleibende Stätte, ihr gleichsam todter Theil muß immer im Denken auf's neue erzeugt werden, lebendig in Rede oder Verständniß, und muß folglich ganz in das Subject übergehen. Es liegt aber in dem Act dieser Erzeugung, sie gerade ebenso zum Object zu machen; sie erfährt auf diesem Wege jedesmal die ganze Einwirkung des Individuums, aber diese Einwirkung ist schon in sich durch das, was sie wirkt und gewirkt hat, gebunden. Die wahre Lösung jenes Gegensatzes liegt in der *Einheit* der *menschlichen Natur*. Was aus dem stammt, welches eigentlich mit mir Eins ist, darin gehen die Begriffe des Subjects und Objects, der Abhängigkeit und Unabhängigkeit in einander über. Die Sprache gehört mir an, weil ich sie so hervorbringe, als ich thue; und da der Grund hiervon zugleich in dem Sprechen und Gesprochenhaben aller Menschengeschlechter liegt, soweit Sprachmittheilung, ohne Unterbrechung, unter ihnen gewesen sein mag, so ist es die Sprache selbst, von der ich dabei Einschränkung erfahre. Allein was mich in ihr beschränkt und bestimmt, ist in sie aus menschlicher, mit mir innerlich zusammenhängender Natur gekommen, und das Fremde in ihr ist daher dies nur für meine augenblicklich individuelle, nicht meine ursprünglich wahre Natur.

Wenn man bedenkt, wie auf die jedesmalige *Generation* in einem Volke alles dasjenige bindend einwirkt, was die Sprache desselben alle vorigen Jahrhunderte hindurch erfahren hat, und wie damit nur die Kraft der einzelnen Generation in Berührung tritt, und diese nicht einmal rein, da das aufwachsende und abtretende Geschlecht untermischt neben einander leben, so wird klar, wie gering eigentlich die Kraft des *Einzelnen* gegen die Macht der Sprache ist. Nur durch die ungemeine Bildsamkeit der letzteren, durch die Möglichkeit, ihre Formen, dem allgemeinen Verständniß unbeschadet, auf sehr verschiedene Weise aufzunehmen, und durch die Gewalt, welche alles lebendig Geistige über das todt Überlieferte ausübt, wird das Gleichgewicht wieder einigermaßen hergestellt. Doch ist es immer die Sprache, in welcher jeder Einzelne am lebendigsten fühlt, daß er nichts, als ein Ausfluß des ganzen Menschengeschlechts, ist. Weil indeß doch jeder einzeln und unaufhörlich auf sie zurückwirkt, bringt demungeachtet jede Generation eine Veränderung in ihr hervor, die sich nur oft der Beobachtung entzieht. Denn die Veränderung liegt nicht immer in den Wörtern und Formen selbst, sondern bisweilen nur in dem anders modificirten Gebrauche derselben; und dies letztere ist, wo Schrift und Litteratur mangeln, schwieriger wahrzunehmen. Die Rückwirkung des Einzelnen auf die Sprache wird einleuchtender, wenn man, was zur scharfen Begränzung der Begriffe nicht fehlen darf, bedenkt, daß die *Individualität* einer Sprache (wie man das Wort gewöhnlich nimmt) auch nur vergleichungsweise eine solche ist, daß aber die wahre Individualität nur in dem jedesmal *Sprechenden* liegt. Erst im Individuum erhält die Sprache ihre letzte Bestimmtheit. Keiner denkt bei dem Wort gerade und genau das, was der andre, und die noch so kleine Verschiedenheit zittert, wie ein Kreis im Wasser, durch die ganze Sprache fort. Alles Verstehen ist daher immer zugleich ein Nicht-Verstehen, alle Übereinstimmung in Gedanken und Gefühlen zugleich ein Auseinandergehen. In der Art, wie sich die Sprache in jedem Individuum modificirt, offenbart sich, ihrer im Vorigen dargestellten *Macht* gegenüber, eine Gewalt des Menschen über sie. Ihre Macht kann man (wenn man den Ausdruck auf geistige Kraft anwenden will) als ein physiologisches Wirken ansehen; die von ihm ausgehende Gewalt ist ein rein dynamisches. In dem auf ihn ausgeübten Einfluß liegt die *Gesetzmäßigkeit* der Sprache und ihrer Formen, in der aus ihm kommenden Rückwirkung ein Princip der *Freiheit*. Denn es kann im Menschen etwas aufsteigen, dessen Grund kein Verstand in den vorhergehenden Zuständen aufzufinden vermag; und man würde die Natur der Sprache verkennen, und gerade die geschichtliche Wahrheit ihrer Entstehung und Umänderung verletzen, wenn man die Möglichkeit solcher unerklärbaren Erscheinungen von ihr ausschließen wollte. Ist aber auch die Freiheit an sich unbestimmbar und unerklärlich, so lassen sich dennoch vielleicht ihre Gränzen innerhalb eines gewissen ihr allein gewährten Spielraums auffinden; und die Sprachuntersuchung muß die Erscheinung der Freiheit erkennen und ehren, aber auch gleich sorgfältig ihren Gränzen nachspüren.

Über die Kawi-Sprache auf der Insel Java, nebst einer Einleitung über die Verschiedenheit des menschlichen Sprachbaues und ihren Einfluß auf die geistige Entwickelung des Menschengeschlechts. Erster Band.
Berlin: Akademie der Wissenschaften 1836: LII–LXXXI.
(GS VII: 41–65)

13. Charakter der Sprache

Aus: *Über die Verschiedenheit des menschlichen Sprachbaues und ihren Einfluß auf die geistige Entwickelung des Menschengeschlechts* [Einleitung ins Kawi-Werk] 1836

§. 20.

Mit dem *grammatischen Baue*, wie wir ihn bisher im Ganzen und Großen betrachtet haben, und der *äußerlichen Structur* der Sprache überhaupt ist jedoch ihr Wesen bei weitem nicht erschöpft, und ihr eigentlicher und wahrer *Charakter* beruht noch auf etwas viel Feinerem, tiefer Verborgenem und der Zergliederung weniger Zugänglichem. Immer aber bleibt jenes, vorzugsweise bis hierher betrachtete, die nothwendige, sichernde Grundlage, in welcher das Feinere und Edlere Wurzel fassen kann. Um dies deutlicher darzustellen, ist es nothwendig, einen Augenblick wieder auf den allgemeinen *Entwicklungsgang* der Sprachen zurückzublicken. In der Periode der *Formenbildung* sind die Nationen mehr mit der Sprache, als mit dem Zwecke derselben, mit dem, was sie bezeichnen sollen, beschäftigt. Sie ringen mit dem Gedankenausdruck, und dieser Drang, verbunden mit der begeisternden Anregung des Gelungenen, bewirkt und erhält ihre schöpferische Kraft. Die Sprache entsteht, wenn man sich ein Gleichniß erlauben darf, wie in der physischen Natur ein Krystall an den andren anschießt. Die Bildung geschieht allmälig, aber nach einem Gesetz. Diese anfänglich stärker vorherrschende Richtung auf die Sprache, als auf die lebendige Erzeugung des Geistes, liegt in der Natur der Sache; sie zeigt sich aber auch an den Sprachen selbst, die, je ursprünglicher sie sind, desto reichere Formenfülle besitzen. Diese schießt in einigen sichtbar über das Bedürfniß des Gedanken über, und mäßigt sich daher in den Umwandlungen, welche die Sprachen gleichen Stammes unter dem Einfluß reiferer Geistesbildung erfahren. Wenn diese Krystallisation geendigt ist, steht die Sprache gleichsam fertig da. Das Werkzeug ist vorhanden, und es fällt nun dem Geiste anheim, es zu gebrauchen und sich hineinzubauen. Dies geschieht in der That; und durch die verschiedene Weise, wie er sich durch dasselbe ausspricht, empfängt die Sprache Farbe und Charakter.

Man würde indeß sehr irren, wenn man, was ich hier mit Absicht zur deutlichen Unterscheidung grell von einander gesondert habe, auch in der Natur für so geschieden halten wollte. Auch auf die wahre Structur der Sprache und den eigentlichen Formenbau hat die fortwährende *Arbeit des Geistes* in ihrem Gebrauche einen bestimmten und fortlaufenden Einfluß; nur ist derselbe feiner, und entzieht sich bisweilen dem ersten Anblick. Auch kann man keine Periode des Menschengeschlechtes oder eines Volkes als ausschließlich und absichtlich sprachentwikkelnd ansehen. Die Sprache wird durch Sprechen gebildet, und das Sprechen ist Ausdruck des Gedanken oder der Empfindung. Die Denk- und Sinnesart eines Volkes, durch welche, wie ich eben sagte, seine Sprache Farbe und Charakter erhält, wirkt schon von den ersten Anfängen auf dieselbe ein. Dagegen ist es gewiß, daß, je weiter eine Sprache in ihrer grammatischen Structur vorgerückt ist, sich immer weniger Fälle ergeben, welche einer neuen Entscheidung bedürfen. Das Ringen mit dem Gedankenausdruck wird daher schwächer; und je mehr sich der Geist nun des schon Geschaffnen bedient, desto mehr erschlafft sein schöpferischer Trieb und mit ihm auch seine schöpferische Kraft. Auf der andren Seite wächst die Menge des in Bauten hervorgebrachten Stoffs, und diese, nun auf den Geist zurückwirkende, äußere Masse macht ihre eigenthümlichen Gesetze geltend und hemmt die freie und selbstständige Einwirkung der Intelligenz. In diesen zwei Punkten liegt dasjenige, was in dem oben erwähnten Unterschiede nicht der subjectiven Ansicht, sondern dem wirklichen Wesen der Sache angehört. Man muß also, um die Verflechtung des Geistes in die Sprache genauer zu verfolgen, dennoch den grammatischen und lexicalischen Bau der letzteren gleichsam als den festen und äußeren von dem *inneren Charakter* unterscheiden, der, wie eine Seele, in ihr wohnt, und die Wirkung hervorbringt, mit welcher uns jede Sprache, so wie wir nur anfangen, ihrer mächtig zu werden, eigenthümlich ergreift. Es ist damit auf keine Weise gemeint, daß diese Wirkung dem *äußeren Baue* fremd sei. Das individuelle Leben der Sprache erstreckt sich durch alle Fibern derselben und durchdringt alle Elemente des Lautes. Es soll nur darauf aufmerksam gemacht werden, daß jenes Reich der Formen nicht das einzige Gebiet ist, welches der Sprachforscher zu bearbeiten hat, und daß er wenigstens nicht verkennen muß, daß es noch etwas Höheres und Ursprünglicheres in der Sprache giebt, von dem er, wo das Erkennen nicht mehr ausreicht, doch das Ahnden in sich tragen muß. In Sprachen eines weit verbreiteten und vielfach getheilten Stammes läßt sich das hier Gesagte mit einfachen Beispielen belegen. Sanskrit, Griechisch und Lateinisch haben eine nahe verwandte und in sehr vielen Stücken gleiche Organisation der Wortbildung und der Redefügung. Jeder aber fühlt die Verschiedenheit ihres individuellen Charakters, die nicht bloß eine, in der Sprache sichtbar werdende, des Charakters der Nationen ist, sondern, tief in die Sprachen selbst eingewachsen, den eigenthümlichen Bau jeder bestimmt. Ich werde daher bei diesem Unterschiede zwischen dem Principe, aus welchem sich, nach dem Obigen, die *Structur* der Sprache entwickelt, und dem eigentlichen *Charakter* dieser hier noch verweilen, und schmeichle mir, sicher sein zu können, daß dieser Unterschied weder als zu schneidend angesehen, noch auf der andren Seite als bloß subjectiv verkannt werde.

Um den *Charakter* der Sprachen, insofern wir ihn dem Organismus entgegensetzen, genauer zu betrachten, müssen wir auf den Zustand nach Vollendung ihres Baues sehen. Das freudige Staunen über die Sprache selbst, als ein immer neues Erzeugniß des Augenblicks, mindert sich allmälig. Die Thätigkeit der Nation geht von der Sprache mehr auf ihren Gebrauch über, und diese beginnt mit dem eigenthümlichen Volksgeiste eine Laufbahn, in der keiner beider Theile sich von dem andren unabhängig nennen kann, jeder aber sich der begeisternden Hülfe des andren erfreut. Die Bewunderung und das Gefallen wenden sich nun zu Einzelnem glücklich ausgedrückten. Lieder, Gebetsformeln, Sprüche, Erzählungen erregen die Begierde, sie der Flüchtigkeit des vorübereilenden Gesprächs zu entreißen, werden aufbewahrt, umgeändert und nachgebildet. Sie werden die Grundlage der *Litteratur*; und diese Bildung des Geistes und der Sprache geht allmälig von der Gesammtheit der *Nation* auf Individuen über, und die Sprache kommt in die Hände der *Dichter* und *Lehrer* des Volkes, welchen sich dieses nach und nach gegenüberstellt. Dadurch gewinnt die Sprache eine zwiefache Gestalt, aus welcher, so lange der Gegensatz sein richtiges Verhältniß behält, für sie zwei sich gegenseitig ergänzende Quellen, der Kraft und der Läuterung, entspringen.

Neben diesen, lebendig in ihren Werken die Sprache gestaltenden Bildnern stehen dann die eigentlichen *Grammatiker* auf, und legen die letzte Hand an die Vollendung des Organismus. Es ist nicht ihr Geschäft, zu schaffen; durch sie kann in einer Sprache, der es sonst daran fehlt, weder Flexion, noch Verschlingung der End- und Anfangslaute volksmäßig werden. Aber sie werfen aus, verallgemeinern, ebnen Ungleichheiten, und füllen übrig gebliebene Lücken. Von ihnen kann man mit Recht in Flexionssprachen das Schema der Conjugationen und Declinationen herleiten, indem sie erst die Totalität der darunter begriffenen Fälle, zusammengestellt, vor das Auge bringen. In diesem Gebiete werden sie, indem sie selbst aus dem unendlichen Schatze der vor ihnen liegenden Sprache schöpfen, gesetzgebend. Da sie eigentlich zuerst den Begriff solcher Schemata in das Bewußtsein einführen, so können dadurch Formen, die alles eigentlich Bedeutsame verloren haben, bloß durch die Stelle, die sie in dem Schema einnehmen, wieder bedeutsam werden. Solche Bearbeitungen einer und derselben Sprache können in verschiedenen Epochen auf einander folgen; immer aber muß, wenn die Sprache zugleich volksthümlich und gebildet bleiben soll, die Regelmäßigkeit ihrer Strömung von dem Volke zu den Schriftstellern und Grammatikern, und von diesen zurück zu dem Volke ununterbrochen fortrollen.

So lange der Geist eines Volks in lebendiger Eigenthümlichkeit in sich und auf seine Sprache fortwirkt, erhält diese Verfeinerungen und Bereicherungen, die wiederum einen anregenden Einfluß auf den Geist ausüben. Es kann aber auch hier in der Folge der Zeit eine Epoche eintreten, wo die Sprache gleichsam den Geist überwächst, und dieser in eigner Erschlaffung, nicht mehr selbstschöpferisch, mit ihren aus wahrhaft sinnvollem Gebrauch hervorgegangenen Wendungen und Formen ein immer mehr leeres Spiel treibt. Dies ist dann ein zweites *Ermatten* der Sprache, wenn man das Absterben ihres äußeren Bildungstriebes als das erste ansieht. Bei dem zweiten welkt die Blüthe des Charakters, von diesem aber können Sprachen und Nationen wieder durch den Genius einzelner großer Männer geweckt und emporgerissen werden.

Ihren *Charakter* entwickelt die Sprache vorzugsweise in den Perioden ihrer *Litteratur* und in der vorbereitend zu dieser hinführenden. Denn sie zieht sich alsdann mehr von den Alltäglichkeiten des materiellen Lebens zurück, und erhebt sich zu reiner Gedankenentwickelung und freier Darstellung. Es scheint aber wunderbar, daß die Sprachen, außer demjenigen, den ihnen ihr äußerer Organismus giebt, sollten einen eigenthümlichen Charakter besitzen können, da jede bestimmt ist, den verschiedensten Individualitäten zum Werkzeug zu dienen. Denn ohne des Unterschiedes der Geschlechter und des Alters zu gedenken, so umschließt eine Nation wohl alle Nüancen menschlicher Eigenthümlichkeit. Auch diejenigen, die, von derselben Richtung ausgehend, das gleiche Geschäft treiben, unterscheiden sich in der Art zu ergreifen und auf sich zurückwirken zu lassen. Diese Verschiedenheit wächst aber noch für die Sprache, da diese in die geheimsten Falten des Geistes und des Gemüthes eingeht. Jeder nun braucht dieselbe zum Ausdruck seiner besondersten Eigenthümlichkeit; denn sie geht immer von dem Einzelnen aus, und jeder bedient sich ihrer zunächst nur für sich selbst. Dennoch genügt sie jedem dazu, insofern überhaupt immer dürftig bleibende Worte dem Drange des Ausdrucks der innersten Gefühle zusagen. Es läßt sich auch nicht behaupten, daß die Sprache, als allgemeines Organ, diese Unterschiede mit einander ausgleicht. Sie baut wohl Brücken von einer Individualität zur andren, und vermittelt das gegenseitige Verständniß; den Unterschied selbst aber vergrößert sie eher, da sie durch die Verdeutlichung und Verfeinerung der Begriffe klarer ins Bewußtsein bringt, wie er seine Wurzeln in die ursprüngliche Geistesanlage schlägt. Die Möglichkeit, so verschiedenen Individualitäten zum Ausdruck zu dienen, scheint daher eher in ihr selbst vollkommene Charakterlosigkeit vorauszusetzen, die sie doch aber sich auf keine Weise zu Schulden kommen läßt. Sie umfaßt in der That die beiden entgegengesetzten Eigenschaften, sich als Eine Sprache in derselben Nation in unendlich viele zu theilen, und, als diese vielen, gegen die Sprachen anderer Nationen mit bestimmtem Charakter, als Eine, zu vereinigen. Wie verschieden jeder dieselbe Muttersprache nimmt und gebraucht, findet man, wenn es nicht schon das gewöhnliche Leben deutlich zeigte, in der Vergleichung bedeutender Schriftsteller, deren jeder sich seine eigne Sprache bildet. Die Verschiedenheit des Charakters mehrerer Sprachen ergiebt sich aber beim ersten Anblick, wie z. B. beim Sanskrit, dem Griechischen und Lateinischen, aus ihrer Vergleichung.

Untersucht man nun genauer, wie die Sprache diesen Gegensatz vereinigt, so liegt die Möglichkeit, den verschiedensten Individualitäten zum Organe zu dienen, in dem tiefsten Wesen ihrer Natur. Ihr Element, das *Wort*, bei dem wir, der Vereinfachung wegen, stehen bleiben können, theilt nicht, wie eine Substanz, etwas schon Hervorgebrachtes mit, enthält auch nicht einen schon *geschlossenen Begriff*, sondern regt bloß an, diesen mit selbstständiger Kraft, nur auf bestimmte Weise, zu bilden. Die Menschen verstehen einander nicht dadurch, daß sie sich Zeichen der Dinge wirklich hingeben, auch nicht dadurch, daß sie sich gegenseitig bestimmen, genau und vollständig denselben Begriff hervorzubringen, sondern dadurch, daß sie gegenseitig in einander dasselbe Glied der Kette ihrer sinnlichen Vorstellungen und inneren Begriffserzeugungen berühren, dieselbe Taste ihres geistigen Instruments anschlagen, worauf alsdann in jedem entsprechende, nicht aber dieselben Begriffe hervorspringen. Nur in diesen Schranken und mit diesen Divergenzen kommen sie auf dasselbe Wort zusammen. Bei der Nennung des gewöhnlichsten Gegenstandes, z. B. eines Pferdes, meinen sie alle dasselbe Thier, jeder aber schiebt dem Worte eine andere Vorstellung, sinnlicher oder rationeller, lebendiger als einer Sache, oder näher den todten Zeichen u. s. f., unter. Daher entsteht in der Periode der Sprachbildung in einigen Sprachen die Menge der Ausdrücke für denselben Gegenstand. Es sind ebenso viele Eigenschaften, unter welchen er gedacht worden ist, und deren Ausdruck man an seine Stelle gesetzt hat. Wird nun aber auf diese Weise das Glied der Kette, die Taste des Instrumentes berührt, so erzittert das Ganze; und was, als Begriff, aus der Seele hervorspringt, steht in Einklang mit allem, was das einzelne Glied bis auf die weiteste Entfernung umgiebt. Die von dem Worte in Verschiedenen geweckte Vorstellung trägt das Gepräge der Eigenthümlichkeit eines jeden, wird aber von allen mit demselben Laute bezeichnet.

Die sich innerhalb derselben Nation befindenden Individualitäten umschließt aber die *nationelle Gleichförmigkeit*, die wiederum jede einzelne Sinnesart von der ihr ähnlichen in einem andren Volke unterscheidet. Aus dieser Gleichförmigkeit und aus der besonderen jeder Sprache eignen Anregung entspringt der *Charakter* der letzteren. Jede Sprache empfängt eine bestimmte Eigenthümlichkeit durch die der Nation, und wirkt gleichförmig bestimmend auf diese zurück. Der *nationelle Charakter* wird zwar durch Gemeinschaft des Wohnplatzes und des Wirkens unterhalten, verstärkt, ja bis zu einem gewissen Grad hervorgebracht; eigentlich aber beruht er auf der Gleichheit der *Naturanlage*, die man gewöhnlich aus Gemeinschaft der *Abstammung* erklärt. In dieser liegt auch gewiß das undurchdringliche Geheimniß der tausendfältig verschiedenen Verknüpfung des Körpers mit der geistigen Kraft, welche das Wesen jeder menschlichen Individualität ausmacht. Es kann nur die Frage sein, ob es keine andere Erklärungsweise der Gleichheit der Naturanlagen geben könne? und auf keinen Fall darf man hier die *Sprache* ausschließen. Denn in ihr ist die Verbindung des Lautes mit seiner Bedeutung etwas mit jener Anlage gleich Unerforschliches. Man kann Begriffe spalten, Wörter zergliedern, so weit man es vermag, und man tritt darum dem Geheimniß nicht näher, wie eigentlich der Gedanke sich mit dem Worte verbindet. In ihrer ursprünglichsten Beziehung auf das Wesen der Individualität sind also der Grund aller Nationalität und die Sprache einander unmittelbar gleich. Allein die letztere wirkt augenscheinlicher und stärker darauf ein, und der Begriff einer *Nation* muß vorzugsweise auf sie gegründet werden. Da die Entwicklung seiner menschlichen Natur im Menschen von der der Sprache abhängt, so ist durch diese unmittelbar selbst der Begriff der Nation als der eines auf bestimmte Weise sprachbildenden Menschenhaufens gegeben.

Die Sprache aber besitzt auch die Kraft, zu entfremden und einzuverleiben, und theilt durch sich selbst den nationellen Charakter, auch bei verschiedenartiger Abstammung, mit. Dies unterscheidet namentlich eine *Familie* und eine *Nation*. In der ersteren ist unter den Gliedern factisch erkennbare Verwandtschaft; auch kann dieselbe Familie in zwei verschiedenen Nationen fortblühen. Bei den Nationen kann es noch zweifelhaft scheinen, und macht bei weit verbreiteten Stämmen eine wichtige Betrachtung aus, ob alle dieselben Sprachen Redenden einen gemeinschaftlichen Ursprung haben, oder ob diese ihre Gleichförmigkeit aus uranfänglicher Naturanlage, verbunden mit Verbreitung über einen gleichen Erdstrich, unter dem Einfluß gleichförmig wirkender Ursachen, entstanden ist? Welche Bewandtniß es aber auch mit den, uns unerforschlichen, ersten Ursachen haben möge, so ist es gewiß, daß die *Entwicklung* der *Sprache* die *nationellen Verschiedenheiten* erst in das hellere Gebiet des Geistes überführt. Sie werden durch sie zum Bewußtsein gebracht, und erhalten von ihr Gegenstände, in denen sie sich nothwendig ausprägen müssen, die der deutlichen Einsicht zugänglicher sind, und an welchen zugleich die Verschiedenheiten selbst feiner und bestimmter ausgesponnen erscheinen. Denn indem die Sprache den Menschen bis auf den ihm erreichbaren Punkt intellectualisirt, wird immer mehr der dunklen Region der unentwickelten Empfindung entzogen. Dadurch nun erhalten die Sprachen, welche die Werkzeuge dieser Entwicklung sind, selbst einen so bestimmten Charakter, daß der der Nation besser an ihnen, als an den Sitten, Gewohnheiten und Thaten jener, erkannt werden kann. Es entspringt hieraus, wenn Völker, welchen eine Litteratur mangelt, und in deren Sprachgebrauch wir nicht tief genug eindringen, uns oft gleichförmiger erscheinen, als sie sind. Wir erkennen nicht die sie unterscheidenden Züge, weil nicht das Medium sie uns zuführt, welches sie uns sichtbar machen würde.

Wenn man den *Charakter der Sprachen* von ihrer äußeren Form, unter welcher allein eine bestimmte Sprache gedacht werden kann, absondert, und beide einander gegenüberstellt, so besteht er in der Art der Verbindung des *Gedanken* mit den *Lauten*. Er ist, in diesem Sinne genommen, gleichsam der Geist, welcher sich in der Sprache einheimisch macht, und sie, wie einen aus ihm herausgebildeten Körper, beseelt. Er ist eine natürliche Folge der fortgesetzten Einwirkung der geistigen Eigenthümlichkeit der Nation. Indem diese die allgemeinen Bedeutungen der Wörter immer auf dieselbe individuelle Weise aufnimmt und mit den gleichen Nebenideen und Empfindungen begleitet, nach denselben Richtungen hin Ideenverbindungen eingeht, und sich der Freiheit der Redefügungen in demselben Verhältniß bedient, in welchem das Maaß ihrer intellectuellen Kühnheit zu der Fähigkeit ihres Verständnisses steht, ertheilt sie der Sprache eine eigenthümliche Farbe und Schattirung, welche diese fixirt und so in demselben Gleise zurückwirkt. Aus jeder Sprache läßt sich daher auf den Nationalcharakter zurückschließen. Auch die Sprachen roher und *ungebildeter Völker* tragen diese Spuren in sich, und lassen dadurch oft Blicke in intellectuelle Eigenthümlichkeiten werfen, die man auf dieser Stufe mangelnder Bildung nicht erwarten sollte. Die Sprachen der *Amerikanischen* Eingebornen sind reich an Beispielen dieser Gattung, an kühnen Metaphern, richtigen, aber unerwarteten Zusammenstellungen von Begriffen, an Fällen, wo leblose Gegenstände durch eine sinnreiche Ansicht ihres auf die Phantasie wirkenden Wesens in die Reihe der lebendigen versetzt werden u. s. f. Denn da diese Sprachen grammatisch nicht den Unterschied der Geschlechter, wohl aber, und in sehr ausgedehntem Umfange, den lebloser und lebendiger Gegenstände beachten, so geht ihre Ansicht hiervon aus der grammatischen Behandlung hervor. Wenn sie die Gestirne mit dem Menschen und den Thieren grammatisch in dieselbe Classe versetzen, so sehen sie offenbar die ersteren als sich durch eigne Kraft bewegende, und wahrscheinlich auch als die menschlichen Schicksale von oben herab leitende, mit Persönlichkeit begabte Wesen an. In diesem Sinn die Wörterbücher der Mundarten solcher Völker durchzugehen, gewährt ein eignes, auf die mannigfaltigsten Betrachtungen führendes Vergnügen; und wenn man zugleich bedenkt, daß die Versuche beharrlicher Zergliederung der Formen solcher Sprachen, wie wir im Vorigen gesehen haben, die geistige Organisation entdecken lassen, aus welcher ihr Bau entspringt, so verschwindet alles Trockne und Nüchterne aus dem Sprachstudium. In jedem seiner Theile führt es zu der inneren geistigen Gestaltung zurück, welche alle Menschenalter hindurch die Trägerin der tiefsten Ansichten, der reichsten Gedankenfülle und der edelsten Gefühle ist.

Bei den Völkern aber, bei denen wir nur in den einzelnen *Elementen* ihrer Sprache die Kennzeichen ihrer Eigenthümlichkeit auffinden können, läßt sich selten oder nie ein *zusammenhängendes Bild* von der letzteren entwerfen. Wenn dies überall ein schwieriges Geschäft ist, so wird es nur da wahrhaft möglich, wo Nationen in einer mehr oder weniger ausgedehnten Litteratur ihre Weltansicht niedergelegt und in *zusammenhängender Rede* der Sprache eingeprägt haben. Denn die Rede enthält auch in Absicht der Geltung ihrer einzelnen Elemente und in den Nüancen ihrer Fügungen, welche sich nicht gerade auf grammatische Regeln zurückführen lassen, unendlich viel, was, wenn sie in diese Elemente zerschlagen ist, man nicht mehr an denselben erkennbar zu fassen vermag. Ein Wort hat meistentheils seine vollständige Geltung erst durch die Verbindung, in der es erscheint. Diese Gattung der Sprachforschung erfordert daher eine kritisch genaue Bearbeitung der in einer Sprache vorhandenen *schriftlichen Denkmäler*, und findet einen meisterhaft vorbereiteten Stoff in der philologischen Behandlung der *Griechischen* und *Lateinischen Schriftsteller*. Denn wenn auch immer bei dieser das Studium der ganzen Sprache selbst der höchste Gesichtspunkt ist, so geht sie dennoch zunächst von den in ihr übrigen Denkmälern aus, strebt, dieselben in möglichster Reinheit und Treue herzustellen und zu bewahren, und sie zu zuverlässiger Kenntniß des Alterthums zu benutzen. So enge auch die *Zergliederung* der *Sprache*, die Aufsuchung ihres Zusammenhanges mit verwandten, und die nur auf diesem Wege erreichbare Erklärung ihres Baues mit der Bearbeitung der *Sprachdenkmäler* verbunden bleiben muß, so sind es doch sichtbar zwei verschiedene Richtungen des Sprachstudiums, die verschiedene Talente erfordern und unmittelbar auch verschiedene Resultate hervorbringen. Es wäre vielleicht nicht unrichtig, auf diese Weise *Linguistik* und *Philologie* zu unterscheiden, und ausschließlich der letzteren die engere Bedeutung zu geben, die man bisher damit zu verbinden pflegte, die man aber in den letztverflossenen Jahren, besonders in Frankreich und England, auf jede Beschäftigung mit irgend einer Sprache ausgedehnt hat. Gewiß ist es wenigstens, daß die Sprachforschung, von welcher hier die Rede ist, sich nur auf eine in dem hier aufgestellten Sinne wahrhaft philologische Behandlung der Sprachdenkmäler stützen kann. Indem die großen Männer, welche dies Fach der Gelehrsamkeit in den letzten Jahrhunderten verherrlicht haben, mit gewissenhafter Treue, und bis zu den kleinsten Modificationen des Lautes herab, den Sprachgebrauch jedes Schriftstellers feststellen, zeigt sich die Sprache beständig unter dem beherrschenden Einfluß geistiger Individualität, und gewährt eine Ansicht dieses Zusammenhanges, durch die es zugleich möglich wird, die einzelnen Punkte aufzusuchen, an welchen er haftet. Man lernt zugleich, was dem Zeitalter, der Localität und dem Individuum angehört, und wie die allgemeine Sprache alle diese Unterschiede umfaßt. Das Erkennen der Einzelnheiten aber ist immer von dem Eindruck eines Ganzen begleitet, ohne daß die Erscheinung durch Zergliederung etwas an ihrer Eigenthümlichkeit verliert.

Sichtbar wirkt auf die Sprache nicht bloß die ursprüngliche Anlage der *Nationaleigenthümlichkeit* ein, sondern jede durch die Zeit herbeigeführte *Abänderung* der *inneren Richtung*, und jedes äußere Ereigniß, welches die Seele und den Geistesschwung der Nation hebt oder niederdrückt, vor allem aber der Impuls *ausgezeichneter Köpfe*. Ewige Vermittlerin zwischen dem Geiste und der Natur, bildet sie sich nach jeder Abstufung des ersteren um, nur daß die Spuren davon immer feiner und schwieriger im Einzelnen zu entdecken werden, und die Thatsache sich nur im Totaleindruck offenbart. Keine Nation könnte die Sprache einer andren mit dem ihr selbst eigenen Geiste beleben und befruchten, ohne sie eben dadurch zu einer verschiedenen umzubilden. Was aber schon weiter oben von aller Individualität bemerkt worden ist, gilt auch hier. Darum, daß unter verschiedenen jede, weil sie Eine bestimmte Bahn verfolgt, alle andren ausschließt, können dennoch mehrere in einem *allgemeinen Ziele* zusammentreffen. Der *Charakterunterschied* der Sprachen braucht daher nicht nothwendig in absoluten Vorzügen der einen vor der andren zu bestehen. Die Einsicht in die Möglichkeit der Bildung eines solchen Charakters erfordert aber noch eine genauere Betrachtung des Standpunktes, aus dem eine Nation ihre Sprache innerlich behandeln muß, um ihr ein solches Gepräge aufzudrücken.

Wenn eine Sprache bloß und ausschließlich zu den *Alltagsbedürfnissen* des Lebens gebraucht würde, so gälten die Worte bloß als Repräsentanten des auszudrückenden Entschlusses oder Begehrens, und es wäre von einer *inneren*, die Möglichkeit einer Verschiedenheit zulassenden, *Auffassung* gar nicht in ihr die Rede. Die materielle Sache oder Handlung träte in der Vorstellung des Sprechenden und Erwiedernden sogleich und unmittelbar an die Stelle des Wortes. Eine solche wirkliche Sprache kann es nun glücklicherweise unter immer doch denkenden und empfindenden Menschen nicht geben. Es ließen sich höchstens mit ihr die Sprachmischungen vergleichen, welche der Verkehr unter Leuten von ganz verschiedenen Nationen und Mundarten hier und dort, vorzüglich in Seehäfen, wie die *lingua franca* an den Küsten des Mittelmeeres, bildet. Außerdem behaupten die individuelle *Ansicht* und das *Gefühl* immer zugleich ihre Rechte. Ja es ist sogar sehr wahrscheinlich, daß der erste Gebrauch der Sprache, wenn man bis zu demselben hinaufzusteigen vermöchte, ein bloßer Empfindungsausdruck gewesen sei. Ich habe mich schon weiter oben gegen die Erklärung des Ursprungs der Sprachen aus der *Hülfslosigkeit* des Einzelnen ausgesprochen. Nicht einmal der Trieb der *Geselligkeit* entspringt unter den Geschöpfen aus der Hülfslosigkeit. Das stärkste Thier, der Elephant, ist zugleich das geselligste. Überall in der Natur entwikkelt sich Leben und Thätigkeit aus innerer *Freiheit*, deren Urquell man vergeblich im Gebiete der Erscheinungen sucht. In jeder Sprache aber, auch der am höchsten gebildeten, kommt einzeln der hier erwähnte Gebrauch derselben vor. Wer einen Baum zu fällen befiehlt, denkt sich nichts, als den bezeichneten Stamm, bei dem Worte; ganz anders aber ist es, wenn dasselbe, auch ohne Beiwort und Zusatz, in einer Naturschilderung oder einem Gedichte erscheint. Die Verschiedenheit der auffassenden *Stimmung* giebt denselben Lauten eine auf verschiedene Weise gesteigerte *Geltung*, und es ist, als wenn bei jedem Ausdruck etwas durch ihn nicht absolut Bestimmtes gleichsam überschwankte.

Dieser Unterschied liegt sichtbar darin, ob die Sprache auf ein inneres Ganzes des Gedankenzusammenhanges und der Empfindung bezogen, oder mit *vereinzelter Seelenthätigkeit* einseitig zu einem abgeschloßnen *Zwecke* gebraucht wird. Von dieser

Seite wird sie ebensowohl durch bloß *wissenschaftlichen* Gebrauch, wenn dieser nicht unter dem leitenden Einfluß höherer Ideen steht, als durch das *Alltagsbedürfniß* des Lebens, ja, da sich diesem Empfindung und Leidenschaft beimischen, noch stärker beschränkt. Weder in den Begriffen, noch in der Sprache selbst, steht irgend etwas *vereinzelt* da. Die *Verknüpfungen* wachsen aber den Begriffen nur dann wirklich zu, wenn das Gemüth in innerer Einheit thätig ist, wenn die volle *Subjectivität* einer vollendeten *Objectivität* entgegenstrahlt. Dann wird keine Seite, von welcher der Gegenstand einwirken kann, vernachlässigt, und jede dieser Einwirkungen läßt eine leise Spur in der Sprache zurück. Wenn in der Seele wahrhaft das Gefühl erwacht, daß die Sprache nicht bloß ein Austauschungsmittel zu gegenseitigem Verständniß, sondern eine wahre *Welt* ist, welche der *Geist* zwischen sich und die *Gegenstände* durch die innere Arbeit seiner Kraft setzen muß, so ist sie auf dem wahren Wege, immer mehr in ihr zu finden und in sie zu legen.

Über die Kawi-Sprache auf der Insel Java, nebst einer Einleitung über die Verschiedenheit des menschlichen Sprachbaues und ihren Einfluß auf die geistige Entwicklung des Menschengeschlechts. Erster Band.
Berlin: Akademie der Wissenschaften 1836: CCVI–CCXXI.
(GS VII: 165–176)

III. Anthropologische Skizzen

1. Physiognomien französischer Könige

Aus: *Musée des petits Augustins* [Brief an Goethe aus Paris (1799), in dem Humboldt die aus Saint-Denis ins Museum verbrachten Grabmale der französischen Könige beschreibt]

Von Franz 1. hingegen an, gewinnen die Gesichtsbildungen unläugbar mehr Würde und Schönheit. Der Hauptausdruck liegt nicht mehr in der Knochen- und Muskelstärke, und die Backenknochen sind weniger vorstehend; dagegen werden die Stirn und die Augen bedeutender, die Nase gebogner und edler, das ganze Gesicht länger und schmaler.

Franz 1. selbst muss zu den schönsten männlichen Bildungen gehört haben. Geist und Edelmuth sprechen aus jedem seiner Züge, und es gattet sich mit ihnen eine Stärke, die an ein heldenmässigeres Jahrhundert, als das jetzige ist, erinnert. Der Knochenbau* des Kopfes ist stark und ins Auge fallend; das Gesicht hat ungeachtet seiner Länge viel Breite, und ebenso Stirn und Wangen. Es ist, als hätten die festen und starken Züge seiner Ahnherrn in ihm durch einen höhern eigenthümlichen Geist schönere Umrisse und eine edlere Gestalt gewonnen. Gewiss erinnern Sie sich gute Abbildungen von ihm gesehen zu haben, und dann haben Sie unstreitig in der hohen und prächtig gewölbten Stirn, dem feurigen Blick, der langen, starken, mit einer mässigen Ausbeugung schön herabsteigenden Nase, in der Bestimmtheit

* Die Franzosen nennen diess mit einem sehr guten Ausdruck *la charpente du visage.* Es ist nicht unmerkwürdig die verschiednen Bezeichnungen der Mannigfaltigkeit der Gesichtsbildungen in verschiedenen Sprachen zu vergleichen. Unter den neueren Europäischen ist die Spanische vorzüglich reich an malenden und ausdrucksvollen Wörtern in dieser Gattung.

und Schärfe der Züge überhaupt eben den Ausdruck von Festigkeit, Edelmuth und Klugheit gefunden, der mir das Gesicht vor den meisten andern werth macht. Das Einzige, was man tadeln könnte, wären die länglichten, im Verhältniss des Uebrigen zu wenig geöfneten Augen. Die Statue hat diesen Zug nicht, dagegen finde ich ihn sehr deutlich in einer bronzenen Büste in diesem Museum, die man Jean Cousin zuschreibt, auf einer von demselben gemahlten Glasscheibe aus Vincennes, und auf einem nach einem Gemälde in Fontainebleau gemachten Kupferstich, so dass Gougeon hier die Natur verlassen zu haben scheint. Das Gemälde in Fontainebleau soll von Raphael herrühren. Dies scheint mir sehr unwahrscheinlich, da Raphael und Franz nie zusammengekommen sind, da ich es aber nicht selbst gesehn, so kann ich nicht darüber entscheiden.

Das Grabmal der Valois ist noch nicht zusammengesetzt. Cathérine Médicis liess es bekanntermassen nach Philibert de Lorme's Zeichnungen durch Germain Pilon verfertigen. Man findet von ihr und Heinrich 2. drei von diesem Künstler verfertigte Statuen in diesem Museum, eine kniende in Bronze, und eine unbekleidete liegende, welche beide zum Grabmal gehören, die dritte kniend in der Königskleidung.

Heinrichs 2. Gesichtsbildung gleicht offenbar der seines Vaters. Doch ist das Gesicht länger und schmaler; die Züge sind weniger bestimmt und edel, haben weniger Harmonie, und gehen mehr aus einander. Es fehlt ihnen die auf sich selbst beruhende Festigkeit, und sie versammeln sich nicht so, wie bei Franz 1. in Einen Mittelpunkt. Dadurch verliert die Physiognomie an Stärke und Geist und erhält einen bloss gutmüthigen, frommen, beinahe leidenden Ausdruck.

Die Bildsäulen Katharinens scheinen mir nichts Vorzügliches zu haben; und eben so wenig ihr Gesicht, das länglicht, fleischig, und unbedeutender im Ausdruck ist. Nur die langen, nah an der Nase stehenden Augen sind mir aufgefallen, die hier eben das sind, was in Johann dem Guten als Karrikatur erscheint.

An Heinrich 2. und Franz 1. lassen Sie mich gleich Heinrich 4.

anschliessen, weil er (wunderbar genug, da er nur entfernt und nur durch seine Mutter und Grossmutter mit ihnen verwandt ist) eine offenbare Aehnlichkeit mit ihnen in der Physiognomie besitzt. Es sind in dem Museum eine Büste von Prieur und einige Statuen von ihm. Unter den letzteren ist die von Francheville merkwürdig, weil sie nach Lenoirs Zeugniss (S. 152. seines Katalogs) äusserst ähnlich seyn soll. Lenoir hatte nemlich von der Convention den Auftrag erhalten, bei der Oefnung der Gräber in St. Denis über die Erhaltung der Kunstwerke und Denkmäler zu wachen. Er sah also die Särge dieser langen Königsreihe vor sich öfnen; sah die Costüme so verschiedner Jahrhunderte, und konnte sogar noch eine und die andre Gesichtsbildung ganz oder zum Theil erkennen – ein einziger Anblick, mehr, als irgend etwas andres, dazu gemacht, die Einbildungskraft in jene entfernten Zeiten zurückzuversetzen. Schade dass die Lage und die Zeitumstände ihm nicht erlaubten, die mindeste kleine Zeichnung zu entwerfen, da sich sonst unstreitig über das Costüme der frühern Zeiten interessante Entdeckungen hätten machen lassen. Heinrichs 4. Züge waren noch so gut erhalten, dass er die Aehnlichkeit mit der Statue seines Museums genau bemerken konnte, und auch Ludwig 13. war noch durchaus erkennbar.

Vergleicht man Heinrichs 4. Gesichtsbildung mit der Franz 1., so sind die Züge kleiner, schärfer, spitziger, und gedrängter. Die heroenmässige Stärke ist gewichen, aber es ist mehr Feinheit und Munterkeit an die Stelle getreten. In der That giebt es wohl nur wenig geistreichere und feinere Physiognomien, als die seinige.

Ich erinnere mich ein Paar Holzschnitte von Heinrichs Vater und Mutter gesehen zu haben, die mir sehr viel Freude gemacht haben. Anton von Navarra hat ein merkwürdiges und ausdrucksvolles Gesicht. Die Profillinie steigt sehr stark von hinten nach vorn herab; die Stirn ist knöchern und einwärtsgebogen, die Nase stark an ihr abgesetzt, spitzig und mit einem grossen Hökker versehen, die Wangen hager, das Kinn spitzig. Aber auf der Stirn und in den Augen ruht ein seltner und rührender Ausdruck einer schönen und rein menschlichen Sorge. Die Mutter ist ihrem

Sohne ähnlicher; ihr tiefliegendes Auge verräth männliche Klugheit und Festigkeit; aber ihr Gesicht ist finstrer, und zeigt nicht so lebendige Spuren geistreicher Feinheit und fröhlichen Witzes.

GS II: 371–374

2. Einsiedeleien auf dem Montserrat

Aus: *Der Montserrat bei Barcelona* [Brief an Goethe (1800)]

Wir machten uns am andern Morgen mit Anbruch des Tages auf, die Einsiedeleien zu besuchen. Da das Wetter nicht ganz sicher schien, so eilten wir zuerst der Spitze des Berges zu, um von da die Gegend zu überschauen.

Auf der linken Seite des schmalen Platzes vor dem Klosterthor windet sich eine schmale Treppe zwischen den Felsen hinauf, durch die man zunächst in die Einsiedelei der Heiligen Anna kömmt.

Wir begegneten hier einem Einsiedler, der, weil er alt und nicht wohl war, in das Kloster hinabstieg, um einige Wochen in der Krankenstube desselben zu bleiben. Es war ein kleiner, stämmiger Mann mit fester und entschlossener Mine, und seine graue härene Kutte, sein Stab, und sein langer ungekämmter Bart gaben ihm zwischen diesen rauhen Felsen ein Ansehen von Wildheit, das mich überraschte. Nothwendig aber gränzt das Einsiedler- und Heiligenleben, das immerfort mit allem Ungemache der Natur ringt, an den Zustand der Naturwildheit.

Wir hatten schon beträchtlich steigen müssen, als wir an der Thür der Einsiedelei der Heiligen Anna standen. Wir klopften an, und der Einsiedler öfnete uns sogleich. Er setzte sich erst, ehe er ein Wort sprach, einen Augenblick zum Gebet in seiner Kapelle nieder; dies ist eine allgemeine Sitte; dann sprach er mit uns, und behandelte uns mit vieler Freundlichkeit.

Es war ein hübscher Mann mit einer milden und sanften Mine und einer einnehmenden Gesichtsbildung. In dem schlichten Ebenmasse seiner Züge, der kleinen aber ofnen Stirn, dem hellen und ruhigen Blicke seiner Augen, der gerade absteigenden Nase, und dem schönen, Ehrfurcht erweckenden Barte zeichnete sich ein milder Ernst, genügsame Heiterkeit und stiller Seelenfrieden. Er erzählte uns, dass er aus Valladolid gebürtig sey und ehemals eine angesehene Stelle in der Königlichen Schatzkammer bekleidet habe. Auf unsre Frage: wie lange er schon den Berg bewohne? sagte er: »Achtzehn Jahre, aber diese achtzehn Jahre sind mir wie achtzehn Tage verstrichen. Nichts hat je meine Ruhe gestört, als das Andenken an meine Fehler.« Ich fragte ihn weiter, was ihn vermocht habe, die Welt zu verlassen? Aber hierauf gab er mir keine directe Antwort. Er zeigte zum Himmel und sagte: dies komme nicht aus dem Menschen, es werde von oben eingegeben, der Mensch könne nur folgen. Er führte uns dann durch seine Wohnung und seinen Garten, und zeigte uns alles, was zu seiner Oekonomie gehörte. Nur das Bett Fremde sehen zu lassen, ist, wie er uns sagte, gegen den Einsiedleranstand.

Diese Einsiedeleien sind niedrige, aber für ihre Bestimmung hinlänglich geräumige Gebäude von Einem Stockwerk und verschiedener Bauart nach der Verschiedenheit ihrer Lage. Indess haben alle eine Kapelle, mehrere Stuben, eine Küche, eine Cisterne, und die meisten noch einen Säulengang um die Wohnung, oder doch eine Vorlaube. Bei jeder finden Sie ein oder mehrere kleine Gartenstücke auf den Terrassen, welche die Felsen ringsherum bilden. Ueberall wurde ich durch eine ausserordentliche Reinlichkeit in der Kleidung und den Wohnungen der Einsiedler und durch die sorgfältige Zierlichkeit ihres Gartenbaues überrascht.

Die Einsiedelei der Heiligen Anna dient zugleich sämmtlichen Einsiedlern zur Pfarrkirche, in der sie an bestimmten Tagen (oft einigemale in der Woche) zusammenkommen, und von einem Mönche, der ihr Seelsorger ist, und mitten unter ihnen (in der Einsiedelei des Heiligen Benedictus) wohnt, das Sacrament empfangen. Die Kapelle dieses Einsiedlers bildet also einen kleinen Saal, in welchem ausser seinem eigenen Betstuhle noch zu beiden Wänden zwei Reihen ordentlicher Chorstühle für seine 11 Mitbrüder stehen.

Es muss ein abentheuerlicher Anblick seyn, hier im Winter,

noch in der Nacht (um 4 Uhr Morgens) die Einsiedler, halb erstarrt vor Frost, mit Fackeln den Berg durch die engen Felswege herunterkommen, und dann zum Gottesdienst in dieser schauderhaft einsamen Höhe versammelt zu sehen.

Von der Heiligen Anna bis zur Einsiedelei des Heiligen Hieronymus, die dem Gipfel sehr nahe liegt, aber jetzt leer steht, hatten wir einen beträchtlichen Weg durch das Gebirge zu machen.

Der ganze Montserrat besteht aus etwa 6 bis 7 Stockwerken, d. h. senkrechten Wänden, welche durch 6 bis 7 kleine schräge Ebenen verbunden sind. Das unterste Stockwerk trägt noch Weinreben, und alle Ebenen sind auf das üppigste mit Bäumen, Gesträuchen und Kräutern mannigfaltiger Art bewachsen. Bis auf die höchste Spitze geht noch die Vegetation fort, und selbst in den Spalten der Felsen rankt sich noch einiges Gesträuch hin. Dieser schöne Pflanzenwuchs ist, da es dem Berg unläugbar an Quellwasser mangelt, nur der Reichlichkeit des Thaues beizumessen.

Aus dem dichtverwachsnen, üppig rankenden, dunkelgrünen Gebüsche heben sich nun die glatten und nackten Scheitel der Felssäulen und Kegel empor, deren, je mehr man sich dem Gipfel nähert, immer mehrere und sonderbarere sichtbar werden. Ich würde es umsonst versuchen, Ihnen die wundersamen Gruppen zu schildern, die sie bilden, und deren Anblick bei jeder neuen Wendung des schlängelnden Fusspfades unaufhörlich wechselt. Wenn ich ein Einsiedlerleben in diesem Berge führen sollte, würde es mir, dächt' ich, eine anziehende Beschäftigung seyn, diese Gipfel unterscheiden zu lernen, und ihnen Namen zu geben, sie bei der aufgehenden Sonne zu begrüssen, ihnen bei der scheidenden Lebewohl zu sagen.

Der Montserrat hat nicht den ernsten, grossen und feierlichen Charakter nordischer Gebirge, der Alpen, unsrer Bergketten, oder auch der Pyrenäen. Ein inselförmig allein stehender Berg, in unzählige kleinere Felsmassen zerspalten, mit meistentheils niedrigem Gesträuche bewachsen, ist er rauh, wild, chaotischgestaltet in seinen Gipfeln, anmuthig und freundlich in seinen

Gründen, wunderbar und abentheuerlich im Ganzen, aber nicht eigentlich gross und erhaben. Es fehlen ihm die mächtigen Wände, die ungeheuren Flächen, auf denen das Auge weit hinausschweift; er hat keine fürchterlich rauschenden Wasserfälle, keine Gruppen finstrer Tannen, keine Eichen, deren dicker Stamm und deren knotige, mannigfaltig gewundene Aeste den Kampf bezeugen, den sie vielleicht schon ein ganzes Jahrhundert hindurch gegen die Macht der Elemente bestanden. Die Bäume, die man hier sieht, sind kleiner und schwächer; Nadelholz ist nur wenig, und was man am häufigsten findet, ist immergrünes Gesträuch mit einem dunkelglänzenden Laube. Was indess diesem Berge an Grösse abgeht, ersetzt er durch die wunderbare Verbindung von Anmuth und Wildheit und durch die feierliche Stille, die in ihm herrscht. Zu Ihren Füssen ist eine reizende und blumige Ebne, und einen einzigen Blick in die Höhe gerichtet, und Sie schauen in ein Chaos von Klippen, das den Trümmern einer ungeheuren Felsenstadt gleicht.

S. Geronimo hat ohne Zweifel unter allen Einsiedeleien des Montserrats die schönste und romantischste Lage. Der Morgen, an dem wir diese Gegend besuchten, war neblig, aber der Nebel lag noch tief im Thale, der Himmel war heiter und blau, und die Sonne schien sehr warm herunter. Vor uns gegen das Kloster zu und zu unsrer Linken erhoben sich die Spitzen des Berges inselartig aus dem feuchten Duftmeere, das die ganze Fläche bedeckte. Vorzüglich schön stieg gerade gegen uns über, gleich einem mächtigen Eiland, eine Gruppe von Felsmassen empor, die man vom ganzen Berge aus leicht bemerkt und die sich gerade hinter und über dem Kloster zu erheben scheint. Zur Linken standen die Felsen mehr einzeln und abgeschnitten. Zu beiden Seiten öfnete sich der Blick in die Gegend. Aber zur Linken lagen die weissen Nebelwolken noch still und dicht, wie ein Meer; langsam, aber in steter Bewegung, zogen sie sich von da durch die Spitzen, vor uns, und lagerten sich, aber dünner und zerrissner auf die, in wechselnden Gestalten durch sie durchschimmernde Fläche.

Zur rechten Seite dieser Einsiedelei ist ein furchtbarer, kraterähnlicher Abgrund; Steine, die meine Begleiter hineinwarfen, tönten lang und dumpf nach; aus der Mitte der schauderhaften Tiefe steigen einige Felsspitzen thurmartig auf.

Der Weg von S. Geronimo zum äussersten Gipfel des Berges ist kurz, aber steil und mühsam. Dieser Gipfel erhebt sich, wie ein schroffes Vorgebirge, und ist überall, die Seite allein ausgenommen, von welcher der Fusssteig hinaufführt, von jähen Abgründen umgeben. Auf demselben steht eine kleine, der Jungfrau gewidmete Kapelle, zu welcher gewöhnlich der Einsiedler in S. Geronimo den Schlüssel hat. Jetzt da diese Einsiedelei leer stand, war sie verschlossen, aber wir fanden ein Paar Löcher in die Thür geschlagen, die, wie man uns nachher sagte; von einem Blitz herrührten, der sie wenige Tage vorher getroffen hatte.

Rund um die Kapelle ist nur noch ein schmaler, mit einem Geländer umgebener Gang, und von hier übersieht man nicht nur eine ungeheure Fläche Landes und das Meer, sondern auch einen Theil des Umkreises des ganz isolirt stehenden Berges. Denn diese Höhe befindet sich gerade an dem einen Ende desselben, wo er mit seiner, nach den östlichen Pyrenäen zugekehrten Seite sehr schnell abstürzt.

Uns erlaubte das Wetter nicht, die Aussicht des Landes in ihrer ganzen Ausdehnung zu geniessen; aber wir gewannen vielleicht nur dabei, weil wir das prächtigste und grösseste Wolkenschauspiel sahen, dessen ich mich je erinnere.

Da die Sonne noch hell von dem heitern Himmel herabschien, so war auch der äusserste Horizont an den Gebirgen von Roussillon und den dahinter hervorblickenden Pyrenäen noch rein, und man übersah vortreflich die ganze beschneite Bergkette. Aber näher am Berge und auf dem ganzen flachen Lande, lagen Nebelwolken. Am dichtesten waren sie im Abend gethürmt, von da gieng ihre Bewegung aus, und so zogen sie sich rund zu unsern Füssen herum. In der untersten Tiefe wälzten sie sich schwer und langsam, höher jagte der feine Duft schnell durch die Felsenritzen und im Morgen und Mittag war ein sonderbares Gewühl und

Gemisch. Die Berge des Landes, das Meer und die Gewölke des Nebels verschwammen so in einander, dass schlechterdings keine sondernde Gränze mehr sichtbar blieb. Aus dem Nebelmeere erhoben sich lange zart und leicht geflockte Wolken zum reinen Himmel empor. Nach und nach kamen mehrere und grössere dieser Gewölke, zwei grosse, eins tiefer, das andre höher, neigten sich mit ihren immer verlängerten Spitzen gegen einander und verschlangen immer mehr der heitern Bläue; der feine Duft jagte schon höher um uns her, die Sonne wurde selbst schon leicht bedeckt und alles kündigte trüberes Wetter an. Wir eilten nun hinunter und auf S. Onofre zu, eine Einsiedelei, die ganz an der andern Seite des Berges liegt, aber, wie man uns gesagt hatte, die wunderbarste Lage im Felsen haben sollte.

Wir giengen jetzt durchaus in Nebel gehüllt. Alle Aussicht war uns benommen; wir sahen nur die nächsten Felsen in dem Augenblicke, da wir davor standen, aber ihr einzelnes und plötzliches Erscheinen vermehrte nur noch ihr abentheuerliches Ansehen.

Die erste Einsiedelei, zu der wir auf unserm Wege gelangten, und deren Namen ich mich nicht mehr erinnere, ist an einer hohen, wilden und einsamen Gegend des Gebirges gebaut und von einigen Cypressen umgeben. Ihre Gartenstücke überraschten uns durch die zierliche Sorgfalt, mit der sie bepflanzt waren. Nicht gleich freundlich aber war ihr Bebauer. Er empfieng uns mit verdriesslicher Mine, verrichtete sein Gebet mit finsterm Gesichte, und schlug uns geradezu ab, uns seine Wohnung zu zeigen. Seiner Physiognomie nach zu schliessen, war dieser Charakter (den die Spanier mit einem ausdrucksvollen Wort ein *genio adusto* nennen) in ihm tief in seiner Organisation gegründet. Er war gross und hager, hatte eine sonderbare Schädelform, eine sehr hohe schwärmerische Stirn, einen trotzig aufgeworfenen Mund, eingefallene Wangen und grosse finstere Augen.

Man sagte mir nachher, dass er ein Aragonier sey; und man legt den Aragoniern gewöhnlich finstern Ernst, Stolz und eigensinnigen Trotz zur Last. Sie wissen schon aus andern Reisebeschreibungen, was es mit diesen, von allen Provinzen Spaniens gegenseitig einander zugeworfenen Beschuldigungen zu bedeuten hat. Wahr mag es indess seyn, und gewiss gereicht es den Aragoniern nicht zum Nachtheil, dass in ihnen das fortwirkende Andenken ihrer ehemaligen Verfassung einen unabhängigen Sinn, mehr Selbstständigkeit und einen wärmern Nationalstolz erhalten hat.

Nachdem wir diese Einsiedelei verlassen und einen beträchtlich weiten Weg zurückgelegt hatten, befanden wir uns auf einmal an dem Fusse zweier dicht an einander stehender senkrechter Felssäulen, durch welche bloss eine ganz schmale, über 80 Stufen hohe Treppe zu dem obern Stockwerke des Berges führt. Diese Treppe ist der Zugang zu drei dicht bei einander gelegenen Einsiedeleien, S. Magdalena, S. Onofre und S. Juan.

Die erstere liegt allein zur Rechten, und hat einen sehr unbequemen Eingang über grosse Felsstücke hin. Ihr Bewohner war ein hübscher, freundlicher Mann, der uns überall herumführte. Er schien in seiner kleinen Oekonomie, der er sich, wie man an der durchgängigen Ordnung und Reinlichkeit bemerkte, eifrig annahm, ein einsames, aber heitres häusliches Leben zu führen. Er ist, wie mehrere Einsiedler des Berges, ein Tischler, und seine Wohnung war reichlicher und zierlicher, als wir bei den andern bemerkt hatten, mit Kommoden, Stühlen, Tischen und anderm Hausrathe versehen.

S. Onofre und S. Juan hängen gleich Adlernestern am Felsen. An einer schroffen und langen senkrechten Wand ist vermuthlich ein länglichter Riss, gleich einer Höle, gewesen. Diesen hat man benutzt, Einsiedeleien darin anzulegen. Daher sind ihre Hauptwände der natürliche Fels. Nur die vordere ist ganz gemauert, und verschliesst bloss die Felsspalte. Die Hinterwand und zum Theil das Dach giebt diese selbst her. Der Eingang ist bei jeder der beiden Einsiedeleien zur Seite durch hohe und beschwerliche Treppen am Felsen, und die Gärten liegen auf tiefer unten befindlichen Terrassen.

Wir besuchten S. Onofre. Der Einsiedler, der hier wohnt, hat aus seinem Fenster eine herrliche und ungeheuer weite Aussicht auf das Land und das Meer; da der Himmel wieder helle geworden war, konnten wir sie jetzt mit geniessen; doch war es nicht klar genug, um, wie sonst, die Insel Mallorca zu sehen. Zur Linken steht ihm die Einsiedelei der heiligen Magdalena und eine furchtbar steile, der seinigen ähnliche Felswand. Er ist ein Franzose, und wir fanden in ihm einen freundlichen und gefälligen Mann, in dem sich die Spuren des Charakters seiner Nation nicht verwischt hatten. Mitten in dieser schrecklichen Einöde hatte er ihre fröhliche Laune, ihre Gesprächigkeit und Lust an gesellschaftlichem Umgange nicht verloren. Er hatte vordem in einem der angesehensten und gesellschaftlichsten Handlungshäuser Barcelona's gelebt, erzählte uns aber, dass er sich immer nach dieser Stelle gesehnt habe, und dass, seitdem er hier wohne, nichts seiner Heiterkeit und Zufriedenheit mangle. Er setzte uns ein schmackhaftes Frühstück vor, und wollte uns schlechterdings auch zum Mittag bei sich behalten.

S. Juan ist dicht neben ihm an, und unter Einem Dache gebaut. Ein Spanischer lebenssatter Graf soll diese Einsiedelei angelegt und die Erlaubniss erhalten haben, mit dem Einsiedler in S. Onofre in Gemeinschaft zu leben. Nach seinem Tode aber hat man die Verbindungsthüre zugemauert, und jetzt müssen beide Einsiedler, deren Fenster nur um wenige Schuhe von einander entfernt sind, eine Stunde Weges machen, um den Felsen herunter und hinauf zu einander zu gelangen.

Auf dem Rückwege von hier nach dem Kloster besuchten wir noch einige Einsiedeleien, in denen wir aber weiter nichts Bemerkenswerthes antrafen.

Die zwölf Einsiedler (der unter ihnen wohnende Mönch macht die Zahl der dreizehn Einsiedeleien voll) sind gleichfalls Mönche und thun dieselben Gelübde, als die im Kloster. Nur sind sie nicht zu Priestern geweiht, haben strengere Pflichten und dürfen unter keinerlei Bedingung den Berg verlassen, der ihre Clausur ist, und vier kleine Spanische Meilen im Umfange hat. Ihr Leben sieht auf den ersten Anblick sehr reizend aus – ungestörte Einsamkeit, eine prächtige Natur und scheinbare Unabhängigkeit. Allein wenn man genauer nachfragt, verschwindet diese glänzende Aussenseite gar sehr.

Der arme Einsiedler ist den ganzen Tag mit Andachtsübungen beladen, und behält kaum zwei bis drei Stunden übrig, sein Gärtchen zu bestellen und einige Handarbeit zu verrichten. Um zwei Uhr Morgens muss er aufstehen und bis sechs oder sieben Uhr in Gebet, Meditation und Lesung heiliger Bücher zubringen. Dann besorgt er seine kleine Wirthschaft und seine Küche. Nachher gehen andre Andachtsübungen bis Mittag an, und so den ganzen Tag. Um jede dieser Stunden muss sein Glöckchen die Glocken des Klosters begleiten. Er darf zwar seine Einsiedelei verlassen; aber abgerechnet, dass ihm seine Beschäftigungen weite Entfernungen verbieten, so würde er bald getadelt werden, wenn er grössere oder häufigere Spatziergänge bloss zum Vergnügen, vorzüglich auf gangbaren Wegen anstellte. Ob es ihm gleich nicht geradezu untersagt ist, seine Mitbrüder zu besuchen, so ist es doch gegen die Strenge seiner Pflicht, dies öfter, oder überhaupt anders, als im Nothfalle, zu thun.

Dabei sind die körperlichen Beschwerden, welche die Einsiedler zu erdulden haben, sehr gross. Im Winter sind sie in den Felshölen, die sie bewohnen, einer empfindlichen Kälte, und fast zu allen Zeiten einem unangenehmen Winde ausgesetzt. Vor Tage müssen sie Sommers und Winters, in dieser letztem Zeit mit Fackeln, in ihr Versammlungshaus kommen, und thun auf diesen weiten und beschwerlichen Wegen oft gefährliche Fälle. Das ganze Jahr hindurch dürfen sie kein Fleisch essen, und müssen sich, da sie sich nicht immer Milch, Butter oder Eier verschaffen können, meist mit getrocknetem Fisch, Oliven u. s. f. begnügen. Diese Pflicht hängt eigentlich mit ihrem Wohnen im Berge zusammen.

Denn niemand, weder ein Mönch des Klosters, noch ein Laie, darf zu irgend einer Zeit des Jahres in einer Einsiedelei etwas anders, als Fastenspeise geniessen, und der Einsiedler würde dem Fremden kein Feuer geben, von dem er vermuthen könnte, dass er sich im Berge Fleisch zubereiten wollte. Zum Kloster steigen sie nur an bestimmten Tagen (etwa 15 bis 20mal im Jahr) zum Gottesdienst, wo sie alsdann mit den Mönchen essen, oder wenn ein Mönch begraben wird, oder wenn sie krank oder zu alt sind, die Beschwerlichkeiten des Berglebens zu ertragen, hinab: In diesem Falle kommen sie immer herunter, und man wusste mir kein Beispiel eines im Berge Gestorbenen anzugeben.

Jenes Zwanges und dieser Beschwerden ungeachtet, fehlt es nie an Leuten, die sich um Stellen in diesen Einsiedeleien bemühen. Zu zweien, die jetzt leer standen, waren so viele Bewerber, dass der Abt, wie er mir selbst sagte, sich nicht entschliessen konnte, eine Wahl zu treffen, um nicht die Zurückgewiesenen dadurch zu beleidigen. Darüber dürfte man sich vielleicht weniger wundern, wenn es bloss oder doch vorzüglich Geistliche und namentlich Ordensgeistliche wären, welche diese Plätze suchten. Des Despotismus und der Verfolgung, die so oft in der Klostergemeinschaft herrschen, überdrüssig, könnten sie vielleicht doch der unmittelbaren Aufsicht los zu werden, und wenigstens in einem Stande, den sie einmal nicht verlassen dürfen, das Erträglichste zu wählen wünschen. Allein es sind unter den Bewerbern Leute der verschiedensten Stände, sogar angesehene Militairpersonen. Da nicht leicht jemand unter 30 Jahren oder mehr eine solche Stelle bekommt, so ist auch jugendliche Uebereilung oder älterliche Ueberredung nicht leicht die Ursache dieses Entschlusses.

Man sollte daher auf die Vermuthung gerathen, dass religiöse Schwärmerei daran Schuld, und diese unter allen Ständen Spaniens noch sehr allgemein verbreitet sey. Ohne über dies letztere entscheiden zu wollen, muss ich dennoch gestehen, dass der Anblick der Einsiedler des Montserrats diese Vermuthung keinesweges in mir bestätigte. Alle, die ich sah, und die mir andre, Reisende und Einheimische, schilderten, sind stille und ruhige, dem Ansehen und vermuthlich auch der Wahrheit nach fromme Menschen, aber, einen oder ein Paar vielleicht ausgenommen, ohne einige Spur von Ueberspannung oder Schwärmerei. Die Reinlichkeit, in der sie ihre Einsiedeleien erhalten, die Sorgfalt, mit welcher sie den Altar ihrer kleinen Kapellen mit Blumen, kleinen Gefässen, oder wie sie sonst können, verzieren, der Fleiss, den sie auf ihre Gärten, die Mauern und Hecken vor ihren Wohnungen, die Felstreppen ringsherum verwenden, zeigt (vorzüglich unter einer sonst nicht sonderlich auf diese Dinge aufmerksamen Nation), dass sie sich mit Liebe dieser häuslichen Geschäfte annehmen, die sie, da alle 13 nur Einen tageweis umgehenden Aufwärter haben, natürlich selbst verrichten müssen. In keinem einzigen, den ich besuchte, bemerkte ich einen träumerischen, oder in Grübeleien vertieften, oder trägen Charakter, und wenn man sieht, wie genau sie jeden Grashalm um ihre Einsiedelei herum kennen, mit welcher Neugierde sie aufmerken, wenn der Fremde, der zu ihnen kommt, ein Moos oder eine Pflanze in die Hand nimmt, und sogleich nach dem Namen, den Eigenschaften und den Heilkräften derselben forschen; so vergisst man leicht, dass diese Menschen nur mit dem Himmel beschäftigt sind.

Der Einsiedler lebt, wie der Wilde, beständig mit der Natur, er beschreibt nur einen kleinen Kreis um seine Zelle; aber dieser kleine Kreis ist seine Welt, und in ihr bleibt kein Punkt ihm verborgen, oder unbenutzt. Wie der Wilde, hat er oft mit der Macht der Elemente zu kämpfen, wie er, klimmt er mit Behendigkeit und Kühnheit an fast senkrechten Felswänden hin; nur ist er glücklich genug, in einer Lage zu seyn, in der nicht leicht ein feindseliges Gefühl den Frieden seiner Brust stören kann. Selbst den Vögeln des Waldes um ihn her ist er nicht gefährlich; auch kommen sie auf sein Locken und nehmen vertraulich ihre Nahrung aus seiner Hand. Mehr daher, als von einem eigentlichen Verbote mag es herrühren, dass man bei keinem Vögel in Käfigen antrift.

In den Stunden ihrer Musse und wenn ihr Garten und ihre Wohnung keine Sorgfalt mehr fordert, beschäftigen sich diese Einsiedler mit mechanischen Arbeiten. Die meisten machen kleine Kreuze von verschiedenen Farben, welche das Volk begierig kauft. Einer hatte – wie weiland Kaiser Karl 5. – mehrere

Wanduhren in seiner Zelle. Kein Wunder! Das blosse Fortrücken der Zeit, das uns nur ein ärgerliches Hinderniss ist, das wir gern vergessen möchten, ist für ihn eine wichtige Begebenheit.

Es muss ein wunderbares Gefühl seyn, auf das Vorrecht des Menschen, nicht, wie die näher an den Boden geknüpften Thiere, nur innerhalb gewisser enger Gränzen zu bleiben, sondern nach Neigung und Lust herumzuschweifen, Verzicht zu thun, alle seine Kräfte und seine Wünsche in eine Spanne Land einzuschliessen, und eine halbe fruchtbare Provinz, weitumschauende Berggipfel und das gränzenlose Meer im Gesichte, allem andern zu entsagen, als ihr und dem Himmel. Selbst eine so wunderbare Stimmung der Einbildungskraft und des Gefühls, die vermögend ist, ohne eigentlichen Gegenstand, durch ein bloss behagliches Hin- und Herbewegen eines gleichsam formlosen Stoffs, die Seele genügend zu erfüllen, als Rousseau hatte, oder zu haben wähnte, wenn er halbe Tage lang, auf den Rücken ausgestreckt; in einem Kahn auf dem See um die Peters-Insel herum schwamm, oder die angestrengteste Beschäftigung mit durchaus abstracten Ideen scheinen kaum stark genug zu bewirken, was hier ganz gewöhnliche und alltägliche Menschen, und ich wiederhole es noch einmal, ich glaube, ohne sonderliche Religionsschwärmerei, verrichten. Aber auf dem Flecke selbst, mitten unter ihnen, erscheint dies psychologische Phänomen bei weitem weniger wunderbar.

Häufiger als in andern Ländern, glaube ich, findet man in Spanien Menschen, die bereit sind, Unabhängigkeit mit Einsamkeit zu erkaufen. Der Spanier ist sinnlicher, aber nicht so materiell, als der Nordländer, und bei weitem reizbarer; es liegt ihm also mehr daran, ungestört zu leben. Er ist in Gesellschaft aufgeweckt und witzig, aber er bedarf ihrer nicht gerade und sucht sie nicht mit Aemsigkeit. Da seine Nation noch nicht cultivirt genug ist, so kennt er die unruhige Geschäftigkeit des Geistes nicht, die man z. B. an dem Franzosen wahrnimmt; er geht immer mehr in die Tiefe, als in die Weite; sein Charakter beschäftigt ihn mehr, als seine intellektuellen Kräfte, und bei allen Menschen dieser Art ist ein gewisser Hang zu dem, was andre Müssiggang nennen würden (was aber oft nur eine sehr edle Phantasiebeschäftigung mit ihren Gefühlen ist), bemerkbar. Durch ihren Charakter nur auf einige wenige Punkte, aber auf diese mit aller Energie gerichtet, können sie eigentlich vom Nichtsthun nur zu einer auf diese Punkte Bezug habenden Thätigkeit übergehen, nur zu einer grossen und wichtigen. Alles andre scheint ihnen leicht, bloss mechanisch und ihrer unwürdig.

In diese Gemüthsstimmung, besonders bei unaufgeklärten Leuten, passt nun ein Einsiedlerleben sehr gut. Der Einsiedler lebt allein und ungestört; er kann seinen ganzen Tag sich selbst, seinen Gefühlen und den Dingen, die ihm lieb sind, widmen. Die geistliche Knechtschaft und die ewigen Andachtsübungen können dem einmal religiösen Menschen nicht schwer fallen. In der Einsamkeit des Einsiedlers sind die Andachtsübungen, einzelne Momente tieferen Gefühls abgerechnet, nichts als ein unbestimmtes Hinbrüten der Seele über einmal gewohnten Empfindungen, wie es leicht jeder, nur an andern Gegenständen, an sich selbst erfahren wird, da es wohl nur wenige Menschen giebt, welche nicht einen grossen Theil ihres Lebens hindurch gewisse Lieblingsempfindungen, Plane oder auch nur Träume begleitet hätten. Die körperlichen Beschwerden schrecken den Spanier weniger ab, da er, wie ich Ihnen einmal künftig näher auseinandersetzen werde, härter gewöhnt ist, und besser der Bequemlichkeiten des Lebens entbehrt, als viele andre Europäische Nationen. Selbst die Verschiedenheit der Stände unter den Bewerbern um die Einsiedeleien ist minder befremdend, da (sogar noch abgerechnet, dass der geistliche alle übrige vereinigt und gleich macht) diese Verschiedenheit in den Sitten, der Lebensart und der Freiheit des Umgangs bei weitem weniger gross ist, als ehemals in Frankreich und noch jetzt bei uns.

Wie es mir vorkommt, ist es also weit mehr Sehnsucht nach einem sorgenlosen sichern Unterhalt und einem unabhängigen und ungestörten Leben, welche den Spanier in Einsiedeleien lockt, als Religionsschwärmerei. Allerdings wirken gewiss immer mehrere Ursachen zugleich, und wohl mag Frömmigkeit in den Augen dieser Menschen selbst immer die erste Triebfeder seyn. Nur zweifle ich, dass sie allein genug Stärke besässe, wenn nicht, ihnen selbst unbewusst, ihr Gemüth von selbst sich zu einem solchen Leben hinneigte. Oft mögen auch freilich einzelne Unglücksfälle, Schrecken des Gewissens oder der Einbildungskraft Menschen in die Einsamkeit treiben; doch sind dies nur die Ausnahmen.

Die Spanier pflegen diejenigen, welche in Einsiedeleien gehen, *gente retirada y desengañada* zu nennen, zurückgezogene Leute, die von den Täuschungen des Weltlebens zurückgekommen sind.

Das Spanische: *desengañar* entspricht nemlich dem Französischen: *désabuser*. Merkwürdig aber ist es zu sehen, wie die verschiedenen Stufen der Cultur, auf welcher beide Nationen stehen, auf den Gebrauch dieser Wörter eingewirkt haben. Das Spanische: *desengaño* hat fast immer einen pathetischen Sinn, es ist das feierliche Wort des Dichters, wenn der täuschende Schleier der Liebe zerreisst, oder eine schwärmerische Stimmung die Seele von der Eitelkeit irrdischer Freuden zum Himmel emporreisst. Das Französische: *désabuser* dagegen (in seinem neuesten, freilich indess erst seit 10–15 Jahren üblichen Gebrauch) deutet einen nur im grössesten Gewühl der Gesellschaft möglichen Begriff an, ist der Tod aller dichterischen, wie überhaupt jeder höheren Stimmung, und drückt den Zustand eines durch unaufhörliches Umtreiben in verwickelten Weltverhältnissen ganz und gar erkalteten Gemüths aus.

Uns Deutschen fehlt es an einem Worte für das Zurückkommen von einer Täuschung oder Verblendung, wir mögen den ersteren oder den letzteren Zustand bezeichnen wollen; ein Mangel, der daher rühren mag, dass unsern Sitten die Ueberverfeinerung gesellschaftlicher Verhältnisse, die man in Frankreich kennt, und unserm Charakter die leidenschaftliche Verblendung des Spaniers fremd ist. Dagegen dürfte nicht leicht eine andre Sprache ein so schönes Wort für diesen Begriff überhaupt aufzuweisen haben, als unser: *nüchtern* ist, da ein *nüchterner Sinn* eine Freiheit von Wahn und Verblendung anzeigt, die nicht erst durch eine neue Täuschung oder durch ein gänzliches Erstarren des Gefühls erkauft ist, sondern sich vielmehr immer Stärke und Weisheit in ihm vereinigt, und das Wort, schon seiner blassen Ableitung (von Nacht) nach, die Frische und Freiheit des Gemüths bezeichnet, mit der man, nach der Stille und Einsamkeit nächtlicher Ruhe, noch unbeschwert von den Eindrücken des Tages, am Morgen erwacht.

Um Ihnen, lieber Freund, noch einen Beweis mehr zu geben, dass meine Schilderung der Einsiedler des Montserrats wirklich der Natur entspricht, will ich Ihnen aus einem Briefe meines Bruders eine Anekdote abschreiben, die er, als er ein Jahr vor mir den Montserrat besuchte, dort erlebte.

»Ich befand mich,« so lautet seine Erzählung, »bei dem Einsiedler von Santiago und suchte Kräuter in der Nachbarschaft seiner Einsiedelei. Der Eremit hörte im Walde rufen, wurde unruhig, öfnete alle Fenster seiner Warte und wollte schon zu Hülfe eilen. In demselben Augenblicke stürzte ein junger Maulthiertreiber weinend und ausser Athem herzu. Er schrie: sein *macho* (ein Wort, das, von *masculus* abstammend, eigentlich alles Männliche der Thiere bedeutet, aber vorzugsweise für Maulthiere gebraucht wird), sein armer, lieber *macho* sey in den Abgrund gestürzt. Er weinte, wie ein Kind, und rief tausendmal die Mutter Gottes und alle Heiligen an. Der Einsiedler schleppte ihn hastig in sein Zimmer und hieng ihm einen Rosenkranz um. Ich fürchtete schon, dies sey die ganze Hülfe. Allein es war nur, um den ersten Schmerz zu lindern. Er stürzte sich so dann, ohne dem Wege zu folgen, die Felswände hinab bis zu dem Orte, wo das Maulthier lag. Der Treiber und ich konnten erst später nachkommen. Das Thier hieng nur noch an Einem Beine, das sich um einen Baum geschlungen hatte, mit dem Kopfe nach unten zu, so schräg über dem Abgrunde, dass es, sich selbst überlassen, nothwendig hätte hinunterstürzen müssen. Der Treiber heulte unentschlossen, küsste das arme Thier, und setzte verbindliche Anreden an alle Heiligen hinzu, welche dem Viehe für nützlich erachtet werden. Der Einsiedler schalt seine unthätige Zagheit, hier sey der Moment zum Handeln. Er stellte sich stämmig unter das Thier, um dem Kopfe eine Richtung zu geben. Ein wirklich schauerlicher Anblick! denn fiel das Thier zu schnell, so zog es ihn, ohne Rettung, mit in den Abgrund hinab. Aber der Einsiedler lächelte der Gefahr, liess einen Strick um den Fuss des Thieres schlingen, und wälzte es so, den Kopf lenkend, glücklich in die Höhe. Nun folgte eine lange Strafpredigt über den Mangel an Entschlossenheit. Leider war der Rosenkranz bei der Arbeit verloren gegangen. Aber der Einsiedler suchte ihn nicht ängstlich; es war ihm leicht, sich einen andern zu drechseln.«

GS III: 45–58

3. Die Basken

Aus: *Die Vasken, oder Bemerkungen auf einer Reise durch Biscaya und das französische Basquenland im Frühling des Jahrs 1801*

Versteckt zwischen Gebirgen, wohnt zu beiden Seiten der West-Pyrenaeen ein Völkerstamm, der eine lange Reihe von Jahrhunderten hindurch seine ursprüngliche Sprache, und grossentheils seine ehemalige Verfassung und Sitten erhalten und sich, nach dem glücklichen Ausdruck eines neueren Schriftstellers, ebensowohl dem Auge des Beobachters, als dem Schwerdt der Erobrer entzogen hat – der Stamm der Vasken* oder Biscayer. Wie

* Man geräth in Verlegenheit, wenn man den ganzen Stamm der Biscayischen Nation mit Einem Namen benennen will, und man sucht vergebens nach einem, der einstimmig von Spaniern, Franzosen und Deutschen angenommen wäre. Die Franzosen kennen schlechterdings keine allgemeine Benennung. Sie sagen: *Biscayens*, wenn sie von den Spanischen, *Basques*, wenn sie von den Französischen Vasken reden, und nehmen im Nothfall ihre Zuflucht zu dem alten Namen: *Cantabres*. Die Spanier schränken den Namen *Vizcaya* nur auf die eigentliche Herrschaft, *el Señorio*, ein, und sagen übrigens von dem Lande: *las provincias Bascongadas*, und von der Sprache *el Bascuence*. Die Bewohner benennen sie nach den einzelnen Provinzen: *Vizcainos, Guipuzcoanos, Alaveses*. So hat dieser unglückliche Völkerstamm selbst bis auf die Einheit seines Namens verloren. Um zugleich kurz und deutlich zu seyn, und alle bei diesen verschiednen Nationen üblichen Namen zu benutzen, werde ich mich folgender Benennungen bedienen. Wenn von dem ganzen durch das Basquenland, Biscaya und Navarra verbreiteten Stamm die Rede ist: Vasken; wenn ich von dem Spanischen Antheil des Landes rede: Biscaya; wenn ich von den der Französischen Republik unterworfenen Vasken spreche: Basquen; wenn ich das sogenannte *Señorio* besonders meyne: Vizcaya. – Eigennamen von Personen und Oertern werde ich, bei der Verschiedenheit der Vaskischen Dialecte, immer so schreiben, wie es der Dialect des Districts, dem sie angehören, mit sich bringt.

die Häupter der Berge, deren waldigte Abhänge sie umwohnt, sich aus den Revolutionen des Erdkörpers, so hat sich diese kleine Völkerschaar aus den gewaltigen Stürmen gerettet, welche seit dem Sinken der Römischen Herrschaft das südwestliche Frankreich und Spanien heimsuchten. Selbst in neueren Zeiten in zwei sehr ungleiche Theile zerrissen und zwei grossen und mächtigen Nationen untergeordnet, haben die Vasken dennoch keineswegs ihre Selbstständigkeit aufgegeben. Sich mit keinem ihrer Nachbarn vermischend, sind sie, aller Fortschritte des Luxus und der Verfeinerung um sie her ungeachtet, in einem Zustand ursprünglicher Sitten-Einfalt geblieben, und haben immerfort die Eigenthümlichkeit ihres Nationalcharakters, und vor allem den alten Geist der Freiheit und Unabhängigkeit bewahrt, den schon die Griechischen und Römischen Schriftsteller an ihnen preisen.

Auch in andern Theilen Europens giebt es einzelne Völkerhaufen, die, durch den Drang gewaltsamer Revolutionen in einsame Bergthäler oder an dürre und unwirthbare Seeküsten zurückgetrieben, mit einem Trotz, den das Unglück ehrwürdig macht, ihre väterliche Sprache und Sitten aus dem Strome der allgemeinen Verwüstung gerettet haben, und nun theils aus Gewohnheit, theils aus edlerem Nationalstolz jedes Zusammenschmelzen mit ihren fremden Nachbarn hartnäckig verweigern. So stehen, und einige unter ihnen vielleicht nicht mehr auf lange Zeit, die NiederBretagner in Frankreich, in England ihre Brüder, die Bewohner von Wales, in Schottland die Hochländer, in Süd- und NordDeutschland die einzeln zerstreuten Wendischen Völkerschaften, in Schweden die tapfern Dalecarlier, an den Busen der Ostsee die Esten und Liven, und einige andre noch unbedeutendere Stämme in Italien und auf den Italiänischen Inseln, gleichsam als lebendige Ruinen von ebensoviel ehemals mächtigen und weitverbreiteten Nationen da. Allein keinem unter allen diesen Stämmen ist es so sehr, als den Vasken, gelungen sich noch bis auf den heutigen Tag eine selbstständige politische Verfassung und einen blühenden Wohlstand zu verschaffen, keinem so als ihnen, viele der wohlthätigsten Früchte Europaeischer Aufklärung glücklich mitten in ihre Einöden zu verpflanzen, ohne darum doch ihre Eigenthümlichkeit und ihre ursprüngliche Einfachheit aufzugeben. Diesen Vorzug verdanken sie offenbar ihrer Lage zwischen den Pyrenaeen und dem Oceane, die sie auf der einen Seite vor feindlichen Einfällen sichert und selbst den zu häufigen Verkehr mit ihren Nachbarn einschränkt, auf der andern aber ihnen den Weg zur Gemeinschaft mit allen Nationen und zum Handel mit allen Welttheilen eröfnet. In dieser ihrer geographischen Lage muss man auch den Schlüssel ihrer ganzen, und besonders ihrer früheren Geschichte suchen.

Das Schicksal der Süd- und Nordküste Spaniens wurde vorzüglich durch die Meere bestimmt, welche beide bespülen. Jede schönere Blüthe früher Cultur sprosste allein an den Ufern des glücklichen Mittelmeers. Früh von Phoeniciern, Carthagern, und Griechen beschifft, trug dies auch schon in den ältesten Zeiten die Fremdlinge des verfeinerten Orients dem gesegneten Baetika zu, und bald wimmelte das heutige Andalusien, Valencia und Catalonien, von Gades bis Emporium hinauf, von Pflanzstädten verschiedener Völker. Allein hinter Gades erhoben sich die gefürchteten Säulen des Herkules, und hier begann das Reich der Fabel und des Wahns; die Sonne, glaubte man, tauchte sich da mit Gezisch in den Ocean, auf die Helle des Tages folgte unmittelbar und ohne alle Dämmerung die Finsterniss der Nacht, und so verhinderte abergläubischer Wahn, verbunden mit Unkunde der Schiffarth, auch nur den kurzen Weg durch die Meerenge von Gibraltar hindurch bis an die West-Küsten Portugalls und Spaniens fortzusetzen. Einzelne Handlungsschiffe gingen zwar unstreitig sogar noch viel weiter und bis nach Britannien hinauf, aber die Gewinnsucht hüllte diese Schiffarth gern in geheimnissvolles Dunkel, um allein im Besitz des Vortheils zu bleiben, den sie gewährte. Auf diese Weise sahe Gallicien zuerst unter Caesar, und der Vaskische Meerbusen erst unter August eine Römische Flotte. Ja die letztere umschiffte nicht einmal die ganze Nordküste Spaniens, sondern kam nur von Aquitanien aus dahin.* Bis auf diese Zeit lebten also die Völker dieser Gegenden fast ohne alle Gemeinschaft mit Fremden und behielten daher alle bis zum Ende des Cantabrischen Krieges (im [734.] Jahre Roms), einige sogar noch nachher, die immer mit dieser Absonderung verbundne rauhe und unbändige Wildheit. Dazu kam noch die Beschaffenheit des Landes, das kalt, bergigt und unfruchtbar, auch die Gefahren der Schiffarth und die Beschwerden des Landwegs abgerechnet, niemand reizen konnte, es zu besuchen.** Was also Spanien an uralten Bewohnern besass, man mag dieselben nun für ursprünglich Iberische Stämme, oder schon in den frühesten Zeiten mit Kelten und andern Fremdlingen vermischt, annehmen, kann man allein in dieser Gegend, an der Küste des einsamen und unbesuchten Oceanes antreffen, und je mehr der Süden des Landes von Karthagern und Römern, bald verwüstet, bald erobert wurde, desto mehr drängten sich die des Jochs unwilligen Urbewohner in die Nähe des Weltmeers und der Pyrenaeen zusammen.

In der grossen Völkerwanderung, wo Spanien der Tummelplatz vieler streitenden Nationen wurde, sahen zwar die Pyrenaeen den Durchzug mehrerer fremden Völkerstämme. Allein theils wählten dieselben die bekanntere Südküste durch Roussillon und Catalonien, theils konnten nach Beute begierige Barbaren, das reiche und gesegnete Spanien im Auge, keine Lust haben, sich beim Eingang mit der Besiegung eines armen und tapferen Volks aufzuhalten, und so blieben die Vasken auch damals abgesondert und unabhängig. Selbst die Mauren drangen nie tief in das Land ein, sondern machten nur einzelne Streifzüge nach Alaba. Dadurch setzten sich die Ueberbleibsel des Vaskonischen Stammes nach und nach in den natürlichen Gränzen fest, die sie noch jetzt einnehmen, wo sie gegen Norden das Meer, gegen Osten die Kette der Pyrenaeen, und gegen Westen und Süden das

* Orosius. *l. 6. c.* 21. (? Mann. 255.).

** Strabo. *l. 3. p.* 200. 234. *(ed. Almeloveenii).*

Gebirge einschliesst, das am linken Ufer des Ebro Vizcaya, Alaba, und Navarra von AltCastilien scheidet. Auf der Französischen Scite der Pyrenaeen erstrecken sie sich nur sehr wenig ins Land hinein, und haben bloss die zunächst um den Fuss des Gebirgs liegenden Ortschaften inne.

Jetzt stehen ihnen zwar nicht leicht mehr gewaltsame Erschütterungen bevor, vielmehr können die Vaskischen Provinzen in Spanien und Frankreich einem steigenden Wachsthum ihrer Bevölkerung und ihres Wohlstandes entgegensehn. Aber ihrer nationellen Eigenthümlichkeit bereiten desto sichrer die langsamen Einflüsse den Untergang, welche, bei der wechselseitigen Berührung fast aller Punkte Europens unter einander, jeden geringeren Haufen in unsern Tagen seinen ausschliessenden Charakter aufzugeben nöthigen. Sie verdrängen nach und nach ihre Sprache und mit dieser geht nothwendig zugleich auch jene verloren. Schon jetzt muss dieselbe, von allen Seiten verfolgt, und am stiefmütterlichsten gerade von dem aufgeklärtesten Theile der Nation behandelt, von Jahrzehend zu Jahrzehend tiefer in das Gebirg zurückweichen, und es ist vorauszusehen, dass ihr Verfall, von nun an, einen noch mehr beschleunigten Gang nehmen wird. Die schnelle Abnahme, welche die provenzalische und tolosanische Mundart im südlichen Frankreich seit dem Anfange der Revolution erfahren hat, giebt davon ein warnendes und lehrreiches Beispiel. In weniger als einem Jahrhundert also wird vielleicht das Vaskische aus der Reihe der lebendigen Sprachen verschwunden seyn, und sogar in neuern Zeiten gab es ähnliche Erscheinungen. Denn auf gleiche Weise starb im Anfange des achtzehnten Jahrhunderts die AltPreussische Sprache mit einigen Greisen in einem Winkel von Samland* aus, und in unsern Tagen sahen wir eine Mundart des Kymrischen in Cornwallis** untergehen.

* Praetorii Nachricht von der Preußischen Sprache in *Actis Boruss.* V. 2. *p.* 900. (? Schlözers Nord. Gesch. *p.* 9. 34.).

** Steht, wenn ich mich nicht irre, in den *Origines Gauloises. p.* 114.

Es scheint einmal in dem Gange der menschlichen Cultur unwiderruflich bestimmt, dass auf einer gewissen Stufe der Bildung die Unterschiede hinwegfallen müssen, welche kleine Völkerhaufen von einander absondern, und dass nur grosse Massen in gemeinschaftliche Wirksamkeit treten dürfen. Ganze Nationen zu bedeutenden intellectuellen Fortschritten zu veranlassen, und vorzüglich sie vor jedem möglichen Rückfall in Barbarei und Unwissenheit zu sichern, fodert grosse politische Mittel; die Mannigfaltigkeit der daraus entstehenden neuen Verhältnisse bringt Mannigfaltigkeit und Neuheit in den Ansichten und Ideen hervor; und der menschliche Geist wäre ohne das erweckende Schauspiel einer heftigen und fast allgemeinen Reibung der menschlichen Kräfte vielleicht nie zu einigen seiner erhabensten Entdeckungen gelangt. Ob indess nicht auch dies eine Gränze kennt, ob nicht die Bildung wiederum einen Punkt erreicht, auf dem es eben so nothwendig ist, Einbildungskraft und Gefühl in einen engen Kreis einzuschliessen, als den Verstand in eine weite Sphäre zu führen, um dem Charakter die Wärme und Kraft zu erhalten, ohne die nichts in ihm Frucht tragen kann? ist eine andre und gewiss nicht unwichtige Frage.

Allein ohne auch in diese Untersuchung einzugehen, erregt der Untergang eines Völkerstamms, sollte er gleich als ein dem wohlthätigen Geschick der ganzen Menschheit dargebrachtes Opfer fallen, immer eine wehmüthige Empfindung und noch mehr der gänzliche Untergang einer Sprache. Den Menschen sind wir einmal gewohnt uns vergänglich zu denken; also wenn auch der Laut auf ewig verstummt, in dem er sonst sich selbst überlebt, wenn die Form zerbrochen wird, in die ein eigner Menschenstamm seine Gedanken und Empfindungen goss, dann scheint sein Untergang doppelt wehmüthig, weil nun alle Verbindung zwischen ihm und der Folgezeit hinwegfällt. Selbst wenn eine Sprache, noch durch keine Literatur verfeinert, nur der reine Ausdruck der Denkart eines rohen Volkes ist, bleibt ihr Verlust keinesweges gleichgültig. Denn auch in der höchsten Cultur giebt es unläugbar einen Punkt, auf dem die zartesten Regungen der verfeinerten Empfindung von selbst in die einfachen Ergiessungen des natürlichen Gefühls zurückkehren, und auf dem in einer wahrhaft cultivirten Nation die am sorgfältigsten ausgebildeten Individuen in fortwährender und gegenseitiger Berührung mit dem schlichten, aber gesunden Theile des Volks stehn.

Gerade dadurch, dass die Vaskische Sprache Volkssprache ist, und dass man in den Vasken mehr gesunde Richtigkeit des Urtheils, als wissenschaftliche Bildung, mehr natürlich warmes und lebendiges Gefühl, als verfeinerte Empfindsamkeit suchen muss, flösst diese Sprache und diese Nation ein noch lebendigeres Interesse ein. Sobald eine Sprache literarische und wissenschaftliche Bildung bekommt, wird sie den Händen des Volks entrissen, und selten gewinnt sie nachher noch an Energie oder Reichthum. Denn immer empfängt sie ein sinnlicheres und mannigfaltigeres Gepräge in dem Gebrauche des Volks, als in dem der Schriftsteller; sie muss erst im Munde eines kräftigen und weit verbreiteten Völkerstamms (dessen ursprüngliches Eigenthum sie ist) zum Ausdruck der unmittelbarsten Bedürfnisse, der natürlichsten Empfindungen, der kindlichsten Phantasie, ja selbst der rohesten Leidenschaften gedient haben, ehe sie unter späteren verfeinerten Generationen durch Lebendigkeit, Stärke und Tiefe zum höchsten geistigen Gebrauch fähig werden kann. Der Mensch ist einmal bestimmt, sich gesellschaftlich auszubilden; der einzelne muss sich immer an eine Masse anschliessen, und alles Menschliche berührt sich zugleich in der Einfachheit der Natur und der höchsten Blüthe der Ausbildung. Ohne einen entschiednen, festen und kräftigen Volkscharakter erwartet man daher vergebens auch in der feinsten Bildung einer Nation Wahrheit, Stärke und Haltung. Je unermesslicher aber die Kluft zwischen dem Volk und den gebildeten Ständen der Nation wird, desto seltner wird auch die Erscheinung von Volkscharakteren. Will man daher dieselben noch jetzt in reger und lebendiger Thätigkeit sehen, so muss man, gerade der Cultur ausweichend, in Gegenden gehen, wohin sie noch weniger gedrungen ist. Bei den Vasken aber kommen noch ausserdem mehrere Umstände zusammen, die Erscheinung auffallender und belehrender zu machen.

Die Vasken, vorzüglich die Spanischen, sind nicht bloss arme Gebirgshirten oder gar unterdrückte Leibeigne. Sie sind ein Akkerbau, Schiffarth und Handlung treibendes Volk und ermangeln des körperlichen Wohlstandes nicht, ohne den alles sittliche Gedeihen unmöglich ist. Sie haben eine freie Verfassung, öffentliche Berathschlagungen grossentheils in ihrer Landessprache, also ein gemeinschaftliches Interesse, das jeden angeht und für das jeder thätig seyn kann. Von einem, manchem Fremden vielleicht wunderbar scheinenden Enthusiasmus für ihr Land und ihre Nation beseelt, bleiben auch die Begüterten, auch die, welche Ehrentitel in Castilien empfangen, oder angesehene Aemter bekleidet haben, gern ihrer Heimath getreu, und in dieser leben sie nothwendig in einer sogar sehr grossen Gemeinschaft mit der Masse des Volks, da sie sich ebensowenig von den Sitten als der Sprache desselben ausschliessen können. So geht immer ein gewisser Theil neuerer Aufklärung und Bildung in die Volkssprache und die Volksbegriffe über, und es giebt eine minder sichtbare Absonderung der Stände, deren Verschiedenheit in den Augen des ächten Vizcayers sogar gänzlich hinwegfällt. Auch muss es jedem Reisenden schon an der Physiognomie des Landes und der Menschen sichtbar seyn, dass in den Vaskischen Provinzen das Volk mehr natürliche Bildung, und die Vornehmen mehr Popularität besitzen, als in dem benachbarten Spanien und Frankreich. Hierin kann man nur die kleinen Cantons der Schweitz mit ihnen in Vergleichung stellen, denen aber ihre politische Unabhängigkeit eine andre äussere und ihre geringere Absonderung, da sie keinen besondern Völkerstamm ausmachten, auch eine andre innere Lage gab.

Den Vasken zeichnet Sprache, Verfassung, Sitte, Gesichtsbildung, alles mit einem Wort, was ihn umgiebt, den Anblick seines Landes selbst nicht ausgenommen, als einen reinen und abgeschiedenen Völkerstamm aus. Seine tief in ihn verwebte Eigenthümlichkeit ist durchaus unabhängig von äussern und zufälligen Ursachen; ja weder nah, noch fern, kennt er einen verbrüderten Stamm, sondern steht in seinem kleinen Bezirk, zwischen dem Gebirge und dem Ocean, allein und inselmässig da. Was also reiner Stammcharakter heisst und wie er entsteht, lässt sich nirgend besser prüfen, als an ihm. In dem Fortgange der Bildung müssen freilich die grellen Contraste der Nationalcharaktere abgeschliffen werden, und insofern könnte diese Prüfung nur der Gegenstand einer müssigen Neugierde scheinen. Aber einen Theil jener Charactere sorgfältig zu erhalten und zu nähren, und ihnen auch in der feineren Bildung, ihn mit in dieselbe hinüberführend, Gültigkeit zu verschaffen, gehört gewiss zu den nur noch wenig beachteten Mitteln, einer Nation Kraft und Charakter zu erhalten, über deren Mangel man so oft gerechte Klage führt. Denn jeder Versuch der Bildung ist übelverstanden, der nicht den Einfluss auch der blossen Natur, so viel es geschehen kann, lebendig erhält.

Die Stammeigenthümlichkeit der Vasken weist auf entfernte Jahrhunderte, auf die Zeit vor der Römischen und Karthagischen Herrschaft und die ersten Bevölkerer Spaniens zurück. Sie nimmt natürlich mit dem häufigeren Verkehr zwischen ihnen und ihren Nachbarn nach und nach ab, aber wie sie sich auch in der Folge vermischen und anders gestalten mag, so wird noch lange Zeit hindurch immer ein gewisser Theil davon übrigbleiben. Es entstehen daher zwei wichtige Fragen, eine historische und eine politische: woher rührt der Stamm und die Sprache der Vasken, und mit welchen andern Stämmen und Sprachen sind beide verwandt? und wie soll die Spanische Monarchie (denn für die Französische Republik können ihre Vaskischen Districte nur eine sehr geringe Wichtigkeit haben) die Vaskische Nation behandeln, um ihre Kräfte und ihren Fleiss für Spanien so erspriesslich, als möglich, zu machen?

Die erste Frage ist oft aufgeworfen, aber wohl noch nirgends gründlich beantwortet worden. Fast alle Auflösungen, die man bisher davon gegeben hat, sind weniger das Resultat einer ausführlichen und gründlichen Untersuchung, als willkührliche

Entscheidungen der Systemsucht und des Partheigeistes. Auch ist wohl kein Ausländer, der über diese Materie geschrieben hat (denn die inländischen Schriftsteller sind aus andern Gründen verdächtig), von einer hinlänglichen Kenntniss der Sprache ausgegangen.

Die zweite Frage hat ein höheres praktisches Interesse, und das um so mehr, als gerade jetzt der Fall häufiger wird, dass verschiedene Völkerstämme in denselben Staat vereinigt werden. Man muss aber frei gestehen, dass man bisher wohl immer mehr daran gedacht hat, nur die Schwierigkeiten hinwegzuräumen, welche die Verschiedenheit entgegensetzt, als das Gute zu benutzen, das die Eigenthümlichkeit mit sich führt.

GS XIII: 4–14

4. Baskische Frauen

Aus: Die Vasken, oder Bemerkungen auf einer Reise durch Biscaya und das französische Basquenland im Frühling des Jahrs 1801

In Rücksicht der Arbeitsamkeit scheinen beide Geschlechter in Biscaya und besonders im Französischen Basquenlande die Rollen vertauscht zu haben. Nirgends sah ich so viele und mühselige Arbeit von Weibern verrichtet, als hier. In dem spanischen Antheil durchbrechen sie oft, über der sauren *Laya*, einem Ackerwerkzeug, das ich in der Folge beschreiben werde, gebückt, den strengsten und härtesten Boden; in Bilbao tragen sie, beim Ausladen der Schiffe, die schwersten Lasten, besonders Eisenstangen, mit denen dort häufig Handel getrieben wird, auf dem Kopf vom Fluss in die Gewölber; selbst in Schmieden sah ich sie mit dem Hammer am Ambos beschäftigt. Das Merkwürdigste aber ist, dass sie mit dieser ungewöhnlichen Stärke zugleich eine gleich grosse Schnelligkeit und Behendigkeit verbinden.

Diese bewunderte ich vorzüglich an den sogenannten *Sardinières* oder Sardellenträgerinnen, von denen mir auf dem Wege nach St. Jean de Luz viele begegneten. Es ist ein närrischer Anblick, wenn man von fern fünf bis sechs, manchmal aber auch zehn bis zwanzig meistentheils lange und magre weibliche Gestalten, grosse runde verdeckte Fischkörbe auf dem Kopf, die sie frei, und ohne sie zu halten, tragen, nach einander in einer Reihe hinter einer Anhöhe emporkommen, und fast ohne alle Bewegung mit dem Leibe steif auf sich zu traben sieht. Denn jede eilt die erste zu seyn, ihre Sardellen in Bayonne auszurufen, und so laufen sie den ganzen Weg in einem Trabe, und gehen höchstens da langsamer, wo er steiler bergan steigt. In der Zeit, wo der Fang sehr stark geht, bringen sie, wie man mich versicherte, wohl auch ihre Waare zweimal des Tages zu Markt, und legen also, trotz des schattenlosen Weges, und der brennenden Sonnenhitze, diesen etwa 3 französische Meilen langen Weg viermal in demselben Tage zurück.

Ihre Bekleidung ist, wie man denken kann, sehr leicht, die Füsse ganz nackt, die Arme nur mit den Hemdärmeln bedeckt und der Rock bis auf die halben Schenkel aufgeschürzt, so dass das Hemde darunter nur bis ans Knie oder wenig darüber reicht. Die Leichtigkeit ihres Ganges, die schon der sichre und geschickte Tritt verräth, drückt sich auch in dem Bau ihres Körpers aus. Fast alle haben gutgeformte sogar zierliche Beine, einen feinen Knochenbau und rein ausgearbeitete Muskeln, an keiner sieht man ungeschickt hervorstehende Knöchel, plumpe oder niedergedrückte Waden. Dagegen scheint die unselige Arbeit jede üppige Fülle des Wuchses weggeschnitten zu haben, und ob man gleich gewöhnlich alle Alter beisammen sieht, so findet man selten eine eigentlich hübsche; doch sind die meisten gross, schlank und von richtigen Verhältnissen. Dem Oberleibe und der Haltung der Arme giebt das häufige Tragen auf dem Kopf natürlich eine gezwungene Steifigkeit, und die Gesichtsmine hat den Ausdruck einer mühevollen Anstrengung.

Ich bin einen Augenblick länger bei dieser Schilderung verweilt, weil sie zugleich die Grundzüge der weiblichen Basquischen Nationalphysiognomie enthält. Fast durchgehends hat dieselbe mehr Charakterausdruck, als Reiz, feine und tief ausgearbeitete Züge, die sich bis ins hohe Alter hinein erhalten, und in der Schmalheit der Gesichter, den langen gerade heruntersteigenden Nasen, den schwarzen, starken, eng zusammenstehenden Augenbraunen einen Ernst, der in Strenge übergeht, aber immer durchaus von Castilianischer Finsterkeit, und sorgenvoller Schwermuth entfernt ist.

An der Seeküste, besonders in Luz kann die Lage, in der sich dort das andre Geschlecht befindet, leicht einen sichtbaren Einfluss auf die Physiognomie ausüben. Fast alle Männer sind in diesen Gegenden Seeleute, und daher ein grosser Theil derselben abwesend. Von St. Jean de Luz befanden sich namentlich zur Zeit meiner Reise viele in Englischer Gefangenschaft. In der Abwesenheit der Männer müssen nun die Weiber nicht nur allein ihr Haus erhalten, sondern auch oft noch jenen Geld in die Fremde nachschicken. Die armen Sardellenträgerinnen haben bei ihrem mühseligen Gewerbe meistentheils nur einen sehr geringen Gewinn, ja manchmal, wenn die Concurrenz der Verkäuferinnen gross ist, noch Verlust. Dem Weibe des Seemanns kann daher die Unterhaltung ihres Hauswesens, die ihren Kräften allein aufgebürdet ist, und die Sorge über ihren in steten Gefahren schwebenden Mann leicht eine strengere und männlichere Gesichtsbildung geben, die nach und nach zur Nationalphysiognomie eines arbeitsamen Küstenvolks wird.

Ueberhaupt aber ist die Arbeitsamkeit des weiblichen Geschlechts einer von den mehreren Zügen, durch welche sich die schon von Strabo bemerkte Aehnlichkeit der Nordküste Spaniens in Sitten und Gewohnheiten bewahrt, und durch welche dieselbe sich vor dem Innern und vorzüglich dem Mittag des Landes auszeichnet. In dem Gebirge von Pas, beim Thal Carriedo, im Norden von AltCastilien tragen die Weiber 20 Spanische Meilen in die Runde auf ihrem Rücken Butter und Käse herum, und bringen dafür Waaren zurück; und Campomanes in seiner gehaltvollen Schrift über die Volkserziehung vergleicht sie mit den Weibern der früheren Menschenalter, die Juvenal* den weichlichen Damen seiner Zeit entgegensetzt, und die nach ihm

* *silvestrem montana torum cum sterneret uxor*
frondibus et culmo vicinarumque ferarum
pellibus – – –
sed potanda ferens infantibus ubera magnis
et saepe horridior glandem ructante marito. Sat. 6.
wenn das Gebirgsweib streuet des Walds Ehbett aus Gezweigen,
und aus schilfigem Rohr und der nahumschweifenden Thiere
Häuten – – –
aber reichend den Kindern, den starken, zu trinken die Brüste
und oft scheuslicher noch als ihr eichelnrülpsender Gatte.

selbst ihre ungeschlachten Männer an rauher Stärke übertrafen. Uebrigens sind diese sogenannten *Pasiegas* gerade durch das Gegentheil dessen, was man an den Biscayerinnen bemerkt, nemlich durch plumpe ungeschickte Dicke und Fülle des Wuchses bekannt, und es ist die Frage ob der Unterschied des Tragens auf dem Rücken und auf dem Kopf nicht schon allein diese Verschiedenheit hervorbringt. Das erstere drückt die Gestalt offenbar unedler nieder, da das letztere, wenn es gelingen soll, schon Leichtigkeit und Sicherheit des Ganges und eine gewisse Geschicklichkeit in der Haltung voraussetzt. In Galicien ist, wie mir einsichtsvolle Augenzeugen versicherten, der Unterschied an Geisteskräften zwischen beiden Geschlechtern in den niedrigen arbeitenden Classen beim ersten Anblick auffallend. Die Männer, welche durch ganz Spanien Last- und besonders WasserträgerDienste verrichten, werden durch diese einförmige, bloss körperliche Arbeit durchaus roh und stumpf und die *aguadores Galliegos* sind nur zu häufig das Ziel des Spanischen Volkswitzes, da den indess zu Hause allein wirthschaftenden Weibern die mannigfaltigere Sorge für ihr Hauswesen eine sonst ungewöhnliche Einsicht und Gewandtheit giebt. Diese Geschäfts-Klugheit (die, im Vorbeigehn gesagt, auch in Frankreich im Ganzen grösser ist als in Deutschland) trift man, und zwar in höheren Graden auch in Biscaya an. In Bilbao ist es nichts Ungewöhnliches, dass Kaufmannsfrauen nicht nur ihre Männer bei Führung ihrer Geschäfte, auch wo es grossen und eigentlichen Speculationshandel betrift, thätig unterstützen, sondern auch demselben allein im Grossen und im Kleinen mit Glück vorstehen.

Dagegen führen die Weiber in Castilien, in dem ganzen Innern des Königreichs, und in den mittäglichen Provinzen, wenn man Catalonien , und gewissermassen Valencia ausnimmt, ein fast durchaus müssiges und unthätiges Leben. Campomanes* hält dies für ein Ueberbleibsel der bei den Mauren üblichen Einsperrung des andern Geschlechts, welche nothwendig Trägheit und

* *p.* 86.

Schwäche zur Folge haben musste. Indess ist es sonderbar, dass gerade da, wo die Mauren sich am längsten aufhielten, im unteren Andalusien, in Granada und vorzüglich in Malaga die Frauen, selbst bei weniger Bildung, und selbst unter dem Volk, eine Lebhaftigkeit und Gewandtheit des Geistes, eine Fülle und Feinheit des Witzes besitzen, in der sie die Männer weit hinter sich zurücklassen, und die, verbunden mit ihrer meistentheils sehr reizenden Bildung, ihnen eine Liebenswürdigkeit so eigner Art giebt, dass der Ausländer sie kaum zu ahnden im Stande ist. Müsste man hierin Spuren Maurischer Sitten suchen, so dürfte man in der That ihren Einflüssen so abgeneigt nicht seyn. Wenn es dagegen einen Theil Spaniens giebt, in welchem die Weiber im Volk weder die Stärke, welche die Arbeit hervorbringt, noch den Gesichtsausdruck verrathen, den ein heiter beschäftigtes Gemüth giebt, so sind es die inneren Provinzen, namentlich AltCastilien. Es scheint mir daher bei weitem wahrscheinlicher, dass die vielfältigen unglücklichen Einflüsse, welche Castilien Jahrhunderte hindurch verfolgten, welche den Castilianer, der gewiss an innerm Edelmuth seinen Nachbarn aufs wenigste gleich ist, selbst wider seinen Willen zu Trägheit und Armuth verdammten, und deren Entwicklung ich einer andern Gelegenheit vorbehalte, das weibliche Geschlecht doppelt schwer trafen und doppelt tief niederdrückten.

GS XIII: 20–24

5. Baskische Tänze

Aus: *Die Vasken, oder Bemerkungen auf einer Reise durch Biscaya und das französische Basquenland im Frühling des Jahrs 1801*

Da ich gerade einen Sonntag in Durango war, versäumte ich nicht den Tanzplatz zu besuchen, auf dem man sich in kleineren, mitten im Lande liegenden Orten zahlreicher und mit mehr Antheil versammelt, als in grösseren Städten, in denen die Liebe zu den vaterländischen Sitten schon erkaltet ist. Der Tanz trägt in Biscaya noch ganz den Charakter einer Volkslustbarkeit an sich. Man tanzt öffentlich auf dem Markt, ohne Unterschied des Standes, an allen Sonn- und Festtagen, auf Kosten der ganzen Gemeine und unter öffentlicher Aufsicht, und verschiedene Orte unterscheiden sich ebensowohl durch verschiedene Tänze die nur diesem oder jenem ausschliessend angehören, als durch Verfassung und Dialect. Gleich nach dem NachmittagsGottesdienst ging der Tamborilero auf dem Markte spielend herum. Er hat eine kleine länglichte Trommel an einem Bande vorn über den Schultern hängen, und im Munde eine kleine Flöte mit nicht mehr als drei Oefnungen. Die Trommel hat keine Schellen und ist also durchaus verschieden vom sogenannten *Tambour des Basques*, das überhaupt mit Unrecht seinen Namen führt, da es auf keinerlei Weise mit der Nationalmusik und dem Nationaltanz der Vasken zusammenhängt. Der Tamborilero spielt nun Flöte und Trommel zugleich. Die Flöte, die gerade aus dem Munde herunter hängt, regiert er mit der linken Hand; mit der Rechten schlägt er die Trommel mit Einem Schlegel. Er wird von der Gemeine unterhalten und besoldet, da der sonntägliche Tanz, ebensowohl als irgend etwas andres, ein Stück der NationalVerfassung ausmacht. Lange aber blieb das Tamboril einsam auf dem

Platz und diente nur den Kindern zur Belustigung. Die Erwachsnen waren noch beim Ballspielen versammelt. Denn diess Spiel hat für die Biscayer einen alles überwiegenden Reiz, und lange mussten die auf dem Tanzplatz schon ungeduldig versammelten Mädchen warten, ehe die Tänzer erschienen. Der Tanz, der gewöhnlich des Sonntags getanzt wird, heisst *carricadantza.** Nachdem ein alter Alguazil, mit schmutzigem Mantel und einem grossen Stock, den Platz von Kindern und andern Zuschauern gereinigt hatte, fassten sich 12 bis 15 junge Leute bei der Hand, und zogen in einer Art Marsch, den Tamborilero an ihrer Spitze, ein Paarmal um den Platz herum. Nur der Vortänzer machte eigentliche Pas, die aber nichts Eigenthümliches hatten, die übrigen folgten ihm bloss gehend. Nach einigen Umgängen trat ein Tänzer aus der Reihe, holte ein Mädchen und gab sie dem Vortänzer. Dieser empfing sie mit einigen Complimenten und nun begann ein neuer Umgang. Das Mädchen darf die Aufforderung, und wäre sie die vornehmste, auch dem geringsten nicht abschlagen; je mehr aber, auch in Biscaya, die Stände sich gesellschaftlich absondern und die alten Sitten einschlafen, desto mehr bleibt jetzt dieser Tanz nur den niederen Volksclassen überlassen. Bei dem Empfange der ersten Tänzerin findet manchmal ein eigner Tanz zwischen ihr und dem Vortänzer Statt, der *Chipiritaina*** genannt wird, und in Touren besteht, die beide allein mit einander machen. Nach einigen neuen Umgängen wurde eine zweite Tänzerin geholt, welche dem letzten in der Reihe zu Theil wird. Sobald diese zwei Ehrenplätze, um die oft blutige Händel

* Tanz auf ofner Strasse. Das Wort *dantza*, muss man nicht zu voreilig für bloss aus dem Französischen aufgenommen halten. In sehr vielen Sprachen wird dieser Begriff durch diesen Laut bezeichnet, der vermuthlich eine Onomatopoeie von dem Auftreten der Füsse (*dan, dan*) ist. Auch im Galischen ist *damhsair*, ein Tänzer, im BasBretonschen: *dansa*, im Irländischen *yun donnsy*, tanzen.

** *Tipia, Chipia, chiquia*, heisst klein. Inwiefern aber dieser Tanz von diesem Wort seinen Namen erhalten hat, kann ich nicht bestimmen, da ich nie Gelegenheit hatte, den Tanz selbst zu sehen.

zwischen ganzen Ortschaften entstehen, vergeben sind, so hört alles Feierliche des Tanzes auf, und ausgelassene Lustigkeit tritt an die Stelle. Jeder läuft aus allen Kräften und holt sich nach Gefallen ein Mädchen; es bildet sich nun wieder eben solche Reihe, als vorher, aber nun ist alles in Bewegung, alles springt, schwingt und zerrt sich hin und her, und Tänzer und Tänzerinnen suchen sich auf die unsanfteste Weise *dos à dos* gegeneinander zu stossen. Diese sogenannten *Culadas* – ein ganz eigenthümliches Stück dieses Basquischen Tanzes – spielen dann eine Hauptrolle, und es ist gut, dass die Tänzerinnen gewöhnlich nicht sehr zarter Natur sind, sonst müssten sie, von ihren beiden Nebentänzern ohne Schonung bald gezerrt, bald angerannt, nicht wenig leiden. Während dieses Theils des Tanzes werden *Zortzico's* gespielt, deren Tact sich eigen zu demselben schickt.

Ihm folgen Fandangos. Die Reihe trennt sich, jeder Tänzer stellt sich allein seiner Tänzerin gegenüber, und beginnt den Fandango. Bis hieher war der Tanz ächte Volkslust, ein ausgelassenes Laufen, Springen, Zerren und Stossen, nur durch den Takt der Musik in einiger Regelmässigkeit erhalten, aber es war nirgends etwas die Sitten Beleidigendes. Der Fandango hat hier, wie überall mehr oder weniger seinen eigenthümlichen Charakter. Doch muss man wissen, dass er es seyn soll, um ihn hier wiederzuerkennen.

Man streitet, ob der Fandango, so wie ihn einige wirklich aus der Mancha herleiten, ein ursprünglich Spanischer, oder ein Amerikanischer Tanz sey, und vermuthlich sind beide Behauptungen zugleich wahr. An sich (denn man muss den wahren Fandango nicht mit demjenigen verwechseln, den man auf dem Madrider und andern Theatern sieht, und ihn noch weniger nach den immer übertriebenen Schilderungen der Reisebeschreiber beurtheilen) ist er ein einfacher, dem natürlichen Ausbruche der Lustigkeit so durchaus angemessener Tanz, dass es lächerlich seyn würde, seinen Ursprung von jenseits des Oceans herzuholen. Die besondren Modificationen aber, die er nachher, und besonders im südlichen Spanien annimmt, sind wohl unläugbar aus

Amerika herübergekommen. Wenigstens versichern alle, die dort waren, dass man auf den Inseln und in den SpanischAmerikanischen Besitzungen dieselben Tänze, nur vollständiger, mannigfaltiger und bei weitem wollüstiger und schlüpfriger wiederfindet. Die ganz eigne und charakteristische Beweglichkeit bei der Regung der Hüften wird, wie mir Augenzeugen versicherten, in den Inseln schon bei ganz kleinen Mädchen, mit einem vor sie gestellten Spiegel geübt, und der ganze Charakter der Wollust, der in diesen Tänzen herrscht, zeigt seinen Ursprung. Denn er hat nicht Nordische Rohheit, sondern das sichtbare Gepräge des Einflusses eines Climas, das, indem es die Stärke der Leidenschaft entflammt, die Kräfte entnervt, der ganze Körper scheint sich in lauter Gelenke aufzulösen, aber ist Eine, und von Einem Gefühl, dem die ganze Seele zu erliegen scheint, beseelte Regung. Sein Wesen selbst besteht in schlüpfriger Wollust, die Hauptsache bei ihm sind nicht sowohl die Verschlingungen der Touren und die Pas, als die Stellungen und Wendungen des Körpers. Das gewaltsame Bewegen der Arme, besonders in den Schultern, das Aufstampfen der Füsse, das ewige Regen des Rückens und der Hüften, andrer Bewegungen nicht zu gedenken, an die sich jeder Augenzeuge erinnern wird, alles drückt die Gegenwart der heftigsten Begierde aus, und dies macht, dass dieser Tanz, unpartheiisch beurtheilt, weder edel noch graziös, sondern in seiner anständigeren Behandlung einförmig, in seiner Aechtheit nur der Sonderbarkeit wegen interessant ist. Indess reisst sein Feuer immer auch den Zuschauer mit hin, und bei den Spaniern bringt, wie ich oft mit Verwunderung gesehen habe, der erste Schlag der Castañuelen eine wahre Begeisterung hervor; Männer und Frauen, jung und alt, alles begleitet den Takt mit Minen und Bewegungen. Meister in dieser Gattung des Tanzes sind die Zigeuner (*Gitanos*) in Andalusien und dem Königreich Granada, einige, die ich dort sah, waren wirkliche Ideale bloss dem sinnlichen Genuss unterliegender Naturen. Auch treiben immer mehrere unter ihnen, wie die Phäaken an Alkinoos Hofe, nichts als Tanz und Belustigung. Aller Arbeit und Mühe feind, scheint sich ihr Körper, ohne alle nahrhafte Speise (da sie meist nur hitzige Getränke und Kuchen geniessen), nur durch sein eignes Feuer zu erhalten. Dabei sind sie weich, gutmüthig und selbst zart; Naturmenschen, die sich, ohne andre Betrachtung, dem Einfluss eines entnervenden Climas überlassen.

Ganz und gar entblösst von diesem Charakter weichlicher Wollust, ist der Fandango in Biscaya der rohe, ich möchte sagen, ursprüngliche Naturtanz, wohl auch unanständig und obscön (obgleich nicht allgemein, und seinem Wesen nach, sondern nur bei einem oder dem andern Tänzer) aber nie schlüpfrig. Auch kennt man in Biscaya seine verschiednen Abarten nicht, und Volero, Zorongo, Zapateado u. s. w. sind hier unbekannte Namen, ja er selbst ist wahrscheinlich ein fremder Zusatz, so wie der Englische Contretanz, welcher die sonntägliche Fröhlichkeit beschliesst. Die ächten Nationaltänze Biscayas tragen alle einen höheren und edleren Charakter, den der Volkslustbarkeit an sich, und zeichnen sich vielmehr durch Anstand und Würde aus, und noch mehr war dies in vorigen Zeiten der Fall, wo sich der vornehme Theil der Nation noch weniger, als jetzt, von dem Volke und den vaterländischen Sitten absonderte, wo die Obrigkeiten dem Tanz mehr ihre besondre Aufmerksamkeit widmeten, oder die Geistlichen entweder minder dagegen sprachen, oder ihr Eifern weniger geachtet wurde. Als besonders gravitätisch führt man einen Tanz an, der mit einem Rund anfing, in dem Tänzer und Tänzerinnen sich an Schnupftüchern festhalten. Damals war auch der Tanz künstlicher und die Pas waren genau nach der Melodie und der Versstructur des *Zortzico*'s berechnet.

Bei der eben beschriebenen *Carricadantza* ist mehr die öffentliche Autorität unter der sie getanzt wird, als der Tanz selbst merkwürdig. Allein die ausschliessend Vaskischen Nationaltänze, die vermuthlich eines älteren Ursprungs sind, gleichen sehr unsern Ballets, sie sind Vorstellungen von Handlungen, oder gleichsam gesellschaftliche Spiele. Fast jeder Ort hat in dieser Art einen ihm eigenthümlichen, der aber gewöhnlich, wie eine Art öffentlichen Aufzugs nur beim Frohnleichnamfest, oder am Johannistag oder am Namenstag des Schutzpatrons des Orts getanzt wird.

So ist in Ernani die *Acheridantza*, der Fuchstanz üblich. Alle Tänzer hocken sich, jeder zwei kurze dicke Knittel in der Hand, in einer Reihe hintereinander nieder und der Hintermann hält immer den vor ihm sitzenden beim Fuss. Einer allein steht und hält einen Feuerbrand im Munde. Mit diesem sucht er die andern zu küssen, und sie müssen ihn sich abwehren, ohne in ihrer beschwerlichen Lage das Gleichgewicht zu verlieren. Auf dieses Spiel folgt hernach eine Belustigung mit einem jungen Stier. Ein Theil der jungen Leute geht in den Stall und reizt ihn hinauszugehn. Der andre wehrt ihm den Ausgang. Ist das Thier endlich durch sie hinweg herausgesprungen, wird es geneckt und gejagt. Dies Vergnügen am Hetzen der Stiere ist durch ganz Spanien allgemein. Ein alter Mann auf einem *Caserio* bei Durango, der mir seinen Ochsen zeigte, freute sich kindisch, da der Ochse auf seine Hand stiess als er ihn neckte, darauf, wie wild der bei der nächsten *novillada* (Stierhetze) seyn würde, und jedesmal ehe ein Stier geschlachtet wird, dient er erst der Stadt zum Vergnügen. Man lässt ihn auf einem freien Platz an einem langen Strick herumlaufen, und neckt ihn mit Mänteln, Mützen und Schnupftüchern, oder zieht ihn bald hier, bald dort bei dem Strick, der meistentheils schlaff auf der Erde liegt. Dazu spielt der Tamborilero, der beständige Begleiter jeder Volkslustbarkeit, und wenn der Stier müde zu werden anfängt, reizt man ihn mit Hunden. Einige Alcalden untersagen jedoch das Spiel, denn wirklich sind, so oft es vorgenommen wird, die meisten Werkstätte leer, und ich selbst sah wohl 50 bis 100 Menschen einem solchen Stier nachlaufen.

Ein andrer in Azcoitia üblicher Tanz (*Toalladantza*) besteht in einem Wettlauf. Die Laufenden halten aber je zwei und zwei ein langes Band an beiden Händen fest und laufen so neben einander. Das Paar das von hinten dem andern zuvorlaufen will, wirft sein Band über das vordere weg, und daraus entstehen, wenn sich einer oder der andre in dem Bande verwickelt, viele komische Scenen, manchmal aber auch, wenn das Band sich um einen der Laufenden schlingt und er fortgeschleift wird, Verletzungen und Unglücksfälle. Die meisten dieser Tänze haben ihre eigne nur für sie bestimmte Musik.

Noch gefährlicher, aber ächt vaterländisch ist der Knütteltanz, *Trokiua*. Acht junge Bursche machen, jeder einen dicken und langen Strick in der Hand, allerlei Tanztouren, indem sie mit den Knütteln gegeneinander schlagen. Alle Schläge geschehen nach dem Tact, und mit grosser Praecision, und indem der eine schlägt, parirt der andre, indem er den Stock, bald unten, bald oben, mit beiden Händen horizontal vorhält. Da die Tanzenden sehr heftig zuschlagen, so brechen manchmal die Knüttel beim Pariren und dann entstehen wohl Verwundungen, sonst nicht, da sie eine grosse Geschicklichkeit im Treffen und Abwehren besitzen.

Friedlicher, wie das Geschäft, das er nachahmt, ist der Hakkentanz, *jorraidantza*. Die Tanzenden haben Hacken in der Hand, und thun erst als ob sie den Boden nach dem Takt umhackten, dann heben sie die Hacken in die Höhe und machen verschiedene Schwingungen damit.

Es würde unnütz seyn, noch mehrere dieser Tänze, deren Charakter hinlänglich aus den obengenannten erhellt, anzuführen. Ich verweile nur noch einen Augenblick bei zweien, die mir darum merkwürdig scheinen, weil sie vielleicht uralte Ueberreste der ursprünglichen Sitten sind; es sind dies die *Espatadantza* und die *Dantzariadantza*.

Zur *Espatadantza*, Degentanz, gehören 30–40 junge Leute. Alle sind im Hemde, mit einem Scapulier um den Hals, und halten dergestalt wechselseitig Degen in den beiden Händen, dass der eine die Spitze, der andre das Gefäss anfasst. Der Anführer vereinigt in seinen beiden Händen die Spitzen von vier Degen; diejenigen welche von diesen die Gefässe halten, fassen zugleich wieder andre Spitzen und so wird die Linie nach hinten zu immer breiter. Auf diese Weise ziehen sie in verschiedenen von Musik begleiteten Touren und Wendungen durch die Strassen des Orts nach der Kirche. Dort angekommen, treten 5 bis 6 der geschicktesten, jeder mit zwei Degen vor den Hochaltar, verrichten jeder ihre Kniebeugung, und machen dann solche Bewegungen und Verzerrungen mit dem Körper und den beiden Degen, dass man glauben sollte, sie verwundeten und durchstächen sich in jedem Augenblick. Dabei sehen sie immer von Zeit zu Zeit auf den Altar und knieen dabei nieder.

Mit diesem in Guipuzcoa üblichen Tanze, den ich aber nicht selbst zu sehen Gelegenheit hatte, möchte ich den zweiten, der jetzt Durango angehört, in Verbindung setzen, und den man besser einen Schildtanz nennen würde. Er wird jetzt nur noch von Kindern getanzt und macht eine der Feierlichkeiten beim Frohnleichnamsfest aus. Acht Knaben stehen in 4 Paaren hinter einander, und einer, welcher der König heisst, mit einer Fahne in der Mitte. Dieser beginnt den Tanz, macht erst Schwingungen mit seiner Fahne, und bedeckt damit die Tänzer, dann tanzen diese und verändern unter einander zu verschiedenen Malen die Plätze. Hierauf wechseln Einzelntänze mit allgemeinen ab, und zwar werden die ersteren erst von einem allein, dann von zweien, dann von dreien, und endlich von vieren so getanzt, dass der Tanz jedesmal die ganze Reihe durchgeht und alle einzeln daran kommen. Ist dies vollendet, so empfängt jeder eine runde metallne, schildförmige Scheibe mit einem eisernen Griff daran; die Knaben theilen sich in zwei Haufen, und schlagen unter beständigem Verändern ihrer gegenwärtigen Plätze diese Scheiben in einem regelmässigen Takt, bei dem immer auf einen leisen ein lauter Schlag folgt, an einander. Wann dies eine Zeitlang gewährt hat ordnen sich alle in Einer Reihe hintereinander; der vorderste tanzt allein, und geht, indem er ein Rad nach dem andern schlägt, den hintersten Platz einzunehmen; dasselbe machen ihm alle nach. Nachdem darauf wieder alle zusammen tanzen, folgt die Schlussscene. Zwei treten heran, und heben den kleinsten von allen auf ihren ausgestreckten und dicht zusammen gehaltnen Händen so in die Höhe, dass er der Länge nach auf ihren äussersten Fingerspitzen ruht. Indem er nun still da liegt, und nur mit den Füssen nach dem Takt zittert, tanzen die andern um ihn herum.

So verunstaltet der Tanz dieser kleinen Kureten auch jetzt ist, so blickt daraus doch noch die Darstellung einer kriegerischen Scene hervor, es sey nun dass das Ende die Bestattung eines Gefallenen, oder das Emporheben des Siegers bedeuten solle. Vielleicht also gehörte er damals zu dem jetzt noch mehr ausgearteten Degentanz. Wenigstens ist es nicht ungewöhnlich Spiele und Feierlichkeiten des Heidenthums in das Christenthum übergehen zu sehen, und wie die vaterländischen Vornamen in Biscaya den christlichen Heiligen gewichen sind, so sind auch vielleicht diese ehemals kriegerischen Tänze nun zu kirchlichen Cärimonien geworden, oder wenigstens mit ihnen in Verbindung getreten.

GS XIII: 128–136

6. Stierkampf

Aus: *Die Vasken, oder Bemerkungen auf einer Reise durch Biscaya und das französische Basquenland im Frühling des Jahrs 1801*

Der Tod Pepeillo's wurde gerade, als ich dort war, in Bilbao bekannt. Er starb in Madrid auf dem Kampfplatz in seinem Beruf, und erhielt auch im Tode seinen Ruhm. Denn indem ihm der Stier sein Horn so durch den Leib bohrte, dass es bei der Schulter hinten wieder hervor kam, versetzte auch er ihm den tödtlichen Streich, und beide sanken zugleich nieder. Das Spiel ging, wie gewöhnlich fort, aber der Gefallene wurde mit vieler Pracht zur Erde bestattet. Vor ihm war auf ähnliche Weise Candido umgekommen, der berühmteste aller *Toreros* und der, nach Pepeillos eignem Geständniss, der Kunst des Stierfechtens zuerst Sicherheit und Schönheit gab. Er glitt auf einer Melonenschale aus, die ein Zuschauer auf den Platz geworfen hatte, und wurde vom Stier getödtet, ohne sich an ihm rächen zu können.

Pepeillo, eigentlich Joseph Delgado* genannt, ist wohl der einzige, welcher über die Tauromachie oder das Stierfechten geschrieben, und diese Kunst in ein förmliches System gebracht hat. Da seine kleine in Cadiz erschienene Schrift** vermuthlich in Deutschland kaum nur dem Namen nach bekannt ist, und sie doch in mehr als Einer Rücksicht merkwürdig bleibt, so sey es

* Pepe ist die bekannte Spanische Abkürzung von Joseph, und Illo ist ein Beiname.

** *La Tauromaquia ó arte de torear. Obra utilisima para los toreros de profesion, para los aficionados, y toda clase de sugetos que gustan de Toros. Su autor Josef Delgado (alias) Illo. Con licencia: En Cadiz, Por D. Manuel Ximenez Carreño. Calle Ancha, año de 1796.* 4. 58. S.

mir erlaubt, wenn es auch gleich hier nicht unmittelbar der Ort scheint, einige Augenblicke dabei zu verweilen, und meinen Lesern einen kurzen Begriff von ihr und der Kunst von der sie handelt, zu geben.

Nach dem Titelblatt ist er selbst vorgestellt, wie er den Degen in der Hand hält, und der eben getödtete Stier zu seinen Füssen liegt, mit der Unterschrift: der Sevillanische Fechter (*el diestro Sevillano*).

In der Vorrede des Werkchens, das er zugleich für die Leute vom Handwerk, die Dilettanten, und alle, die an Stieren Geschmack finden, bestimmt, verbreitet er sich über die Nützlichkeit und Nothwendigkeit seines Unternehmens. »In einem Zeitalter,« schreibt er, »das so erleuchtet ist, dass selbst die Castañuelen ihren Schriftsteller finden, hat niemand über die Kunst des Stierfechtens geschrieben, und schon dies hat mich angefeuert, dass ich der erste bin, der seine *tauromathischen* Gedanken (*sus pensamientos y ideas Tauromaticas*) ans Licht giebt. Vielleicht schwieg man aber nur von dieser Kunst, weil sich von ihr nur aus Erfahrung, nicht auf blosse Speculation hin (*por la especulacion*) reden lässt. Ich, fährt er weiter fort, kann, Gott sey es gedankt! die Füsse etwas fester aufsetzen, und mich, es sey nun wie es sey, für einen, Meister ausgeben. Er nennt sein Werk nützlich, weil die Liebe zum Stierfechten allgemein sey; weil sie die Spanische Nation vor allen andern auszeichne, und ihre erlauchtesten und berühmtesten Arme sich darin hervorgethan hätten; endlich weil der Zusammenfluss einer Menge schöner und angenehmer Gegenstände und der Anblick der Gefahr und der Glücksfälle die Stiergefechte für alle zu einem reizenden Schauspiel machten.

Jeden dieser drei Punkte führt er einzeln aus. Vornehme und geringe Frauen, sagt er, sprechen von unsern Gefechten, und fehlen nie in unsern Plätzen, Cirquen, und Amphitheatern. Eine schlechte Kuh, die man am Strick durch die Stadt führt, macht, dass jeder seine Beschäftigungen verlässt, und ihr nachläuft, sie zu sehn oder zu necken. Kurz man kann behaupten, dass der Geschmack an den Stieren dem Menschen angebohren ist, vorzüglich (wenigstens, hätte er sagen sollen) in Spanien.

Darauf geht er die Geschichte durch und versichert die Kunst des Stierfechtens blühe so lange in Spanien, als es Stiere darin gebe. Unter den Helden, die sich darin hervorgethan, steht bei ihm der Nationalheld Spaniens der Cid Campeador an der Spitze und auf ihn folgen Carl 5., Philipp 4., Sebastian von Portugall, Pizarro, der Entdecker Perus, und andre mehr. Noch jetzt, sagt er, gehört es zu den edlen Ritterübungen, zu Pferde oder zu Fuss mit Stieren kämpfen zu können.

Heutiges Tages dürfte dies wohl nicht mehr ganz wahr seyn. Doch erinnere ich mich einen nicht alten vornehmen Mann in Spanien gekannt zu haben, der als Student bei einem Stiergefechte in Salamanca einen Stier erlegt hatte. Was die älteren Zeiten betrift, so besinne ich mich nicht, weder in den Romanzen des Cid, noch in den Maurischen, noch in den Gedichten des *Cancionero general*, in dem einige gerade alle Stücke, die zu einem vollkommenen Ritter gehören, aus einander setzen, der Stiergefechte erwähnt gefunden zu haben. Auch konnten sie, solange die Turniere dauerten, schwerlich in grossem Ansehen stehn.

Auch die Einwürfe gegen die Stiergefechte übergeht er nicht, besonders lächerlich findet er es, sie darum verdammen zu wollen, weil hie und da ein Fechter dabei das Leben verliere. Mit mehreren andern körperlichen Uebungen sey Gefahr verbunden, und grössere; höchstens werde jedesmal am Ende eines Jahres ein Mensch in Stiergefechten umgekommen oder verwundet worden seyn.

Zuletzt geht er kurz die Geschichte seiner Kunst durch. Im Anfange des 18. Jahrhunderts sey das Fechten zu Fuss noch sehr unvollkommen bekannt gewesen. Joseph Candido habe zuerst die verschiedenen Arten des Angriffs und das Verhalten dabei richtiger bestimmt, und seine Grundsätze seyen hernach von Joachim Rodriguez, auch Costillares genannt, Pedro Romero, Johann Conde und ihn selbst mehr ausgebildet und erweitert worden. Jetzt habe die Kunst ihren höchsten Gipfel erreicht, und es fehle nichts, als nur ihre Regeln bekannt zu machen, um auch die Zuschauer in Stand zu setzen, besser mit denselben bekannt, ein richtigeres Urtheil über das Verdienst der Kämpfer zu fällen.

In der kleinen Theorie selbst, die es nicht uninteressant ist, flüchtig zu durchlaufen, handelt der Verfasser besonders den Kampf zu Fuss und zu Pferde ab. In dem ersteren, den er allein ausübte, ist er ganz zu Hause, zählt die einzelnen Fälle auf, und führt zuletzt alle methodisch auf einfache Grundsätze zurück. Alles kommt nemlich nur darauf an, dass der Stier gerade, und ohne abzuweichen, auf den Mantel zulaufe, den ihm der Kämpfer vorhält, und dass er vor demselben, in der Absicht einen Stoss zu vollführen, den Kopf bücke, um den Todesstreich im Genick zu empfangen. Die Gefahren entstehen, wann der Stier entweder aus Furcht unsicher hin und her läuft, oder müde, ehe er den Mantel erreicht, stehn bleibt, und den Kämpfer ungewiss macht, oder den Betrug merkt, und sich statt auf den Mantel zu achten auf den Kämpfer selbst wirft, oder gar, der gefährlichste Fall, indem er dies thut, den Kopf hebt, und den Kämpfer entwafnet, indem er ihm das Genick entzieht. Alle diese Fälle werden besonders durchgegangen. Allein obgleich die Lehre mit dem pomphaften Grundsatze anfängt, dass jede Art des Angriffs ihre festen, nie irrenden Regeln habe, so gesteht doch Pepeillo selbst, dass die Hauptsache sey, den Stier mit kaltem Blut auf sich zukommen zu sehen, und dass selbst gute Kämpfer manchmal aus Furcht fehlten, und so kommen doch Fälle vor, wo, gleichfalls nach seinem eignen Geständniss, nichts übrig bleibt, als dem Stier den Mantel auf die Augen zu werfen, und sich durch die Flucht zu retten, wie man kann. Da alles darauf ankommt, dass der Stier gerade auf den Mantel zuläuft, so bittet er seine Leser inständig, während der Stiergefechte, wenigstens dann, wann der Moment des Todesstosses komme, Stillschweigen und eine tiefe Ruhe zu beobachten, um die Aufmerksamkeit des Stiers nicht abzulenken, und so sieht man bei jeder Zeile, wie unsicher die Kunst und wie gross die Gefahr ist.

Es versteht sich, dass ein so beliebtes, so lang, und immer von einer eignen Gattung Menschen geübtes Handwerk seine eigene, dem Uneingeweihten unverständliche Sprache habe, und Pepeillo hat seinem Werk ein eignes kleines Wörterbuch angehängt. Merkwürdig ist es zu sehen, wieviele Beiwörter der Stier nach seinen verschiedenen CharakterEigenschaften erhält. Er ist bald arglos, *claro*, *sencillo*, *franco*, *boyante*, wenn er gerade auf den vorgehaltenen Betrug zuläuft, bald klug, *de sentido*, wenn er sich an den Kämpfer hält, und ihn verfolgt, oder wild, *revoltoso*, wenn er den Mantel zwar fasst, aber sich mit demselben umdreht, die belustigendste und häufigste Art von allen, oder furchtsam, *abanto*, *temeroso*, oder tückisch, *brabucon*, wenn er anfangs geduldig herauskommt, aber nachher angreift, u. s. f.

König Carl 3. erlaubte die Stiergefechte nur bloss noch in Madrid und Cadiz. Wäre man bei diesem Systeme geblieben, so würden dieselben, vorzüglich, da Romero jetzt der einzige noch berühmte Kämpfer ist, nach und nach von selbst aufgehört haben. Allerdings ist es nicht zu läugnen, dass der Muth, mit welchem ein einzelner Mensch sich wehrlos oder bloss mit einem Degen bewafnet einem wütenden Stier gegenüber stellt, die mahlerischen Stellungen zwei der edelsten und schönsten Geschöpfe, des Stiers und des Pferdes, und die auf einem grossen Amphitheater unter freiem Himmel dicht gedrängte Menschenmasse immer ein anziehendes Schauspiel gewähren, auch sind die Stiergefechte in unsern Zeiten das einzige noch übrige, an welchem eine ganze Volksmasse gleichen Antheil nimmt, und wo sie frei und unmittelbar ihren Tadel und ihren Beifall ausdrückt. Allein dies ist auch alles, was sich zu ihrem Vortheil sagen lässt, ihre schädlichen Folgen sind in die Augen fallend, und es lässt sich nicht einmal behaupten, dass sie Muth und Tapferkeit in der Nation unterhalten. Gerade in seinen weichlichsten, entnervtesten Zeiten hatte Rom die blutigsten und gefahrvollsten Fechterspiele. Ebensowenig aber, glaube ich, kann man die Nation barbarisch nennen, die an diesen gefahrvollen Kämpfen Vergnügen findet. Die menschlichen Empfindungen isoliren sich sehr häufig nur auf einzelne Gegenstände, und wenn bei den Stiergefechten das Gefühl der Menschlichkeit und des Mitleids dem leidenschaftlichen Feuer weicht, zu welchem der Kampf hinreisst; so kann man darum nicht behaupten, dass dasselbe überhaupt, und auch für andre Gegenstände abgestumpft sey.

GS XIII: 143–147

7. Wilhelm von Humboldt

Bruchstück einer Selbstbiographie (1816)

Frankfurt, 29. 1. 16.

[1.] Es ist immer eine innere Plage meines Lebens gewesen, mit Ideen schwanger zugehen, die ich zum Gegenstande eines Aufsatzes, eines Buchs, oft eines bedeutenden Werks machen wollte, und nie dazu zu gelangen. Die Umstände, die es verhinderten, waren nicht gerade äussre, ich war eine lange Reihe von Jahren hindurch in der freiesten, beneidenswürdigsten Lage. Es waren vielmehr innere, deren in der Folge dieser Blätter vorzunehmende Untersuchung den hauptsächlichsten Aufschluss über meine ganze geistige Eigenthümlichkeit geben wird. Hier ist es mir genug, die Thatsache anzugeben. Fast zu keiner Zeit, selbst nicht in den geschäftevollsten Lagen, bin ich von solchen Planen frei gewesen; hundertmal habe ich einen neuen gefasst, angefangen zu schreiben, und das Geschriebene zerrissen, Sammlungen zu künftigen Arbeiten gemacht, und sie halbvollendet wieder aufgegeben. Mit doppelter Stärke musste daher diese Lust bei meinem jetzigen Aufenthalt hier rege werden, wo ich fast absoluter Einsamkeit und vieler Musse genoss, und noch der Umstand hinzukam, dass die Vollendung der Uebersetzung des Agamemnon mich wie von selbst etwas Neues zu beginnen reizte. Ich fieng wieder nach der alten Weise an, wo denn die Versuche auch gleich fruchtlos waren, bis ich auf einmal eine neue Bahn einschlug. Ich fühlte nemlich lebhaft, dass ein Werk der Untersuchung nicht mit einzelnen Büchern, und in abgerissenen Stunden unternommen werden könne; ich nahm mir vor, bis mich das Schicksal wieder in eine unabhängige Lage versetzte, ganz darauf Verzicht zu thun, und kam dagegen auf das, was ich jetzt hier anfange, auf den Versuch einer Selbstbiographie. Hierzu kann ich

Alles aus der Erinnerung und dem Nachdenken schöpfen, beide begleiten mich ohnehin immer, und sind keinem Geschäfte fremd, und es ist würdiger, die Jahre des Lebens, die leicht es beschliessen können, mit Betrachtung, als mit grossentheils mechanischem Sammlen zuzubringen. Man kann selbst nicht wissen, wieviel ein, oder zwei Jahre, die man gewissermassen, als einen Stillstand ansieht, der dazu dienen soll, das vorhergegangene zu überschauen, auf den Charakter und das innere Schicksal einwirken können. Daraus je etwas zu machen, das einem Buch auch nur ähnlich sey, daran denke ich allerdings nicht. Allein ein solcher äussrer Zweck lag auch wenigstens nicht so sehr, als das innere Bedürfniss der Ausführung einer Idee, jenem oben erwähnten Verlangen zum Grunde.

2. Unter einer Selbstbiographie verstehe ich nun aber gar nicht eine Beschreibung meines Lebens, die ich für höchst unbedeutend, noch eine Geschichte meiner Zeit zu der ich mich nicht berufen halten würde. – Eben so wenig habe ich dabei eine solche Anklage und Rechtfertigung im Sinn, bei der man wie ein Todtenrichter bei seiner eigenen Leiche steht. Es giebt in dem Menschen, wie in jedem wirklichen Wesen, immer einen gewissen Theil, der nur ihn und sein zufälliges Daseyn angeht, und recht füglich von andren unerkannt mit ihm dahinstirbt; dagegen giebt es in ihm einen andren Theil, durch den er mit einer Idee zusammenhängt, die sich in ihm vorzüglich klar ausspricht, und von der er das Symbol ist. Man kann sogar darauf den Unterschied unter den Menschen begründen, dass die gewöhnlichen nur Symbole ihres Gattungsbegriffs sind, die höheren diesem irgend eine, allein immer leicht aus ihm herzuleitende Individualität geben, die grossen und ausserordentlichen eine Idee symbolisiren, auf die man nur dadurch, dass sie sie lebendig darstellten, kommen konnte. Dieser Unterschied zwischen dem Symbolischen im Menschen, und dem einzeln, und gleichsam nur als Schlacke der Wirklichkeit in ihm da Stehenden wird mich bei meiner Selbstbiographie leiten. Ich werde das Letztere durchaus übergehen, allein in die grösseste Ausführlichkeit und Tiefe in Alles

hinabsteigen, was die Betrachtung über die Welt und den Menschen erweitern kann. Ob ich dadurch vortheilhafter, oder unvortheilhafter erscheinen werde, wird mich dabei nicht kümmern. Es ist gar nicht meine Absicht bei mir stehen zu bleiben, noch auf mich zurückzukommen, ich gehe nur von mir, als dem mir bekanntesten Wesen auf die Welt über. Ich werde mich daher auch ganz vorzüglich auf alle Gegenstände verbreiten die ich in meinem Leben beobachtet, oder mit denen ich mich beschäftigt habe, Natur, Kunst, Wissenschaft in allen ihren Theilen, namentlich Geschichte und Sprache, Länder, Nationen, äussere Verhältnisse, Staatsgeschäfte, Menschen. Allein wie ich erst von mir selbst sagte, so werde ich jeden dieser Gegenstände auch nur immer in Verbindung mit der in ihm ausgedrückten Idee, in seinem Zusammenhange mit dem ganzen Ideenreiche betrachten. Ich werde daher alles aufsuchen, was symbolisch in der Welt verhüllt liegt, und Alles nach meinem inneren Maassstab, und auf den Zweck zusammenstimmender Bildung hinwirkend beurtheilen, aber dem Begriff einer Selbstbiographie treu, nur das Selbsterfahrene, und also immer nach voller äusserer oder innerer Anschauung treu schildern.

3. Dazu kann ich leicht mehr, als andre, geeignet seyn. Denn ich bin, mehr als irgend einer, ein reiner Zuschauer in der Welt. Früh durch strenge Willensübung von Glück und Unglück unabhängig geworden, durch eine ursprüngliche Anlage mehr auf die Form, als den Stoff, die Thätigkeit, als den Erfolg, das Interesse der Betrachtung, als der Empfindung gerichtet, ist nichts in mir und um mich vorgegangen, was ich nicht immer mit grosser Freiheit des Geistes beobachtet hätte. Gewissenhafte geschichtliche Treue ist von jeher ein Grundzug in mir gewesen, und auf das Talent, Anschauung und Idee, beide so rein, als möglich, mit einander in Berührung zu bringen, habe ich beständig besondren Werth gelegt. Hiermit hat sich nun grosse Uebung verbunden. Denn von meiner frühesten Kindheit her erinnere ich mich, dass ich unaufhörlich auf die Menschen um mich her Acht gab, sie unter einander, und mit denen, die mir für das Vorzüglichste galten,

verglich; immer hielt ich es für die wünschenswürdigste Kunst den Menschen, gleich als ein Instrument spielen zu können, nicht zu äussren Zwecken, was ich immer verachtete, und wozu ich nicht immer grosses Geschick habe, aber zu inneren, dass sie sich selbst lebendiger erkennen, und bedeutender und freier aus sich hervortreten, also wie man wohl möchte, dass andre wieder auf einen selbst einwirkten. Allen diesen Stoff habe ich dann der Einsamkeit, und der Natur anvertraut, und immer bei mir herumgeworfen und verglichen, da niemand soviel innere Musse hat, als ich, weil diese Musse der eigentlich tiefe und klare Grund meines Lebens ist, über dem hin der ganze Ballast des Lebens, Geschäfte, Zwecke, Verhältnisse, schwimmt, ohne den man wirklich zu leicht von der Empfindung hin und hergetrieben wird. Das tiefe und innere Verlangen, mich von ihm frei zu erhalten, hat mich denn auch gewöhnt ihn mit Leichtigkeit fortzuwälzen, und meiner eigentlichen Natur nie nahe kommen zu lassen. So habe ich nicht gerade mehr Welterfahrung, als andre, aber unstreitig eine solche, in der auf eine eigenthümlichere Weise, Erfahrung und Nachdenken zusammentreten.

4. Wenn ich auf diese Art zu einer Selbstbiographie, in welcher sich die Schilderung der Welt an die eigene anschliesst, vorzüglich fähig bin, so bin ich auch vielleicht durch eine Art Nothwendigkeit meiner Natur auf eine solche Arbeit beschränkt. Ich habe, nicht gerade eine Unfähigkeit des Geistes, aber ein Widerstreben des intellektuellen Wollens das Subjective vom Objectiven, das Einzelne vom Allgemeinen rein abzuscheiden, welchen Gegenstand ich behandeln mag, so wird er mir wie unendlich unter den Händen, knüpft sich überall an, und ich weiss nicht, wo ich anfangen, oder aufhören soll. Mit einer Selbstbiographie verträgt sich nun dies sehr gut. Es soll in ihr nichts rein objectiv, oder allgemein seyn, es soll Alles mit Allem in Berührung stehen, aber der allgemeine Beziehungspunkt ist immer unmittelbar gegeben, man weiss immer von wo man ausgehen, wohin zurückkehren wird. Die mich genau und wahr beurtheilt haben, fanden immer, dass ich durch meine Naturanlage weder zu grossen Thaten des

Lebens, noch zu wichtigen Werken des Geistes bestimmt bin, dass aber meine eigentliche Sphäre das Leben selbst ist, es aufzunehmen, zu beobachten, zu beurtheilen, zu behandeln, und zu gestalten. Darauf eben aber kommt es hier an, da der geschilderte Gegenstand das Leben selbst ist.

5. Ob jemand künftig diese Blätter lesen soll, wird erst ihr Inhalt ausweisen, wenn sie ihrer Vollendung nahe sind. Aber ich werde sie immer so schreiben, als wären sie für jeden bestimmt, der fähig ist, sie zu verstehen. Nur das unter dieser Voraussetzung Geschriebene, kann auf Klarheit, Bestimmtheit und pragmatische Allgemeinheit Anspruch machen. Allein eine wird dies gewiss lesen, die mein Leben mit mir getheilt, und den entschiedensten Einfluss auf dasselbe, meine Ansichten und Ideen davon gehabt hat, die ich bei hundert aufgestellten Behauptungen erwähnen, oder im Sinn haben muss.

6. Ich will damit anfangen, ein kurzes Bild meiner selbst zu entwerfen, in dem mein Wesen auf einmal, wie in einem Spiegel, erscheinen soll.

Die hervorstechenden Seiten an mir sind: vollkommene Herrschaft des Willens über mich selbst; vorwaltende, innerhalb gewisser Schranken, und in einer bestimmten Art sehr bedeutende; und nimmer ermüdende Denkkraft; bei gar keiner Neigung auf das Aeussere, als solches, leidenschaftliches Verlangen nach innerer, auf ganz eigenthümliche Weise idealischer Beschäftigung mit und in mir selbst.

Aus diesen drei Stücken folgt unmittelbar, dass ich ein durchaus innerlicher Mensch bin, dessen ganzes Streben nur dahin geht, die Welt in ihren mannigfaltigsten Gestalten in seine Einsamkeit zu verwandeln.

Ich werde jetzt jeden dieser einzelnen Punkte näher bestimmen.

7. Die Selbstbeherrschung hat seit meinem 12. Jahre wo ich sie, ganz aus innrem Antrieb, anfieng, bis jetzt, wo ich sie noch nicht verschmähe zu üben, nie einen andren Zweck gehabt, als sich selbst. Ich habe nicht meine Leidenschaften besiegt, um tugend-

haft zu seyn, nicht ihre Ausbrüche unter meine Gewalt gebracht, um geschickter durch das Leben zu kommen, es hat mich kein Zweck getrieben, mit Abziehung von allen übrigen Gegenständen, nur Einen Punkt zu verfolgen, keine Begeisterung, die, indem sie eine Idee heraushebt, alle übrigen niederschlägt. Ich habe aber von jeher einen Abscheu davor gehabt, mich in die Welt zu mischen, und einen Trieb, frei von ihr, als ihr Beschauer, und Prüfer, zu stehen, und habe natürlich gefühlt, dass nur die unbedingteste Selbstbeherrschung mir den Punkt ausser der Welt schaffen könnte, dessen ich bedurfte; dann liegt auch in dieser, den reinen inneren Willen ehrenden Nüchternheit für mich das eigentlich Edle des Menschen. Geweckt wurden diese Begriffe zuerst in mir durch das Alterthum, an das hernach wieder sie mich auf immer geknüpft haben; und ich gieng zuerst von dem reinen Begriff der Stoiker aus, zu wollen, weil man will. Meine Selbstbeherrschung und mein Zurücktreten aus der Welt sind aber durchaus von dem ascetischen Tödten der Begierde, und dem einsiedlerischen Entfernen vom Weltlichen verschieden. Ich lasse der Begierde ungescheut den Zügel schiessen, und erkenne in dem Genuss, selbst in dem, den viele ausschweifend nennen würden, eine grosse, und wohlthätig fruchtbare Kraft; die Begierden aber, wie Zorn, Hass, Rachsucht, durch deren Befriedigung der Mensch bloss gewinnt, dass er sich ihrer kochenden Glut entladet, sind mir theils fremd gewesen, theils habe ich sie von mir willkührlich entfernt. Wenn sie zu rechtfertigen, und heilsam in ihren Folgen sind, so sind sie es nur entweder in denen, in welchen der reine, von Hass und Erbittrung getrennte Rechtsbegriff zu schwach wirken würde, oder um Wirkungen hervorzubringen zu denen, auch bei dem stärksten, das Gemüth nur in diesen seinen Krankheiten Kraft genug hat; und dann erhält der Mensch die Gestalt einer Naturkraft, die ich wohl bewundre, und nicht misbillige, aber selbst nicht annehmen mag. Was aber die Welt betrift, so habe ich, statt mich von ihr zu trennen, immer soviel, als möglich, von ihr zu kennen und zu sehen gesucht, und nur mitten in ihr ihr fremd werden wollen. Das Auffassen der Welt in ihrer Individualitaet und Totalitaet ist ja gerade durchaus mein Bestreben, und liegt selbst der Willensherrschaft, als Zweck, zum Grunde. Die Herrschaft des Willens hat einen negativen, und positiven Theil. Die Besiegung der Schmerzen, die Unabhängigkeit von Genüssen und selbst Bedürfnissen, die Bezähmung der Begierden, ist das Leichteste, und Gewöhnlichste im ersteren. Allein in seiner ganzen Ausdehnung, und ich habe ihn nie anders genommen, erfordert er die nie unterbrochne Besonnenheit, die immer mit Nüchternheit sieht, und immer unbedingt Herr ist, welche Empfindung sie zulassen, und was sie äusserlich thun will. Sie besteht daher im Erkennen des Wahren, und im Thun des Rechten, wenigstens des Consequenten. Darum ist es ganz falsch, wenn man meynt, dass diese Beherrschung mit natürlicher Kälte, oder Schwäche der Begierden zusammenhängt. Diese erleichtert nur den schlechtesten Theil der Selbstbeherrschung, die blosse Bezähmung der Leidenschaften; aber die Besonnenheit, die für Wahrheit und Recht fruchtbar werden soll, braucht eine eigne, aus dem durchaus reinen Theile der Seele fliessende Kraft. Mit der Selbstbeherrschung ist Abwesenheit der Furcht, wenigstens Muth verbunden. Dieser ist in mir nie instinctartig gewesen, und darum kann ich gewiss seyn, jede Art in jedem Augenblick zu besitzen. Den positiven Theil der Willensherrschaft habe ich erst spät erworben. Ich möchte ihn wieder in zwei Arten theilen. Die eine ist das Vermögen, jede einzelne bestimmte intellectuelle, oder praktische Aufgabe, die nur nicht zu sehr ausser dem Gebiete des Talents, oder der Uebung liegt, zu einem bedeutend befriedigenden Grade zu lösen. Von früh an fehlte mir diese ganz. Ich konnte fast nie etwas zu Stande bringen, weil ichs wollte, und bedurfte zu allem der von selbst eintretenden Stimmung. Selbst ein Brief wurde mir auf diese Weise schwer, einen Vers, einen Reim hätte ich nie zu Stande gebracht. Erst als ich in Rom war, bei der Vollendung der Uebersetzung des Agamemnon, hernach bei Geschäften habe ich diese Fähigkeit, und zwar in sehr hohem Grade, meiner Natur abgewonnen. Ich kann jetzt ziemlich in dieser Art was ich will, oder die Umstände erheischen. Die andre

Gattung positiver Willensherrschaft geht auf das Handeln, und das Durchsetzen Zeit fordernder Plane. Darauf hat mich zuerst, einige Jahre nach meiner Verheirathung, die Lesung, ich weiss nicht welcher Lebensbeschreibung gebracht. Ich habe damals, mehrere Jahre vor meiner Anstellung, den festen Vorsatz gefasst, in Dienst zu gehen, und eben zu dem Höchsten zu gelangen, was mir erreichbar wäre, und ich habe es erlangt. Aehnliche Dinge sind mir hernach im Privat- und im öffentlichen Leben gelungen. Meine Manier dabei ist aber nicht das blosse, unablässige und unmittelbare Betreiben, sondern sie geht tiefer, und sucht mehr das Wesen der Dinge selbst zu zwingen. Ich thue sehr oft und lange gar keinen sichtbaren Schritt, aber habe meinen Zweck unaufhörlich vor Augen, bereite den Boden vor aus dem er, wie durch die Natur der Dinge selbst hervorgehen muss, lausche jedem etwas versprechenden Augenblick auf, wähle den wahren, und handle dann mit unermüdetem Eifer, lasse mich durch kein augenblickliches Fehlschlagen irre machen, sondern leite wieder jedes selbst zu meinem Ziel. Ausser dem Blick und der Gewandtheit, denen nur die mechanische Ausführung angehört, beruht das Meiste dabei auf unermüdeter Anstrengung für das Bemühen, und hoher Gleichgültigkeit gegen den Erfolg, als solchen, durch deren Vereinigung man unglaublich viel durchsetzen kann. Die meisten Menschen verfehlen ihre Absicht, weil ihnen am Erfolg zu viel liegt, und sie im Ringen danach zu leicht erschlaffen. Zum Schluss muss ich hier noch bestimmen; ob mir das eigen ist, was die Menschen: *Charakter haben* nennen. Die einfache Antwort ist: als Natureigenschaft gar nicht, wenn ich aber will, im höchsten Grade. Ich gehe, ohne alle Schwierigkeit, von Behauptungen, Vorsätzen, Planen, Wegen sie durchzusetzen ab, und wechsle darin bei selbst geringem Widerstande, wie ich überhaupt eine Neigung habe, im Aeussren Andren nachzugeben, die grösstentheils aus meiner Sicherheit herstammt im Innern doch so zu bleiben, wie ich will. Aber aus Vorsatz des Willens giebt es nicht leicht einen mehr eisernen Eigensinn, als ich habe, da selten ein Mensch so die tiefe Ueberzeugung hat, dass sich jede äussere Folge an der Strenge einer Idee in Trümmer zerschellen muss. Ich bediene mich aber dieser ehernen Unnachgiebigkeit selten, weil ich weiss, dass sie nur in wenigen Fällen eine brauchbare Waffe ist. Die Eigenthümlichkeit meiner Selbstbeherrschung liegt also in ihrer Geschmeidigkeit, dass sie nicht selbst wieder steif und pedantisch sogenannten höheren Zwekken dient, und dass ich auch sie wieder beherrsche nach Willkühr.

8. Gegen meinen Verstand, und die Vorzüglichkeit meiner Geisteskräfte lassen sich sehr bedeutende, und schwer zu widerlegende Einwendungen erheben. Ich habe gar keine Schnelligkeit und Leichtigkeit, die verschiedenen Beziehungen der Dinge und Ideen auf einander zu fassen, es mögen ausgelassene Mittelbegriffe, oder auch sehr unmittelbare Folgerungen seyn. Bei Geschäften verbessre ich diesen Fehler nur durch Fleiss, Nachforschen und Berathschlagung mit andren, und darin ist mir die grösseste Aufmerksamkeit zur andern Natur geworden. Ich habe gleich wenig den Geist des Rathens, Verbindens, Vermuthens, habe nie ein einziges Kartenspiel nur leidlich gelernt, und nie in der Philologie zur Kritik getaugt. Dieser Mangel schadet mir beim Gesandtenleben erstaunlich, er lässt sich durch nichts ersetzen, nur mehr, oder minder verstecken. Ich bin gar nicht erfinderisch, es stellt sich mir Alles mehr, als Ordnung, denn als Mannigfaltigkeit dar; daher habe ich selbst im Schreiben und Reden eine gewisse Einförmigkeit, die mir sogar oft dieselben Worte wiederbringt; eine gewisse Fülle der Gedanken reiht sich höchstens schlagweise auf witzige Art in mir an einander, aber fliesst nicht mit Leichtigkeit aus einander her. Ich habe viel zu selten die eigentliche Sicherheit der Wahrheit, und schwanke sehr leicht zwischen zwei Reihen von Ideen, so dass ich immer die andre für vorzüglicher halte, wenn ich im Begriff bin, die eine anzunehmen. Ich habe nie von mir selbst die Ueberzeugung gehabt, und habe sie auch an andren über mich nicht bemerkt, dass ich die wahre Fähigkeit hätte in die eigentliche synthetische Metaphysik einzugehen. Ich bin entschieden nicht zum Dichter ge-

bohren, und meine Einbildungskraft wird bald von der Trockenheit des Verstandes, bald von dem Stoff der Empfindung überwältigt. Ich habe auch in meiner Kindheit, und bis ich bei Engel ein philosophisches Collegium hörte, und selbst da noch im Anfang für einen langsamen, wenig von der Natur begünstigten Kopf gegolten, vorzüglich verglichen mit meinem Bruder Alexander. Ich habe noch manchmal, nur dass es glücklicherweise nicht bemerkt, oder der Zerstreuung, oder andren Ursachen zugeschrieben wird, in Gesellschaft und in Geschäften einfältige, alberne, gehaltleere Momente, und zwar solche, die für diese Art von Momenten bei weitem zu lang sind. Ich kann indess nicht sagen, dass meine Geisteskraft mit dem Zunehmen der Jahre gesunken wäre; sie ist viel mehr gewachsen, und gestiegen. Aber wahr bleibt es gewiss, dass sowohl ehemals, als jetzt, mein Kopf ursprünglich langsam, dürftig an Mannigfaltigkeit, und zu wenig lebendig ist. Dazu kommt nun, dass ich ihm wenig Stoff von aussen mittheile. Denn ich habe unglaublich wenig gelesen, und finde noch keine Freude daran, weiss sehr wenig Dinge, viel weniger, als die Welt meynt, mit Gewissheit, und habe sehr viel Zeit mit zu sehr mechanischem, dem Kopf wenig fruchtbarem Studium zugebracht. Soweit die Anklagen und die Mängel.

GS XV: 451–460

8. Indische Philosophie: Geist und Gottheit

Aus: *Über die unter dem Namen Bhagavad-Gítá bekannte Episode des Mahá-Bhárata** (1825 [1828])

Der Gott Krischnas, die eigentliche und vollständige Incarnation Vischnus, begleitet, nach der Dichtung des Mahá-Bhárata, den Ardschunas, den dritten und vorzüglichsten, eigentlich vom Gott Indras gezeugten Sohn Pándus, als Wagenlenker, in den Kampf gegen die nah mit ihm verwandten Söhne des Königs Dhritaráschtras. Als Ardschunas in den Schaaren der Feinde sein eignes Geschlecht, seine Religionslehrer und Freunde erblickt, geräth er in Zweifel, ob es besser sey, daß er die, ohne welche das Leben selbst keinen Werth für ihn haben würde, besiege, oder von ihnen besiegt werde, verfällt in zaghaften Kleinmuth, läßt Bogen und Pfeil sinken, und fragt Krischnas um Rath. Der Gott ermuntert ihn aus philosophischen Gründen zum Kampf, und es entspinnt sich zwischen ihnen im Angesicht beider Heere ein Gespräch, das in achtzehn Gesängen (etwa siebenhundert Distichen) ein vollständiges philosophisches System durchläuft.

Colebrooke, dessen neuesten Abhandlungen in den Denkschriften der Englischen Asiatischen Gesellschaft wir die ersten bestimmten und ausführlichen Nachrichten über die verschiedenen Indischen philosophischen Systeme verdanken, hat dieser

* Die gegenwärtige Abhandlung hat keinen andern Zweck, als den, in möglichster Kürze einen treuen und vollständigen Begriff von dem oben erwähnten Gedicht, und vorzüglich von dem darin vorgetragenen philosophischen System auf eine, auch des Indischen nicht kundigen Lesern verständliche Weise zu geben. [...]
Wegen der richtigen Betonung der Indischen Namen und Wörter erinnere ich hier, daß ich das lange *a, i, u* mit einem Accent bezeichnet habe, *e* und *o* dagegen nie, weil sie im Sanskrit nie kurz seyn können.

Episode des Mahá-Bhárata nicht erwähnt, vermuthlich weil seine Absicht darauf gieng, nur aus wirklichen Lehrbüchern der Philosophie (die aber, nach Indischer Sitte, auch in Versen abgefaßt sind) und ihren Commentatoren Auszüge zu liefern. Krischnas Lehre scheint nun zwar wohl im Ganzen mit dem von Colebrooke dargestellten Systeme Patandschalis überein zu kommen, sie entwickelt sich aber auf eine ganz eigenthümliche Weise, ist, soviel ich zu urtheilen vermag, reiner von Spitzfindigkeit und Mysticismus, und verdient schon, da sie als ein freies Dichterwerk in das eine der beiden großen und ältesten Indischen Heldengedichte verwebt ist, besondere Aufmerksamkeit.

Ich will versuchen, dieselbe hier kurz zusammenzufassen, ohne mich an die Anordnung des Originals zu binden, und ohne für jetzt darauf einzugehen, welche Vergleichungspunkte diese Lehre mit bekannten griechischen philosophischen Systemen darbietet.

Die beiden Hauptsätze, um welche sich das in dieser Dichtung enthaltene System dreht, sind, daß der Geist, als einfach und unvergänglich, seiner ganzen Natur nach, von dem zusammengesetzten und vergänglichen Körper geschieden ist, und daß von dem nach Vollendung Strebenden jede Handlung ohne alle Rücksicht auf ihre Folgen, und mit völligem Gleichmuth über dieselben, vorgenommen werden muß.

Es sind dies die beiden natürlichsten Beziehungspunkte auf Krischnas Absicht, seinen Heldenfreund zum Kampf zu bewegen. Denn Tod und Handlungen verlieren ihr Gewicht, und werden gewissermaßen gleichgültig, wenn jener nur den ohnehin vergänglichen Körper trifft, und diese, frei von Leidenschaft und Absicht, bloß Werk der Natur oder Gebot der Pflicht sind. Durch die bestimmte Scheidung des Geistigen und Körperlichen, und die ewig eingeschärfte Uneigennützigkeit der Handlungen aber wird reine Intellectualität die Grundlage des ganzen Systems, und, wie die Folge bestimmter zeigen wird, die Erkenntniß an die Spitze aller menschlichen Bestrebungen gestellt.

Die Körper der ihnen inwohnenden Seele sind endlich und

veränderlich, wie die ewig strömenden Elemente, aus denen sie bestehen, (II. 14. 18.) die Seele ewig, unvernichtbar, fest und unveränderlich. (II. 24. 25.) Sie verbindet sich mit neuen Körpern, wie der Mensch neue Kleider annimmt, (II. 22.) wie im Körper selbst Kindheit, Jugend und Alter wechseln. (II. 13.) Diese Unvergänglichkeit ist wahre Ewigkeit, ohne Anfang, wie ohne Aufhören. Denn die Unmöglichkeit eines Überganges vom Seyn zum Nichtseyn, und umgekehrt, ist ein Hauptsatz der Indischen Philosophie.* Kein Grund ist eigentlich ein hervorbringender, in jedem ist die Wirkung, gleich ewig mit ihm selbst, vorhanden.

> Des Nichtseyenden ist nicht Seyn; Nichtseyn ist nicht des Seyenden. Die Scheidung beider durchschaut wird von den Wahrheit Erkennenden. (II. 16.)

Darin erklärt Krischnas sich, als Gott, mit den Menschen gleich.

> In keiner Zeit ich nicht da war, du, diese Völkerfürsten, nicht,
> und niemals werd' ich nicht da seyn; von jetzt fortan wir alle sind.
> (II. 12.)

Mit eben dieser Vorstellungsart hangt es zusammen, daß der unvermeidlichen Nothwendigkeit des Todes die gleich unvermeidliche Nothwendigkeit der Wiedergeburt entspricht, und das Todte nicht todt bleiben kann. Es ist daher in dieser Hinsicht gleichgültig, ob man sich die Seele als unvergänglich, oder als immer sterbend und wieder werdend denkt.

* *Et plures non scientes dicunt, quod mundus cum artifice primum non-est fuit et deinde e τῷ non-est ens (existens) factus est. O purum desiderans, ex hoc non-est ens quomodo possit fieri? hoc omne primum ens unicum, sine simili fuit.* Oupnek'hat op. Anquetil Duperron. Oupn. 1. Brahmen. 16. p. 52.

Wenn aber werdend stets auch du sie denkst, und wieder sterbend stets,
auch also dennoch, Großarmger, du nimmer sie bejammern mußt.
Denn dem Werdenden steht fest Tod, fest steht Geburt dem Sterbenden.
Nicht zu ändernden Schicksals Loos darum du nie bejammern mußt.
Die Geschöpfe unsichtbaren Ursprungs, sichtbarer Mitte dann,
und unsichtbaren Ausgangs sind; wie ist da Trauer, Bháratas?
Gleich einem Wunder erblickt einen jemand, gleich einem Wunder darauf spricht ein andrer,
gleich einem Wunder ihn hört dann ein andrer; doch keiner, auch hörend ihn, weiß, noch kennt ihn.
Die Seel' ist unverletzbar stets im Körper Jedes, Bháratas,
Darum der Wesen Allzahl auch du nimmer doch bejammern mußt.
(II. 26–30.)

Der Geist ist unsichtbar, unvorstellbar, überall hindringend, (II. 25.) der Körper hat die entgegengesetzte Natur. Auf die Einfachheit und Ungetheiltheit des Geistigen werden wir aber noch einmal bei Gelegenheit der Natur der Gottheit zurückkommen. Denn der überall waltende Geist ist einer und ebenderselbe. (VIII. 20. 21. XIII. 27.)

Das Handeln fesselt den Geist, indem es ihn den Bedingungen der Wirklichkeit unterwirft, und vom reinen Nachdenken abzieht. Es hat daher in der Welt von alter Zeit her zwei Systeme gegeben, des Handelns und der Erkenntniß (III. 3.) und die Beobachtung des Rechten in Absicht des Handelns ist schwer, da man sowohl auf das Handeln, als Nichthandeln achten muß. (IV. 17.) Man hat bald das eine, bald das andre vorgezogen. (XVIII. 2. 3.) Aber die Wahrheit ist, daß das erstere vor dem letzteren den Vorzug verdient. (III. 8. V. 2.) Es kommt nur darauf an, sich von den Fesseln der Handlungen (II. 39.) loszumachen. Dies aber geschieht, wenn man alle Rücksicht auf den Erfolg verläßt, und nur handelt um zu handeln. Alsdann vereinigt man beide Systeme, vernichtet gleichsam die Handlungen, indem man sie ihrer fesselnden Natur beraubt, und handelt, mitten im Handeln, eigentlich nicht. (IV. 20. XVIII. 17.) Denn dies ist nothwendig, weil es immer wahr bleibt, daß das Handeln weit unter der Erkenntniß steht. (II. 49.)

Man würde aber auch umsonst versuchen, das Handeln gänzlich aufzugeben. In keinem Augenblick kann der Mensch ohne Handlungen bleiben, sie gehen unabhängig von seinem Willen vor, und entstehen aus der Natur und ihren Eigenschaften. (III. 5.) Der Weise läßt in ihnen die Natur walten, und sieht sie, bloß in ihr vorgehend, als von sich geschieden an. (IV. 21. XIV. 19. XIII. 19. III. 28. V. 8–10.) Diese Behauptung der Unvermeidlichkeit der Handlungen gründet sich darauf, daß in diesem System unter Handlung alle und jede körperliche Verrichtung, eigentlich jede Veränderung der Materie, verstanden wird, was wieder damit zusammenhängt, daß die Vollendung des Weisen, wie wir bald sehen werden, in die höchste Ruhe, die Vertiefung und den Übergang in die Gottheit gesetzt wird. Eine andre Nothwendigkeit der Handlungen entsteht aus den verschieden vertheilten Pflichten der Stände, welchen jeder, selbst wenn Schuld damit verbunden wäre, getreu bleiben muß. (XVIII. 47.48.) Endlich liegt in dieser Lehre ein nothwendiger Fatalismus, da die mit der Gottheit gleich ewige Natur das Rad ihrer Veränderungen unaufhaltsam umwälzen muß, und dadurch die jedes einzelne Seyn in sich fassende Gottheit, genau gesprochen, zum einzigen wahrhaft Handelnden wird. Mit Recht kann daher Krischnas zu Ardschunas sagen:

> Drum auf zum Schlachtkampf jetzt! erringe Ruhm dir! den Feind besiegend, geneuß Herrschaftsfülle!
> durch mich vormals diese geschlagen sind schon; nur Werkzeug werde du, links gleich Geübter!
> Den Dronas, Bhischmas und den Dschayadrathas, Kamas, die andren des Kampfs Helden alle,
> die ich geschlagen, du schlag' unverzagend! Auf, kämpfe, dein wird im Streite der Sieg seyn. (XI. 33. 34.)

Nur die irdisch Verblendeten setzen den Grund ihrer Handlungen in sich, der bescheidene Weise hält nie sich für den Thäter. (XVIII. 16. XIV. 19. XIII. 29.)

Das Verzichten auf die Früchte der Handlungen wird auch durch ein Niederlegen der Handlungen in die Gottheit ausgedrückt. (XII. 6. III. 30. XVIII. 57.) Es befreit von den Fesseln der Handlungen, (IV. 41.) und wer es übt, bleibt unbefleckt von Sünde, wie das auf dem Wasser schwimmende Lotusblatt (V. 10.) nicht benetzt wird.

Auf die Nothwendigkeit des Verzichtens auf die Früchte der Handlungen, und des Gleichmuths, ja der Gleichgültigkeit über ihre Erfolge kommt der Dichter fast in jedem Gesange in mehr als einer Stelle zurück, und verbunden mit dem eben so oft wiederholten Dringen auf Handlung, bezeichnet sie unläugbar philosophisch eine an das Erhabne gränzende Seelenstimmung, und bringt zugleich eine große poetische Wirkung hervor.

Den einfachsten Ausdruck der Verzichtleistung möchten folgende Verse enthalten:

> Im Handeln sey des Werths Würdgung, in den Früchten dir nie und nie.
> Nicht sey, dem Handelns Frucht Grund ist; Sucht nicht sey nach Nichthandeln dir.
> Vertieften Geists, von Sehnsucht frei, so handle, Goldverschmäher, du,
> ob erfolgreich, erfolglos, gleich; Gleichmuth Vertiefung wird genannt. (II. 47. 48.)

Auf diese Weise lösen sich Handeln und Nichthandeln vor dem Geist in denselben Begriff auf.

> Wer sieht im Handeln Nichthandeln, im Nichthandeln das Handeln wer,
> unter den Menschen der weis' ist, vertieft, an alles Handelns Ziel.
> (IV. 18.)

Der Gleichmuth ist mit einem eignen Worte, der Freiheit von der Zwiefachheit, dem gelingenden oder mißlingenden Erfolge, bezeichnet. Die aus Wunsch und Abscheu entspringende Verblendung dieser Zwiefachheit bringt alle Verirrungen unter den Geschöpfen hervor. (VII. 27.) Der Weise macht sich davon los, und für seinen Gleichmuth kann kein Ausdruck stark genug gefunden werden. Nicht bloß Hitze und Frost, Vergnügen und Schmerz, Gelingen und Mißlingen, Glück und Unglück, Sieg und Niederlage, Ehre und Unehre müssen ihm dasselbe seyn, auch zwischen Freunden und Feinden, Guten und Bösen muß er partheilos da stehen, gleich achten Erde, Steine und Gold. (II. 38. VI. 7–9. XII. 17–19.) Diese seine Abgezogenheit von der Bewegung des irdischen Seyns, der Gegensatz, in dem er hierin mit dem großen Haufen steht, wird in dieser, sonst bilderkargen, Dichtung in mehreren Bildern geschildert.

Wer den Gliedern der Schildkröte gleich, zurückziehet überall
die Sinne von dem Sinnreizstoff, des Geist in Weisheit fest besteht,
(II. 58.)
Dem nie sich füllenden, unschwankend stillen Weltmeer wie einströmet der Wasser Menge,
wem einströmt so aller Begierden Fülle, der Ruh' erlangt, nicht der Begierbegierge. (II. 70.)
Welche jedem Geschöpf Nacht ist, in der wacht der Gesammelte,
in der jeglich Geschöpf wachet, ist des schauenden Weisen Nacht.
(II. 69.)

Die reine Scheidung des Geistigen von dem Körperlichen und die Vernichtung der Handlungen führen beide, jene positiv durch die Einerleiheit alles rein Geistigen, diese negativ durch die Entfernung der Störungen, in welche das Handeln den Menschen verwickelt, zu der Erkenntniß und Anschauung der Gottheit, aus welchen die höchste Vollendung hervorgeht. Es ist daher nothwendig, gleich den Begriff richtig aufzufassen, den Krischnas, dessen Lehre nicht bloß eine philosophische, sondern ganz eigentlich eine religiöse ist, von der Gottheit aufstellt.

Ich werde auch hier versuchen, die Hauptsätze durch Stellen des Originals selbst zu belegen. Ich habe auf die Auswahl derselben absichtlich große Sorgfalt verwandt, und wünschte sehr, daß diejenigen, welche Gegenständen dieser Art eine größere Aufmerksamkeit schenken, die Mühe nicht scheuen möchten, diese Stellen nachzulesen, wozu auch denen, welche nicht Sanskrit wissen, A. W. von Schlegels lateinische, seiner Ausgabe der Gítá angehängte Uebersetzung eine treffliche Gelegenheit darbietet. Diese Uebertragung ist so meisterhaft und zugleich von so gewissenhafter Treue, von so geistvoller Behandlung des philosophischen Gehaltes des Gedichts und von so ächter Latinität, daß es ohnehin unendlich zu bedauern wäre, wenn sie bloß zum besseren Verständniß des Textes gebraucht, und nicht von allen denjenigen recht fleißig gelesen würde, die sich mit Philosophie und Alterthumskunde beschäftigen.

Da wo ich einzelne Stellen selbst metrisch zu übersetzen versucht habe, muß ich, mich mit Nachsicht zu beurtheilen bitten, da man noch lange nicht genug die Eigenthümlichkeiten und Feinheiten des Indischen Versbaues, sondern nur sein Sylbenmaaß und seine Hauptabschnitte kennt, wodurch für die wahrhaft gelingende Nachbildung einer Versart wenig geschehen ist. Was die Stellen an sich betrifft, so habe ich durchaus nicht gerade die schönsten und gefälligsten ausgewählt, worüber das Urtheil ohnehin verschieden ausfallen dürfte, sondern dem Zweck dieser Abhandlung gemäß, diejenigen, aus welchen die Eigenthümlichkeit des philosophischen Systems am meisten hervorgeht. Ich habe aus dem gleichen Grunde mit möglichster Genauigkeit Wort für Wort wiederzugeben versucht, und würde auf das Metrum gänzlich Verzicht geleistet haben, wenn nicht eine metrische, selbst weniger gelungene Übersetzung immer einen anschaulicheren Begriff von dem Originale gewährte. Auch kann in unsrer Sprache eine metrische Übersetzung gerade an Treue gewinnen. Der Übersetzer wird durch den Rhythmus in eine, dem Original ähnliche Stimmung versetzt, die bindenden Gesetze der Sylbenzahl und Sylbenlänge machen schleppende prosaische Umschreibungen unmöglich, und schneiden die sonst leicht zu weit gehende Unschlüssigkeit über die Wahl der Ausdrücke auf eine wohlthätige Weise ab. Die in den Versen, als Anreden vorkommenden Namen Bháratas, Párthas, Kaunteyas, sind Sanskritisch geformte Zunamen des Ardschunas, von seinen Voreltern hergenommen.

Zum Verständniß der hier bald folgenden Stellen muß ich bemerken, daß, wenn Krischnas, der in ihnen meistentheils der redend Eingeführte ist, von sich spricht, damit die höchste Gottheit, oder was der Reinheit dieser Lehre besser entspricht, die Gottheit absolut gemeint ist. Krischnas begleitet den Ardschunas als Mensch, (IX. 11.) als einer der Nachkommen des alten Königs Yadus, und Ardschunas, da er ihn als Gott erkennt, bittet ihn (XI. 41. 42.) wegen der Vertraulichkeit um Verzeihung, mit der er mit ihm umgegangen ist. Nach der Indischen Mythologie ist Krischnas* die achte der zehn Irdischwerdungen, oder Niedersteigungen (Avatárás) Vischnus.** Von diesen Erscheinungen der Gottheit in verschiedenen Thier- und Menschengestalten kommt zwar in unsrem Gedicht, das überhaupt von mythologischer Dichtung frei ist, nichts vor, aber Krischnas erwähnt doch, daß er von Weltalter zu Weltalter auf die Erde zurückkehrt. (IV. 6–8.) Indem aber Krischnas eine Emanation der Gottheit ist, bleibt diese, oder vielmehr er in ihr in ihrem ewigen Seyn, und in diesem Verstande spricht er wohl, jedoch soviel ich habe sehen können, nur in dieser einzigen Stelle des Gedichts, von sich und Gott, wie von zwei verschiedenen Wesen, wenn er sagt:

> Zu diesem urersten Geist hin mich richt' ich, von wannen alles Geschöpfs alter Strom fließt. (XV. 4. b.)

* Mehrere Abbildungen von ihm kann man in Guigniauts *Religions de l'antiquité*, IV. 13. nr. 61–66. nachsehen. Man vergleiche auch I. 210. 211.

** Guigniaut. *l. c.* I. 181–193.

Gott nun ist das ewige, unsichtbare, ungetheilte und daher einfache, von allen vergänglichen, sichtbaren und in Individuen vertheilten Wesen verschiedene Princip. (XII. 3. VII. 24. 25.)

Verschieden ist vom sichtbaren ein unsichtbares, ewges Seyn,
das, wenn vernichtet ist jedes Geschöpf, nicht mit vernichtet wird,
das unsichtbar Untheilbare, das sie preisen den höchsten Pfad,
den erringend, man nicht rückkehrt, dort wo mein höchster Wohnungsort. (VIII. 20. 21.)
Unvernichtbar das ist, wisse, was ausgespannet dieses All.
Vernichtung dieses Urewgen keiner, wer irgend, machen kann. (II. 17.)

Gott ist allwissend, Alles durchdringend, keines Zuwachses fähig, unendlich, der Herr aller Dinge; es giebt nichts über ihm; er ist Eins und muß in Einheit angebetet werden. (VII. 26. III. 15. 22. XI. 19. 20. IX. 11. 17. 18. VII. 7. VI. 31.) Ardschunas sagt von ihm:

Nicht Ende, noch Mitte, noch irgend Anfang dir schau ich, Allherrschender, Allgestaltger. (XI. 16.)
Der Welt, des Festen, des Regsamen, Vater, der Lehrer ehrwürdigster, höchster bist du;
nichts ist dir gleich, unermeßbarer Herrscher, wer höher könnt' in der Dreiwelt, als du, seyn? (XI. 43.)

Der Wohnsitz Gottes ist über alle Schöpfung hinaus und außerhalb derselben.

Den dort erleuchten nicht Sonnen, nicht Mondesscheibe, Feuer nicht,
wohin gehend man nicht rückkehrt, ihn meinen höchsten Wohnungsort. (XV. 6.)

Gott ist der Schöpfer der Welt, Alles ist nur durch ihn, er ist der unvergängliche Ursprung aller Dinge. (IX. 4. 10. 13. VII. 6. 7. 10.)

Was jegliches Geschöpfs Samen ist, das bin ich, o Ardschunas;
nichts ohne mich im Weltkreis ist, nicht Festes, nicht Bewegliches.
(X. 39.)

Von dem der Wesen Ausfluß ist, der ausgespannet dieses All,
nach seiner Art den anbetend, hin zur Vollendung strebt der Mensch. (XVIII. 46.)

Wie Gott Alles hervorgebracht hat, so ist er auch Alles, und Alles ist in ihm. Dies ist ein Hauptsatz dieser Lehre, der auf die mannigfaltigste Weise durchgeführt wird. Er scheint auf der einen Seite mit dem Begriff der göttlichen Unendlichkeit zusammen zu hangen, die Alles in sich begreift, auf der andren mit der, der Indischen Philosophie eigenthümlichen Vorstellungsart von der Entstehung eines Dinges aus einem andren. Da es, wie wir im Vorigen gesehen, keinen Uebergang von dem Seyn zum Nichtseyn, oder umgekehrt, giebt, sondern beide zwei ins Unendliche fortlaufende Linien bilden, so ist alle Schöpfung aus Nichts unmöglich; jede Wirkung muß also schon in ihrer Ursach, und gleich ewig mit ihr, vorhanden seyn. (Colebrooke in den *Transactions of the royal Asiatic Society, Vol.* I. *part.* I. *p.* 38.) Wenn daher Gott der Schöpfer aller Dinge ist, so müssen alle Dinge, schon vor seinem Schaffen, in ihm vorhanden gewesen seyn. In unsrem Gedicht ist diese Schlußfolge selbst nicht ausgesprochen, allein da der Grundsatz (II. 16.) klar und bestimmt aufgestellt wird, so liegt sie von selbst am Tage.

Alles Geistige ist mit einander verwandt und Eins und dasselbe, und der Mensch kann in sich, d. h. in seinem geistigen Selbst (da die Sprache den Begriff des *Geistes* und der *Selbstheit* in demselben Wort mit einander verbindet) alle übrigen Geschöpfe und in ihnen Gott erkennen. Indem aber der göttliche Geist in Geschiedenheit in die einzelnen Individuen vertheilt ist,

ist er zugleich in Einheit unsichtbar, unvergänglich und ungetheilt vorhanden, und diese seine ungetheilte Natur ist der wahre Urquell alles Daseyns.

Was jedem Dinge den ihm eigenthümlichen Vorzug giebt, das ist Gott, der Glanz der Gestirne, das Leuchten der Flamme, das Leben der Lebendigen, die Stärke der Starken, der Verstand der Verständigen, die Erkenntniß der Erkennenden, die Heiligkeit der Heiligen. (VII. 8–11. X. 38.) Was irgend für ein Verhältniß zwischen ihm und der Welt gedacht werden kann, in dem steht er, als Vater, Mutter, Erhalter, Zuflucht u. s. f., er ist die Lehre, die Reinigung, die heiligen Schriften, das Stillschweigen des Geheimnisses (IX. 16–18. X. 38.) die nie aufhörende Zeit. (X. 33.) Im zehnten Gesange geht Krischnas die ganze Schöpfung durch (19–42.) von den Fischen im Wasser bis zu den Göttern hinauf, die Berge, Meere, Winde, die Jahreszeiten und Zeitabschnitte, die Heerführer, Weisen, Heiligen, Dichter, Heldengeschlechter, und in jeder Gattung nennt er sich das oder den, welche in jeder das Vorzüglichste sind, unter den Nachkommen Pándus Ardschunas, unter den Heiligen Náradas, unter den Einsiedlern Vyásas, unter den Dichtern Usanas u. s. f. Selbst die grammatischen Formen und Buchstaben werden nicht vergessen. Er ist unter den zusammengesetzten Wörtern die zwei Begriffe unabhängig von einander verbindende Gattung, unter den Buchstaben das *a*, wobei, wenn es nicht bloß die Ehrfurcht andeutet, mit der man die Erfindung der Schrift betrachtete, vermuthlich mystische Vorstellungen zum Grunde lagen. Ich hebe aber dies ausdrücklich heraus, weil es beweist, daß, wenn dieses Distichon (X. 33.) nicht ein späteres Einschiebsel ist, zu der Zeit, in welcher das Gedicht entstand, schon ein Alphabet vorhanden war. Denn das deutliche Absondern eines Vocals vor der Reflexion kann kaum durch irgend einen Zeitraum von der Bezeichnung desselben getrennt seyn. Alles einzeln Aufgezählte aber, sagt Krischnas beim Schluß, habe er nur beispielsweise angeführt, denn die ganze Zahl der Wesen, in welchen er durch seine Wunderkraft erscheine, zu nennen, werde kein Ende gefunden. Was irgend groß, ausgezeichnet und vorzüglich, sey seines Glanzes theilhaftig und diese ganze Welt habe er mit einem Theile seiner Natur ausgestattet. (X. 40–42.) Hieraus geht nun auch deutlicher hervor, in welchem Sinne er sich Eins mit den Dingen der Natur nennt.

Was in den hier angeführten Stellen einzeln angegeben ist, wird in einer andren (VII. 19.) in den kurzen Ausdruck: *Vásudevas* (d. i. Krischnas, der Sohn des Vasudevas) *ist das All*, zusammengezogen.

Auf diese Weise muß das göttliche Wesen einander entgegengesetzte Eigenschaften in sich fassen, deren Widerspruch sich nur in der Allheit seiner Natur auflöst. In demselben Distichon sagt Krischnas von sich:

Der Kraftbegabten Kraft bin ich, von Begier frei und Leidenschaft,
Begier bin ich, die kein Recht hemmt, in den Geschöpfen, Bháratas.
(VII. 11.)

Ein Gott, der das Rasen der ungebändigten Naturkraft mit der Ruhe in sich verbindet, die in reiner Herrschaft des Geistigen über allem Endlichen schwebt, regt alle Bilder in der Phantasie an, welche eine große dichterische Wirkung hervorzubringen im Stande sind.

Diesem entspricht nun auch die Körpergestalt, die Gott zugeschrieben wird. Sie ist nichts anders, als eine sinnliche Übertragung seines geistigen Begriffes, nach welchem er, alle Wesen in sich fassend, sich in alle einzelne ergießt und doch zugleich in seiner Einheit, als wahre Monas dasteht. Man darf diese Vorstellung eines göttlichen Körpers nicht mit der menschlichen Gestalt verwechseln, welche die Mythologie andrer Völker und in einem andren Verstande, die Indische selbst ihren Göttern anbildet. In diesem philosophischen, nicht mythischen System wird die ganze Körperwelt zum Körper des Unendlichen, und zwar nicht wie sie sich allmählich und einzeln in ihren Wirkungen entwickelt, sondern in ihren, alles Vergangene,

Gegenwärtige und Zukünftige zugleich in sich fassenden Urkräften.

Ardschunas bittet Krischnas (XI. Ges.) sich ihm so zu zeigen, wie er sich ihm (seinem Wesen nach, denn bis dahin ist im Gedicht nicht von Körperform die Rede) geschildert hat. Krischnas gewährt seine Bitte, leiht ihm ein göttliches Auge, da menschliche dies nicht zu schauen vermögen, und offenbart sich ihm in seiner glanzgebildeten, allumfassenden, unendlichen, uranfänglichen, von niemand bis dahin erblickten Gestalt. Ardschunas sieht ihn nun zu dem Himmel emporragend, ohne Anfang, Mitte, noch Ende, mit vielen Köpfen, Augen und Armen, Tausende von göttlichen, an Farbe und Umrissen verschiedenen Gestalten in sich vereinigend, das Weltall mit seinem Glanz erwärmend, und in ihm alle Götter von dem im Lotuskelch sitzenden Brahmá an, alle Weisen, und die ganzen Schaaren der Geschöpfe jeglicher Art.

Wenn hoch am Himmel urplötzlich von tausend Sonnen rings empor
Licht flammte, gliche sein Strahlen dem Glanz dieses Erhabenen.
Das Weltganze, als Eins stehend, und mannigfaltig doch vertheilt,
in dem Körper der Sohn Pándus des Gotts der Götter schauete.
(XI. 12. 13.)

So hatte sich ihm Krischnas auch angekündigt,

Das Weltganze, als Eins stehend, was sich bewegt, was nicht, erblick'
in meinem Körper, Haarlockger, und was du sonst begehrst zu schaun. (XI. 7.)

und wer sich diese Ansicht zu eigen macht, erreicht die höchste Vollendung.

Wer, als in Einheit da stehend der Geschöpfe getheiltes Seyn,
und verbreitet von da schauet, der erhebet zur Gottheit sich.
(XIII. 30.)

Die niedrigste Stufe der Erkenntniß ist die, auf der man das Einzelne, getrennt von seinem Ursprung, als wäre es selbst das Ganze, betrachtet; die mittlere, wenn man im Einzelnen nur das Einzelne sieht, ohne zum Allgemeinen aufzusteigen. (XVIII. 20–22.)

Es ist aber bemerkenswerth, daß Krischnas ausdrücklich sagt (XI. 47.) daß er dem Ardschunas diese seine höchste Gestalt *durch Wirksamkeit seines Selbst* gezeigt hat, d. h. durch die Wunderkraft*, von der in der Folge die Rede seyn wird, vermöge welcher Gott und Menschen im Stande seyn sollen, indem sie sich, abstrahirend und auf Einen Punkt heftend, in ihr Innres vertiefen, ihr Wesen umzuformen, und Unmögliches hervorzubringen. Man darf vielleicht hieraus schließen, daß der Dichter diese Erscheinung Krischnas wirklich nur als einen Schein genommen wissen will, da sein von wahrem Spiritualismus durchdrungenes System dieser Vorstellung von vielfachen Gliedern, Sonnenglanz u. s. f. nicht bedarf, auch, wie wir gesehen, das göttliche Wesen sonst von ihm bloß als unsichtbar und ungetheilt geschildert wird.

Gott umfaßt aber nicht bloß alle Arten des Seyns, auch das Nicht Seyende ist er.

> Unsterblichkeit und Tod bin ich, was ist, was nicht ist, Ardschunas.
> (IX. 19.)

Auf ganz ähnliche Weise wird in Manus Gesetzbuch (I. 11.) die ewige, unsichtbare Grundursach, aus der Alles, auch Brahmá selbst, entsprungen ist, zugleich seyend und nicht seyend ge-

* Diese Kraft wird als ein wahrer Zauber (*máya*) geschildert, und diese *Brahmamáyá* findet sich auf Bildwerken so dargestellt, daß sie das zwiefache Wesen, welches sie in sich vereinigt, nicht bloß durch ihre mannweibliche Gestalt anzeigt, sondern auch auf der einen Seite der halb nach dem Munde hinaufgezogene Fuß auf das über sich selbst brütende Brahma, auf der andren die tanzende Bewegung auf die schaffend gaukelnde *Máyá* hindeutet. (Guigniaut. IV. 1. nr. 2. pl. 1. Fig. 2.)

nannt. Ich glaube nicht, daß dies, wie wohl geschehen, so zu verstehen ist, daß mit dem Seyn das Wesen Gottes an sich, mit dem Nichtseyn unsre Unmöglichkeit es sinnlich wahrzunehmen gemeint sey. Wenn man sich vollständig in die hier herrschende Vorstellungsart hineindenkt, so wird in dieser Bestimmung gleichsam die letzte Schranke der Allheit Gottes niedergerissen, das Allwesen umfaßte nicht Alles, wäre nicht unendlich, wenn seinem Seyn noch ein Nichtseyn entgegengesetzt werden könnte. Auch ist es in höherem und reinerem philosophischen Sinne richtig, daß die Gottheit dadurch, daß sie den Grund alles Seyns in sich faßt, nothwendig auch den Grund des Nichtseyns in sich enthalten muß. Ueberhaupt aber ist ein Seyn, das sich individuell in unzählige Geschöpfe vertheilt, und zugleich, als ein allgemeines, sie alle in sich vereinigt, mit keinem andren Seyn vergleichbar, und darum wird an einer andren Stelle gesagt:

> Die höchste Gottheit, anfangslos, heißt nicht unseyend, seyend nicht. (XIII. 12.)

was mit dem oben angeführten Verse im Grunde derselbe, nur von einer andren Seite genommene Gedanke ist.

In einem andren Sinne wird das Nicht-seyende genommen, wenn es das Gegentheil des Seyenden, als reales Seyn, als gediegene Wesenheit betrachtet, andeuten soll. Es wird alsdann (XVII. 28.) der Tugend und Wahrheit entgegengesetzt.

Die Geschöpfe sind in Gott. (VII. 12.)

> Den höchsten Geist erstrebt, Párthas, Dienst, schauend unverrückt nach ihm,
> dem die Geschöpfe inwohnen, der ausgespannet dieses All. (VIII. 22.)
>
> Zum Wohnort deine Natur habend, freut sich, du Sinnenherrscher, die Welt, dir gehorchend. (XI. 36.)

Er aber ist nicht in ihnen. (VII. 12. IX. 4.)

Durch diesen letzten Satz wird jedoch nur ausgedrückt, daß er von ihnen unabhängig ist, sie wohl mit seiner unendlichen Natur umfaßt, selbst aber nicht in ihrer endlichen befangen ist. Denn in andren, ihn nicht einengenden Beziehungen ist er allerdings in ihnen, geht in ihre Körper ein und verläßt sie, und wohnt im Herzen jedes Menschen. (XV. 7–11. XIII. 15. 17.) Doch wird dieses Seyn in ihnen, nicht, wie das ihrige in ihm, als absolut und reell angenommen, sondern nur mit Beschränkung, als ein *gewissermaßen, gleichsam Inwohnen*. (XIII. 16.) Auch dagegen verwahrt sich diese Lehre sorgfältig, daß das Seyn der endlichen Geschöpfe in dem unendlichen Schöpfer nicht seine Natur herabziehe. An einer Stelle folgt unmittelbar auf den Satz, daß die Geschöpfe in Gott sind, der gerade entgegengesetzte, und auf dieses, zugleich Seyn und Nichtseyn wird als auf die höchste Wunderkraft des göttlichen Wesens aufmerksam gemacht, worunter, nach der Analogie andrer Stellen, die Anspannung des göttlichen Geistes zu verstehen ist, durch welche er alle Wesen mit sich verbindet, und doch alle beschränkende Folgen dieser Verbindung aufhebt. (IX. 4. 5.) Dichterisch wird darauf dieser Widerspruch durch folgendes Gleichniß gelöst.

So wie des Aethers Raum füllet, allhindringend, die weite Luft,
der Geschöpfe Gesammtheit so mir inwohnend betrachte du.

(IX. 6.)

Dasjenige, was die Geschöpfe mit Gott verbindet, ist die geistige Natur. Sie ist dieselbe in allen. Gott ist eigentlich der jeden beseelende Geist. (X. 20.) Jeder kann daher in sich die übrigen Geschöpfe und sie in Gott erkennen.

Nicht zur Verblendung, Sohn Pándus, kehrst du zurück, erkennend das,
wo der Wesen Gesammtheit du in dir erst schauest, dann in mir.

(IV. 35.)

Wer in jedem Geschöpf selbst sich, und die Geschöpfe all' in sich
in fromm vertieftem Geist siehet, Eins und dasselbe überall,
wer überall nur mich schauet, und Alles schauet nur in mir,
in dem unter ich nicht gehe, und er nicht untergeht in mir.
Wer den Geschöpfen inwohnend mich ehrt, an Einheit hangend fest,
der, wo er immer mag weilen, vertiefet doch nur weilt in mir.
Wer immer in des Selbsts Gleichheit dasselbe schauet, Ardschunas,
wenn er empfindet Lust, wenn Schmerz, am tiefsten der vertiefet ist.
(VI. 29–32.)

Jene Wunderkraft Gottes wird auch eine magische, einen Schein hervorbringende genannt, und dadurch angedeutet, daß das einzige wahre Seyn doch nur das unvergängliche, ewige, alles übrige, dem Wechsel unterworfene aber nur ein durch die Gottheit erzeugtes Scheinbild ist. Da es aber schwer ist zu erkennen, daß Gott durch diesen Antheil an der Endlichkeit nicht beengt wird, und sein eigentliches, unsichtbares Seyn nicht mit jenem Seyn des Scheins zu verwechseln (VII. 25.) so täuscht jene Wunderkraft die Menschen. Der Herr der Geschöpfe, heißt es an einer andern Stelle, sitzt in der Gegend des Herzens, und macht die an dies rollende Rad der Endlichkeit Gehefteten durch seine Magie irre. Wer aber zu Gott gelangt, überwindet diesen Zauber. (VII. 14. 15. XVIII. 61.)

Er erkennt nemlich nicht nur die doppelte Natur, die nach diesem System in Gott angenommen werden muß, sondern täuscht sich auch nicht über das Verhältniß beider zu einander.

Erde, Wasser und Glutlodern, Luft und Aether, Gemüth, Vernunft,
Selbstgefühl, so in acht Theile ist die Natur gespalten mir;
die niedre, denn getrennt, wisse, von ihr ist andre, höchste mir,
lebenathmende, Großarmger, durch die fortdauert diese Welt;
denn als aus diesem Schooß sprießend, alle Dinge betrachte du.
(VII. 4–6. a.)

Zur Erläuterung dieser Stelle muß ich bemerken, daß die drei, hier der niedren Natur Gottes zugesellten geistigen Vermögen in der Indischen Philosophie überhaupt gewissermaßen den Sinnen gleichgestellt werden.

Das Gemüth (*manas*, der Etymologie nach, das lateinische *mens*) ist die Kraft, welche in der Seele dem körperlichen Wahrnehmen und Handeln entspricht. Denn die Indier nehmen, außer den fünf Werkzeugen der Sinne, fünf Werkzeuge des Handelns an, und setzen diese zehn mit dem *manas*, als dem eilften, in Eine Klasse.

Das Selbstgefühl (*ahankára*, wörtlich das, was das Ich bildet) wendet die äußeren und inneren Eindrücke auf die Persönlichkeit an, und schließt also das Selbstbewußtseyn und die Selbstsucht in sich ein.

Die Vernunft (*buddhi*) beschließt.

Über diesen dreien ist der reine, mit der eigentlichen göttlichen Natur verwandte Geist (*átman*, woher unser *athmen*, *puruscha*).

(Man sehe Colebrooke. *l. c.* p. 30. 31. und Burnouf's Auszüge aus dem Padmapurána, *Journal Asiatique.* VI. 99–101.) In unsrem Gedicht wird dies System nicht ausdrücklich auseinander gesetzt, aber der Anfang des 13. Gesanges und mehrere andre Stellen zeigen, daß es auch das des Dichters war.

Man sieht hieraus, daß die menschliche Natur nur eine Nachbildung, eine Vereinzelung der göttlichen ist, und wenn diese Körper schafft oder in Vernichtung sinken läßt, geht sie in dieselben ein, oder scheidet aus ihnen, und bedient sich der die Verbindung der Seele mit der Außenwelt bewirkenden Werkzeuge.

Denn in des Lebens Welt ziehet, lebenathmend, mein ewger Theil
an sich aus der Natur Schooße Gemüth und Sinne, sechs an Zahl.
Wo in den Körper eingehet, wo wieder ihn der Herrscher läßt,
da sich eint er, sie losreißend, wie Wind vom Lager Blüthenduft.
Umfassend da Gehör, Auge, Gefühl, Geschmack, Geruch zugleich

und das Gemüth in Herrschaft so, durchwirket er den Sinnenstoff.
(XV. 7–9.)

Gott verbindet sich also mit sterblichen Leibern und handelt, indem er sie hervorbringt, und menschliche Einrichtungen gründet. Er ist sogar genöthigt zu handeln, wenn das Weltenrad nicht still stehen soll. Aber die Verbindung mit der Endlichkeit befleckt, das Handeln fesselt ihn nicht, er läßt darin bloß die Natur walten. Hier kehrt nun, von der Gottheit ausgesagt, dieselbe Lehre zurück, die oben den Menschen eingeschärft wurde, daß gehandelt werden muß, daß nur das Hangen an den Erfolgen die Freiheit des Geistes bindet, und seine Ruhe stört, der völlige Gleichmuth aber auch das wirkliche Handeln in Nichthandeln auflöst. (IX. 8. 9.)

Nichts, Párthas, ist zu thun übrig in den drei Welten irgend mir,
unerstrebt nichts Erstrebbares, doch web' ich sichtbarlich in That.
Wenn unermüdet rastlos ich einmal in That nicht webete –
denn, Párthas, meines Fußtritts Spur die Menschen folgen überall –
diese Welten in Nichts sänken, wenn ich nicht fürder thäte That,
und Thäter des Gewirrs wär' ich, und dies Geschlecht ich mordete.
(III. 22–24.)
Ich stiftete die vier Kasten, nach Eigenschaft, Beruf getheilt,
doch sieh' in mir, der so handelt, den Ewigen, Nichthandelnden.
Denn mich beflecket Handlung nicht, nicht ist nach Handelns Frucht mir Lust.
Wer also mich im Geist kennet, der, handelnd, wird gefesselt nicht.
(IV. 13. 14.)
Unter mir die Natur zeuget, was sich bewegt, und nicht bewegt.
Aus diesem Grunde, Kaunteyas, die Welt herum sich, rollend, dreht.
(IX. 10.)
Denn anfangslos, naturstofffrei, der höchste Geist, der ewige,
in Leibern weilend, Kaunteyas, nicht handelt, nicht beflecket wird.

So wie des Adlers Feinheit wird, allhindringend, beflecket nicht,
im Körper überall wohnend der Geist so nicht beflecket wird.
(XIII. 31. 32.)

In der Endlichkeit muß nicht bloß das Vorhandene untergehen, auch das Untergegangene muß wieder geboren werden. Dies haben wir oben gesehen. Das Weltall folgt in Zwischenräumen bestimmter Jahrtausende, die Brahmás Tag und Nacht heißen, demselben Kreislauf, und Gott ist es, der es schafft und zerstört.

Denn der, welcher Brahmás Tag kennt, den tausend Alter fassenden,
die Nacht, die in sich faßt tausend, tag- und nachtkundig ist im Geist.
Es entsprießt dem Unsichtbaren das Sichtbare, wann kommt der Tag;
wann die Nacht kommt, es hinschwindet ins unsichtbar Genennete.
Der Geschöpfe Gesammtfügung, wenn sie gewesen, schwindet hin,
wann die Nacht kommt; von selbst, Párthas, erstehet sie, wann kommt der Tag.
(VIII. 17–19.)
Alle Geschöpfe, Kaunteyas, gehn in meine Natur zurück,
wann untergeht ein Weltalter, wann anhebt eins, entlass' ich sie.
Denn die eigne Natur sammelnd, entlass' ich, schaffend, für und für,
der Geschöpfe Gesammtfügung von selbst, wie die Natur es heischt.
(IX. 7. 8.)
Ich dieser ganzen Welt Ursprung bin, und Zerstörung wiederum.
Erhabner, als mich, kein zweites giebts irgend, Goldverschmäher, du.
An mich geknüpfet ist dies All, wie Perlenreih' am Faden hangt.
(VII. 6. b. 7.)

Dies letzte Gleichniß scheint die Philosophie von der Mythologie entlehnt zu haben, wenn nicht diese sich des dichterisch-philosophischen Ausdrucks zu ihrem Endzweck bemeistert hat. Denn auch in Bildwerken (Guigniaut. *Religions de l'Antiquité*. IV. *p.* 1. *nr.* 2. *pl.* I. *fig.* 2. u. a. a. O.) ist die Reihe der geschaffenen Dinge als eine Perlenschnur dargestellt. Es ist interessant, auf diese Weise eine Hieroglyphe in Dichtung entziffert, oder eine

Dichtung in Hieroglyphe übergetragen zu sehen. Hiermit muß man auch die sich wiederholenden irdischen Erscheinungen des göttlichen Wesens in Zusammenhang bringen, das sich gleichfalls immer selbst wieder erzeugt. In der That kann der Gedanke und überhaupt alles Geistige nicht durch Ruhe, sondern nur durch Selbstthätigkeit, also durch ewig sich erneuernde Zeugung fortbestehen.

> Von mir Geburten viel schon sind, von dir vorüber, Ardschunas,
> und alle sie im Geist kenn' ich; du, Feindverderber, kennst sie nicht.
> Bin unvergänglich, anfangslos und der Geschöpfe Herr ich gleich,
> doch die eigne Natur sammelnd werd' ich durch meines Zaubers Schein.
> Wie Ermatten des Rechts anhebt jedesmal hier, o Bháratas,
> und Erstehen des Unrechtes, so mich erschaff' ich wiederum.
> Zu der Schutzwehr der Frommsinngen, zu der Gottlosen Untergang,
> zu des ewigen Rechts Festgung ersteh' ich neu von Zeit zu Zeit.
> Mein göttlich Thun und mein Werden wer so in reiner Wahrheit kennt,
> der in Geburt im Tod nicht geht, zu mir der gehet, Ardschunas.
>
> (IV. 5–9.)

Das Entstehen der Wesen wird auch auf folgende Weise geschildert. Der Dichter braucht statt des gewöhnlichen Ausdrucks für den Körper einen andren (*kschetra*) den man das Irdische übersetzen kann, den wir aber noch allgemeiner *Stoff*, *Materie* benennen wollen. Als Bestandtheile desselben zählt er die fünf Elemente, die fünf Sinnengegenstände, die eilf Körperwerkzeuge, Selbstgefühl, Vernunft, Lust und Schmerz, Begier und Abscheu, Mannigfaltigkeit, Denkkraft, Festigkeit und was sehr auffallend ist, das Unsichtbare auf. (XIII. 1–7.) Diesem veränderlichen Stoff stellt er den *Stoffkundigen* entgegen. Diesen nennt Krischnas Eins mit sich. In seiner Verbindung mit dem Stoff besteht alle Zeugung.

Was überall entsteht wahrhaft, ob Festes, ob Bewegliches,
durch des Stoffes und Stoffkundgen Eingung das wisse, Bháratas.
(XIII. 26.)

Wie diese ganze Welt Eine Sonne, Glanz sendend, strahlend macht,
den ganzen Stoff der Stoffkundge so strahlen machet, Bháratas.
(XIII. 33.)

Es bringt keine wesentliche Lücke in dem System unsres Gedichts hervor, wenn man diese nur im 13. Gesange vorgetragene Vorstellungsart ganz übergeht, und ich gestehe, daß sie mir auf keine Weise ganz klar ist. Am meisten machen mich die aufgezählten Bestandtheile irre, unter denen sich zwar die 25 den Indischen philosophischen Systemen (Colebrooke. *l. c.* p. 30. 31.) gewöhnlichen Grundstoffe größtentheils wiederfinden, aber auch andre, die theils, wie Begier und Abscheu im Gemüth, schon in andren enthalten sind, theils dem irdischen Stoff fremd scheinen. So hätte ich das Unsichtbare mit dem Stoffkundigen für dasselbe gehalten. In Manus Gesetzbuch (XII. 12–15.) in einer gleichfalls sehr dunkeln Stelle kommt dieser Ausdruck in einem andren, mehr untergeordneten Sinne vor.

Gott sieht nur auf die Gesinnung. Er nimmt alles ihm mit Verehrung Gebotne an, Wasser, eine Blume, ein Blatt. Er ist gleichgesinnt gegen alle. Wer sich zu ihm wendet, der Brahman oder ein Knecht, alle können den höchsten Weg einschlagen. Aber die wohlwollend gegen alle Geschöpfe Gesinnten, die Tugendhaften, Gleichmüthigen, Frommen sind ihm theuer. (IX. 26. 32. 33. XII. 13–20.)

Gott ist der eigentliche Gegenstand aller wahren Erkenntniß, das zu Erkennende im absoluten Verstande. Indem der Dichter dies ausführt, und die Eigenschaften Gottes noch einmal kurz zusammenfaßt, kommt sein wahres Wesen immer darauf hinaus, daß er, in nur durch seine Natur zu lösendem Widerspruch, alles Endliche in sich schließt, und als unendlich, doch von allem Endlichen frei ist. (XIII. 12–17.)

Über die unter dem Namen Bhagavad-Gítá bekannte Episode des Mahá-Bhárata [30. Juni 1825].
In: *Abhandlungen der Königlichen Akademie der Wissenschaften zu Berlin. Aus dem Jahre 1825.*
Berlin: Dümmler 1828: 1–20.
(GS V: 190–209)

9. Schiller

Aus: *Ueber Schiller und den Gang seiner Geistesentwicklung* (1830)

Was jedem Beobachter an Schiller am meisten, als charakteristisch bezeichnend, auffallen musste, war, dass in einem höheren und praegnanteren Sinn, als vielleicht je bei einem Anderen, der Gedanke das Element seines Lebens war. Anhaltend selbstthätige Beschäftigung des Geistes verliess ihn fast nie, und wich nur den heftigeren Anfällen seines körperlichen Uebels. Sie schien ihm Erholung, nicht Anstrengung. Dies zeigte sich am meisten im Gespräch, für das Schiller ganz eigentlich geboren schien. Er suchte nie nach einem bedeutenden Stoff der Unterredung, er überliess es mehr dem Zufall, den Gegenstand herbeizuführen, aber von jedem aus leitete er das Gespräch zu einem allgemeineren Gesichtspunkt, und man sah sich nach wenigen Zwischenreden in den Mittelpunkt einer den Geist anregenden Discussion versetzt. Er behandelte den Gedanken immer als ein gemeinschaftlich zu gewinnendes Resultat, schien immer des Mitredenden zu bedürfen, wenn dieser sich auch bewusst blieb, die Idee allein von ihm zu empfangen, und liess ihn nie müssig werden. Hierin unterschied sich sein Gespräch am meisten von dem Herderschen. Nie vielleicht hat ein Mann schöner gesprochen als Herder, wenn man, was, bei Berührung irgend einer leicht bei ihm anklingenden Saite, nicht schwer war, ihn in aufgelegter Stimmung antraf. Alle seltenen Eigenschaften dieses mit Recht bewunderten Mannes schienen, so geeignet waren sie für dasselbe, im Gespräch ihre Kraft zu verdoppeln. Der Gedanke verband sich mit dem Ausdruck mit der Anmuth und Würde, die, da sie in Wahrheit allein der Person angehören, nur vom Gegenstande herzukommen scheinen. So floss die Rede ununterbrochen hin in der Klarheit, die doch noch dem eignen Erahnden übriglässt, und in dem Helldunkel, das doch nicht hindert, den Gedanken bestimmt zu erkennen. Aber wenn die Materie erschöpft war, so gieng man zu einer neuen über. Man förderte nichts durch Einwendungen, man hätte eher gehindert. Man hatte gehört, man konnte nun selbst reden, aber man vermisste die Wechselthätigkeit des Gesprächs. Schiller sprach nicht eigentlich schön. Aber sein Geist strebte immer in Schärfe und Bestimmtheit einem neuen geistigen Gewinne zu, er beherrschte dies Streben, und schwebte in vollkommener Freiheit über seinem Gegenstande. Daher benutzte er in leichter Heiterkeit jede sich darbietende Nebenbeziehung, und daher war sein Gespräch so reich an den Worten, die das Gepräge glücklicher Geburten des Augenblicks an sich tragen. Die Freiheit that aber dem Gange der Untersuchung keinen Abbruch. Schiller hielt immer den Faden fest, der zu ihrem Endpunkt führen musste, und wenn die Unterredung nicht durch einen Zufall gestört wurde, so brach er nicht leicht vor Erreichung des Zieles ab.

So wie Schiller im Gespräch immer dem Gebiete des Denkens neuen Boden zu gewinnen suchte, so war überhaupt seine geistige Beschäftigung immer eine von angestrengter Selbstthätigkeit. Auch seine Briefe zeigen dies deutlich. Er kannte sogar keine andre. Blosser Lecture überliess er sich nur spät Abends und in seinen, leider so häufig schlaflosen Nächten. Seinen Tag nahmen seine Arbeiten ein, oder bestimmte Studien für dieselben, wo also der Geist durch die Arbeit und die Forschung zugleich in Spannung gehalten wird. Das blosse, von keinem andren unmittelbaren Zweck, als dem des Wissens, geleitete Studiren, das für den damit Vertrauten einen so unendlichen Reiz hat, dass man sich verwahren muss, dadurch nicht zu sehr von bestimmterer Thätigkeit abgehalten zu werden, kannte er nicht, und achtete es nicht genug. Das Wissen erschien ihm zu stoffartig, und die Kräfte des Geistes zu edel, um in dem Stoffe mehr zu sehen, als ein Material zur Bearbeitung.

Nur weil er die allerdings höhere Anstrengung des Geistes,

welche selbstthätig aus ihren eignen Tiefen schöpft, mehr schätzte, konnte er sich weniger mit der geringeren befreunden. Es ist aber auch merkwürdig, aus welchem kleinen Vorrath des Stoffes, wie entblösst von den Mitteln, welche andren ihn zuführen, Schiller eine sehr vielseitige Weltansicht gewann, die, wo man sie gewahr wurde, durch genialische Wahrheit überraschte; denn man kann die nicht anders nennen, die durchaus auf keinem äusserlichen Wege entstanden war. Selbst von Deutschland hatte er nur einen Theil gesehen, nie die Schweiz, von der sein Tell doch so lebendige Schilderungen enthält. Wer einmal am Rheinfall steht, wird sich beim Anblick unwillkührlich an die schöne Strophe des Tauchers erinnern, welche dies verwirrende Wassergewühl malt, das den Blick gleichsam fesselnd verschlingt; doch lag auch dieser keine eigne Ansicht zum Grunde. Aber was Schiller durch eigne Erfahrung gewann, das ergriff er mit einem Blick, der ihm hernach auch das anschaulich machte, was ihm bloss fremde Schilderung zuführte. Dabei versäumte er nie, zu jeder Arbeit Studien durch Lecture zu machen, auch was er in dieser Art Dienliches zufällig fand, prägte sich seinem Gedächtniss fest ein, und seine rastlos angestrengte Phantasie, die in beständiger Lebendigkeit bald diesen, bald jenen Theil des irgend je gesammelten Stoffes bearbeitete, ergänzte das Mangelhafte einer so mittelbaren Auffassung.

Auf ganz ähnliche Weise eignete er sich den Geist der Griechischen Dichtung an, ohne sie je anders, als aus Uebersetzungen zu kennen. Er scheute dabei keine Mühe, er zog die Uebersetzungen vor, die darauf Verzicht leisten, für sich zu gelten, am liebsten waren ihm die wörtlichen lateinischen Paraphrasen. So übersetzte er die Scenen und die *Hochzeit der Thetis* aus dem Euripides. Ich gestehe, dass ich diesen Chor immer mit grossem Vergnügen wiederlese. Es ist nicht bloss eine Uebertragung in eine andre Sprache, sondern in eine andre Gattung von Dichtung. Der Schwung, in den die Phantasie von den ersten Versen an versetzt wird, ist ein verschiedner, also gerade das, was die rein poetische Wirkung ausmacht. Denn diese kann man nur in die allgemeine Stimmung der Phantasie und des Gefühls setzen, die der Dichter, unabhängig von dem Ideen-Gehalte, bloss durch den seinem Werke beigegebenen Hauch seiner Begeisterung im Leser hervorruft. Der antike Geist blickt, wie ein Schatten, durch das ihm geliehene Gewand. Aber in jeder Strophe sind einige Züge des Originals so bedeutsam herausgehoben, und so rein hingestellt, dass man dennoch vom Anfang bis zum Ende beim Antiken festgehalten wird. Ich meinte indess nicht vorzugsweise diese Uebersetzung, wenn ich von Schiller's Eingehen in Griechischen Dichtergeist sprach, sondern zwei seiner späteren Stücke. Auch hierin hatte Schiller bedeutende Fonschritte gemacht. Die *Kraniche des Ibycus* und das *Siegesfest* tragen die Farbe des Alterthums so rein und treu an sich, als man es nur irgend von einem modernen Dichter erwarten kann, und zwar auf die schönste und geistvollste Weise. Der Dichter hat den Sinn des Alterthums in sich aufgenommen, er bewegt sich darin mit Freiheit, und so entspringt eine neue, in allen ihren Theilen nur ihn athmende Dichtung. Beide Stücke stehen aber wieder in einem merkwürdigen Gegensatz gegen einander. Die *Kraniche des Ibycus* erlaubten eine ganz epische Ausführung, was den Stoff dem Dichter innerlich werth machte, war die daraus hervorspringende Idee der Gewalt künstlerischer Darstellung über die menschliche Brust. Diese Macht der Poesie, einer unsichtbaren, bloss durch den Geist geschaffenen, in der Wirklichkeit verfliegenden Kraft gehörte wesentlich in den Ideenkreis, der Schiller lebendig beschäftigte. Schon acht Jahre, ehe er sich zur Ballade in ihm gestaltete, schwebte ihm dieser Stoff vor, wie deutlich aus den *Künstlern* aus den Versen hervorgeht:

> vom Eumenidenchor geschrecket,
> zieht sich der Mord, auch nie entdecket,
> das Loos des Todes aus dem Lied.

Diese Idee erlaubte aber auch eine vollkommen antike Ausführung; das Alterthum besass Alles, um sie in ihrer ganzen Reinheit und Stärke hervortreten zu lassen. Daher ist Alles in der ganzen Erzählung unmittelbar aus ihm entnommen, besonders das Erscheinen und der Gesang der Eumeniden. Der Aeschylische bekannte Chor ist so kunstvoll in die moderne Dichtungsform in Reim und Sylbenmaass verwebt, dass nichts von seiner stillen Grösse aufgegeben scheint. Das *Siegesfest* ist lyrischer und betrachtender Natur. Hier konnte und musste der Dichter aus der Fülle seines Busens hinzufügen, was nicht im Ideen- und Gefühlskreise des Alterthums lag. Aber im Uebrigen ist Alles im Sinne der Homerischen Dichtung ebenso rein, als in dem andren Gedicht. Das Ganze ist nur, wie in einer höheren, mehr abgesondert gehaltenen Geistigkeit ausgeprägt, als dem alten Sänger eigen ist, und erhält gerade dadurch seine grössesten Schönheiten. An einzelnen, aus den Alten entnommenen Zügen, in die aber oft eine höhere Bedeutung gelegt ist, sind auch frühere Gedichte Schillers reich. Ich erwähne hier nur die Schilderung des Todes aus den *Künstlern*,

den sanften Bogen der Nothwendigkeit,

der so schön an die *ἀγανὰ βέλεα* (die sanften Geschosse) bei Homer erinnert, wo aber die Uebertragung des Beiworts vom Geschoss auf den Bogen selbst dem Gedanken einen zarteren und tieferen Sinn giebt.

Die Zuversicht in das Vermögen der menschlichen Geisteskraft, gesteigert zu einem dichterischen Bilde, ist in den *Columbus* überschriebenen Distichen ausgedrückt, die zu dem Eigenthümlichsten gehören, was Schiller gedichtet hat. Dieser Glaube an die dem Menschen unsichtbar inwohnende Kraft, die erhabene und so tief wahre Ansicht, dass es eine innere geheime Uebereinstimmung geben muss zwischen ihr, und der das ganze Weltall ordnenden und regierenden, da alle Wahrheit nur Abglanz der ewigen, ursprünglichen seyn kann, war ein charakteristischer Zug in Schiller's Ideensystem. Ihm entsprach auch die Beharrlichkeit, mit der er jeder intellectuellen Aufgabe so lange nachgieng, bis sie befriedigend gelöst war. Schon in den Briefen Raphaels an Julius in der Thalia in dem kühnen, aber schönen Ausdruck: »als Columbus die bedenkliche Wette mit einem unbefahrenen Meer eingieng« findet sich der gleiche Gedanke an dasselbe Bild geknüpft.

Dem Inhalte und der Form nach, waren Schillers philosophische Ideen ein getreuer Abdruck seiner ganzen geistigen Wirksamkeit überhaupt. Beide bewegten sich immer im nämlichen Gleise und strebten dem gleichen Ziel zu, allein auf eine Weise, dass die lebendigere Aneignung immer reicheren Stoffs, und die Kraft des ihn beherrschenden Gedanken sich unaufhörlich zu wechselseitiger Steigerung bestimmten. Der Endpunkt, an den er Alles knüpfte, war die Herstellung der *Totalität* in der menschlichen Natur durch das Zusammenstimmen ihrer geschiedenen Kräfte in ihrer absoluten Freiheit. Beide dem Ich, das nur Eins und ein Untheilbares seyn kann, angehörend, aber die eine Mannigfaltigkeit und Stoff, die andre Einheit und Form suchend, sollten sie durch ihre freiwillige Harmonie schon hier auf einen über alle Endlichkeit hinaus liegenden Ursprung hindeuten. Die Vernunft, unbedingt herrschend in der Erkenntniss und Willensbestimmung, sollte die Anschauung und Empfindung mit schonender Achtung behandeln und nirgends in ihr Gebiet übergreifen, dagegen sollten diese sich aus ihrem eigenthümlichen Wesen, und auf ihrer selbstgewählten Bahn zu einer Gestalt emporbilden, in welcher jene, bei aller Verschiedenheit des Princips, sich der Form nach wiederfände. Diese, nicht auf entdeckbaren Wegen entstehende, sondern wie durch plötzliches Wunder überraschende Uebereinstimmung zu vermitteln, den in sich unabweisbaren Widerspruch beider Naturen durch einen in ihrer Wechselbeziehung auf einander gegründeten Schein aufzuheben, und dem Menschen dadurch in der Erscheinung ein Bild desjenigen zu geben, was ausser aller Erscheinung liegt, vermag allein die Richtung in ihm, welche wir die *ästhetische* nennen. Denn sie behandelt den Stoff mit einer, auf dem Gebiete der Sinnlichkeit entsprungenen, nicht von der Idee erborgten, und dennoch als Freiheit erscheinenden Selbstthätigkeit.

In *Anmuth und Würde* und in *den Briefen über die aesthetische Erziehung des Menschen* ist diese Vorstellungsweise ausführlich dargelegt. Ich zweifle, dass diese, mit den gehaltreichsten Ideen und einer seltenen Schönheit des Vortrags ausgestatteten Aufsätze jetzt noch häufig gelesen werden, aber es ist in vieler Rücksicht zu bedauern. Zwar sind beide Werke, und namentlich die Briefe, nicht von dem Vorwurfe frei zu sprechen, dass Schiller, um seine Behauptungen fest zu begründen, einen zu strengen und abstracten Weg gewählt, und es sich zu sehr versagt hat, seinen Gegenstand auf eine in der Anwendung fruchtbarere Weise zu behandeln, ohne doch dadurch den Forderungen einer Deduction bloss aus Begriffen wirklich zu genügen. Aber über den Begriff der Schönheit, über das Aesthetische im Schaffen und Handeln, also über die Grundlagen aller Kunst, so wie über die Kunst selbst enthalten diese Arbeiten alles Wesentliche auf eine Weise, über die es niemals möglich seyn wird hinauszugehen. In diesem ganzen Gebiet dürfte schwerlich eine Frage vorkommen, deren richtige Beantwortung sich nicht würde bis zu den in diesen Abhandlungen aufgestellten Principien hinaufführen lassen. Dies liegt nicht bloss in der scharfen Absonderung und Begränzung der Begriffe, sondern fliesst bei weitem mehr aus dem viel seltneren Verdienst, alle in ihrem ganzen Umfange, ihrem vollen Gehalte, schon mit der Ahndung aller aus ihnen hervorgehenden Folgerungen hingestellt zu haben. Ueberhaupt werden die Ideen in diesen Aufsätzen nicht sowohl gespalten und zerlegt, als, wenn mir das Gleichniss erlaubt ist, gewissermassen in Facetten geschnitten, von denen jede ein neues Licht empfängt und zurückwirft. Dies gilt vorzüglich von der letzten Hälfte von *Anmuth und Würde*, wo die Unterschiede zwischen verschiedenen Arten der Gesinnung und des Betragens geschildert sind.

Niemals vorher sind diese Materien so rein, so vollständig und lichtvoll abgehandelt worden. Es war aber damit unendlich viel nicht bloss für die sichere Scheidung der Begriffe, sondern auch für die aesthetische und sittliche Bildung gewonnen. Kunst und Dichtung waren unmittelbar an das Edelste im Menschen geknüpft, dargestellt als dasjenige, woran er erst zum Bewusstseyn der ihm inwohnenden, über die Endlichkeit hinaus strebenden Natur erwacht. So waren beide auf die Höhe gestellt, welcher sie wirklich entstammen. Sie auf dieser vor der Entweihung jeder kleinlichen und herabziehenden Ansicht, jeder nicht aus ihrem reinen Element entsprungenen Empfindung zu sichern, war im eigentlichsten Verstande Schillers beständiges Bemühen, erschien als seine wahre, ihm durch seine ursprüngliche Richtung gegebene Lebensbestimmung. Seine ersten und strengsten Forderungen ergehen daher an den Dichter selbst, von dem er nicht bloss gleichsam abgesondert wirkendes Genie und Talent, sondern eine, der Höhe seines Berufs zusagende Stimmung des ganzen Gemüths, nicht bloss eine augenblickliche, sondern eine zum Charakter gewordene Erhebung verlangt. »Ehe er es unternimmt, die Vortrefflichen zu rühren, soll er es zu seinem ersten und wichtigsten Geschäft machen, seine Individualität selbst zur reinsten, herrlichsten Menschheit hinaufzuläutern.« Die *Recension der Bürgerschen Gedichte*, aus welcher diese Stelle genommen ist, hat Schiller'n den Vorwurf der Ungerechtigkeit gegen diesen mit Recht beliebten Dichter zugezogen. Allerdings ist sie streng. Denn solange der ungefähr gleiche Zustand der Sprache den Gedichten unsrer Zeit in Deutschland allgemeinen Eingang verstattet (eine Bedingung, an welche das Wirken aller Dichtung geknüpft ist), wird Bürger gewiss jede Phantasie auf das poetischste anregen, und jedes Gemüth mit einer ihm ganz eignen Wahrheit und Innigkeit ergreifen. Schiller gesteht in einem seiner späteren Briefe auch selbst ein, in jener Kritik das Ideal zu unmittelbar auf einen besonderen Fall angewendet zu haben. Allein an den darin aufgestellten allgemeinen Forderungen würde er darum gewiss nichts nachgelassen haben, und diese verdienen gerade hier, als wahrhaft individuelle und persönliche Ansicht Schillers, herausgehoben zu werden. An niemand richtete er diese Forderungen so streng, als an sich selbst. Man kann von ihm mit Wahrheit sagen, dass, was auch nur von fern an das Gemeine, selbst an das Gewöhnliche gränzte, ihn niemals berührte, dass er die hohen und edeln Ansichten, die sein Denken erfüllten, auch ganz in seine Empfindungsweise und sein Leben übertrug, und im Dichten immer mit gleicher Lebendigkeit, auch bei kleinen Productionen, vom Streben nach dem Ideale begeistert war. Daher findet sich in seinen Werken so Weniges, was man matt oder mittelmässig nennen müsste. Allerdings trug dazu auch das, was ich früher berührte, sehr viel bei, dass nämlich seine Geisteskraft immer mit gleicher Anstrengung arbeitete, und dass es ihm durchaus fremd war, sie bei einer gleichsam erholenden Arbeit eine Abspannung finden zu lassen. Es mag Individualitäten geben, welchen seine ganze Dichtungsweise, und seine ganze philosophische Ansicht minder zusagt. Allein nur wenig Einzelnes wird man, als seiner nicht würdig, ausstossen, indem man das Andre enthusiastisch erhebt, und der Tadel selbst, um dies hier im Vorbeigehen zu bemerken, wird gerade seine individuellsten Seiten treffen, und also die hohe Einheit seiner Natur in ein noch helleres Licht stellen. Die Strenge seines Urtheils über seine frühesten Productionen spricht eine Stelle in der *Bürgerschen Recension* klar und mit Stärke aus, und noch deutlicher die zwei Jahre vor seinem Tode geschriebene Vorerinnerung zu der Sammlung seiner Gedichte. Allein was darin seinen grossen und zarten Sinn verletzte, der in dem, was man die zweite Epoche seines Lebens nennen kann, im *Don Carlos* so hell leuchtend hervortrat, und seitdem nie durch einen Flecken getrübt ward, gieng nicht die Individualität, nicht die Persönlichkeit des Dichters an. Seine hohe, reine, nach Totalität strebende Ansicht der menschlichen Natur und des Lebens spricht auch aus jenen Productionen. Das in ihnen Verletzende bedurfte nur einer künstlerischen Berichtigung, entsprang nur aus misverstandenen Begriffen von poetischer Wahrheit, aus noch nicht hinlänglich gefühlter Nothwendigkeit der Unterordnung der Theile unter die Einheit des Ganzen, dann im Einzelnen aus nicht gehörig geläutertem Geschmack. Zugleich trugen die gewählten Stoffe dazu bei. Im *Carlos* befand sich Schiller, wie in einer anderen Sphäre. Hier stellte sich ihm der grosse Gegensatz weltbürgerlicher Ansicht und sich tief dünkender, beengter Staatsklugheit dar, und zeigte ihm von aller Erfahrung absehende Ideen im Kampf mit einer Beschränktheit, die Erfahrung ohne Ideen möglich hält. Unmittelbar daran hieng das Schicksal in ihren Volks- und Gewissensrechten gekränkter, in gerechtem Abfall begriffener Provinzen, und in dies grosse politische Interesse war eine in ihrem ersten Aufwallen reine und schwärmerische, und schuldlos und zart erwiederte Liebe verwebt. So umgab dieser Stoff den Dichter, wie mit einem höher emportragenden Element. Allerdings entsprang die Wahl desselben aus der ihr vorangehenden Stimmung des Gemüthes. Diese zeigt sich auch in der veränderten äusseren Form, dem Verlassen der Prosa, zu der er zwar in den ersten Entwürfen zum Wallenstein zurückkehrte, bald aber, wieder zum Verse hingerissen, seinen Irrthum, und nun für immer, erkannte. Die erste Scene zwischen Max und Thekla, früher ausgearbeitet, als die ihr vorangehenden, widerstrebte dem prosaischen Ausdruck; sie war die erste in Versen.

Der Poesie unter den menschlichen Bestrebungen die hohe und ernste Stellung, von der ich oben gesprochen, anzuweisen, von ihr die kleinliche und die trockene Ansicht abzuwehren, welche, jene ihre Würde, diese ihre Eigenthümlichkeit, verkennend, sie nur zu einer tändelnden Verzierung und Verschönerung des Lebens machen, oder unmittelbar moralisches Wirken und Belehrung von ihr verlangen, ist, wie man sich nicht genug wiederholen kann, tief in Deutscher Sinnes- und Empfindungsart gegründet. Schiller sprach, nur auf seine individuelle Weise, darin aus, was seine Deutschheit in ihn gelegt hatte, was ihm aus den Tiefen der Sprache entgegen klang, deren geheimes Wirken er so trefflich vernahm, und so meisterhaft wieder zu benutzen verstand. Es liegt in der grossen Oekonomie der Geistesentwicklung, welche die ideale Seite der Weltgeschichte, gegenüber den Thaten und Ereignissen, ausmacht, ein gewisses Mass, um welches der Einzelne, auch am günstigsten Bevorrechtete, sich nur über den Geist seiner Nation erheben kann, um, was dieser ihm unbewusst verlieh, durch Individualität bearbeitet, in ihn zurückströmen zu lassen. Die Kunst nun, und alles ästhetische Wirken von ihrem wahren Standpunkte aus zu betrachten, ist keiner neueren Nation in dem Grade, als der Deutschen, gelungen, auch denen nicht, welche sich der Dichter rühmen, die alle Zeiten für gross und hervorragend erkennen werden. Die tiefere und wahrere Richtung im Deutschen liegt in seiner grösseren Innerlichkeit, die ihn der Wahrheit der Natur näher erhält, in dem Hange zur Beschäftigung mit Ideen und auf sie bezogenen Empfindungen, und in Allem, was hieran geknüpft ist. Dadurch unterscheidet er sich von den meisten neueren Nationen, und in näherer Bestimmung des Begriffes der Innerlichkeit, wieder auch von den Griechen. Er sucht Poesie und Philosophie, er will sie nicht trennen, sondern strebt sie zu verbinden, und solange dies Streben nach Philosophie, auch ganz reiner, abgezogener Philosophie, das auch sogar unter uns nicht selten in seinem unentbehrlichen Wirken verkannt und gemisdeutet wird, in der Nation fortlebt, wird auch der Impuls fortdauern, und neue Kräfte gewinnen, den mächtige Geister in der letzten Hälfte des vorigen Jahrhunderts unverkennbar gegeben haben. Poesie und Philosophie stehen, ihrer Natur nach, in dem Mittelpunkte aller geistigen Bestrebungen, nur sie können alle einzelnen Resultate in sich vereinigen, nur von ihnen kann in alles Einzelne zugleich Einheit und Begeisterung überströmen, nur sie repraesentiren eigentlich, was der Mensch ist, da alle übrigen Wissenschaften und Fertigkeiten, könnte man sie je ganz von ihnen scheiden, nur zeigen würden, was er besitzt und sich angeeignet hat. Ohne diesen zugleich erhellenden und Funken weckenden Brennpunkt, bleibt auch das ausgebreitetste Wissen zu sehr verstückelt, und wird die Rückwirkung auf die Veredlung des Einzelnen, der Nation und der Menschheit gehemmt und kraftlos gemacht, welche doch der einzige Zweck alles Ergründens der Natur und des Menschen und des unerklärbaren Zusammenhanges beider seyn kann. Das

Forschen um der Wahrheit und das Bilden und Dichten um der Schönheit willen werden zum leeren Namen, wenn man Wahrheit und Schönheit da aufzusuchen flieht, wo ihre verwandten Naturen sich nicht zerstreut an einzelnen Gegenständen, sondern als reine Objecte des Geistes offenbaren. Schiller kannte keine andre Beschäftigung, als gerade mit Poesie und Philosophie, und die Eigenthümlichkeit seines intellectuellen Strebens bestand gerade darin, die Identität ihres Ursprungs zu fassen und darzustellen. Die obigen Betrachtungen knüpfen sich daher unmittelbar an ihn an.

Eine Idee, mit der Schiller vorzugsweise gern sich beschäftigte, war die Bildung des rohen Naturmenschen, wie er ihn annimmt, durch die Kunst, ehe er der Cultur durch Vernunft übergeben werden konnte. Prosaisch und dichterisch hat er sie mehrfach ausgeführt. Auch bei den Anfängen der Civilisation überhaupt, dem Uebergange vom Nomadenleben zum Ackerbau, bei dem, wie er es so schön ausdrückt, mit der frommen, mütterlichen Erde gläubig gestifteten Bund verweilte seine Phantasie vorzugsweise gern. Was die Mythologie hiermit Verwandtes darbot, hielt er mit Begierde fest; ganz den Spuren der Fabel getreu bleibend, bildete er Demeter, die Hauptgestalt in diesem Kreis, indem er sich in ihrer Brust menschliche Gefühle mit göttlichen gatten liess, zu einer ebenso wundervollen, als tief ergreifenden Erscheinung aus. Es war lange ein Lieblingsplan Schiller's, die erste Gesittung Attika's durch fremde Einwanderungen episch zu behandeln. Das *Eleusische Fest* ist an die Stelle dieses unausgeführt gebliebenen Planes getreten.

Hätte Schiller das Aufleben der Indischen Literatur erlebt, so würde er eine engere Verbindung der Poesie mit der abgezogensten Philosophie kennen gelernt haben, als die Griechische Literatur aufzuweisen hat, und die Erscheinung würde ihn lebhaft ergriffen haben. Die Indische Poesie, in ihrer früheren Epoche nämlich, hat überhaupt einen mehr feierlichen, frommen und religiösen Charakter, als die Griechische, ohne darum, gleichsam unter fremder Herrschaft stehend, an eigner Freiheit einzubüssen. Nur am Vorzug des Plastischen möchte sie dadurch wirklich verlieren.

Es ist in hohem Grade zu beklagen, aber auch gewissermassen zu verwundern, dass Schiller bei seinen Raisonnements über den Entwicklungsgang des Menschengeschlechts auch nicht Einmal der Sprache erwähnt, in welcher sich doch gerade die zwiefache Natur des Menschen, und zwar nicht abgesondert, sondern zum Symbole verschmolzen, ausprägt. Sie vereinigt im genauesten Verstande ein philosophisches und poetisches Wirken in sich, letzteres zugleich in der im Wort liegenden Metapher und in der Musik seines Schalles. Zugleich bietet sie überall einen Uebergang ins Unendliche dar, indem ihre Symbole die Kraft zur Thätigkeit reizen, allein dieser Thätigkeit nirgends Gränzen stecken, und auch das höchste Mass des in sie Gelegten durch ein noch grösseres überboten werden kann. Sie hätte daher gerade in Schiller's Ideenkreis als ein willkommener Gegenstand erscheinen müssen. Indess gehört die Sprache allerdings der Nation und dem Geschlecht, nicht dem Einzelnen an, und der Mensch kann sie, ehe er sie begreifen lernt, lange, als ein todtes Werkzeug gebrauchen, ohne von dem sie durchdringenden Leben ergriffen zu werden. Unbedingt kann sie daher nicht als ein Bildungsmittel gelten. Es giebt aber dennoch eine, zwar nicht ursprünglich schaffende, allein doch still fortbildende Einwirkung des Menschen auf seine Sprache, und die Sprachen haben ihren höchsten poetischen und musikalischen Gehalt immer in ihrer früheren, dann mit einem besondren Schwunge der Phantasie der Völker, die sie reden, verbundenen Formung. Sie verlieren von diesem Gehalt im Laufe der Zeit, allein ihr Aufsteigen dazu ist wenigstens uns selten sichtbar, und bleibt eher problematisch. Wenn man daher von der Betrachtung des wundervollen Baues von Sprachen ganz culturloser Nationen, sich ihrer Zergliederung, wie der eines Naturgegenstandes, mit offnem und unbefangnem Sinne hingebend, zur Erwägung des in ewiges Dunkel gehüllten ursprünglichen Zustandes des Menschengeschlechts übergeht; so sollte man, da die Sprache mit dem Menschen gegeben ist, und vor ihr nichts Menschliches in ihm gedacht werden kann, eher ahnden, dass dieser Zustand ein friedlicher, besonnener, sich keinem tieferen und zarteren Eindruck verschliessender gewesen sey, und dass gesellschaftliche Verwilderung erst einer späteren Periode angehöre, wo der Kampf widriger Ereignisse mit wilder Leidenschaft die Stimme der eignen Brust übertäubte. Wenigstens würde Schiller auf diesem Wege schwerlich die Schilderung eines Naturstandes, wie sie die *aesthetischen Briefe* enthalten, nothwendig erachtet, und überhaupt weniger scharf getrennt haben, was in der entschieden primitivsten Emanation der menschlichen Natur, in der Sprache, als fest vereinigt und innig verschmolzen erscheint.

GS VI: 496–508

IV. Im Dienste Preußens: Bildung und Politik

1. Über die Emanzipation der Juden

Aus: *Über den Entwurf zu einer neuen Konstitution für die Juden* (17. Juli 1809)

Die gegenwärtige Lage der Juden unter uns, welche aufzuheben das grosse Problem jeder Gesetzgebung über diese Nation ist, gründet sich auf Ursachen und steht mit Umständen in Verbindung, auf welche wesentlich und radical zu wirken ausser der Macht jedes einzelnen Staats liegt. Drei Merkmale zeichnen, vorzüglich in ihrer Verbindung, die Juden von allen Völkern des Alterthums aus:

> ein ursprünglich nomadisches, aber auch nachher noch oft, bald aus Noth, bald freiwillig herumwanderndes und nicht selten fremder Herrschaft unterworfenes Leben,
> eine kirchlich politische Verfassung, in welcher die Religion [in ihrer reinen Beschaffenheit] fast ganz als Null aufging, und
> ein System der durch ein äusseres und zwar (wodurch sich die religiöse Verfassung als politisch charakterisirt) nur beim männlichen Geschlecht anzubringendes Zeichen beurkundeten Absonderung selbst von denjenigen, in deren Mitte sie lebten.

Diese drei Eigenschaften, verschmolzen in den, eigentlich alle Weltbegebenheiten leitenden und in sich nie ganz zu entziffernden Nationalcharakter, der bei den Juden vorzüglich in altväterlicher Beharrlichkeit an der Ursitte und merkwürdiger Kraft passiven Widerstandes besteht, und verbunden mit den christlichen Ideen, nach denen Judenthum und Christenthum von der einen Seite als zu Einer Klasse gehörig, von der andern als in zwei entgegengesetzte gespalten angesehen werden und wodurch das damals schon sehr unbedeutende Jüdische Volk eine unverhältnissmässige Wichtigkeit erhielt, haben die Juden zu dem gemacht, was sie noch jetzt unter uns sind. Ihre Lage ist daher eine kirchlich welthistorische und so merkwürdige Erscheinung, dass bereits von gewiss nicht schlechten Köpfen gezweifelt worden ist, ob sie sich überhaupt auf bloss menschliche Weise erklären lasse.

Die Mittel zu der Umwandlung dieser Lage sind nun freilich, wie man leicht einsieht, in Beziehung auf jene drei Hauptursachen:

Verschmelzung,
Zertrümmerung ihrer kirchlichen Form und Ansiedelung;

allein so lange diese Mittel nur in einem einzelnen Staate versucht werden, wirkt die Verschmelzung nie kräftig genug, und in den religiösen Ideen wird der Contrast zwischen Christen und Juden nothwendig fortdauern, bis man überall aufhört, sich das Christenthum auf der untergeordneten Stufe des Gegensatzes zum Judenthum zu denken.

Hier sind also Schwierigkeiten, die keine Gesetzgebung, am wenigsten eine einzelne, ganz zu beseitigen im Stande ist.

Es bleibt jedoch immer klar und unleugbar, dass jede Gesetzgebung über die Juden in dem Grade besser ist als eine andre, in dem sie die Absonderung unmerkbarer und die Verschmelzung inniger macht.

Allein hier gehen wieder zwei Systeme aus einander, das eine, das die Absonderung auf Einmal, das andre, das sie allmählig aufheben will.

Betrachtet man diese an sich, und ich möchte sagen rein logisch, so ist wohl nicht zu bestreiten, dass nur eine plötzliche Gleichstellung aller Rechte gerecht, politisch und consequent ist.

Gerecht; denn es lässt sich kein möglicher Rechtsgrund denken, warum der Jude, der alle Pflichten des Christen erfüllen will, nicht auch der Rechte theilhaftig sein soll? es müsste denn in einem Lande erweisbar sein, dass alle Juden darin nur gegen gewisse Concessionen *hereingekommen*, nicht, wie sie schon darin waren, bloss mit solchen Concessionen darin geduldet wären. Allein alsdann ist die politische Frage: ob man so geringer Rechte geniessende Fremde in einem Staate fortdauernd dulden soll? dagegen um so wichtiger.

Politisch; denn diejenigen, die nicht viritim und persönlich, sondern aus Vorurtheil und weil sie, als zu einer Kaste gehörig, die Schuld ihrer Mitbrüder tragen müssen, verachtet werden, zu der, selbst zur Moralität nöthigen Achtung zu bringen, ist ein Sprung, eine plötzliche Erklärung nöthig. Mag das Volk auch noch so viele gutgeartete Juden sehen; es wird nie leicht dadurch zu andern Meinungen über die Juden, als solche, selbst kommen, sondern die Einzelnen immer nur als Ausnahmen betrachten. Auch soll der Staat nicht gerade die Juden zu achten lehren, aber die inhumane und vorurtheilsvolle Denkungsart soll er aufheben, die einen Menschen nicht nach seinen eigenthümlichen Eigenschaften, sondern nach seiner Abstammung und Religion beurtheilt und ihn, gegen allen wahren Begriff von Menschenwürde, nicht wie ein Individuum, sondern wie zu einer Race gehörig und gewisse Eigenschaften gleichsam nothwendig mit ihr theilend ansieht. Dies aber kann der Staat nur, indem er laut und deutlich erklärt, dass er keinen Unterschied zwischen Juden und Christen mehr anerkennt.

Endlich consequent; denn eine allmählige Aufhebung bestätigt die Absonderung, die sie vernichten will, in allen nicht mit aufgehobenen Punkten, verdoppelt, gerade durch die neue grössere Freiheit, die Aufmerksamkeit auf die doch noch bestehende Beschränkung und arbeitet dadurch sich selbst entgegen.

Allein der ganze Grund, auf welchem das System der allmähligen Aufhebung beruht, ist meines Erachtens, aus einer zwar ehemals angenommenen, aber auch schon längst mit Recht verworfenen Theorie der Gesetzgebung geschöpft.

Es ist nämlich dies diejenige, welche die Gesetzgebung zu einer Art Erziehung des Staatsbürgers macht;

wo sie nur immer die Mittel in Händen hat, positiv wirken will und,

von einem bestimmten Begriff des Charakters und der Cultur der Nation ausgehend, im Stande zu sein wähnt, den Fortschritt und sogar die Richtung zu einer andern Stufe leiten zu können:

da, wie es mir scheint,

der Staat nur durch Ertheilung und Beschränkung der Freiheit und dadurch hervorgebrachtes Gleichgewicht der Rechte die Bürger in Stand setzen muss, sich selbst zu erziehen;

nur dahin zu streben hat; bloss negativ zu wirken und das positive Wirken der freien Thätigkeit der Nation zu überlassen und

die Menschheit genug achten muss, um zu wissen, dass der moralische Standpunkt einer Nation sich nie genau berechnen, noch weniger aber die Entwickelung derselben sich mechanisch voraussehen lässt, indem sie vielmehr, und ganz aus innerer Kraft, wie die ganze Geschichte lehrt, oft plötzliche Impulse erhält, die, weit entfernt, sich durch die Gesetzgebung leiten zu lassen, dieselbe ihnen zu folgen zwingen;

kurz, da der Staat kein Erziehungs-, sondern ein Rechtsinstitut ist.

Um auf die Juden zurückzukommen, so geht man von einem gewissen Begriff von ihrem Charakter, in dem nun aber, genau genommen und dem Grade nach (und auf Genauigkeit und Gradbestimmung kommt es doch hier an) fast kein Staatsmann mit dem andern übereinkommt, aus; diesen Charakter will man durch künstliche Mittel verändern und, so wie man ihn nach und nach verändert bemerkt, ihnen mehr von den *Bürgerrechten* einräumen, die sonst jeder, der sich im Staate niedergelassen hat, geniesst.

Wer nun je mit Ernst über Nationalcharaktere nachgedacht hat, der wird wissen, wie wenig bei ihrer Beurtheilung diejenige Erfahrung leistet, auf die man sich gewöhnlich beruft, und welch eine seltene Vereinigung von ächt philosophischem Sinn und schneller und feiner Beobachtungsgabe dazu gehört, wie aber, fast in gleichem Schritt mit der Grösse dieser Fähigkeiten, die Sicherheit der Ueberzeugung abnimmt, und wie endlich die Resultate so werden, dass ein vorsichtiger Mann selten allein danach Handlungsweisen bestimmen, ein gewissenhafter aber nie Ertheilung oder Verweigerung von Rechten daran knüpfen wird.

In die höchsten Schwierigkeiten verwickelt man sich nun aber gar, wenn man nun die Fortschritte der Nation zum Bessern beurtheilen will. Woran soll z. B. erkannt werden, dass die Juden der öffentlichen Achtung würdiger sind? Etwa an gesammelten einzelnen Handlungen? oder durch offizielle Rapporte von gewiss zu tausend Dingen, aber nur nicht zur Menschenbeobachtung tüchtigen Offizianten über einen Gegenstand, über den selbst das einsame Gespräch sich schwer verständigt? oder gar durch Tabellen, wie viele Juden dieses oder jenes Handwerk erlernt haben, Ackerbauer oder Soldaten geworden sind? Wenn nach solchen Aeusserlichkeiten die allgemeine Achtung einer ganzen, nur unglücklichen Nation abgewogen, nach ihnen bestimmt werden soll, ob der unbescholtenste Jude nun ein eben so gültiger Zeuge sein kann als der erste beste Christ? so ist das, glaube ich, auch mit den schlichtesten Gefühlen von Menschenwürde unverträglich.

Wollte ein Staat in diesem Punkt consequent sein, so müsste seine Gesetzgebung auch unter den Christen nach Massgabe der Cultur die Bürgerrechte ungleich vertheilen, was doch glücklicherweise noch niemand eingefallen ist.

Unstreitig würde man hierauf antworten, dass es nicht ein Unterschied in Cultur, nicht einmal in dem, was man Sitten nennt, sondern recht eigentlich in dem Punkte der Redlichkeit, dessen, was den Menschen zum Menschen macht, ist, was den Juden vom Christen auszeichnet. Allein reicht irgend eine Erfahrung hin, einer ganzen Nation ein solches Zeichen der Verwerfung aufzuheften? wäre nicht, wenn ein so widernatürlicher Zustand irgendwo existirte, das einzige Mittel, ihn zu heben, plötzliche Vertilgung dieser Meinung, da sonst der, was er auch thun möge, doch Verachtete nothwendig auch verachtungswürdig bleibt? und muss nicht eine Regierung, die ein solches Anathem bei einer neuen Gesetzgebung ausspricht, nothwendig selbst bewirken, dass die Bessern der Nation auswandern, und nur der Abschaum zurückbleibt?

Der Punkt, wo die bei der Gesetzgebung gewiss äusserst nothwendige Kenntniss der Nation eintritt, ist, so viel ich einsehe, nicht bei dem Endzweck des Staats selbst, der Bestimmung der Rechte der Bürger, und der Grenzen seiner Wirksamkeit, sondern bei der Wahl der Mittel zur Ausführung seiner nach allgemeinen Begriffen entworfenen Pläne. Dazu reicht auch eine unvollkommene Charakterkenntniss (und eine andere ist nie möglich) hin. Denn mit den Mitteln kann man ohne Nachtheil wechseln und ihre Zweckmässigkeit nach ihrem Erfolge prüfen.

Meiner Ueberzeugung nach wird daher keine Gesetzgebung über die Juden ihren Endzweck erreichen, als nur diejenige, welche das Wort *Jude* in keiner andern Beziehung mehr auszusprechen nöthigt, als in der religiösen, und ich würde daher allein dafür stimmen, Juden und Christen vollkommen gleich zu stellen. Wollten die ersteren nicht zugleich die Pflichten, die alle Bürger tragen, übernehmen, so würde ich, wenn man alle Mittel, sie dazu zu bewegen, erschöpft hätte, sie lieber aus dem Lande verbannen. Denn Menschen im Staate zu dulden, die sich gefallen lassen, dass man ihnen wenig genug traut, um ihnen, auch bei höherer Cultur, die sonst gemeinsten Bürgerrechte zu versagen, ist für die Moralität der ganzen Nation im höchsten Grade bedenklich.

Was man einer völligen und plötzlichen Gleichstellung entgegensetzt, ist,

> dass dies ein Sprung von einem Extrem in ein anderes sein würde, und
> die Gefahr, die daraus für den Staat entstünde.

In dem Erstern liegt offenbar ein Missverständniss. Wenn ein widernatürlicher Zustand in einen naturgemässen übergeht, so ist kein Sprung, wenigstens gewiss kein bedenklicher vorhanden;

diesen kann man nur da finden, wo ein widernatürlicher mit wirklicher Ueberspringung des natürlichen in einen widernatürlichen entgegengesetzter Art übergienge. Wer vom Knecht zum Herrn wird, der macht einen Sprung; denn Herren und Knechte sind ungewöhnliche Erscheinungen. Aber wem man bloss die Hände losbindet, die erst gefesselt waren, der kommt nur dahin, wo alle Menschen von selbst sind.

Die Gefahr scheint wohl nur darum so gross, weil man sich auf einmal alle Juden im wirklichen Besitze der Vorzüge denkt, welche sie freilich erwerben können, aber der Natur der Sache nach doch nur einzeln und nach und nach, wie die Christen, wirklich erwerben würden.

Ich gestehe gern, dass ich die grosse Gefahr nicht einsehe. Was sie wenigstens in den Augen Aller vermindern muss, sind folgende Betrachtungen:

1. Der Staat übe eine genaue und strenge Polizeiaufsicht, und die nun gleich berechtigten Juden werden den Gesetzen, gerade wie die Christen, zu gehorsamen gezwungen sein, und dann ist keine Gefahr von ihnen zu besorgen.

2. Der Staat bestimme, wo die Beschaffenheit der Sache es erlaubt und erfordert, genau, unter welchen Bedingungen und innerhalb welcher Grenzen jedes Gewerbe getrieben werden soll, und der Jude wird, wie der Christ, gebunden sein, und kein Gewerbe wird, was doch der einzige Zweck ist, leiden können.

3. Wo der Jude ein Gewerbe zweckwidrig treibt, wie z.B. wenn er aus Ackerwirthschaft Handelswirthschaft macht, wird ihn sein eigener Vortheil bald eines Bessern belehren, und geschieht es nicht, so gehört das zu den einzelnen Fällen, die eine nicht furchtsame und kleinliche Gesetzgebung übersieht.

4. Zu Staatsämtern kann ja an sich nicht jeder Berechtigte gelangen, sondern es bedarf einer eignen Berufung des Staats. Hier hat derselbe also die Sache beständig in seiner Hand.

5. Die allgemeine Gefahr, dass die Juden die Christen verdrängen würden, ist an sich chimärisch, sie wird aber auch nur durch einen wahren Cirkel im Raisonnement zur Gefahr, indem man

erst gern den Unterschied zwischen Juden und Christen politisch aufheben möchte, und dann wieder annimmt, dass es auch politisch dennoch nicht gleichgültig sei, ob ein Gewerbe, auch gleich gut, von einem Juden oder Christen getrieben werde?

Schiene indess auch so die Gefahr doch noch bedeutend, so muss man wohl bedenken,

dass dagegen diejenige, wirklich bedeutende, die jetzt aus dem Druck und der dadurch bei mehreren Juden beförderten Immoralität entsteht, alsdann gänzlich wegfiele, und

dass die noch übrig bleibende mit jedem Tage geringer wird, da eine plötzliche Gleichstellung den Unterschied zwischen Juden und Christen sehr bald unmerklich machen würde, da hingegen bei einer allmähligen jene besorgte Gefahr nicht nur zum Theil auch vorhanden ist, sondern mit dem Unterschiede selbst, wenn nicht perpetuirlich, doch viel länger fortdauernd gemacht wird.

Wie man gegen die plötzliche Gleichstellung zu furchtsam ist, so scheint man mir bei der allmähligen, welche die doppelte Gefahr des alten und des neuen Zustandes zugleich bestehen lässt, indem man sie sich beide zu vermindern einbildet, in der That zu kühn.

GS X: 97–104

2. Schulen

Aus: *Der königsberger und der litauische Schulplan* (1809/10)

[a.]

Es giebt, philosophisch genommen, nur drei Stadien des Unterrichts:

Elementarunterricht
Schulunterricht
Universitätsunterricht.

Der Elementarunterricht soll bloss in Stand setzen, Gedanken zu vernehmen, auszusagen, zu fixiren, fixirt zu entziffern, und nur die Schwierigkeit überwinden, welche die *Bezeichnung* in allen ihren Hauptarten entgegenstellt. Er ist noch nicht sowohl Unterricht, als er zum Unterricht vorbereitet, und ihn erst möglich macht. Er hat es also eigentlich nur mit Sprach-, Zahl- und Mass-Verhältnissen zu thun, und bleibt, da ihm die Art des Bezeichneten gleichgültig ist, bei der Muttersprache stehen. Wenn man, und mit Recht, noch andern Unterricht, geographischen, geschichtlichen, naturhistorischen hinzufügt, so geschieht es theils um die durch den Elementarunterricht entwickelten, und zu ihm selbst nöthigen Kräfte durch mannigfaltigere Anwendung mehr zu üben, theils weil man für diejenigen, welche aus diesen Schulen unmittelbar ins Leben übergehen, den blossen Elementar-Unterricht überschreiten muss.

Der Zweck des Schulunterrichts ist die Uebung der Fähigkeiten, und die Erwerbung der Kenntnisse, ohne welche wissenschaftliche Einsicht und Kunstfertigkeit unmöglich ist. Beide sollen durch ihn vorbereitet; der junge Mensch soll in Stand gesetzt werden, den Stoff, an welchen sich alles eigne Schaffen immer anschliessen muss, theils schon jetzt wirklich zu sammeln, theils künftig nach Gefallen sammeln zu können, und die intellectuell-mechanischen Kräfte auszubilden. Er ist also auf doppelte Weise, einmal mit dem Lernen selbst, dann mit dem Lernen des Lernens beschäftigt. Aber alle seine Functionen sind nur relativ, immer einem Höheren untergeordnet, nur Sammeln, Vergleichen, Ordnen, Prüfen u. s. f. Das Absolute wird nur angeregt, wo es, wie es gar nicht fehlen kann, selbst in einem Subjecte zur Sprache kommt. Der Schulunterricht theilt sich in linguistischen, historischen und mathematischen; der Lehrer muss immer beobachten, bei welchem von diesen dreien der Schüler mit vorzüglicher Aufmerksamkeit verweilt, allein auch streng darauf sehen, dass der Kopf für alle drei zugleich gebildet werde. Denn die Schule soll eng verbinden, damit die Universität zu besserer Verfolgung des Einzelnen, ohne Schaden eilen könne. Der Schüler ist reif, wenn er so viel bei andern gelernt hat, dass er nun für sich selbst zu lernen im Stande ist. Sein Sprachunterricht z. B. ist auf der Schule geschlossen, wenn er dahin gekommen ist, nun mit eigner Anstrengung und mit dem Gebrauche der vorhandenen Hülfsmittel jeden Schriftsteller, insoweit er wirklich verständlich ist, mit Sicherheit zu verstehen, und sich in jede gegebene Sprache, nach seiner allgemeinen Kenntniss vom Sprachbau überhaupt, leicht und schnell hinein zu studiren.

Wenn also der Elementarunterricht den Lehrer erst möglich macht, so wird er durch den Schulunterricht entbehrlich. Darum ist auch der Universitätslehrer nicht mehr Lehrer, der Studirende nicht mehr Lernender, sondern dieser forscht selbst, und der Professor leitet seine Forschung und unterstützt ihn darin. Denn der Universitätsunterricht setzt nun in Stand, die Einheit der Wissenschaft zu begreifen, und hervorzubringen, und nimmt daher die schaffenden Kräfte in Anspruch. Denn auch das Einsehen der Wissenschaft als solcher ist ein, wenn gleich untergeordnetes Schaffen. Daher hat der Universitätsunterricht keine Gränze nach seinem Endpunkt zu, und für die Studirenden ist, streng genommen, kein Kennzeichen der Reife zu bestimmen. Ob, wie lange, und in welcher Art derjenige, der einmal im Besitze tüchtiger Schulkenntnisse ist, noch mündlicher Anleitung bedarf? hängt allein vom Subject ab. Das Collegienhören selbst ist eigentlich nur zufällig; das wesentlich Nothwendige ist, dass der junge Mann zwischen der Schule und dem Eintritt ins Leben eine Anzahl von Jahren ausschliessend dem wissenschaftlichen Nachdenken an einem Orte widme, der Viele, Lehrer und Lernende in sich vereinigt.

So wie es nun bloss diese drei Stadien des Unterrichts giebt, jedes derselben aber unzertrennt ein Ganzes macht, so kann es auch nur drei Gattungen *auf einander folgender* Anstalten geben, und ihre Gränzen müssen mit den Gränzen dieser Stadien zusammenfallen, nicht dieselben in der Mitte zerschneiden.

[...]

[b.]

Alle Schulen aber, deren sich nicht ein einzelner Stand, sondern die ganze Nation, oder der Staat für diese annimmt, müssen nur allgemeine Menschenbildung bezwecken. – Was das Bedürfniss des Lebens oder eines einzelnen seiner Gewerbe erheischt, muss abgesondert, und nach vollendetem allgemeinen Unterricht erworben werden. Wird beides vermischt, so wird die Bildung unrein, und man erhält weder vollständige Menschen, noch vollständige Bürger einzelner Klassen.

Denn beide Bildungen – die allgemeine und die specielle – werden durch verschiedene Grundsätze geleitet. Durch die allgemeine sollen die Kräfte, d. h. der Mensch selbst gestärkt, geläutert und geregelt werden; durch die specielle soll er nur Fertigkeiten zur Anwendung erhalten. Für jene ist also jede Kenntniss, jede Fertigkeit, die nicht durch vollständige Einsicht der streng aufgezählten Gründe, oder durch Erhebung zu einer allgemeingültigen Anschauung (wie die mathematische und ästhetische) die Denk- und Einbildungskraft, und durch beide das Gemüth erhöht, todt und unfruchtbar. Für diese muss man sich sehr oft auf in ihren Gründen unverstandene Resultate beschränken, weil die Fertigkeit da seyn muss, und Zeit oder Talent zur Einsicht fehlt. So bei unwissenschaftlichen Chirurgen, vielen Fabrikanten u. s. f. Ein Hauptzweck der allgemeinen Bildung ist, so vorzubereiten, dass nur für wenige Gewerbe noch unverstanden, und also nie auf den Menschen zurück wirkende Fertigkeit übrigbleibe.

Die Organisation der Schulen bekümmert sich daher um keine Kaste, kein einzelnes Gewerbe, allein auch nicht um die gelehrte – ein Fehler der vorigen Zeit, wo dem Sprachunterricht der übrige geopfert, und auch dieser – mehr der Qualität, als Quantität nach – zum äussern Bedarf (in Erlangung der Fertigkeit des Exponirens und Schreibens) nicht zur wahren Bildung (in Kenntniss der Sprache und des Alterthums) getrieben wurde.

Der allgemeine Schulunterricht geht auf den Menschen überhaupt, und zwar

als gymnastischer
  ästhetischer
  didaktischer und in dieser letzteren Hinsicht wieder
    als mathematischer
      philosophischer, der in dem Schulunterricht nur durch die Form der Sprache rein, sonst immer historisch-philosophisch ist, und
      historischer
auf die Hauptfunktionen seines Wesens.

Dieser gesammte Unterricht kennt daher auch nur Ein und dasselbe Fundament. Denn der gemeinste Tagelöhner, und der am feinsten Ausgebildete muss in seinem Gemüth ursprünglich gleich gestimmt werden, wenn jener nicht unter der Menschenwürde roh, und dieser nicht unter der Menschenkraft sentimental, chimärisch, und verschroben werden soll.

Eher könnte es scheinen, dass bei der allmählig fortschreitenden Bildung die Methode insofern verschieden seyn müsste, als sich das Ziel derselben durch Unterricht als weit oder nahe gesteckt voraussehen lässt. Allein auch hier scheint mir der Unterschied nicht bedeutend. Bleibt man fest dabei stehen, Zahl und Beschaffenheit der Unterrichtsgegenstände nach der Möglichkeit der allgemeinen Bildung des Gemüths in jeder Epoche zu bestimmen, und jeden Gegenstand immer so zu behandeln, wie er am meisten und besten auf das Gemüth zurückwirkt, so muss eine ziemliche Gleichheit herauskommen. Auch Griechisch gelernt zu haben könnte auf diese Weise dem Tischler ebenso wenig unnütz seyn, als Tische zu machen dem Gelehrten. Indess lässt kleine Verschiedenheiten allerdings die Wahl des Stoffes, da jede Form nur an einem Stoffe geübt werden kann, zu und auf diese wird in der Folge auch Rücksicht genommen werden. Auch können die grellen Contraste immer vermieden werden, und es braucht nie dahin zu kommen, dass ein Handwerker Griechisch, kaum lateinisch gelernt habe.

Die Gränze des Unterrichts, da wo derselbe nicht seinen Endpunkt, die Universität, als die Emancipation vom eigentlichen Lehren (da der UniversitätsLehrer nur von fern das eigene Lernen leitet) erreicht, kann nun durch nichts andres bestimmt werden, als durch die zu allem Unterricht nöthigen Bedingungen Kraft und Zeit. Soweit der Schüler das eine hergiebt, und zum andern Mittel hat, so weit kann der Lehrer ihn führen, und soweit muss der Staat dafür sorgen, dass er gebracht werden könne.

Die Pflicht der Schulbehörde bei der Organisation des Schulwesens ist nun, zu verhüten, dass der Schüler einen Weg mache, der ihm unnütz seyn würde, wenn er ihn nun nicht auch noch weiter verfolgte. Leider aber ist dies fast immer jetzt bei unsern Schulen der Fall, wenn einer in *tertia* oder *secunda* stecken bleibt. Es wird aber nie Statt haben, wenn man (wie auf den sehr guten Schulen schon jetzt geschieht) beim Unterricht nicht auf das Bedürfniss des Lebens, sondern rein auf ihn selbst, auf die Kenntniss, als Kenntniss, auf die Bildung des Gemüths und im Hintergrunde auf die Wissenschaft sieht. Denn im Gemüth und in der Wissenschaft (die nur sein von allen Seiten vollständig gedachtes Object ist) steht jeder einzelne Punkt mit allen vorigen und künftigen in Contact, ist kein Anfang und kein Ende, ist alles Mittel und Zweck zugleich, und also jeder Schritt weiter Gewinn, auch wenn unmittelbar dahinter eherne Mauern gezogen würden.

Sind diese Grundsätze richtig und kommt man nun von ihnen auf die verschiedenen Gattungen der Schulen (Specialschulen immer ganz abgesondert), so ist wieder das erste und wichtigste Princip

die Einheit und Continuität des Unterrichts in seinen natürlichen Stadien,

da jede Theilung der Anstalt da, wo der Unterricht keine natürliche Theilung kennt, seine Folge zerreisst, Verschiedenheit in der Behandlung und dem Geiste derselben hervorbringt, und selbst die Lehrer, die nur bis zu einem willkührlich angenommenen Punkt führen sollen, ungewiss und verwirrt macht.

Als natürliche Stadien aber kann ich nur anerkennen:

den Elementarunterricht
den Schulunterricht
den Universitätsunterricht.

Der Elementarunterricht umfasst bloss die Bezeichnung der Ideen nach allen Arten, und ihre erste und ursprüngliche Classification, kann aber, ohne Nachtheil, in dem Stoff zu dieser Form in Natur- und Erdkenntniss mehr oder minder Gegenstände mit aufnehmen. Er macht es erst möglich, eigentlich Dinge zu lernen, und einem Lehrer zu folgen.

Der Schulunterricht führt den Schüler nun in Mathematik, Sprach- und Geschichtskenntniss bis zu dem Punkte wo es unnütz seyn würde, ihn noch ferner an einen Lehrer und eigentlichen Unterricht zu binden, er macht ihn nach und nach vom Lehrer frei, bringt ihm aber alles bei, was ein Lehrer beibringen kann.

Der Universität ist vorbehalten, was nur der Mensch durch und in sich selbst finden kann, die Einsicht in die reine Wissenschaft. Zu diesem SelbstActus im eigentlichsten Verstand ist nothwendig Freiheit, und hülfereich Einsamkeit, und aus diesen beiden Punkten fliesst zugleich die ganze äussere Organisation der Universitäten. Das Kollegienhören ist nur Nebensache, das Wesentliche, dass man in enger Gemeinschaft mit Gleichgestimmten und Gleichaltrigen, und dem Bewusstseyn, dass es am gleichen Ort eine Zahl schon vollendet Gebildeter gebe, die sich nur der Erhöhung und Verbreitung der Wissenschaft widmen, eine Reihe von Jahren sich und der Wissenschaft lebe.

Uebersieht man diese Laufbahn von den ersten Elementen bis zum Abgang von der Universität, so findet man, dass, von der intellectuellen Seite betrachtet, der höchste Grundsatz der Schulbehörde (den man aber selten aussprechen muss) der ist: die tiefste und reinste Ansicht der Wissenschaft an sich hervorzubringen, indem man die ganze Nation möglichst, mit Beibehaltung aller individuellen Verschiedenheiten, auf den Weg bringt, der, weiter verfolgt, zu ihr führt, und zu dem Punkte, wo sie und ihre Resultate nach Verschiedenheit der Talente und Lagen, verschieden geahndet, begriffen, angeschaut, und geübt werden können, und also den Einzelnen durch die Begeisterung die durch reine Gesammtstimmung geweckt wird, zu Hülfe kommt.

GS XIII: 260–262, 276–280

3. Antrag auf Errichtung der Universität Berlin

Königsberg, d. 24. Juli 1809.

An des Königs Majestät.

Es wird befremdend scheinen, dass die Section des öffentlichen Unterrichts im gegenwärtigen Augenblick einen Plan zur Sprache zu bringen wagt, dessen Ausführung ruhigere und glücklichere Zeiten vorauszusetzen scheint.

Allein Ew. Königl. Majestät haben auf eine so vielfache und einleuchtende Weise gezeigt, dass Sie, auch mitten im Drange beunruhigender Umstände, den wichtigen Punkt der National-Erziehung und Bildung nicht aus den Augen verlieren, dass ihr diese ebenso erhabene als seltene Gesinnung den Muth zu dem folgenden Antrage einflösst.

Ew. Königl. Majestät geruheten durch eine Allerhöchste Cabinets-Ordre vom 4ten September 1807 die Einrichtung einer allgemeinen und höheren Lehranstalt in Berlin zu genehmigen; seitdem ist bei verschiednen Einrichtungen und Anstellungen darauf Rücksicht genommen worden; allein es wird zur wirklichen Ausführung noch immer ein zweiter entscheidender Schritt erfordert, und sie hält es aus einem doppelten Grunde für nothwendig, diesen im gegenwärtigen Moment zu thun.

Weit entfernt, dass das Vertrauen, welches ganz Deutschland ehemals zu dem Einflusse Preussens auf wahre Aufklärung und höhere Geistesbildung hegte, durch die letzten unglücklichen Ereignisse gesunken sey, so ist es vielmehr gestiegen. Man hat gesehen, welcher Geist in allen neueren Staats-Einrichtungen Ew. Königl. Majestät herrscht, und mit welcher Bereitwilligkeit, auch in grossen Bedrängnissen, wissenschaftliche Institute unterstützt und verbessert worden sind. Ew. Königl. Majestät Staaten können und werden daher fortfahren von dieser Seite den ersten Rang in Deutschland zu behaupten und auf seine intellectuelle und moralische Richtung den entschiedensten Einfluss auszuüben.

Sehr viel hat zu jenem Vertrauen der Gedanke der Errichtung einer allgemeinen Lehranstalt in Berlin beigetragen. Nur solche höhere Institute können ihren Einfluss auch über die Gränzen des Staates hinaus erstrecken. Wenn Ew. Königl. Majestät nunmehr diese Einrichtung feierlich bestätigten und die Ausführung sicherten; so würden Sie Sich auf's neue Alles, was sich in Deutschland für Bildung und Aufklärung interessirt, auf das Festeste verbinden; einen neuen Eifer und neue Wärme für das Wiederaufblühen Ihrer Staaten erregen, und in einem Zeitpunkte, wo ein Theil Deutschlands vom Kriege verheert, ein anderer in fremder Sprache von fremden Gebietern beherrscht wird, der deutschen Wissenschaft eine vielleicht kaum jetzt noch gehofte Freistatt eröfnen.

Diese zusammentreffenden Umstände machen dann auch, und dies giebt einen zweiten wichtigen Grund ab, gerade jetzt mehr Männer von entschiedenem Talent, als sonst, geneigt, neue Verbindungen einzugehen.

Der erste Gedanke an eine allgemeine und höhere Lehranstalt in Berlin entstand unstreitig aus der Betrachtung, dass es schon jetzt in Berlin ausser den beiden Akademien, einer grossen Bibliothek, Sternwarte, einem botanischen Garten und vielen Sammlungen eine vollständige medicinische Fakultät wirklich giebt. Man fühlte, dass jede Trennung von Fakultäten der ächt wissenschaftlichen Bildung verderblich ist, dass Sammlungen und Institute, wie die oben genannten, nur erst dann recht nützlich werden, wenn vollständiger wissenschaftlicher Unterricht mit ihnen verbunden wird, und dass endlich, um zu diesen Bruchstücken dasjenige hinzuzusetzen, was zu einer allgemeinen Anstalt gehört, nur um einen einzigen Schritt weiter zu gehen nöthig war.

Auch die Section bleibt diesem Gesichtspunkte getreu. Ihr Wunsch geht dahin

die Akademie der Wissenschaften,
die der Künste,
die wissenschaftlichen Institute,

namentlich die klinischen, anatomischen und medicinischen, überhaupt in so fern sie rein wissenschaftlicher Natur sind, die Bibliothek, das Observatorium, den botanischen Garten, und die naturhistorischen und Kunst-Sammlungen und die allgemeine Lehranstalt selbst dergestalt in Ein organisches Ganzes zu verbinden, dass jeder Theil, indem er eine angemessene Selbständigkeit erhält, doch gemeinschaftlich mit den andern zum allgemeinen Endzweck mitwirkt.

Aus dieser Ansicht der Sache ergiebt sich die örtliche Bestimmung, dass nämlich eine solche Anstalt nur in Berlin ihren Sitz haben könne, von selbst. Es würde, wenn nicht unmöglich sein, doch unglaubliche Kosten verursachen, die genannten Institute in einen andern Ort zu verlegen. Auch darf eine Anstalt, die Alles, was zur höhern Wissenschaft und Kunst gehört, wie in einen Brennpunkt vereinigt, sich nirgend anders, als an dem Sitz der Regierung befinden, wenn nicht sie sich der Mitwirkung vieler schätzbarer Männer, und beide sich gegenseitig des Beistandes berauben wollen, den sie einander zu leisten im Stande sind.

Die allgemeine Lehranstalt aber muss die unterzeichnete Section Ew. Königl. Majestät ehrfurchtsvoll um Erlaubniss bitten, mit dem alten und hergebrachten Namen einer *Universität* belegen, und ihr, indem sie übrigens von allen veralteten Missbräuchen gereinigt wird, das Recht einräumen zu dürfen, akademische Würden zu ertheilen. In der That und Wirklichkeit müsste sie, welchen Titel man ihr auch beilegen möchte, doch alles enthalten, was der Begriff einer Universität mit sich bringt. Sie könnte, von richtigen Ansichten allgemeiner Bildung ausgehend, weder Fächer ausschliessen, noch von einem höhern Standpunkt, da die Universitäten schon den höchsten umfassen, beginnen, noch endlich sich bloss auf praktische Uebungen beschränken.

Ohne den Namen aber und ohne das Recht der Ertheilung akademischer Würden, würde sie immer nur wenig auswärtige Zöglinge zählen. Man würde im Auslande weder einen bestimmten Begriff von ihrer Beschaffenheit, noch eigentliches Vertrauen zu ihr haben, und sie mehr für einen wissenschaftlichen Luxus, als für ein ernstes und nützliches Institut halten.

Dagegen würde die Section bei Ew. Königl. Majestät allerunterthänigst darauf antragen, Frankfurth und Königsberg bestehen zu lassen, damit jeder In- und Ausländer Freiheit behielte, Berlin entweder zu seiner ganzen, oder, wie es ehemals so häufig mit Göttingen geschah, nur, nachdem er eine andere Universität besucht hatte, bloss zu seiner höhern und letzten Ausbildung zu wählen.

Auch ist ausserdem die Beibehaltung Königsbergs wegen seiner Entfernung, und die von Frankfurth (wenigstens für jetzt) deswegen rathsam, weil es nie gut ist zu zerstören, ehe etwas Anderes völlig an die Seite getreten ist, und weil die ausländischen Besitzungen Frankfurths bei einer Aufhebung der Universität leicht eingezogen werden könnten. Wären indess diese Besitzungen einmal veräussert, und hätte sich Berlin auch als schlichte und einfache Universität bewährt; so könnte durch die Aufhebung Frankfurths alsdann das bewirkt werden, was allerdings das Wünschenswürdigste wäre, dass nämlich Berlin und Königsberg die beiden einzigen Universitäten der Preussischen Staaten blieben. Bis dahin müsste Frankfurth, jedoch nur mit wenig Aufwand, und bloss durch Berufung von immer und überall brauchbaren Männern, nicht durch Anlegung von Instituten verbessert werden.

Die Kosten der Unterhaltung und Vermehrung so vieler ansehnlichen Institute, als hier verbunden werden sollen, können nicht anders als sehr bedeutend seyn, und sind es, wenn man die ehemals zersplittert und einzeln gezahlten Summen, welche auf beide Akademien, die Sammlungen und Halle verwendet wurden, berechnet, immer gewesen.

Nach einer zwar nur ungefähren, allein weder zu reichlichen, noch allzu sparsamen Berechnung, lassen sie sich zu 150000 Thlrn. jährlich anschlagen, wobei für die Akademie der Wissenschaften nur auf einen Zuschuss zu den ihr eigenthümlich zugehörenden Einkünften gerechnet ist.

Die Section des öffentlichen Unterrichts ist weit entfernt, Ew. Königl.Majestät zu bitten, eine solche Summe auf die Königlichen Cassen anzuweisen. Es wird vielmehr immer für dieselbe ein Hauptgrundsatz bei ihrer Verwaltung seyn:

> sich zu bemühen, es nach und nach (weil es auf einmal freilich unmöglich ist) dahin zu bringen, dass das gesammte Schul- und Erziehungswesen nicht mehr Ew. Königl. Majestät Cassen zur Last falle, sondern sich durch eignes Vermögen und durch die Beiträge der Nation erhalte.

Die Vortheile dabei sind mannigfaltig. Erziehung und Unterricht, die in stürmischen, wie in ruhigen Zeiten gleich nothwendig sind, werden unabhängig von dem Wechsel, den Zahlungen des Staates so leicht durch die politische Lage und zufällige Umstände erfahren. Auch ein unbilliger Feind schont leichter das Eigenthum öffentlicher Anstalten. Die Nation endlich nimmt mehr Antheil an dem Schulwesen, wenn es auch in pecuniairer Hinsicht ihr Werk und ihr Eigenthum ist, und wird selbst aufgeklärter und gesitteter, wenn sie zur Begründung der Aufklärung und Sittlichkeit in der heranwachsenden Generation thätig mitwirkt.

Es würde daher am zweckmässigsten seyn, wenn die Universität und die mit ihr verbundenen Institute ihr jährliches Einkommen durch Verleihung von Domainen-Gütern erhielten. Die Nachtheile, welche man bei der Dotation öffentlicher Anstalten gewöhnlich von schlechter Verwaltung und von der durch die Veränderung der Preise entstehenden Veränderung des Quanti selbst besorgt, sind zwar nicht abzuleugnen, lassen sich aber durch mehrere Mittel vermindern.

Damit jedoch der Staat nicht diese Domainen verliere, so

könnte ein gleicher Betrag an katholisch geistlichen Gütern in Schlesien und Westpreussen säcularisirt und zu Domainen gemacht werden. Nur muss die unterzeichnete Section Ew. Königl. Majestät allerunterthänigst bitten, sie nicht unmittelbar an diese Güter zu verweisen. Denn ausserdem, dass es wünschenswerth ist, dass die Berlinischen wissenschaftlichen Institute, die, ihnen durch die Königliche Milde zu verleihenden Güter in der Nähe besitzen, um durch keinen Zufall von ihren Einkünften getrennt zu werden, ist es aus den vorhin ausgeführten Gründen, und bei der Ungewissheit aller Ereignisse in der That wichtig, dass dies Eigenthum der Nation für ihre höchsten wissenschaftlichen Bedürfnisse sobald als nur immer möglich zugesichert werde. Die Säkularisation jener Güter aber dürfte im gegenwärtigen Augenblick weder in politischer noch finanzieller Rücksicht rathsam sein.

Die Section wagt es daher, bei Ew. Königl. Majestät ehrerbietigst darauf anzutragen

1. Die Errichtung einer Universität in Berlin und die Verbindung der in Berlin bereits existirenden wissenschaftlichen Institute und Sammlungen, die medicinischen mit eingeschlossen, und der Akademie der Wissenschaften und Künste mit derselben förmlich zu beschliessen und der Section des öffentlichen Unterrichts aufzugeben, einen Plan dazu zu entwerfen, und sogleich nach und nach zur Ausführung desselben zu schreiten, als die Disposition über die Einkünfte möglich sein wird;

2. diesen, sämmtlich unter der alleinigen Direction der Section des öffentlichen Unterrichts zu verbindenden Anstalten so viele Domainen-Güter, als nöthig sind, ein sicheres und reichliches Einkommen von jährlichen 150000 Reichsth. zu bilden, und das Prinz Heinrichssche Palais unter dem Namen des Universitäts-Gebäudes und den Ueberrest des grossen viereckigen Gebäudes, in welchem sich die Akademien jetzt befinden, das ihnen aber jetzt nicht ganz gehört, zu verleihen, und dabei festzusetzen, dass diese Güter und Gebäude auf ewige Zeiten hinaus Eigenthum dieser Anstalten, und wenn dieselben einmal aufhören sollten,

ein für die Unterhaltung und Verbesserung des Schulwesens bestimmtes Eigenthum der Nation bleiben sollen;

3. den von der Section anzufertigenden Vertheilungsplan dieser Güter der allerhöchsten Genehmigung vorzubehalten;

4. festzusetzen, dass zwar die Einkünfte dieser Güter vom Tage der Urkunde an zu laufen anfangen, und zugleich Eigenthum der Anstalten seyn, jedoch bis zur wirklichen successive von Ew. Königl. Majestät allergnädigst nachzugebenden Verwendung als ein dem Staat gemachtes Darlehn zur Disposition des Finanz-Ministerii bleiben sollen;

5. wegen dieser Verwendung, dass für jetzt soviel disponible gemacht werde, als erforderlich ist, die etatsmässigen Ausgaben der Akademie der Wissenschaften zu leisten, die Mitglieder der Akademie der Künste wieder in ihre nun schon seit so langer Zeit entbehrten Besoldungen einzusetzen, der Königlichen Bibliothek einigen Zuschuss zu den nothwendigsten Ausgaben zu verleihen, einige schon für die Universität in Berlin bestimmte und jetzt auf andere Cassen angewiesene Gelehrte auf diesen Etat zu übernehmen, und einige andere, nur etwa drei oder vier, auswärtige vorzüglich wichtige sogleich zu berufen, ehe sie anderweitige Verbindungen eingehen, – der Ueberrest aber, sobald die Lage des Staats es erlaube, gleichfalls ganz, oder in zwei oder drei Theilen zur Disposition der Section gestellt werde;

6. dem Gross-Canzler und Finanz-Minister aufzugeben, mit dem Ministerium des Innern und der Section des öffentlichen Unterrichts in demselben die nöthige Rücksprache zu nehmen, wie eine solche Domainen-Verleihung auf die sicherste, der Landesverfassung angemessenste und der Universität vortheilhafteste Weise eingeleitet werden könne;

7. endlich die 7000 Thlr. des ehemaligen Schlesischen Jesuiten-Fonds, von denen 5000 Thlr. Halle gehörten, 2000 Thlr. aber neuerlich von Ew. Königl. Majestät zur Verbesserung des Schulfonds bestimmt sind, von jetzt an zur Verbesserung der Universität Frankfurth zu bestimmen, bis vielleicht auch für Frankfurth, Königsberg und die übrigen wissenschaftlichen Anstalten,

welche jetzt Zuschüsse aus Königlichen Cassen erhalten, statt dieser Zuschüsse Domainen-Verleihung einzuführen für rathsam erachtet wird.

Königsberg, den ~~10~~ 24ten Juli 1809.

Die Section des öf. Unterr.

Humboldt.

GS X: 148–154

4. Universität und Akademie

Über die innere und äussere Organisation der höheren wissenschaftlichen Anstalten in Berlin (1810)

Der Begriff der höheren wissenschaftlichen Anstalten, als des Gipfels, in dem alles, was unmittelbar für die moralische Cultur der Nation geschieht, zusammenkommt, beruht darauf, dass dieselben bestimmt sind, die Wissenschaft im tiefsten und weitesten Sinne des Wortes zu bearbeiten, und als einen nicht absichtlich, aber von selbst zweckmässig vorbereiteten Stoff der geistigen und sittlichen Bildung zu seiner Benutzung hinzugeben.

Ihr Wesen besteht daher darin, innerlich die objective Wissenschaft mit der subjectiven Bildung, äusserlich den vollendeten Schulunterricht mit dem beginnenden Studium unter eigener Leitung zu verknüpfen, oder vielmehr den Uebergang von dem einen zum anderen zu bewirken. Allein der Hauptgesichtspunkt bleibt die Wissenschaft. Denn sowie diese rein dasteht, wird sie von selbst und im Ganzen, wenn auch einzelne Abschweifungen vorkommen, richtig ergriffen.

Da diese Anstalten ihren Zweck indess nur erreichen können, wenn jede, soviel als immer möglich, der reinen Idee der Wissenschaft gegenübersteht, so sind Einsamkeit und Freiheit die in ihrem Kreise vorwaltenden Principien. Da aber auch das geistige Wirken in der Menschheit nur als Zusammenwirken gedeiht, und zwar nicht bloss, damit Einer ersetze, was dem Anderen mangelt, sondern damit die gelingende Thätigkeit des Einen den Anderen begeistere und Allen die allgemeine, ursprüngliche, in den Einzelnen nur einzeln oder abgeleitet hervorstrahlende Kraft sichtbar werde, so muss die innere Organisation dieser Anstalten ein ununterbrochenes, sich immer selbst wieder belebendes, aber ungezwungenes und absichtsloses Zusammenwirken hervorbringen und unterhalten.

Es ist ferner eine Eigenthümlichkeit der höheren wissenschaftlichen Anstalten, dass sie die Wissenschaft immer als ein noch nicht ganz aufgelöstes Problem behandeln und daher immer im Forschen bleiben, da die Schule es nur mit fertigen und abgemachten Kenntnissen zu thun hat und lernt. Das Verhältniss zwischen Lehrer und Schüler wird daher durchaus ein anderes als vorher. Der erstere ist nicht für die letzteren, beide sind für die Wissenschaft da; sein Geschäft hängt mit an ihrer Gegenwart und würde, ohne sie, nicht gleich glücklich von statten gehen; er würde, wenn sie sich nicht von selbst um ihn versammelten, sie aufsuchen, um seinem Ziele näher zu kommen durch die Verbindung der geübten, aber eben darum auch leichter einseitigen und schon weniger lebhaften Kraft mit der schwächeren und noch parteiloser nach allen Richtungen muthig hinstrebenden.

Was man daher höhere wissenschaftliche Anstalten nennt, ist, von aller Form im Staate losgemacht, nichts Anderes als das geistige Leben der Menschen, die äussere Musse oder inneres Streben zur Wissenschaft und Forschung hinführt. Auch so würde Einer für sich grübeln und sammeln, ein anderer sich mit Männern gleichen Alters verbinden, ein Dritter einen Kreis von Jüngern um sich versammeln. Diesem Bilde muss auch der Staat treu bleiben, wenn er das in sich unbestimmte und gewissermassen zufällige Wirken in eine festere Form zusammenfassen will. Er muss dahin sehen,

1. die Thätigkeit immer in der regsten und stärksten Lebendigkeit zu erhalten;
2. sie nicht herabsinken zu lassen, die Trennung der höheren Anstalt von der Schule (nicht bloss der allgemeinen theoretischen, sondern auch der mannigfaltigen praktischen besonders) rein und fest zu erhalten.

Er muss sich eben immer bewusst bleiben, dass er nicht eigentlich dies bewirkt noch bewirken kann, ja, dass er vielmehr immer hinderlich ist, sobald er sich hineinmischt, dass die Sache an sich ohne ihn unendlich besser gehen würde, und dass es sich eigentlich nur so damit verhält:

> dass, da es nun einmal in der positiven Gesellschaft äussere Formen und Mittel für jedes irgend ausgebreitete Wirken geben muss, er die Pflicht hat, diese auch für die Bearbeitung der Wissenschaft herbeizuschaffen;
> dass etwa nicht bloss die Art, wie er diese Formen und Mittel beschafft, dem Wesen der Sache schädlich werden kann, sondern der Umstand selbst, dass es überhaupt solche äussere Formen und Mittel für etwas ganz Fremdes giebt, immer nothwendig nachtheilig einwirkt und das Geistige und Hohe in die materielle und niedere Wirklichkeit herabzieht;
> und dass er daher nur darum vorzüglich wieder das innere Wesen vor Augen haben muss, um gut zu machen, was er selbst, wenngleich ohne seine Schuld, verdirbt oder gehindert hat.

Ist dies auch nichts als eine andere Ansicht desselben Verfahrens, so muss sich doch der Vortheil dann auch im Resultat ausweisen, da der Staat, wenn er die Sache von dieser Seite betrachtet, immer bescheidener eingreifen wird, und im praktischen Wirken im Staat auch überhaupt eine theoretisch unrichtige Ansicht, was man immer sagen möge, nie ungestraft bleibt, da kein Wirken im Staat bloss mechanisch ist.

Dies vorausgeschickt, sieht man leicht, dass bei der inneren Organisation der höheren wissenschaftlichen Anstalten Alles darauf beruht, das Princip zu erhalten, die Wissenschaft als etwas noch nicht ganz Gefundenes und nie ganz Aufzufindendes zu betrachten, und unablässig sie als solche zu suchen.

Sobald man aufhört, eigentlich Wissenschaft zu suchen, oder sich einbildet, sie brauche nicht aus der Tiefe des Geistes heraus geschaffen, sondern könne durch Sammeln extensiv aneinandergereiht werden, so ist Alles unwiederbringlich und auf ewig verloren; verloren für die Wissenschaft, die, wenn dies lange fortgesetzt wird, dergestalt entflieht, dass sie selbst die Sprache wie eine leere Hülse zurücklässt, und verloren für den Staat. Denn nur die Wissenschaft, die aus dem Innern stammt und in's Innere gepflanzt werden kann, bildet auch den Charakter um, und dem Staat ist es ebenso wenig als der Menschheit um Wissen und Reden, sondern um Charakter und Handeln zu thun.

Um nun auf immer diesen Abweg zu verhüten, braucht man nur ein dreifaches Streben des Geistes rege und lebendig zu erhalten:

> einmal Alles aus einem ursprünglichen Princip abzuleiten (wodurch die Naturerklärungen z. B. von mechanischen zu dynamischen, organischen und endlich psychischen im weitesten Verstande gesteigert werden);
> ferner Alles einem Ideal zuzubilden;
> endlich jenes Princip und dies Ideal in Eine Idee zu verknüpfen.

Allerdings lässt sich das geradezu nicht befördern, es wird aber auch Niemand einfallen, dass unter Deutschen dies erst befördert zu werden brauchte. Der intellectuelle Nationalcharakter der Deutschen hat von selbst diese Tendenz, und man braucht nur zu verhüten, dass sie nicht, sei es mit Gewalt oder durch einen sich freilich auch findenden Antagonismus, unterdrückt werde.

Da jede Einseitigkeit aus den höheren wissenschaftlichen Anstalten verbannt sein muss, so werden natürlich auch viele in denselben thätig sein können, denen dies Streben fremd, einige, denen es zuwider ist; in voller und reiner Kraft kann es überhaupt nur in wenigen sein; und es braucht nur selten und nur hier und da wahrhaft hervorzutreten, um weit umher und lange nachher zu wirken; was aber schlechterdings immer herrschend sein muss, ist Achtung für dasselbe bei denen, die es ahnen, und Scheu bei denen, die es zerstören möchten.

Philosophie und Kunst sind es, in welchen sich ein solches Streben am meisten und abgesondertsten ausspricht. Allein nicht bloss dass sie selbst leicht entarten, so ist auch von ihnen nur wenig zu hoffen, wenn ihr Geist nicht gehörig oder nur auf logisch oder mathematisch formale Art in die anderen Zweige der Erkenntniss und Gattungen der Forschung übergeht.

Wird aber endlich in höheren wissenschaftlichen Anstalten das Princip herrschend: Wissenschaft als solche zu suchen, so braucht nicht mehr für irgend etwas Anderes einzeln gesorgt zu werden. Es fehlt alsdann weder an Einheit noch Vollständigkeit, die eine sucht die andere von selbst und beide setzen sich von selbst, worin das Geheimniss jeder guten wissenschaftlichen Methode besteht, in die richtige Wechselwirkung.

Für das Innere ist alsdann jede Forderung befriedigt.

Was nun aber das Aeussere des Verhältnisses zum Staat und seine Thätigkeit dabei betrifft, so hat er nur zu sorgen für Reichthum (Stärke und Mannigfaltigkeit) an geistiger Kraft durch die Wahl der zu versammelnden Männer und für Freiheit in ihrer Wirksamkeit. Der Freiheit droht aber nicht bloss Gefahr von ihm, sondern auch von den Anstalten selbst, die, wie sie beginnen, einen gewissen Geist annehmen und gern das Aufkommen eines anderen ersticken. Auch den hieraus möglicherweise entstammenden Nachtheilen muss er vorbeugen.

Die Hauptsache beruht auf der Wahl der in Thätigkeit zu setzenden Männer. Bei diesen wird sich ein Correctiv, eine mangelhafte zu verhüten, erst bei der Eintheilung der Gesammtanstalt in ihre einzelnen Theile angeben lassen.

Nach ihr kommt es am meisten auf wenige und einfache, aber tiefer als gewöhnlich eingreifende Organisationsgesetze an, von denen eben wiederum nur bei den einzelnen Theilen die Rede sein kann.

Endlich müssen die Hülfsmittel in Betracht gezogen werden, wobei nur im Allgemeinen zu bemerken ist, dass ja nicht die Anhäufung todter Sammlungen für die Hauptsache zu halten, vielmehr ja nicht zu vergessen ist, dass sie sogar leicht beitragen, den

Geist abzustumpfen und herabzuziehen, weshalb auch ganz und gar nicht die reichsten Akademien und Universitäten immer diejenigen gewesen sind, wo die Wissenschaften sich der tiefsten und geistvollsten Behandlung erfreuten. Was aber in Absicht der Thätigkeit des Staates von den höheren wissenschaftlichen Anstalten auch in ihrer Gesammtheit gesagt werden kann, betrifft ihr Verhältniss als höhere Anstalten zur Schule und als wissenschaftliche zum praktischen Leben.

Der Staat muss seine Universitäten weder als Gymnasien noch als Specialschulen behandeln, und sich seiner Akademie nicht als einer technischen oder wissenschaftlichen Deputation bedienen. Er muss im Ganzen (denn welche einzelnen Ausnahmen hiervon bei den Universitäten stattfinden müssen, kommt weiter unten vor) von ihnen nichts fordern, was sich unmittelbar und geradezu auf ihn bezieht, sondern die innere Ueberzeugung hegen, dass, wenn sie ihren Endzweck erreichen, sie auch seine Zwecke und zwar von einem viel höheren Gesichtspunkte aus erfüllen, von einem, von dem sich viel mehr zusammenfassen lässt und ganz andere Kräfte und Hebel angebracht werden können, als er in Bewegung zu setzen vermag.

Auf der anderen Seite aber ist es hauptsächlich Pflicht des Staates, seine Schulen so anzuordnen, dass sie den höheren wissenschaftlichen Anstalten gehörig in die Hände arbeiten. Dies beruht vorzüglich auf einer richtigen Einsicht ihres Verhältnisses zu denselben und der fruchtbar werdenden Ueberzeugung, dass nicht sie als Schulen berufen sind, schon den Unterricht der Universitäten zu anticipiren, noch die Universitäten ein blosses, übrigens gleichartiges Complement zu ihnen, nur eine höhere Schulklasse sind, sondern dass der Uebertritt von der Schule zur Universität ein Abschnitt im jugendlichen Leben ist, auf den die Schule im Falle des Gelingens den Zögling so rein hinstellt, dass er physisch, sittlich und intellectuell der Freiheit und Selbstthätigkeit überlassen werden kann und, vom Zwange entbunden, nicht zu Müssiggang oder zum praktischen Leben übergehen, sondern eine Sehnsucht in sich tragen wird, sich zur Wissenschaft zu erheben, die ihm bis dahin nur gleichsam von fern gezeigt war.

Ihr Weg, dahin zu gelangen, ist einfach und sicher. Sie muss nur auf harmonische Ausbildung *aller* Fähigkeiten in ihren Zöglingen sinnen; nur seine Kraft in einer möglichst geringen Anzahl von Gegenständen an, so viel möglich, allen Seiten üben, und alle Kenntnisse dem Gemüth nur so einpflanzen, dass das Verstehen, Wissen und geistige Schaffen nicht durch äussere Umstände, sondern durch seine innere Präcision, Harmonie und Schönheit Reiz gewinnt. Dazu und zur Vorübung des Kopfes zur reinen Wissenschaft muss vorzüglich die Mathematik und zwar von den ersten Uebungen des Denkvermögens an gebraucht werden.

Ein so vorbereitetes Gemüth nun ergreift die Wissenschaft von selbst, da gleicher Fleiss und gleiches Talent bei anderer Vorbereitung sich entweder augenblicklich oder vor vollendeter Bildung in praktisches Treiben vergraben und sich dadurch auch für dieses unbrauchbar machen, oder sich, ohne das höhere wissenschaftliche Streben, mit einzelnen Kenntnissen zerstreuen.

Von dem Eintheilungsgrunde der höheren wissenschaftlichen Anstalten und den verschiedenen Arten derselben.

Gewöhnlich versteht man unter höheren wissenschaftlichen Anstalten die Universitäten und Akademieen der Wissenschaften und Künste. Es ist nicht schwer, diese zufällig entstandenen Institute wie aus der Idee entstanden abzuleiten; allein theils bleibt in solchen seit Kant sehr beliebten Ableitungen immer etwas Schiefes zurück, theils ist das Unternehmen selbst unnütz.

Sehr wichtig dagegen ist die Frage: ob es wirklich noch der Mühe werth ist, neben einer Universität eine Akademie zu errichten oder zu erhalten? und welchen Wirkungskreis man jeder abgesondert und beiden gemeinschaftlich anweisen muss, um jede auf eine, nur ihr mögliche Art in Thätigkeit zu setzen?

Wenn man die Universität nur dem Unterricht und der Verbreitung der Wissenschaft, die Akademie aber ihrer Erweiterung bestimmt erklärt, so thut man der ersteren offenbar Unrecht. Die Wissenschaften sind gewiss ebenso sehr und in Deutschland mehr durch die Universitätslehrer, als durch die Akademiker erweitert worden, und diese Männer sind gerade durch ihr Lehramt zu diesen Fortschritten in ihren Fächern gekommen. Denn der freie mündliche Vortrag vor Zuhörern, unter denen doch immer eine bedeutende Zahl selbst mitdenkender Köpfe ist, feuert denjenigen, der einmal an diese Art des Studiums gewöhnt ist, sicherlich ebenso sehr an, als die einsame Musse des Schriftstellerlebens oder die lose Verbindung einer akademischen Genossenschaft. Der Gang der Wissenschaft ist offenbar auf einer Universität, wo sie immerfort in einer grossen Menge und zwar kräftiger, rüstiger und jugendlicher Köpfe herumgewälzt wird, rascher und lebendiger. Ueberhaupt lässt sich die Wissenschaft als Wissenschaft nicht wahrhaft vortragen, ohne sie jedesmal wieder selbstthätig aufzufassen, und es wäre unbegreiflich, wenn man nicht hier, sogar oft, auf Entdeckungen stossen sollte. Das Universitätslehren ist ferner kein so mühevolles Geschäft, dass es als eine Unterbrechung der Musse zum Studium und nicht vielmehr als ein Hülfsmittel zu demselben gelten müsste. Auch giebt es auf jeder grossen Universität immer Männer, die, indem sie wenig oder gar nicht lesen, nur einsam für sich studiren und forschen. Sicherlich könnte man daher die Erweiterung der Wissenschaften den blossen Universitäten, wenn diese nur gehörig angeordnet wären, anvertrauen, und zu diesem Endzweck der Akademien entrathen.

Der gesellschaftliche Verein, der allerdings unter Universitätslehrern als solchen nicht nothwendig gleich regelmässig vorhanden ist, dürfte auch schwerlich ein hinreichender Grund sein, so kostbare Institute zu gründen. Denn einestheils ist dieser Verein auch auf den Akademien selbst locker genug, anderntheils dient er nur vorzüglich in denjenigen Beobachtungs- und Experimentalwissenschaften, wo schnelle Mittheilung einzelner Thatsachen nützlich ist. Endlich entstehen in diesen Fächern, ohne Schwierigkeit, immer auch ohne Zuthun des Staats Privatgesellschaften.

Geht man der Sache genauer nach, so haben Akademien vorzüglich im Auslande geblüht, wo man die Wohlthat deutscher Universitäten noch jetzt entbehrt, und kaum nur anerkennt, in Deutschland aber vorzugsweise an Orten, denen Universitäten mangelten, und in Zeiten, wo es diesen noch an einem liberaleren und vielseitigeren Geiste fehlte. In neueren Zeiten hat sich keine sonderlich ausgezeichnet, und an dem eigentlichen Emporkommen deutscher Wissenschaft und Kunst haben die Akademien wenig oder gar keinen Antheil gehabt.

Um daher beide Institute in lebendiger Thätigkeit zu erhalten, ist es nothwendig, sie dergestalt mit einander zu verbinden, dass, obgleich ihre Thätigkeit abgesondert bleibt, doch die einzelnen Mitglieder nicht immer bloss ausschliessend der einen oder andern gehören. In dieser Verbindung lässt sich nun das abgesonderte Bestehen beider auf eine neue und treffliche Art benutzen.

Dieser Nutzen beruht aber alsdann viel weniger auf der Eigenthümlichkeit der Thätigkeit beider Institute (denn in der That kann durch Universitätslehrer, ohne Einrichtung einer eigenen Akademie, vollkommen erreicht werden, was man durch diese bezweckt, vorzüglich da, was noch immer sehr verschieden von einer eigentlichen Akademie ist, diese letzteren wieder, wie in Göttingen, eine eigne gelehrte Gesellschaft bilden können), sondern auf der Eigenthümlichkeit ihrer Form und ihrem Verhältniss zum Staate.

Die Universität nemlich steht immer in engerer Beziehung auf das praktische Leben und die Bedürfnisse des Staates, da sie sich immer praktischen Geschäften für ihn, der Leitung der Jugend, unterzieht; die Akademie aber hat es rein nur mit der Wissenschaft an sich zu thun. Die Lehrer der Universität stehen unter einander in bloss allgemeiner Verbindung über Punkte der äusseren und inneren Ordnung der Disciplin; allein über ihr eigentliches Geschäft theilen sie sich gegenseitig nur insofern sie eigene Neigung dazu führet, mit; indem sonst jeder seinen eigenen Weg geht. Die Akademie dagegen ist eine Gesellschaft, wahrhaft dazu bestimmt, die Arbeit eines Jeden der Beurtheilung Aller zu unterwerfen.

Auf diese Weise muss die Idee einer Akademie als die höchste und letzte Freistätte der Wissenschaft und die vom Staat am meisten unabhängige Corporation festgehalten werden, und man muss es einmal auf die Gefahr ankommen lassen, ob eine solche Corporation durch zu geringe oder einseitige Thätigkeit beweisen wird, dass das Rechte nicht immer am leichtesten unter den günstigsten äusseren Bedingungen zu Stande kommt oder nicht. Ich sage, man muss es darauf ankommen lassen, weil die Idee in sich schön und wohlthätig ist, und immer ein Augenblick eintreten kann, wo sie auch auf eine würdige Weise ausgefüllt wird.

Dabei entsteht nunmehr zwischen der Universität und Akademie ein Wetteifer und Antagonismus und eine solche Wechselwirkung, dass, wenn man in ihnen einen Excess und einen Mangel an Thätigkeit besorgen muss, sie sich gegenseitig von selbst in's Gleichgewicht bringen werden.

Zuerst bezieht sich dieser Antagonismus auf die Wahl der Mitglieder beider Corporationen. Jeder Akademiker muss nemlich das Recht haben, auch ohne weitere Habilitation Vorlesungen zu halten, ohne jedoch dadurch Mitglied der Universität zu werden. Mehrere Gelehrte müssen füglich Universitätslehrer und Akademiker sein, aber beide Institute müssen auch andere besitzen, die nur jedem allein angehören.

Die Ernennung der Universitätslehrer muss dem Staat ausschliesslich vorbehalten bleiben, und es ist gewiss keine gute Einrichtung, den Facultäten darauf mehr Einfluss zu verstatten, als ein verständiges und billiges Curatorium von selbst thun wird. Denn auf der Universität ist Antagonismus und Reibung heilsam und nothwendig, und die Collision, die zwischen den Lehrern durch ihr Geschäft selbst entsteht, kann auch unwillkührlich ihren Gesichtspunkt verrücken. Auch ist die Beschaffenheit der Universitäten zu eng mit dem unmittelbaren Interesse des Staats verbunden.

Die Wahl der Mitglieder der Akademie aber muss ihr selbst überlassen und nur an die Bestätigung des Königs gebunden sein, die nicht leicht entsteht [? entfällt?]. Denn die Akademie ist eine Gesellschaft, in der das Princip der Einheit bei weitem wichtiger ist, und ihr rein wissenschaftlicher Zweck liegt dem Staat als Staat weniger nahe.

Hieraus entsteht nun aber das oben erwähnte Correctiv bei den Wahlen zu den höheren wissenschaftlichen Anstalten. Denn da der Staat und die Akademie ungefähr gleichen Antheil daran nehmen, so wird sich bald der Geist zeigen, in welchem beide handeln, und die öffentliche Meinung selbst wird beide, wo sie sich verirren sollten, auf der Stelle unparteiisch richten. Da aber nicht leicht beide zugleich, wenigstens nicht auf dieselbe Weise fehlen werden, so droht wenigstens nicht allen Wahlen zugleich Gefahr, und das Gesammtinstitut ist vor Einseitigkeit sicher.

Vielmehr muss die Mannigfaltigkeit der bei demselben in Thätigkeit kommenden Kräfte gross sein, da zu den beiden Klassen der vom Staate Ernannten und der von der Akademie Gewählten, noch die Privatdocenten hinzukommen, welche wenigstens Anfangs bloss der Beifall ihrer Zuhörer hebt und trägt.

Eine ihr ganz eigenthümliche Thätigkeit ausser ihren akademischen Arbeiten aber kann die Akademie auch durch Beobachtungen und Versuche gewinnen, welche sie in systematischer Reihe anstellt. Von diesen müssten einige ihr freigestellt sein, andere aber ihr aufgetragen werden, und auf diese aufgetragenen müsste wiederum die Universität Einfluss ausüben, so dass dadurch eine neue Wechselwirkung entstände.

Ausser der Akademie und der Universität gehören zu den höheren wissenschaftlichen Anstalten noch die leblosen Institute.

Diese müssen abgesondert zwischen beiden, unmittelbar unter Aufsicht des Staates stehen. Allein beide, Akademie und Universität, müssen nicht bloss, nur unter gewissen Modificationen, die Benutzung, sondern auch die Controlle darüber haben.

Jedoch können sie die letztern nur dergestalt üben, dass sie ihre Erinnerungen und ihre Verbesserungsvorschläge nicht unmittelbar, sondern beim Staate anbringen.

Die Akademie gewinnt bei den Instituten durch die Universität, dass sie nun auch solche benutzen kann, die, wie das anatomische und zootomische Theater, sonst mit keiner Akademie verbunden waren, weil man dieselben von dem beschränkten Gesichtspunkte der Medizin und nicht von dem weiteren der Naturwissenschaft aus ansah.

Akademie, Universität und Hülfsinstitute sind also drei gleich unabhängige und integrante Theile der Gesamtanstalt.

Alle stehen, allein die beiden letzteren mehr, die erstern weniger, unter Leitung und Oberaufsicht des Staates.

Akademie und Universität sind beide gleich selbständig; allein insofern verbunden, dass sie gemeinsame Mitglieder haben, dass die Universität alle Akademiker zu dem Recht Vorlesungen zu halten zulässt, und die Akademie diejenigen Reihen von Beobachtungen und Versuchen veranstaltet, welche die Universität in Vorschlag bringt.

Die Hülfsinstitute benutzen und beaufsichtigen beide, jedoch das letztere, wo es auf die Ausübung ankommt, nur mittelbar durch den Staat.

GS X: 251–260

5. Deutschland

Aus: *Denkschrift über die deutsche Verfassung* (1813)

Da der Rheinbund aufgelöst ist, muss entschieden werden, was nunmehr aus Deutschland werden soll, und selbst wenn man keinerlei Art der Vereinigung wollte, wenn alle Staaten einzeln fortbestehen sollten, so müsste doch auch dieser Zustand zugerichtet und gesichert werden.

Wenn man aber über den zukünftigen Zustand Deutschlands redet, muss man sich wohl hüten, bei dem beschränkten Gesichtspunkte stehen zu bleiben, Deutschland gegen Frankreich sichern zu wollen. Wenn auch in der That der Selbständigkeit Deutschlands nur von dorther Gefahr droht, so darf ein so einseitiger Gesichtspunkt nie zur Richtschnur bei der Grundlegung zu einem dauernd wohlthätigen Zustand für eine grosse Nation dienen. Deutschland muss frei und stark seyn, nicht bloss, damit es sich gegen diesen, oder jenen Nachbar, oder überhaupt gegen jeden Feind vertheidigen könne, sondern deswegen, weil nur eine, auch nach aussen hin starke Nation den Geist in sich bewahret, aus dem auch alle Segnungen im Innern strömen; es muss frei und stark seyn, um das, auch wenn es nie einer Prüfung ausgesetzt würde, nothwendige Selbstgefühl zu nähren, seiner Nationalentwickelung ruhig und ungestört nachzugehen, und die wohlthätige Stelle, die es in der Mitte der Europäischen Nationen für dieselben einnimmt, dauernd behaupten zu können.

Von dieser Seite angesehen, kann die Frage nicht zweifelhaft seyn, ob die verschiednen deutschen Staaten einzeln fortbestehen, oder ein gemeinschaftliches Ganzes bilden sollen? Die kleineren Fürsten Deutschlands, bedürfen einer Stütze, die grösseren einer Anlehnung, und selbst Preussen und Oesterreich ist es wohlthätig, sich als Theile eines grösseren, und, allgemein genommen, noch wichtigeren Ganzen anzusehen. Dies aus grossmüthigem Schutz und bescheidner Unterordnung zusammengesetzte Verhältniss bringt eine grössere Billigkeit und Allgemeinheit in ihre, auf ihr eignes Interesse gerichteten Ansichten. Auch lässt sich das Gefühl, dass Deutschland ein *Ganzes* ausmacht, aus keiner deutschen Brust vertilgen, und es beruht nicht bloss auf Gemeinsamkeit der Sitten, Sprache und Literatur (da wir es nicht in gleichem Grade mit der Schweiz, und dem eigentlichen Preussen theilen), sondern auf der Erinnerung an gemeinsam genossene Rechte und Freiheiten, gemeinsam erkämpften Ruhm und bestandene Gefahren, auf dem Andenken einer engeren Verbindung, welche die Väter verknüpfte, und die nur noch in der Sehnsucht der Enkel lebt. Das vereinzelte Dasein der sich selbst überlassenen deutschen Staaten (selbst wenn man die ganz kleineren grösseren anfügte,) würde die Masse der Staaten, die gar nicht, oder schwer auf sich selbst ruhen können, auf eine dem Europäischen Gleichgewichte gefährliche Weise vermehren, die grösseren deutschen Staaten, selbst Oesterreich und Preussen, in Gefahr bringen, und nach und nach alle deutsche Nationalität untergraben.

Es liegt in der Art, wie die Natur Individuen in Nationen vereinigt, und das Menschengeschlecht in Nationen absondert, ein überaus tiefes und geheimnissvolles Mittel, den Einzelnen, der für sich nichts ist, und das Geschlecht, das nur im Einzelnen gilt, in dem wahren Wege verhältnissmässiger und allmähliger Kraftentwickelung zu erhalten; und obgleich die Politik nie auf solche Ansichten einzugehen braucht, so darf sie sich doch nicht vermessen, der natürlichen Beschaffenheit der Dinge entgegen zu handeln. Nun aber wird Deutschland in seinen, nach den Zeitumständen erweiterten, oder verengerten Gränzen immer, im Gefühle seiner Bewohner, und vor den Augen der Fremden, Eine Nation, Ein Volk, Ein Staat bleiben.

Die Frage kann also nur die sein: Wie soll man wieder aus Deutschland ein Ganzes schaffen?

Könnte die alte Verfassung wiederhergestellt werden, so wäre nichts so wünschenswerth, als dies; und hätte nur fremde Gewalt ihre, in sich rüstige Kraft unterdrückt, so würde sie sich wieder mit Federkraft emporheben. Aber leider war ihr eignes langsames Ersterben selbst hauptsächlich Ursache ihrer Zerstörung durch äussere Gewalt, und jetzt, wo diese Gewalt verschwindet, strebt keiner ihrer Theile anders, als durch ohnmächtige Wünsche, nach ihrer Wiedererweckung. Von enger Verbindung, von strenger Unterordnung der Glieder unter dem Oberhaupt war durch das Losreissen dieses und jenes Theils ein lockres zusammenhängendes Ganzes geworden, in dem, ungefähr, seit der Reformation, alle Theile auseinanderstrebten. Wie soll daraus das entgegengesetzte Streben hervorgehen, dessen wir jetzt so dringend bedürfen?

Erwägt man die einzelnen Punkte, so wachsen alle Schwierigkeiten. Herstellung der Kaiserwürde, Beschränkung der Wahlfürsten auf eine kleine Zahl, Bedingungen der Wahl, alles würde bei Haupt und Gliedern unendliche Hindernisse finden, und wenn alle überwunden wären, würde doch etwas Neues gebildet, nicht das Alte hergestellt seyn. Denn niemand wird wohl an der Unzulänglichkeit des ehemaligen Reichsverbandes zu der jetzt nöthigen Sicherung unserer Selbstständigkeit zweifeln. Selbst unter den alten Namen, müsste man also neue Gestalten schaffen.

Es giebt nur zwei Bindungsmittel für ein politisches Ganzes; eine wirkliche Verfassung, oder einen blossen Verein. Der Unterschied zwischen beiden (nicht gerade an sich, aber für den gegenwärtigen Endzweck bestimmt) liegt darin, dass in der Verfassung einigen Theilen die Zwangsrechte ausschliessend beigelegt werden, welche bei dem Verein, Allen gegen den Uebertreter zustehen. Eine Verfassung ist unstreitig einem Verein vorzuziehen; sie ist feierlicher, bindender, dauernder; aber Verfassungen gehören zu den Dingen, deren es einige im Leben giebt, deren Daseyn man sieht, aber deren Ursprung man nie ganz begreift, und daher noch weniger nachbilden kann. Jede Verfassung, auch als ein bloss theoretisches Gewebe betrachtet, muss einen materiellen

Keim ihrer Lebenskraft in der Zeit, den Umständen, dem Nationalcharakter vorfinden, der nur der Entwicklung bedarf. Sie rein nach Principien der Vernunft und Erfahrung gründen zu wollen, ist im hohen Grade mislich, und so gewiss alle wirklich dauerhaften Verfassungen einen unförmlichen, und keine strenge Prüfung ertragenden Anfang gehabt haben, so gewiss würde es einer von Anfang herein folgerechten an Bestand und Dauer mangeln.

Auf die Frage: soll Deutschland eine wahre Verfassung erhalten? lässt sich daher, meines Erachtens nur so antworten. Sprechen zu der Zeit, wo die Frage entschieden werden muss, Haupt und Glieder aus, dass sie Haupt und Glieder seyn wollen, so folge man der Anzeige, und leite nur, und beschränke. Ist das aber nicht, verlautet nichts, als das kalte Verstandesurtheil, dass ein Band für das Ganze da seyn muss; so bleibe man bescheiden beim Geringeren stehn, und bilde bloss einen Staaten*verein*, einen Bund.

Alle Verfassungen, deren Dauerhaftigkeit sich bewährt hat, haben eine gewisse Form in ihrer Zeit vorgefunden, an welche sie sich bloss anschlossen, wie sich leicht historisch erweisen liesse. Nun aber giebt es in unserer Zeit gar keine Form, die einer Verfassung Deutschlands zur Grundlage dienen könnte; vielmehr sind alle sogenannte Constitutionen durch die Erbärmlichkeit und Zerbrechlichkeit der seit der Französischen Revolution bis zum Ekel wiederholten in gerechte Ungunst gerathen. Dagegen ist die vollkommene Ausbildung aller politischen Formen der Verbindung der Staaten untereinander der neuesten Zeit eigenthümlich, und ein jetzt zu gründender Staatenverein wird sich daher auch besser durch diese fest knüpfen lassen.

Fragt man mich nun, was eigentlich die bindenden und erhaltenden Principien in einer, durch blosse Schutzbündnisse gebildeten Vereinigung Deutschlands seyn sollen? so kann ich bloss folgende, allerdings wohl sehr starke, allein freilich meist moralische nennen:

Die Uebereinstimmung Oesterreichs und Preussens;
das Interesse der grössesten unter den übrigen Deutschen Staaten;
die Unmöglichkeit der kleineren gegen sie, und Oesterreich und Preussen aufzukommen;
den wieder erweckten, und durch Freiheit und Selbständigkeit zu erhaltenden Geist der Nation; und
die Gewährleistung Russlands und Englands.

Die feste, durchgängige, nie unterbrochene Uebereinstimmung und Freundschaft Oesterreichs und Preussens ist allein der Schlussstein des ganzen Gebäudes. Diese Uebereinstimmung kann ebensowenig durch den Verein gesichert, als der Verein, wenn sie mangelte, erhalten werden. Es ist der feste Punkt ausserhalb des Bundes, der gegeben seyn muss, um ihn zu schliessen; und da er durchaus ein politischer ist, ruht er auch auf einem rein politischen Princip. Gerade aber indem man in das Verhältniss Oesterreichs und Preussens schlechterdings nicht mehr Verpflichtendes bringt, als jedes Bündniss enthält, und dieselbe zur Grundlage der Wohlfahrt des gesammten Deutschlands macht, welche ihre eigne in sich begreift; verstärkt man sie durch das Gefühl der Freiheit und Nothwendigkeit; wozu sich die Abwesenheit alles Grundes zu einem ausschliessenden Interesse gesellt, da zwischen beiden Mächten weder Unterordnung, noch Theilung der Gewalt gestattet wird.

Die nach Oesterreich und Preussen grössesten Staaten müssen gross sein, damit sie sich über alles Mistrauen, und alle Furcht vor ihren nächsten Nachbarn erheben, ihr Gewicht zur Vertheidigung der Unabhängigkeit des Ganzen fühlen, und, frei von eignen Besorgnissen, nur die gemeinschaftlichen zu entfernen bedacht sind. In diesem Fall können sich nur Baiern und Hannover befinden. Die mittleren, wie Hessen, Würtemberg, Darmstadt u. a. m. waren, müssen dagegen in ihren alten Schranken gehalten werden. Ihre geringe Grösse erlaubt nicht, sie über alle kleinliche und einseitige Ansichten erhaben voraussetzen; und eine fremde

Macht muss daher ein grosses Interesse finden, einen einzelnen davon mit sich zu verbinden.

Da es natürlich ist, dass in einer Zeit, wie die gegenwärtige, ohne Rücksicht auf das Bestehende, alle Verhältnisse einer neuen Prüfung unterworfen werden; so hört man jetzt oft die zwiefache Behauptung; dass die kleineren Staaten in Deutschland ganz aufhören, und dass sie wenigstens vom Rhein und der Französischen Gränze entfernt werden müssen. Da alle verbündeten Mächte gleich abgeneigt sind, in einem Augenblick der Wiederherstellung einer gerechten Ordnung der Dinge, den Besitzstand alter, wenigstens ehemals mannigfach um Deutschland verdienter Fürstenhäuser anzutasten, so bedarf dieser Punkt nur um den Gegenstand von allen Seiten zu beleuchten betrachtet zu werden.

Die Vertheidigung gegen fremde Macht könnte allerdings, insofern man Einheit unter den Wenigen voraussetzen darf, bei einer Theilung Deutschlands in vier, oder fünf grosse Staaten gewinnen. Allein Deutschland hat, mehr als jedes andere Reich, offenbar eine doppelte Stelle in Europa eingenommen. Nicht gleich wichtig als politische Macht, ist es von dem wohlthätigsten Einfluss durch seine Sprache, Litteratur, Sitten und Denkungsart geworden; und man muss jetzt diesen letzteren Vorzug nicht aufopfern, sondern, wenn auch mit Ueberwindung einiger Schwierigkeit mehr, mit dem ersteren verbinden. Nun aber dankt man jenen ganz vorzüglich der Mannigfaltigkeit der Bildung, welche durch die grosse Zerstückelung entstand, und würde ihn, wenn sie ganz aufhörte, grossentheils einbüssen. Der Deutsche ist sich nur bewusst, dass er ein Deutscher ist, indem er sich als Bewohner eines besonderen Landes in dem gemeinsamen Vaterlande fühlt, und seine Kraft und sein Streben werden gelähmt, wenn er, mit Aufopferung seiner Provincial-Selbständigkeit, einem fremden, ihn durch nichts ansprechenden Ganzen beigeordnet wird. Auch auf den Patriotismus hat dies Einfluss, und sogar die Sicherheit der Staaten, für welche der Geist der Bürger die beste Gewährleistung ist, möchte am meisten bei dem Grundsatz gewinnen, jedem seine alten Unterthanen zu lassen. Die Nationen haben, wie die Individuen, ihre, durch keine Politik abzuändernden Richtungen. Die Richtung Deutschlands ist ein Staatenverein zu sein, und daher ist es weder, wie Frankreich und Spanien, in Eine Masse zusammengeschmolzen, noch hat es, wie Italien, aus unverbundnen einzelnen Staaten bestanden. Dahin aber würde die Sache unfehlbar ausarten, wenn man nur vier, oder fünf grosse Staaten fortdauern liesse. Ein Staatenverein fordert eine grössere Anzahl, und man hat nur zwischen der nun einmal unmöglichen (und, meiner Meynung nach, keineswegs wünschenswürdigen) Einheit, und dieser Mehrheit die Wahl. Zwar kann es wunderbar scheinen, wenn man gerade die Fürsten des Rheinbundes beibehält, und wenn die Herstellung der Gerechtigkeit das Werk der Ungerechtigkeit und Willkühr bestätigt. Allein einzelne Aenderungen können immer getroffen werden, und übrigens gewinnt in politischen Gegenständen das einmal Geschehene und seit Jahren Bestehende nicht abzuläugnende Ansprüche – einer der wichtigsten Gründe, sich Ungerechtigkeiten gleich von Anfang standhaft entgegenzusetzen.

Ob gerade die Gränze mit Frankreich durch grosse Staaten gebildet werden soll? scheint mehr eine militärische Frage. Allein die Sicherheit Deutschlands beruht auf der, durch die übrigen Deutschen Fürsten vermehrten Stärke Oesterreichs und Preussens, und diese können es freier vertheidigen, wenn sie, mehr entfernt stehend, durch eigne feste Gränzen gesichert, zwischen sich und dem Feinde ein ihrer Aufsicht und ihrem Einfluss unterworfenes Gebiet haben. Auch die grössesten Staaten verhindern nicht leicht, dass der Feind ihre Gränzen überschreite, wenn einmal der Krieg wirklich ausgebrochen ist, und ihre unmittelbare Berührung führt diesen leichter herbei. Alle grossen Staaten haben daher gern minder bedeutende zwischen sich gelassen, und es kann immer kleine Staaten diesseits, und (wenn, wie es billig der Fall seyn sollte, der Rhein wieder ein deutscher Fluss wird) auch jenseits des Rheins geben, wenn nur die Schweiz und Holland unabhängig sind, man keine Angriffsfestungen auf dem Rheine selbst duldet, und ein paar Plätze zur Unterstützung allenfalsiger Kriegsoperationen anlegt.

GS XI: 96–102

6. Das Königliche Museum in Berlin

Aus: *Bericht des Ministers Wilhelm Freiherrn von Humboldt an den König vom 21. August 1830*

Allerdurchlauchtigster etc.
Allergnädigster König und Herr!
Ew. Königl. Majestät haben geruhet, Allerhöchstihre Zufriedenheit mit der Einrichtung des Königlichen Museums auf eine so huldreiche Weise auszudrücken, dass ich es zuerst für meine Pflicht halte, Allerhöchstdenselben den tiefsten Dank der meiner Leitung anvertrauten Commission ehrfurchtsvoll zu Füssen zu legen. Ich freue mich, mit Wahrheit bezeugen zu können, dass, wenn die getroffenen Anordnungen Beifall verdienen, dies dem regen und einsichtsvollen Eifer jedes einzelnen der Mitglieder der Commission zuzuschreiben ist, bei dem mir persönlich blos die allgemeine Leitung übrig blieb, ohne welche kein Zusammenwirken Mehrerer zu Einem Zwecke gelingen kann. Die Anordnungen des ganzen Geschäfts sind von der Commission gemeinschaftlich berathen und beschlossen worden. Ebenso haben alle Mitglieder der Commission den speciellsten Antheil an der Auswahl der Bilder und der Beaufsichtigung der Restauration derselben genommen, und ich kann hierbei namentlich der Thätigkeit und der schätzbaren Kunstkenntnisse der Professoren Wach und Dähling erwähnen. Die Ausführung an Ort und Stelle aber, sowie einzelne Geschäfte, sind natürlich einzelnen Mitgliedern zugefallen; alles Architektonische, die Besorgung der Zeichnungen zu den Bilderrahmen, den Postamenten, Consolen, Tischen, Schränken, die Veranschlagung dieser Gegenstände u. s. w. dem Geheimen Ober-Baurath Schinkel, der sich um die gesammte Anstalt das grösseste Verdienst erworben hat, die Restauration der Antiken Bildwerke, so wie Alles, was dieselben

sonst betrifft, den Professoren Rauch und Tieck, die Restauration der Bilder dem Maler Schlesinger, die ersten Vorschläge zur Anordnung der Gemälde, die Vertheilung derselben in die verschiedenen Klassen, die erforderlichen historischen Vorarbeiten zur Bestimmung der Meister und die Anfertigung des Verzeichnisses der Gemälde dem Dr. Waagen. Letzterer ist zugleich mit dem ganzen Geschäftsbetrieb bei der Anstalt beauftragt gewesen, hat die Rechnungen für die Restauration und andere specielle Gegenstände theils geführt, theils revidirt und die Ausführung alles Details an Ort und Stelle besorgt. Ohne seine unausgesetzte Thätigkeit, sowohl für die Aufstellung der Bilder, als bei der Anfertigung des Verzeichnisses, würde die Eröffnung der Gallerie jetzt nicht möglich gewesen sein. Ich wage es umsomehr, der unermüdlichen und einsichtsvollen Thätigkeit dieses Mannes hier lobend zu erwähnen, als derselbe, da Ew. Königl. Majestät das Museum mit Allerhöchstihrer Gegenwart beehrten, Ew. Königl. Majestät persönlich vorgestellt zu werden, durch eine Krankheit verhindert wurde, deren Verlängerung wenigstens seinen angestrengten Arbeiten zuzuschreiben ist.

Nichts schien mir so wichtig, als das Museum, dessen so ausgezeichnet grossartige Stiftung ein beständiges Denkmal des Schutzes und der erhabenen Begünstigung bleiben wird, welche Ew. Königlichen Majestät der Kunst und denen, welche sich ihr widmen, angedeihen zu lassen geruhen, der öffentlichen Benutzung, für die Allerhöchstdieselben es bestimmt haben, sobald als immer möglich zu übergeben. Ich habe daher nicht geglaubt, hierzu die gänzliche Vollendung der Geschäfte der Einrichtungs-Commission abwarten zu müssen.

Die Eröffnung ist mithin, nach eingeholter Allerhöchster Genehmigung Ew. Königlichen Majestät, durch die Königliche General-Intendantur geschehen. Sie erstreckt sich auf die gesammte Gemäldegallerie, die Rotunde und den mittleren Hauptsaal der antiken Bildwerke. Noch unvollendet bleiben im jetzigen Augenblick der zweite und dritte, vorzüglich zu antiken Portraits, Statuen und Büsten bestimmte Saal, und mehreres in den dem

Professor Levezow anvertrauten Sammlungen. Das letztere erklärt sich theils durch die grosse Menge der zu ordnenden Gegenstände, theils dadurch, dass in dem Mauerwerke der Räume selbst, die bei der Erbauung des Museums, wo die Koller'sche Sammlung noch nicht angekauft war, eine andere Bestimmung hatten, Mehreres, wozu Ew. Königl. Majestät erst auf meinen ehrfurchtsvollen Vorschlag die erforderlichen Summen anzuweisen geruhet haben, verändert werden musste, auch mehrere Berathungen und Versuche nöthig waren, ehe man sich über die zweckmässigste Art der Stellung und Sicherung der Vasen, Bronzen und anderen kleinen Gegenstände bestimmen konnte. Die Verzögerung der Anordnung des antiken Portraitsaales ist daher entstanden, dass sich erst, nachdem die Statuen und Büsten aus den Königlichen Schlössern in das Museum geschafft waren, an Ort und Stelle beurtheilen liess, ob man die Büsten angemessener auf Consolen und Tische, oder auf Postamente stellte, und hiernach die Bestellung der Marmorarbeiten ausgesetzt werden musste.

Ew. Königl. Majestät werden daher allergnädigst zu verzeihen geruhen, dass es mir noch heute nicht möglich ist, alle Punkte zu erledigen, welche das der Einrichtungs-Commisson übertragene Geschäft betreffen. Da aber Ew. Königl. Majestät geruhet haben, das Museum Allerhöchstselbst in Augenschein zu nehmen, und da die Hauptsachen wirklich darin beendigt sind, so halte ich es für meine Pflicht, Allerhöchstdenselben von den Grundsätzen Rechenschaft zu geben, welche die Commission sowohl bei dem Ganzen, als bei den einzelnen Gattungen der Kunstwerke geleitet haben.

Wenn man die Gesammtheit der jetzt im Königlichen Museum vereinten Gegenstände übersieht, so bietet sich zuerst die Betrachtung dar, welche huldvolle Gnade Ew. Königliche Majestät der neuen Stiftung durch die wahrhaft grossartige Ueberweisung aller Antiken und aller der Einverleibung in das Museum würdigen Gemälde aus den Königlichen Schlössern erzeigt haben. Die Bildung einer Antiken-Gallerie wäre ohne diese gänzlich unmöglich gewesen; allein auch die Gemäldesammlung hätte nicht nur der Zahl nach dreihundertsechsundvierzig Bilder, sondern grossentheils sehr vollendete und unschätzbare Meisterwerke entbehrt. Es kommt hierzu noch ein anderer besonders wichtiger Umstand hinzu. Die Solly'sche Sammlung, ein Hauptbestandtheil des Ganzen, trug den Charakter einer gewissen Einseitigkeit an sich und enthielt fast ausschliesslich Vorstellungen heiliger Gegenstände, auch eine grosse Zahl einer frühen Periode der Kunst angehörige Bilder. Durch die Gemälde aus den Königlichen Schlössern hat daher erst die ganze Sammlung die Mannigfaltigkeit, Anmuth und Heiterkeit gewonnen, die keiner sich über alle Zweige der Malerei verbreitenden Sammlung fehlen dürfen.

Da es hier auf die Stiftung eines ganz neuen Museums ankam, so hat die Commission gefühlt, dass es ihre Pflicht war, die Anordnung desselben auf eine systematischere und in allen ihren einzelnen Theilen übereinstimmendere Weise einzurichten, als dies bei den meisten anderen grossen Sammlungen hat der Fall sein können. Es bleibt ihr nur der Wunsch übrig, dass ihr dies auch auf eine befriedigende Weise gelungen sein möge.

Sehr wurde ihr dies Bemühen durch die Einrichtung des Gebäudes selbst erleichtert, in welchem der Geheime Ober-Baurath Schinkel zwei Dinge angebracht hat, die sich bis jetzt in keiner anderen Sammlung finden, und die, wie es hoffentlich das allgemeine Urtheil bestätigen wird, wesentlich zur bequemen und genauen Beschauung der Kunstwerke in dem wahren Lichte eines jeden beitragen. Ich meine hiermit die einzelnen durch Querwände gebildeten Abtheilungen der Gemäldesäle, und die Säulenstellung (welche übrigens die Construction des Gebäudes selbst nothwendig machte) in den für die Antiken bestimmten. In den meisten anderen Gemäldegallerien haben die Architekten die wohlthätige Beleuchtung der Gemälde der Schönheit grosser und prachtvoller Säle aufgeopfert. Bei der hiesigen Einrichtung gewinnt man zugleich den Vortheil vortrefflicher Beleuchtung und heilsamer Absonderung solcher Gemälde, die es angemessen ist, nebeneinander vergleichend zu übersehen. Es wird nun möglich, auf jeder Wand um wenige Hauptbilder solche zu gruppiren, welche auf irgend eine Weise mit ihnen in Beziehung stehen.

Vollkommen neu ist die Aufstellung von Statuen an Säulen. Sie existirt in keiner der bisherigen Sammlungen, war aber den Griechen nicht fremd. Man hatte jedoch längst die Unbequemlichkeit der Stellung der Statuen an den Wänden gefühlt, wo sie nothwendig zum Theil das Licht gegenüber oder im Rücken haben, man mag sie nun dicht an die Wände anschliessen, oder einen angemessenen Abstand zwischen ihnen und der Wand lassen. Die Stellung an den Säulen gewährt den Statuen einen dunklen Hintergrund, auf dem sie sich angemessen abheben; sie empfangen zugleich eine richtigere Beleuchtung und können von allen Seiten betrachtet werden. Auch gewinnt das Auge den Vortheil, nicht zu viel auf einmal zu übersehen. Dabei wird man doch auch den Reichthum des in einem Saale enthaltenen gewahr, und durch die Aufstellung einzelner Statuen zwischen den Säulen, so wie durch die Benutzung und Verzierung der Wände ist der Eindruck der architektonischen Einheit des ganzen Saales erhalten worden.

Die verschiedenen Partieen der nunmehr vereinten Sammlungen vertheilen sich übrigens, der Anlage des Gebäudes nach, von selbst in die verschiedenen Stockwerke. Man hätte der schönen, von Ew. Königl. Majestät mit so freigebiger Huld angekauften Koller'schen Vasensammlung Unrecht gethan, wenn man sie hätte zerreissen, und die prachtvollen grossen Gefässe unter den antiken Bildwerken gewissermassen nur als Decorationsmittel gebrauchen wollen. Auch würde sich ihre, für Vasen ungewöhnliche Grösse in den so sehr hohen oberen Sälen verloren haben und weniger ins Auge gefallen sein. Es schien also sowohl in Rücksicht auf die Kunst, als auf die antiquarische Benutzung nothwendig, dem Wunsche des einsichtsvollen Aufsehers, Professors Levezow, zu folgen, die ganze Sammlung unzertrennt zu lassen und ihr das unterste Stockwerk anzuweisen, wo sie hinreichenden Platz und volles schönes Licht hat. Dass die kleinen Bronzen, Münzen und Medaillensammlungen und alle in Schränken und unter Glas aufzubewahrende Gegenstände nicht in den oberen hohen Sälen Platz finden konnten, ergab sich von selbst.

Es war daher nur für eine anständige Verzierung dieser Räume, und für eine angemessene Verbindung derselben mit den oberen Sälen zu sorgen, welches durch den Geheimen OberBaurath Schinkel geschehen ist.

Ich erlaube mir jetzt zu den einzelnen Abtheilungen der Sammlungen überzugehen.

I. Gemälde.

Für diese Sammlung war, als Ew. Königl. Majestät die Gnade hatten, durch die Allerhöchste Kabinetsordre vom 8. Mai vorigen Jahres mir die Leitung der neu ernannten Commission Allergnädigst zu übertragen, bereits sehr viel durch die frühere Commission unter der thätigen Mitwirkung des Hofraths Hirt geschehen. Die so ungemein zahlreiche Solly'sche Sammlung war schon im Ganzen insofern gesondert, dass die beiden grossen Massen des ganz Unbrauchbaren und des auf keinen Fall dem Museum Einzuverleibenden von dem zu diesem Zweck Brauchbaren abgesondert waren.

Das Restaurationsgeschäft war schon seit Jahren in Gang gesetzt und erfreute sich auch schon der von dem Maler Schlesinger und seinen Gehülfen Köster und Keller befolgten Methode. Auch mit der Einrahmung, jedoch nur der Bilder der Solly'schen Sammlung, war man schon weit vorgeschritten. Von den Mitgliedern der jetzigen Commission hatten an diesen früheren Arbeiten der Geheime Ober-Baurath Schinkel, Professor Wach und Dr. Waagen Theil genommen.

Auch die Auswahl der für das Museum zu bestimmenden Bilder, sowohl von den Sammlungen als aus den Königlichen Schlössern war, mit Ausnahme der Giustinianischen Gallerie, bereits soweit getroffen, als das bei der oft sehr verschiedenartigen Ansicht der Beurtheilenden und mangelnder Norm der Entscheidung möglich war; da aber die neue Commission nur zum Theil aus den Mitgliedern der früheren bestand, und neue Mitglieder hinzugekommen waren, so musste schon aus diesem Grunde die Auswahl, sowie es auch die Allerhöchste Kabinetsordre vom 8. Mai 1829 ausdrücklich bestimmte, ganz von neuem vorgenommen werden. Dies ist durch die Commission mit der gehörigen Sorgfalt geschehen. Das früher über jedes Bild gefällte Urtheil ist dabei immer in Erwägung gezogen worden, und die Commission hat auch die Meinungen des von Rumohr benutzen können, da derselbe kurz vorher alle Bilder der hiesigen Sammlungen sorgfältig durchgesehen und geprüft hatte.

Das Resultat dieser Auswahl ist nun gewesen, dass die Gemäldegallerie laut des Verzeichnisses jetzt aus eintausendeinhundertundachtundneunzig Gemälden besteht, von welchen dreihundertundsechsundvierzig aus den Königlichen Schlössern, sechshundertundsiebenundsiebzig aus der Solly'schen, dreiundsiebzig aus der Giustiniani'schen Sammlung herstammen, und man einhundertundzwei einzelner von Ew. Königl. Majestät huldreich gemachten Erwerbungen verdankt. Unter den letzteren sind neunundfünfzig von dem von Rumohr angekauft, welche sich durch Wohlfeilheit des Preises bei ihrem inneren Werthe auszeichnen.

Restauration.

Eine sehr verständige, nur das wahrhaft von der Hand des Meisters Herrührende sichtbar zu machen bemühte Restauration zeichnet die Gemälde der hiesigen Sammlung vorzüglich vortheilhaft aus. Ich habe schon im Vorigen bemerkt, dass die Commission hierin nur auf dem bereits sehr zweckmässig gelegten Grund fortzuarbeiten und das Geschäft zu Ende zu führen hatte. Durch die Auflösung der früheren Commission waren die Beaufsichtigungsconferenzen der Restauration unterbrochen worden. Ich habe dieselben sogleich wieder in Gang gebracht, und es ist bis jetzt regelmässig damit fortgefahren worden. Zugleich habe ich, so wie nach und nach die Verminderung der Arbeit es erlaubte, zur Ersparung der Kosten die Zahl der dabei angestellten Personen verringert, und jetzt ist die Sache so weit gediehen, dass sie blos dem Restaurationspersonal überlassen werden kann, welches mit einem grossen öffentlichen Museum zur Erhaltung der Gemälde nothwendig immer verbunden sein muss. Der auch künftig zur Besorgung des Restaurationsgeschäftes beim Königlichen Museum bestimmte Maler Schlesinger hat, die ganze Zeit der Thätigkeit der Commission über, die Direction über dasselbe mit ebensoviel Eifer als Einsicht geführt.

Einrahmung.

Die Einrahmung der Gemälde ist, da es darauf ankommt, jedes Bild dem Auge auf eine harmonische Weise begrenzt darzustellen, von grösserer Wichtigkeit, als man gemeinhin denkt. Im Ganzen hat man bei dem Königlichen Museum sehr einfache und in der Ausführung wenig kostbare, von Ew. Königl. Majestät vorher Allerhöchst genehmigte Muster angewendet. Hauptbildern aber, den Raphaels, van Eycks u.a.m. hat man reicher verzierte Rahmen geben zu müssen geglaubt, und der pp. Schinkel hat dieselben auf sinnreiche und geschmackvolle Weise dem Zeitalter der Bilder anzupassen gesucht. Von den alten Rahmen hat man, so viel als nur möglich war, beibehalten, so wie man überhaupt bedacht gewesen ist, die Kosten bei diesen Arbeiten möglichst zu vermindern. Da bei der Auswahl der Bilder durch die spätere Commission eine Parthie Gemälde, welche die frühere Commission für das Museum bestimmt hatte, davon ausgeschlossen worden sind, so hat es sich wohl zugetragen, dass von diesen jetzt ausgeschlossenen Bildern mehrere für das Museum bereits restaurirt und eingerahmt waren. Die Commission hat indess Mittel gefunden, diesen Kostenaufwand nicht unnütz werden zu lassen. Die restaurirten Bilder sind, zum Ersatz der dem Museum einverleibten, in die Königlichen Schlösser gekommen, wo sie doch auch der Restauration bedurft hätten, und die für sie angefertigten Rahmen hat man, vermittelst leichten Verschneidens, zu anderen Museumsbildern gebrauchen können.

Aufstellung.

Bei der Anordnung der Gemälde musste man, wenn der Zweck des ästhetischen Genusses sich mit dem der künstlerischen Belehrung vereinigen sollte, mehrere Punkte zugleich ins Auge fassen. Jedes Gemälde musste, so viel es möglich war, sein richtiges Licht erhalten, die Hauptbilder jeder Wand mussten die Aufmerksamkeit des Beschauers ungetheilt beschäftigen können, vor allen Dingen aber musste die Aufstellung so geschehen, wie die Bilder untereinander der Zeit und Schule nach zunächst verwandt sind. Die architektonische Einrichtung der Abtheilungen machte es allein möglich, dies Alles im hohen Grade zu erreichen; die durch Querwände geschiedenen Räume erleichtern dies um so mehr, als man mit wenigen Schritten von einem zum anderen kommen und den eben erhaltenen Eindruck unmittelbar mit dem neuen vergleichen kann. Als die jetzige Commission ihre Thätigkeit begann, fanden sich schon über die künftige Anordnung sehr zweckmässige Vorarbeiten des Dr. Waagen vor.

Es wurde jedoch dieser Punkt noch weiter in sorgfältige Berathung gezogen; ich machte selbst einen schriftlichen Aufsatz darüber, und so ist die Anordnung, wie Ew. Königl. Majestät sie gesehen haben, entstanden.

Zuerst schien es nothwendig, eine ganze Klasse von Bildern von den übrigen abzusondern und allein für diejenigen zu bestimmen, welche die Kunst und ihre Geschichte genauer zu studiren Neigung haben. Es findet sich nämlich in der Königlichen Sammlung eine Anzahl von an sich seltenen und kostbaren Bildern, bei welchen aber das historische und antiquarische Interesse zu einseitig vorwaltet, als dass sie dem grossen Publikum, welches keine besondere Kunstkenntniss mitbringt, zu angenehmer und belehrender Betrachtung dienen könnten. Man müsste vielmehr befürchten, dass diese, sich auf die Zahl von 186 belaufenden Bilder, wenn man sie mit den übrigen verbände, einen störenden Eindruck hervorbringen könnten; sie sind daher in zwei abgesonderten Räumen, wo sie hinreichenden Platz und ein schönes Licht haben, dergestalt aufgestellt, dass man, in drei Klassen abgesondert, die Byzantiner und Mittel-Italiener, die Venetianer und Lombarden, und die Deutschen und Niederländer, einzeln bequem übersehen kann.

Die grosse Zahl der übrigen Gemälde wurde in die Hauptmassen der italienischen Bilder und der ihnen verwandten, und der niederländischen und deutschen abgetheilt. Die erstere dieser beiden Klassen enthält vierhundertsiebenundneunzig, die letztere fünfhundertundfünfzehn Gemälde. Um jeden schroffen Abschnitt zu vermeiden und durch möglichst leise Uebergänge von einer Klasse von Bildern auf die andere geleitet zu werden, liess man diese beiden Hauptmassen sich da berühren, wo sie historisch und ihrem ganzen Bestreben nach sich am nächsten stehen, nämlich bei den van Eycks und den Venetianern. Bei der Einreihung der einzelnen Meister und Bilder in diese beiden Klassen und ihre Unterabtheilungen ist man überall mehr der Manier und dem Charakter, als der blossen historischen Thatsache des Geburtsortes der Maler gefolgt. Die italienischen Schulen folgen einander von der Zeit der Entwickelung einer bestimmten Eigenthümlichkeit bis zur höchsten Blüthe, ebenfalls nach dem Grade ihrer Verwandtschaft, so dass sich den Venetianern die Lombarden, diesen die Schulen des mittleren Italiens, nämlich die Toscaner, Römer und Bologneser nebst den Romagnolen anschliessen. Nach diesen sind die Bilder derjenigen Maler aufgestellt, die nicht sowohl die Natur in der Art und Weise einer bestimmten Schule, als einzelne grosse Meister der bisherigen Schulen nachahmten. An diese reihen sich die Reformatoren der Malerei, die Caracci und ihre Nachfolger an. Den Beschluss dieser Abtheilung machen endlich die Academiker, welche man darum so benannt, weil sie ihre Werke nach allgemeinen Regeln anfertigten, so dass sich wenig oder gar kein eigenthümliches Gefühl mehr in denselben ausspricht.

Die niederländischen und deutschen Gemälde sind nach demselben Grundsatze in drei Klassen vertheilt. Die erste umschliesst die Periode von den van Eyck bis Hans Holbein, in welcher die Maler dieser Schulen der ganz eigenthümlichen ursprünglichen Richtung derselben unverbrüchlich treu blieben. In der zweiten Klasse von Mabuse bis Otto Venius zeigt sich die verkehrte Nachahmung der Italiener; in welche die Maler dieser Periode verfallen waren. In der darauf zunächst folgenden Periode von Rubens und Rembrandt bis auf Dietrich, deren Bilder die dritte Klasse umfasst, wurde wiederum in allen Fächern der Kunst, Historien-, Landschaft-, Genre-, Thier- und Blumen-Malerei Vortreffliches und Meisterhaftes geleistet.

Katalog.

Ein Haupterforderniss der neuen Einrichtung des Königlichen Museums schien es mir, dem Publicum bei Eröffnung desselben ein vollständiges und einigermassen ausführliches Verzeichniss der Gemälde in die Hand zu geben. Ich habe diese Arbeit dem Director der Gemälde-Abtheilung des Museums Dr. Waagen aufgetragen, und ich schmeichle mir mit der Hoffnung, dass die Einrichtung derselben und selbst die äussere grosse Bequemlichkeit im Nachschlagen Ew. Königl. Majestät Allerhöchsten Beifalls nicht unwerth erscheinen wird.

In einem solchen Verzeichniss muss jedes Gemälde mit einem Namen seines Urhebers gestempelt sein, und in sehr vielen Fällen ist diese Bestimmung ungewiss und bedenklich. Auch Bilder, welche, wie z. B. einige der Dresdener Gallerie, seit einer langen Reihe von Jahren ganz bestimmte Namen tragen, sind noch ganz neuerlich, auch nach dem Urtheil bewährter Kenner, mehr als zweifelhaft geworden. Es würde ein vergebliches Bemühen sein, hierüber durch eine Commission nach Stimmenmehrheit zur Gewissheit zu gelangen. Es kommt hier zu sehr, auch noch ausser der historischen Kenntniss, auf das individuelle Gefühl an. Der einzige hier mögliche Ausweg hat mir daher der geschienen, das Verzeichniss durch eine Person anfertigen und unter deren

Namen erscheinen zu lassen, so dass auch nur dieser Verfasser die angegebene Meinung zu vertreten hat.

Das Bild ist nun durch einen Namen, nach welchem es in der Gallerie aufgefunden werden kann, gestempelt, und man weiss, von wem diese Benennung herstammt. Ein solches Verzeichniss wird natürlich, wie eine andere Schrift, geprüft und beurtheilt. Sollten sich also Irrthümer eingeschlichen haben, so können dieselben in folgenden Ausgaben verbessert werden, und man gelangt auf diese Weise allmälig zu der möglichst erreichbaren Genauigkeit. Obgleich also die Commission, ohne Ausnahme nach Mehrheit der Stimmen darüber entschieden hat, ob ein Bild dem Museum einverleibt werden soll oder nicht, so kann man darum nicht die Bezeichnung des Bildes mit diesem oder jenem Namen im Katalog gleichfalls als ihren Ausspruch ansehen. Diese Bestimmung rührt vielmehr immer nur von dem Verfasser des Verzeichnisses her, obgleich die Zahl der Fälle, wo die Meinungen über die Urheber eines Bildes in der Commission von einander abweichen, immer nur verhältnissmässig klein ist. Ich kann dem Dr. Waagen das Zeugniss geben, dass er es an keiner Art von Sorgfalt hat mangeln lassen, den Ausspruch des unmittelbaren Gefühls über den Meister eines Bildes durch möglichst genaue Vergleichung mit anderen Bildern, durch sorgfältige Aufsuchung der Monogramme und Inschriften und durch historische Untersuchungen aller Art zu prüfen und nöthigenfalls zu berichtigen. Er hat zugleich den sehr verständigen Ausweg gewählt, da, wo er den Meister nicht mit Gewissheit bezeichnen zu können glaubte, keinen bestimmten zu nennen, sondern das Bild blos der Schule zuzuschreiben, deren Character es an sich trägt. Wenn man dies beim Durchblättern des Verzeichnisses der hiesigen Sammlung häufiger antrifft, als in den Verzeichnissen anderer berühmter Gallerien, so glaube ich mit Sicherheit behaupten zu können, dass man daraus keinen der hiesigen Sammlung nachtheiligen Schluss ziehen darf. Es ist vielmehr eine Folge der bei der Anfertigung des Verzeichnisses gebrauchten Vorsicht, da man in andern Katalogen mehr gewagt hat, bestimmte Namen hinzusetzen.

Der Dr. Waagen hat im Verzeichnisse zugleich kurze Einleitungen über den Charakter der verschiedenen Epochen der Malerei und die Geburts- und Sterbejahre der Meister beigefügt und dadurch das Verzeichniss auch zu einem belehrenden Buche für diejenigen gemacht, welche mit der Kunstgeschichte weniger vertraut sind.

Zur leichteren Auffindung der Gemälde und Erkennung der Meister habe ich noch in jeder Abtheilung der Gallerie Tafeln anbringen lassen, auf welchen die Bilder jeder Wand nach ihren Gegenständen und Urhebern in derselben Ordnung angegeben sind, in welcher sie an der Wand hängen. Es erspart dies die Mühe des Nachschlagens im Verzeichniss und giebt auch unbemittelten Personen, welche das Verzeichniss nicht kaufen können, die erforderliche Auskunft.

II. Antike Bildwerke.

[...]

Die zur Einrichtung des Königlichen Museums niedergesetzte Commission wird jetzt in ihren Arbeiten bis zur gänzlichen Vollendung derselben fortfahren, und ich werde erst alsdann Ew. Königl. Majestät die Rechnung über die zu meiner besonderen Disposition huldreichst gestellten Fonds von zwanzigtausend Thalern und von zehntausend Thalern allerunterthänigst vorlegen können.

Ich ersterbe in tiefster Ehrfurcht
Ew. Königl. Majestät
allerunterthänigster
Humboldt.

GS XII: 539–551, 566

V. Einheimisch in zwei Welten

1. Der Tod des Sohnes

An Schiller

Rom, 27. August, 1803. *Sonnabend.*

Ich schreibe Ihnen, lieber Freund, mit wehmüthigem Herzen. Ich kann sagen, daß mich, seit ich lebe, jetzt das erste Unglück betroffen hat. Aber der erste Schlag ist auch fast der härteste, der mich je hätte treffen können. Unser ältester Knabe, Wilhelm, dessen Sie Sich vielleicht dunkel erinnern, ist uns plötzlich an einem bösartigen Fieber gestorben. Das arme Kind war kaum einige Tage krank. Auf einige leichte Fieberanfälle folgte plötzlich ein heftiges Nasenbluten. Wir waren auf dem Lande in Lariccia, aber zufälliger Weise hatten wir und haben noch einen Deutschen Arzt bei uns, einen treflichen Menschen, von außerordentlicher Kenntniß und Erfahrung, dem theilnehmendsten Gemüth und doch der größesten Besonnenheit und Ruhe. Dieser – er heißt Kohlrausch und ist ein Hannoveraner – that, was er konnte, aber die Gewalt des Uebels war zu heftig, und in kaum 36 Stunden lebte er nicht mehr. Sein Tod war sanft, sehr sanft, er hatte fröhliche Phantasieen, litt nicht und ahndete nichts. Er liegt jetzt bei der Piramide am Scherbenberg, von der Ihnen Göthe erzählen kann. – Ich habe mit diesem Kinde unendlich viel verloren. Unter allen, die ich habe, war er am liebsten um mich, er verließ mich fast nie, vorzüglich in den letzten Monaten beschäftigte ich mich regelmäßig mit ihm, er ging immer mit mir spatzieren, er fragte nach allem, er kannte die meisten Oerter, die meisten Ruinen, er war bei jedermann beliebt, weil er mit jedem, und jetzt schon recht gut Italiänisch sprach. Das ist nun alles dahin und wohin gegangen? Dieser Tod hat mir auf der einen Seite alle Sicherheit des Lebens genommen. Ich vertraue nicht meinem Glück, nicht dem Schicksal, nicht der Kraft der Dinge mehr.

Wenn dies rasche, blühende, kraftvolle Leben so auf einmal untergehen konnte, was ist dann noch gewiß? Und auf der anderen habe ich wieder auf einmal so eine unendliche Sicherheit mehr gewonnen. Ich habe den Tod nie gefürchtet und nie kindisch am Leben gehangen, aber wenn man ein Wesen todt hat, das man liebte, so ist die Empfindung doch durchaus verschieden. Man glaubt sich einheimisch in zwei Welten.

Es ist durch diesen Tod alles Verhältniß aus unsrer Familie gekommen. Die Li ist halb erwachsen, die andern drei sind ganz klein. Dies macht nun auch natürlich eine Aenderung in dem Bedürfniß eines Hauslehrers, von dem ich Ihnen neulich schrieb. Ich brauche jetzt durchaus einen andern Menschen, und die HauptRücksicht muß jetzt Theodor seyn, der erst 6 Jahre alt ist, und noch wenig lesen und schreiben kann. Der Li braucht man nur einzelne Stunden geben zu lassen, und mit den beiden kleinen Mädchen ist es, wenn sie heranwachsen, derselbe Fall. Es ist mir also ein Mensch nöthig, der mit einem kleinen Kinde umgehen kann, der nicht gerade tiefe und gelehrte Kenntnisse hat, aber Vergnügen daran findet, in eine gewisse Mannigfaltigkeit davon einzugehen, um alles anzuspielen und zu sehn, wozu der Kleine, der geistreicher, talent- und charaktervoller, aber auch launischer und minder leicht lenksam ist, als der verstorbene, hinneigt. Ich wiederhole zwar, mein theurer Freund, meine Bitte an Sie, allein ich fühle, daß Sie jetzt vielleicht noch weniger, als bei meinem ersten Wunsch thun können. Ich lege Ihnen aber einen Brief an Fernow bei, und bitte Sie, ihn, sobald er kommt, ihm abzugeben. Ich habe ihm Auftrag gegeben, sich auch, wenn er es für gut hält, an Becker zu wenden. Ich habe gedacht, vielleicht besser zu thun, auf einen jungen Menschen aus Schwaben zu denken, allein ich bin in Verlegenheit, an wen ich mich wenden könnte. Die Wollzogen nennt mir zwar in ihrem letzten Brief einen; aber einem ganz unbekannten Menschen einen solchen Auftrag zu geben, ist geradezu unmöglich, und ich kenne niemand als Gross, mit dem es auch sein Bedenken hat.

Grüßen Sie Göthe herzlich, mein theurer Freund, und Meyer,

auch Carolinen und wie sich von selbst versteht die gute Lolo. Mit Meyers Freund, Gmelin, der ein unendlich braver Mensch ist, war der verstorbene Wilhelm besonders vertraut. Er ging alle Woche einigemale zu ihm, und Gmelin liebte ihn sehr.

Ich habe keine Stimmung, heute mehr zu schreiben, mein theurer lieber Freund. Leben Sie herzlich wohl und bedauern Sie Ihren armen Freund. Die Li umarmt Sie und alle innigst, Sie können denken, was sie leidet, aber sie hat sich mit außerordentlicher Stärke, Ruhe und Geistesgegenwart genommen. Theodor hat auch ein unangenehmes Nervenfieber. Aber er ist außer Gefahr, und in der Besserung. Noch einmal adieu! und schreiben Sie mir recht bald!

Ihr H.

Schillers Werke. Nationalausgabe. 40, 1.
Weimar: Böhlau 1987: 111–113.

2. Schillers Tod

An Goethe

Rom, den 5. Juni 1805

Ich freute mich kaum Ihres Briefes, mein innig geliebter Freund, als ich durch Fernow die schreckliche Nachricht von Schillers Tode empfing. Nichts hat mich je gleich stark erschüttert. Es ist das erste Mal, daß ich einen erprüften Freund, mit dem sich durch Jahre des Zusammenseins Gedanken und Empfindungen innig vermischt haben, verliere, und ich fühle jetzt die Trennung, die Entfernung, in der wir in den letzten Jahren lebten, noch schrecklicher. Seinen letzten Brief schrieb er mir im September 1803 über meines Wilhelms Tod. Er war über meinen Schmerz sehr bewegt, aber was er darin wünscht und hofft, ist in Erfüllung gegangen. Er ist hingeschieden, ohne selbst einen von denen, die ihm zunächst lieb waren, verloren zu haben. Seine schwächliche Konstitution, sagt er, lasse es ihn hoffen. Wäre er selbst nur uns nicht so früh entrissen worden! Jetzt denke ich oft, er hätte die letzten Jahre seines Lebens hier zubringen sollen. Rom würde einen großen Eindruck auf ihn gemacht haben, er hätte das mit sich hinübergenommen. Er hätte sich auch vielleicht länger erhalten, der strenge Winter scheint ihm doch verderblich gewesen zu sein, vielleicht auch die ewige Anstrengung, die nachgelassen oder doch milder gewirkt hätte, wenn er seinen äußeren Sinn durch große Umgebungen getragen, seine Einbildungskraft durch eine ihrer würdigere Natur um sich her unterstützt gefühlt hätte. Wie einsam Sie sich fühlen müssen, kann ich mir denken; und doch beneide ich Sie unendlich. Sie können doch sich noch den Ton der Worte seiner letzten Tage zurückrufen, mir ist er wie ein Schatten entflohen, und ich muß alles, was ihn mir lebhaft zurückruft, aus einer dunklen Ferne mühsam herbeiholen. Wie oft ist es mir eingefallen, daß der Mensch sich leichtsinnig trennt, zerreißt, was ihn beglückt, und mutwillig nach dem Neuen hascht. Wenn die wahre Ungewißheit des menschlichen Schicksals den Menschen so lebendig vor Augen stände, als sie es sollte, würde kein Mensch von Gefühl je sich entschließen, die Spanne Landes zu verlassen, auf der er zuerst Freunde umarmte.

Sie, liebster Goethe, sollten jetzt den nächsten Winter in Italien zubringen. Solange Schiller lebte, hätte ich Sie nie recht ernstlich einladen mögen. Sie besaßen sich gegenseitig, keiner von Ihnen hätte für eine lange Trennung Ersatz gefunden. Jetzt, da dies Band zerrissen ist, sollten Sie auf eine Zeit ein schöneres Land und die Umgebungen suchen, die Ihnen schon aus dem Andenken her so wert sind. Die politischen Umstände scheuen Sie nicht. Selbst wenn, wie ich nicht glaube, Krieg entstände, kann man, trauen Sie meiner Erfahrung, ruhig genießen und das armselige Getreibe um sich her ruhig geschehen lassen. Die äußeren Unbequemlichkeiten Italiens sollen Sie nicht drücken. Die ersten Wochen wohnen Sie bei uns, richten sich dann mit Muße ein, in dieser Rücksicht hat Rom, wie jede viel von Fremden besuchte Stadt, seit Ihrem Hiersein unstreitig gewonnen. Für Ihre Gesundheit wäre mir auch nicht bange. Das mildere Klima muß Ihnen wohltätig sein, und Sie finden auch künftiges Jahr noch Kohlrausch bei mir im Hause, der Sie ja, denke ich, in Weimar gesehen hat und den Schiller sehr liebte. Tun Sie es, mein Bester. Über uns können Sie ganz gebieten, so einsam Sie wollen und so viel in unserer Gesellschaft, als Ihnen lieb ist, leben. Wenn Ihnen Rom wirklich noch teuer ist, so lassen Sie sich nicht durch kleine Bedenklichkeiten abhalten. Ein Genuß, wie Natur und Kunst ihn Ihnen hier gewähren müssen, verdiente selbst, daß man ihm große Opfer brächte, und wie glücklich Sie uns machten, welchen neuen unbeschreiblichen Reiz Sie Rom für mich geben würden, sage ich Ihnen nicht, weil ich Sie nicht bestechen, sondern nur Ihnen raten möchte, was ich rein und allein auch für Sie unendlich wohltätig halte.

Sagen Sie mir doch bald, ob sich unter Schillers Papieren noch etwas uns Unbekanntes erhalten hat? Ich glaube es zwar nicht, es war nicht seine Art, etwas lange liegenzulassen. Es schmerzt mich jetzt, daß er in den letzten Jahren so wenig Prosaisches geschrieben hat. Der Schriftsteller spricht in der Prosa mehr unmittelbar sich selbst aus, und nach ihm, nach einem Laute seines Wesens sehne ich mich. Wie aber in Leben und Kunst alles so ewig unvollendet bleibt! Jedes Schauspiel Schillers ist eigentlich ein neuer Versuch; er ging immer von der Liebe zur Kunst, immer von dem Wunsche, ihr eine neue Seite abzugewinnen, aus, und kaum möchte ich sagen, daß die große Reihe seiner dramatischen Produktionen ein Resultat darüber vollendet hätte. In jedem ist ein sichtbarer Fortschritt, wenigstens immer einer, durch den man dem Ziele, das er sich vorsteckte, näher kommt; hätte er gelebt, er hätte endlich klargesehen und sich bis zum Gipfel hinaufgearbeitet; nach ihm, wer kann auf dieser Bahn weitergehen, in wem ist diese Verbindung kritischer und intellektueller Kraft? Es wäre schrecklich, wenn die deutsche Poesie ihren Zenit schon wieder erreicht haben sollte, da beinahe wir sie entstehen sahen. Und doch ist es gewiß so. Erhalten Sie sich jetzt uns, mein Teurer. Verlieren wir auch Sie einmal, so ist überall Nacht und Verwirrung. – Schlegel war mit der Staël einige Monate hier, und die Staël hat oft und immer mit gleicher Begeisterung von Ihnen gesprochen. Sie ist mir viel werter geworden, als sie war. Sie hatte hier mehr Ruhe und Stille, war nicht so umgetrieben von den Geistern, die auch sie plagen und irreleiten, und wenn ihre Regsamkeit, die sonst nur ermüdend ist, die rechte Bahn trifft, ist sie stärkend und wohltätig. Schlegel war hier viel milder, als ich ihn sonst gekannt habe. Er hat durch den Umgang mit der Staël indes vielleicht weniger an Vielseitigkeit gewonnen als an Tätigkeit verloren. Er hat ein unleugbares, aber, soviel ich beurteilen kann, immer subalternes Talent, und seine wahre Sphäre wird er immer nur in Übersetzungen finden.

Ich werde Ihnen gegen den Herbst vielleicht durch meinen Bruder, wenn er über Weimar gehen kann, meinen vollendeten »Agamemnon« schicken. Die Einsamkeit am Albaner See in dem letztvergangenen Sommer hat ihn zu Ende gebracht. Die Stücke, die Sie haben, habe ich fast ganz umgearbeitet. Das Metrum ist jetzt, glaube ich, ziemlich rein, und auch in der Übersetzung habe ich sehr nachgeholfen. Ich erwarte nur Vossens Prosodie, die ich leider nicht hatte, als ich arbeitete, um die letzte Hand daran zu legen. Ich habe bei dieser Arbeit einen großen Genuß gehabt. Es bleibt das größte Stück des griechischen Theaters, und es wirkte hier in dieser einzig schönen Natur, dieser Gegend voll der größten Erinnerungen, doppelt tief auf mich. Oft dachte ich da noch auf meinen einsamen Spaziergängen in den Wäldern um den Albaner und Nemiersee, einmal dort mit Schiller und Ihnen zu gehen, da Sie mir doch beide nicht ganz die Hoffnung abgeschnitten hatten. Das eine ist nicht mehr möglich, machen Sie, mein Lieber, das andere wahr. Daß der arme Schiller auch Ihren »Faust« nun nie vollendet sieht! Wohin ich denke, sehe ich abgerissene Fäden, die nichts wieder anknüpft. [...]

Leben Sie recht wohl, und schreiben Sie mir recht bald wieder.

Von ganzer Seele
Ihr Humboldt

Rudolf Freese (Hrsg.): *Wilhelm von Humboldt. Sein Leben und Wirken, dargestellt in Briefen, Tagebüchern und Dokumenten seiner Zeit.* Darmstadt: Wiss. Buchgesellschaft 1986: 434–436.

An Christian Gottfried Körner

Rom, den 8. Juni 1805

Tausend Dank für den Einfall, mein teurer, geliebter Freund, mir gerade jetzt, nach Schillers Tode, wieder zu schreiben. Auch mir sind Sie zuerst eingefallen; wir standen in vieler Rücksicht in gleichem Verhältnis zu ihm und haben gleich viel verloren. Mir ist es in der Tat, als hätte ich auf einmal eigentlich den Leitstern aller meiner intellektuellen Richtungen verloren, und ich wage es noch nicht zu entscheiden, wie es eigentlich auf mich wirken wird. Wenn ich bis jetzt etwas schrieb, wenn ich nur einen Entwurf machte zu schreiben, dachte ich mir eigentlich ihn als einzigen Beurteiler und Richter. Alles Beste in mir war immer an ihn gerichtet, und zugleich gab er mir auch immer die Stimmung und Kraft. Mit unendlicher Wahrheit sagen Sie, mein Lieber, daß in seinen Dichtungen das Persönliche eine so große Wirkung ausübte. Wirklich sprach er die Menschheit nur immer in ihren höchsten Momenten aus und erschien bei weitem mehr individuell als Goethe. Wenn Sie unter dem Idealischen das Gebiet der Ideen verstehen, so weiß ich ihn nicht besser zu charakterisieren, als daß er von diesem Idealischen durchdrungen war und kaum je von etwas anderem nur leicht berührt wurde. Geradezu etwas über ihn zu schreiben, wie ich denke, so würde man über Parteilichkeit und vorgefaßte Meinung schreien und kalt abwägen, in den großen Seiten nicht den Quell malen, aus dem die Kraft hervorströmte, sondern die Dämme und Beschränkungen, in welchen der Zufall sie manchmal festhielt, die kleinen Schwächen abwägen, um hernach ein abgezirkeltes Urteil zu fällen; das mag ein anderer über den Toten tun. Aus dieser Schwierigkeit den Ausgang zu finden, denn einen Ausgang gibt es freilich, gehört ein Feuer der Empfindung, eine Glut der Darstellung dazu, die den Leser zu der Begeisterung mit fortreißt, in der man einen großen Geist sehen muß, wenn man ihn und nicht sein zufälliges Schicksal sehen will. Dazu ist mir die Fähigkeit versagt. Allein führte mich irgendein Gegenstand gelegentlich auf ihn, ja dann, mein Lieber, würde ich mich gern über ihn und mit aller Wärme aussprechen, die mir sein bloßer Name einflößt. Und was können leicht wir beide in Ideen schreiben, wo er nicht mitten unter uns träte?

Haben Sie aber nicht auch bei diesem Tode, mein teurer Freund, das Gefühl gehabt, daß die bessere Welt vor uns hingeht und wir der minder guten preisgegeben bleiben? Mir hat dieser Verlust eines der stärksten Bande gelöst, die mich an Deutschland knüpften. Es ist, als bannte mich das Schicksal immer fester in dies Land, das nur Schatten beleben und in dem alles Lebendige nur wie durch Zufall in eine Einöde gebannt scheint. Möchten Sie nur einmal diese trümmerbedeckten Hügel, diese wüsten Fluren und diese langsamen gelben Tiberwogen gesehen haben, um ein anschauliches Bild davon zu haben. Wenn Sie recht lebhaft zu fühlen vermögen, wie es in der Seele wird, wenn sie sich durch und durch in Vergänglichkeit und Trümmer versenkt, aber die Trümmer, die Trümmer einer Welt sind, so haben Sie den Eindruck, den Rom auf mich macht. Das erste Gefühl ist Wehmut, aber die Unermeßlichkeit des Dahingeschwundenen gibt der Wehmut eine Größe, die wieder heiter wird und wieder in lichtem Äther über der Erde schwebt. Alles, was einen großen Eindruck macht, oder alles, was in rechter Stimmung empfunden wird, wirkt, dünkt mich, symbolisch. Das Unbekannte und nie zu Erkennende strebt in einem sichtbaren Zeichen aus. Sich selbst so zu einem Symbole des Weltalls umzuschaffen, wäre die höchste Aufgabe der Menschheit. Gehen Sie von dieser Idee aus, die, wie ich gern gestehe, jetzt und seit längerer Zeit meine Lieblingsidee ist und für mich den Schlüssel alles Daseins, wie es ist und sein soll, enthält, so ist Rom das Symbol zugleich der Vergänglichkeit und des Weltzusammenhangs, wie er intellektuell und ästhetisch für uns existiert. Hier gewann griechische Kultur Festigkeit, und von hier zerstreute sie sich und ging aus in die Ferne und in die Irre. Hier nahm das Christentum und mit ihm aller sentimental religiöse Mystizismus denselben Gang. Um daher durch die Phantasie in diesen Mittelpunkt der Weltansicht gestellt zu werden, muß man hierhergehen und hier lang bleiben. In fruchtbarer Einsamkeit legen sich erst hier die Weltgestalten deutlich und ruhig auseinander, Gedanke und Empfindung schmelzen klar, Wehmut und Frohsinn heiter ineinander über, und auf der Grenze zwischen Leben und Tod tritt man leichter in jenem auf und neigt sich sanfter zu diesem hinüber.

Hier haben Sie, Lieber, mit wenig Worten meine Ansicht meines Aufenthalts hier und den Schlüssel meiner Existenz. Ich fühle mich sehr glücklich, ich bin nie heiterer in einer doch sehr verwickelten Geschäftstätigkeit, nie fruchtbarer in Ideen, nie poetischer gestimmt, nie zufriedener mit meiner häuslichen Lage, nie ungeteilter dem Andenken derer, die ich verloren habe, gewidmet gewesen als hier. Es fehlt mir bloß eins, nach dem ringe ich, aber ich weiß nicht, ob ich es je erreichen werde. Es ist mir oft, als hätte mir die Natur nur Auge, das Hohe zu sehen, und Sinn, das Tiefe zu fühlen, gegeben, aber Flügel und Sprache versagt. Ich möchte etwas gemacht haben, in dem ich mich selbst eigentlich achten könnte, eine Reihe von Ideen entwickelt haben, durch welche die innere Ansicht der Menschheit weiterrückte.

Solange ich hier bin, denke ich darauf. Nach und nach hat der rohe Entwurf in meinem Kopf einige Gestalt bekommen, da er eben begann, sich der Ausführung zu nähern, ist mir Schiller entrissen worden, auf den dabei alles berechnet war. Ich habe nämlich nicht lange nach einem Gegenstande herumgesucht, an dem ich mich prüfen könnte. Das einzige, was mir in dieser Art Befriedigung gewähren kann, ist, mich selbst auszusprechen. Das Letzte im Menschen, dessen Dasein einmal Denken und Beobachten ist, ist immer das Resultat, in dem er die Betrachtung seiner und der Welt verknüpft. Dies von mir wollte ich schildern, wollte es Schiller gegenüber in freien, an ihn gerichteten Bruchstücken tun. Diese Form ist jetzt unmöglich, die Sache gebe ich natürlich nicht auf. Wenn ich mich deutlich ausgedrückt habe, so werden Sie sehen, daß, was ich zeigen möchte, eigentlich das Dasein, die Bedeutung und der Fortschritt des intellektuellen Lebens in dem Individuum, der Natur und der Geschichte ist. Ich fühle, daß der Gegenstand groß ist, tief wie jede Philosophie und umfassender, weil er nicht bei einem menschlichen Vermögen, der Spekulation, seine Grenze findet, aber er ist nicht eigentlich weitläufig. Es ist nicht nötig, einen weiten Raum zurückzulegen, es kommt nur darauf an, den eigentlichen Gesichtspunkt zu finden, und alles springt von selbst ins Auge. Man muß sich bloß vielfach hin- und herwenden, Nationen und Zeiten durchlaufen, um von verschiedenen Seiten aus diesem Punkte beizukommen; denn unmittelbar und gerade möchte kein Weg dahin führen.

Um nur überhaupt noch meine Fähigkeit so isoliert, wie ich hier bin, zu arbeiten, zu prüfen, habe ich vorigen Sommer und Herbst den »Agamemnon« fertig übersetzt und das schon Gemachte überarbeitet. Im Winter sollen Sie ihn gedruckt haben und mir Ihr Urteil sagen.

Die »Basken« sind ein Stück schnell fortgerückt und dann liegengeblieben. Aber es kommt nur auf ein paar Monate an, und die will ich ihnen jetzt widmen. Daß ich so lange schwieg, liebster Körner, geschah zum Teil mit Fleiß. Sie hatten mir gesagt, Sie hätten keine Freude an meinem Sein in Italien, wenn Sie nicht sähen, daß ich hinfort auch für mich tätig sein könnte; daher wollte ich nicht mit leeren Händen vor Ihnen erscheinen. Jetzt schreiben Sie mir oft. Wir sind unglücklicherweise jetzt allein. Lassen Sie uns treu zusammenhalten, und rechnen Sie auf meine Liebe zu Ihnen und mein Andenken an Schiller.

Rudolf Freese (Hrsg.): *Wilhelm von Humboldt. Sein Leben und Wirken, dargestellt in Briefen, Tagebüchern und Dokumenten seiner Zeit.*
Darmstadt: Wiss. Buchgesellschaft 1986: 437–440.

3. Der Tod der Königin Luise

Humboldt an Caroline

Berlin, 21. Julius 1810

Es hat dies Land wieder ein großes Unglück betroffen, liebe Li. Die Königin ist vorgestern, am 19., um 9 Uhr morgens gestorben. Sie reiste vor einigen Wochen mit dem König und mehreren ihrer Kinder nach Strelitz zu ihrem Vater und war erstaunlich glücklich über diese Reise. Sie war seit vier Jahren nicht in ihrer Familie gewesen. Wenige Tage nach ihrer Ankunft, am 25. vorigen Monats, gingen alle nach Hohen-Zieritz, einem Lustschloß des Herzogs. Hier wurde die Königin am zweiten oder dritten Tag krank, und es hieß gleich, es sei eine Lungenentzündung. Der Arzt des Herzogs, ein gewisser Hieronimi, auf den die Familie viel hält, behandelte sie und ließ ihr gleich zu Ader. Der König kam nach Charlottenburg, auch an einem dreitägigen Fieber krank, zurück. Die Nachrichten von der Königin schienen zwar nicht bedenklich, indes wurde doch Heim hingeschickt. Der eigentliche Arzt des Hofes ist zwar Hufeland. Allein dieser ist vom König von Holland nach Amsterdam berufen worden und noch abwesend; auch hatte die Königin immer großes Zutrauen auf Heim für Brustkrankheiten. Heim kam nach einigen Tagen zurück und versicherte, es sei keine Gefahr, Hieronimi behandle die Krankheit gut, allein die Krankheit sei immer bedeutend, und die Königin werde noch mehrere Wochen dort bleiben müssen. Auf einmal aber stellten sich Krämpfe ein, die entsetzlich bedenklich schienen.

Am 17. wurde Görcke geholt, weil er einmal in Memel der Königin in solchen Krämpfen viel Erleichterung verschafft hatte. An demselben Tage reiste auch Heim abermals hin. Am 18. kamen sehr schlimme Nachrichten. Heim schrieb dem König, der indes zwar vom Fieber befreit, aber doch noch immer nicht ganz besser war, die Gefahr sei dringend, er müsse ihn inständig bitten, sogleich hinzukommen. Der König beschloß, um 9 Uhr den Abend wegzufahren. Gegen 6 Uhr aber kam eine neue Stafette mit einem Briefe der alten Gräfin Voß: Die Königin sei ohne Hoffnung, man könne auf nichts rechnen. Nun fuhr der König gleich mit den beiden ältesten Prinzen fort. Der dritte und die älteste Prinzessin folgten mehrere Stunden später. Der König ist um 6 Uhr früh am 19. angekommen und hat die Königin noch bei Besinnung angetroffen. Er hat noch eine Unterredung allein mit ihr gehabt. Sie ist, wie man sagt, sanft gestorben.

Von Anfang herein hatte sie ein Lungengeschwür, man fürchtete daher, die Krankheit könne in eine galoppierende Schwindsucht ausarten. An so plötzlichen Tod dachte man weniger. Noch am 18. schrieb mir der Prinz George, daß die Ärzte viel Hoffnung hätten und die Krämpfe abnähmen. Er grüßt Dich sehr. Er hat der Königin noch von mir und einem Briefe, den ich ihm gerade geschrieben hatte, gesprochen, und sie hat freundlich aufgeblickt und mit der Hand gewinkt. Sie hatte wirklich immer außerordentlich viel Güte für mich, und es ist auch für uns ein sehr großer Verlust.

Der König ist untröstlich. Er hat gesagt, er wäre auf alle Unglücksfälle jeder Art gefaßt gewesen, nur auf diesen nicht. Er kommt heute abend nach Charlottenburg zurück. Die Prinzessin Charlotte und Prinz Carl sind erst nach dem Tode angekommen und haben diesen auf die schrecklichste Art erfahren. Ein vorüberreitender Bauer hat ihnen die Nachricht in den Wagen geschrieen.

Die Betrübnis ist sehr allgemein. Der arme Prinz George dauert mich auch unendlich. Du weißt, wie er an der Königin hing. Wenn wir uns sehen, werde ich Dir noch mündlich viel über die Königin und das, was sie für uns getan, erzählen. Überhaupt sind die Folgen, die dieser Todesfall haben wird, nicht zu berechnen.

Soeben, teures Wesen, bekomme ich Deinen Brief vom 27. Junius. Du bist doch auch ganz besser wieder, mein einzigliebes Leben? Ach, noch jetzt bei dem Tode der Königin ist es mir unendlich schmerzlich aufs Herz gefallen, was ich wäre, wenn es mir wie dem König erginge. Ich vermöchte es nicht auszudenken.

Lebe innigst wohl!

Caroline an Humboldt

Rom, 1. August 1810

Ich bin in der größten Sorge um unsere Königin. Gestern Morgen hat Höffelin einen Kourier bekommen, der ihm seine Credenzialien nach Neapel gebracht, und abends versicherte mir einer der chefs de bureau, die bei Degérando arbeiten, und der viel zu mir kommt, mit diesem Kourier sei die Nachricht des Todes der Königin gekommen. Ich habe zu Höffelin geschickt, denn gestern war es Mitternacht, als mir La Brumant jene Nachricht mitteilte, und bin in sehr ängstlicher Erwartung. Der Fall wäre entsetzlich für den König und für die ganze Familie.

Ach Gott! eben kommt der Bediente wieder, und es ist leider nur zu gewiß. Ich vermag Dir nicht zu sagen, wie mir zumute ist. Obgleich ich die Königin nicht gekannt, habe ich einen wahrhaften Anteil und einen herzlichen Respekt vor ihr gehabt. So geht denn alles, alles hin, was gut und edel war und in den Gesinnungen Würde und Gefühl hatte! Der arme König, die Kinder – Gott weiß, daß mir die Tränen stromweise herunterstürzen. Und der Prinz George, der sie so liebte, und in dessen Armen sie wohl gestorben ist! Ich kann nur mit stiller Wehmut an die Heimgegangenen denken, es sei auch wer es sei, aber die Zurückbleibenden! Gott, es ist schrecklich.

Oh, liebe Seele, erhalte Dich mir ja, ich bitte Dich, erhalte Dich mir, und schone mir Deine liebe, liebe, teure Gesundheit. Ich erwarte durch Dich Details über diesen sehr traurigen Fall, aber leider muß ich wohl noch lange warten.

Adieu, teures Herz. Ich bin sehr traurig. Rauch war wie von Sinnen gestern abends, als ich's ihm sagte.

Humboldt an Caroline

Berlin, 31. Julius 1810

Ich bin dem Tage meiner Abreise jetzt sehr nahe, nur kann ich ihn noch nicht genau bestimmen. Ich wollte am 4. August, dem Tag nach Königs Geburtstag, abgehn, allein der König will mich noch sprechen, und da er jetzt sehr wenig zu Geschäften gestimmt ist, so kann mich das sehr leicht noch acht Tage länger aufhalten. Du fühlst, daß man in dieser Zeit nicht dringend sein kann. Der arme König leidet entsetzlich; noch gestern sah ich ihn in einer wirklich entsetzlichen Situation. Es war der Abend der Beisetzung der Königin. Der König folgte selbst, und wie er und die Prinzen durch die Zimmer des Schlosses gingen, hatte man es versehen und den Sarg nicht vorausgelassen. Er mußte also in einem Fenster stehen bleiben und den Sarg dicht an sich vorbei lassen. In dem Gedränge, es war gerade in einer Tür, stand ich, da die Minister gleich hinter dem Hof gingen, unmittelbar neben ihm. Das Tragen des Sarges ging langsam, er wandte sich ab und sah doch immer wieder hin, er wollte gefaßt scheinen und schien es im Gesicht, aber die Kniee zitterten ihm hin und her.

Mit mir – ich hatte ihn seit dem Tode nicht gesehen – sprach er sehr freundlich, aber gleich über sie. Äußerst rührend waren die beiden kleinsten Kinder, Luise und Albrecht. Beide waren still, aber sahen ganz unschuldig und ohne zu wissen, was ihnen geschah, heiter in das Gewimmel. Der kleine Albrecht auf dem Arm der Amme, ganz schwarz angezogen, flößte ein unglaubliches Mitleid ein. Unzählige Male sind mir die Verse aus der Glocke eingefallen. Ach! Liebe Li, wenn ich nur Dich nie verliere! Das Sterben eines Mannes kann gar nicht so etwas Rührendes haben, wenn er auch gleich innig geliebt wird. Das Losreißen der Kinder von der Mutter ist schon durch seine Unnatürlichkeit herzzerschneidend.

Die Trauerzeremonien waren eigentlich peinlich. Die Königin ist wirklich und aufrichtig geliebt worden, und eine Zeremonie dieser Art hat immer etwas Schauspielartiges. Doch hat sich das Publikum gestern bei der Beisetzung und auch am 27. beim Einholen der Leiche ungemein still und gut betragen. Einzelne Momente beider Zeremonien hatten etwas Schönes und Tiefergreifendes. Am 27. nämlich traf die Leiche hier ein. Das überaus zahlreiche Gefolge war auf dem Exerzierplatz versammelt und erwartete die Königin. Der Augenblick der Ankunft war sehr rührend. Wir waren noch nicht in Ordnung gestellt, und ich stand zufällig fast allein mit Hardenberg unter den Bäumen, als sie kam. Prinz Carl, der Stiefbruder des Erbprinzen, folgte mit. Er war so betrübt, daß er wirklich nur schwankte. Nun bildete sich der Zug und ging in der Mitte der Linden, ganz zu Fuß, bis auf die von Strelitz mitgekommenen Damen vom Hofe, die fuhren, bis zum Schloß. Zu beiden Seiten waren Reihen Soldaten, an einigen Orten Sängerchöre, an den anderen Militärmusik und Trommeln, die gedämpft und etwas in der Ferne sehr melancholisch klingen. Auf dem Brandenburger Tor, wo sonst die Viktoria stand, wehte eine große schwarze Fahne, alle Glocken gingen. Der Zulauf der Menschen war unglaublich, aber eine Stille, die man sich kaum vorstellt, man hörte nicht einmal das sonst bei großen Haufen fast unvermeidliche dumpfe Gemurmel. Der Lustgarten, wo sich der Zug übersehen ließ und die Garden standen, sah am feierlichsten aus.

Unten an der Schloßtreppe empfing der König mit dem ganzen Hofe den Sarg und begleitete ihn hinauf, bis er an seinen Platz in dem Thronzimmer gestellt war. Das Zimmer war nicht schwarz ausgeschlagen, aber erleuchtet; es ist von violettem Samt mit starken Vergoldungen und nahm sich gut aus. Die anderen Zimmer des Schlosses waren dunkel. Es hatte etwas Schauerliches, die Prinzessinnen alle in der tiefen Trauer mit Krepp und langen Flören, die meisten weinend und sehr angegriffen in dieser halbdunklen Abendzeit zu sehen. Sie waren im Spiegelzimmer versammelt, das die Tauergestalten noch schauerlicher vervielfältigte.

Vom 27. bis gestern abend konnte jedermann auf's Schloß gehen, den Sarg zu sehen. Er war aber verschlossen. Gestern abend ging nun der Zug, ganz zu Fuß, der Leichenwagen ausgenommen, nach dem Dom. Leider ist der Dom ein so geschmackloses, unkirchenartiges Gebäude, daß sich nichts darin ausnimmt. Ich hätte als Kammerherr eigentlich die Leiche mittragen müssen, aber da man den Schlüssel ablegt, wenn man Minister wird, so ging ich mit dem Ministerium.

Ich leugne nicht, daß mich diese Tage sehr erschüttert haben. Die Königin war, auch bloß als Frau betrachtet, von einer seltenen Harmonie in ihrem ganzen Wesen; sie hatte wirkliche Größe und alle Sanftmut, die nur aus den herzlichsten häuslichen Verhältnissen hervorgehen kann; sie war dabei uns sehr gut, und wir haben unendlich viel mit ihr verloren. Dem armen Erbprinzen habe ich noch gar nicht zu schreiben gewagt, er reist nach Schwaben zur Fürstin von Thurn und Taxis. Prinzessin Luise leidet sehr. Sie liebte die Königin ausnehmend und verliert auch außerdem viel mit ihr. Ich gehe jetzt meist alle Abend zu ihr, weil sie doch gern die um sich sieht, die am vertrautesten im Hause sind. Aber sie bleibt selten zum Abendessen. Prinzessin Wilhelm ist noch in Homburg. Sie wollte zum Geburtstag des Königs wiederkommen, aber die Königin ließ ihr noch in ihrer Krankheit schreiben, es würden nun doch keine Feierlichkeiten am Geburtstage sein, sie möchte sich nicht genieren. Der Erfolg macht es wirklich sehr rührend.

Närrisch ist es, daß auch Vorbedeutungen des Todes gewesen sind, die, wenn man sie auch nicht streng erwiesen nennen kann, doch mehr als bloße Einbildungen sind. Den ganzen Winter hindurch sagte man immer, daß sich die weiße Frau bald hier, bald dort im Schloß sehen ließ. Einmal hieß es zwar, man sei der Sache auf die Spur gekommen, und wirklich hatte ein Offizier eine Frau gegriffen, aber weil sie sich zu erkennen gab, wieder gehen lassen. Indes hatte diese nicht einmal das Geisterkostüm, und die weiße Frau ist öfter und an mehr Orten erschienen, wenn man dem glauben wollte, was wenigstens diesen Winter, wo niemand am Hofe krank war, oft erzählt wurde. Dann soll in Potsdam acht Tage vor dem Tode die Orgel der Stadtkirche in der Nacht Totenlieder gespielt haben. Daß man bestimmt einzelne Töne gehört, ist ausgemacht. Man sagt aber jetzt, die Tür habe offen gestanden und der Wind habe sie hervorgebracht, auch daß viele Fledermäuse sich auf die Tastatur geworfen hätten, kurz, man sucht zu erklären, was man nicht ableugnen kann.

Mir brennt ordentlich der Boden unter den Füßen.

Tausend Küsse zum Lebewohl.

Caroline an Humboldt

Rom, 11. August 1810

Dein Brief, den ich gestern empfing, mein geliebtes Leben, hat die Ungewißheit, in die das Schweigen des Moniteur uns doch noch immer setzte und hielt, freilich ganz geendigt. Ich habe mit Tränen die Details gelesen, die Du mir von dem Hinscheiden unserer geliebten Königin gibst. O mein Gott, ich denke mir die Lage und die innere Stimmung des Königs schrecklich. Niemand von so vielen Tausenden, die gewiß daran Anteil nehmen, kann tiefer mit ihm fühlen wie ich. Und der Prinz George? ich weiß nicht, ob ich es über mich gewinnen werde, an ihn zu schreiben, was kann man dem sagen, der das Teuerste verloren hat?

Alle Details, die Du mir über die Frau sagen wirst, sind mir unendlich wichtig. Sie nicht zu sehen und nicht kennen zu lernen, war in der Tat das einzige, was mich Berlin bedauern machte. Nun wird Prinz George auch nicht mehr so viel da sein, und ich kann auch seine Nähe kaum in Anschlag bringen. O Gott, den möchte ich doch sehen, um ihn aussprechen zu lassen zu jemand, der seinen Schmerz ganz versteht. Wie hat das endliche Leben unendliche Schmerzen! Wie stirbt man geistigen Tod, ehe man den physischen erleidet!

Die Erinnerungen an Wilhelm treten noch lebendiger aus der Vergangenheit. Er wäre 16 Jahr und nahe, nahe dem Zeitpunkt, wo er allein und nicht mehr geleitet ins Leben einträte. Nun liegt die schöne Hülle so tief und hat sich wohl schon mit der Erde vereint, und der liebliche Geist, der sein Auge belebte, wo ist er? Hat er eine reinere, schnellere Ausbildung erfahren, als die Menschheit gestattet? Hat er eine Ahndung von den vielen Tränen, die er gekostet, von der ewigen Sehnsucht, mit der er die Brust der Zurückgebliebenen erfüllt? Das fragt sich ein jeder, der das Geliebteste verloren, weh! und es kommt keine Antwort.

Anna von Sydow (Hrsg.):
Wilhelm und Caroline von Humboldt in ihren Briefen. Bd. 3.
Berlin: Mittler & Sohn 1909: 439–441, 443–444,
448–452, 458–459

4. Der Tod Carolines

An Karoline von Wolzogen

Berlin, den 26. März 1829

Liebe, teure Karoline! Unsere Hoffnungen auf die gute Konstitution meiner Frau sind vergeblich gewesen. Das Übel, an dem sie litt, war von der Art, daß es unvermeidlichen Tod herbeiführen mußte. Sie ist heute früh ½ 8 Uhr in Karolines, Adelheids und meiner Gegenwart mit einer Ruhe und Klarheit verschieden, die nur solchen Seelen eigen sein können. Sie starb mit der vollsten Besinnung, die sie bis zum letzten Atemzuge behielt. Keine Zukkung entstellte die lieben Züge. Sie sagte uns oft, aber mit einfacher Ruhe, ohne ängstliche oder trübe Bewegung: »Lebt wohl! Weint nicht! Seid ruhig!« Dann: »Nimm mich, nimm mein Leben! Dein Wille geschehe!« Einmal: »Stille, in die stille Nacht.« Sie hatte sich mehrere Tage vorher in den Salon tragen lassen, wo unsere meisten Bilder hängen. Dort, den Bildern ihrer Töchter gegenüber, starb sie. Wie sie schon nicht mehr sprach, öffnete sie die schönen, noch ganz klaren, nur matten Augen noch einmal und sah erst fest auf die Bilder Gabrieles und Mathildes, dann auf eine große Kopie von Raffaels Himmelfahrt der Jungfrau, was an einer anderen Wand hängt, indem sie sich umdrehte. Die Bilder sind ihr ein wahrer Trost gewesen. Auch um die abwesenden Lieben quälte sie kein Gedanke. Sie nannte niemand. Sie umschwebte alle mit ihrem inneren Frieden. Auch uns Umstehende nannte sie nie einzeln. Nur wie ich heute zuerst ins Zimmer trat, sagte sie zu mir: »Teurer Freund« und gab mir die Hand. Ich küßte sie auf die Backen. »Gib mir den Mund«, sagte sie und umarmte mich so. Ihr Gesicht atmete den himmlischsten Frieden. Man kann im Entschlafen nie schöner sehen, nie klarer und ruhiger. Für ihr schreckliches Übel hat sie wenig gelitten; heftige Schmerzen, zum Wunder der Ärzte, gar nicht. Nur Leiden, da sie wegen der vorgegangenen Zerstörungen nicht gehen und kaum sitzen konnte. Es sind nun über 40 Jahre, teure Karoline, daß wir drei uns kennen. Die Tage der Jugend, die wir zusammen verlebten, waren sehr schön. Mein Andenken ist oft bei Ihnen und wird es sein. Sie haben großen Schmerz gelitten, ich jetzt, und wir leiden solchen, den nichts heilt. Man betrauert ja nur das verlorene Glück, und das kehrt nie wieder. Da kann keine Zeit die Wunden heilen; was die Menschen so sagen, sagen sie, weil sie nicht empfinden. Ich sehe mich wie abgeschieden von den Menschen an, seitdem dies Band zwischen mir und der Welt zerrissen ist.

Rudolf Freese (Hrsg.): *Wilhelm von Humboldt. Sein Leben und Wirken, dargestellt in Briefen, Tagebüchern und Dokumenten seiner Zeit.*
Darmstadt: Wiss. Buchgesellschaft 1986: 728–729.

5. Alexander von Humboldt über den Tod seines Bruders

Die allgemeine Nervenschwäche, die gebückte Haltung des Körpers und besonders das Zittern am ganzen Körper hatte schon während des Winters von 1834/35 sehr zugenommen, ohne daß dadurch das Befinden eigentlich gestört worden wäre. Erst seit Mitte Februar, besonders seit einer Erkältung, die H. sich auf einem Gang zum Monument bei schlechtem Wetter, am 23. Februar, dem Geburtstage seiner verstorbenen Gattin, zugezogen, stellten sich öfters katarrhalische Zustände ein, sowohl Schnupfen als Heiserkeit und Husten. Dies wiederholte sich besonders Mitte März; ohne daß er deshalb seine gewöhnliche Lebensweise irgend änderte. Am 27. März trat zum erstenmal ein Zustand ein, der einer Ohnmacht glich, aber auf den gewöhnlichen Gebrauch der kalten Begießungen – einer Art Sturzbäder –, die er täglich brauchte, schnell vorüberging. Der Zufall wiederholte sich am zweitfolgenden Tage, kurz nachdem der Bruder ihn verlassen, der einige Stunden bei ihm zugebracht hatte. Zum dritten Male kam aber der Zufall stärker wieder, am 30. März, wo dem Kranken spät abends durch Dieffenbach zur Ader gelassen wurde. Darauf erfolgte zwar gleich Besserung, aber nur auf wenige Stunden, und schon am 31. morgens mußten Blutegel an die Stirne gesetzt werden. Der Kranke war aber immer bei vollem Bewußtsein, sprach mit größter Bestimmtheit und voller Ruhe von seinem nahen Tode und diktierte ein Kodizill zu seinem Testamente. Er sprach besonders mit Hedemann viel über den Zustand des Menschen nach dem Tode und bezeichnete ihm und dem Bruder genau die Stelle, wo er begraben sein wolle. Am 1. April schien indessen größere Besserung eingetreten zu sein; die Seinigen faßten wieder Hoffnung, die aber tags darauf plötzlich sehr sank, denn in der Nacht nahm das Fieber wieder zu und mit ihm die quälende nervöse Unruhe, und zum erstenmal stellten sich Phantasien ein. Gegen Abend wurde er ruhiger und verfiel in leisen Schlaf. Bei seinem Erwachen versammelte er seine anwesenden Kinder, den Bruder und den Schwiegersohn um sein Lager; es war der Moment, wo er Abschied von ihnen nahm, jedem auf das liebevollste etwas besonders Bezugvolles sagend und ihren Schmerz beschwichtigend durch die ungetrübte Klarheit seines Geistes und die Heiterkeit seines Wesens. »Weinet nicht, gedenket meiner immer in Heiterkeit und nur so«, sagte er wiederholt. »Ich habe viel Glückliches und Freudiges erlebt.« Er ließ sich, wie schon öfter im Laufe dieses Tages, die Zeichnung seiner Gattin geben und sagte: »Wenn man sich gleich wiedersieht, so ist sie gewiß die erste, die ich finde, und ich will sie von euch grüßen.« Während die Seinigen noch sein Lager umstanden, kam Dieffenbach und beruhigte sie wieder; er fand den Zustand um vieles besser als am Morgen und versicherte, daß kein Grund vorhanden sei, den Tod für so nahe zu halten. Der Kranke schien auch selbst wie erfreut über diese Worte und diesen Schein des Besserbefindens, er wiederholte aber in den folgenden Tagen öfters zum Bruder, zu Hedemann und seinem Sohne Hermann, »daß es doch zu Ende ginge«; gegen die Töchter aber vermied er jede weitere Äußerung darüber. So blieb für diese jener Tag der des Abschieds, obgleich ihm noch einige Lebenstage folgten. – Es war so schön, wie er mit dem vollkommensten Bewußtsein des nahenden Todes und der völligsten ruhigsten Erwartung desselben doch – man könnte sagen – mit Freude nach jedem Mittel griff, das ihm das Leben erhalten konnte, wie er immer so unbeschreiblich freundlich bei allem Leide blieb, so dankbar für alles, was man nur irgend für seine Pflege tun konnte. – Die Nacht vom 2. zum 3. war erträglich, und der Tag verging recht gut. Gegen Abend trat wieder Verschlimmerung ein, und von da an blieb die Krankheit im Steigen; sie nahm einen entzündlichen Charakter an. Das Fieber war heftiger, und es kam ein quälender Husten dazu. Die Aderlässe, zwar immer nur in kleiner Quantität, wurden öfters wiederholt; ihnen folgte auch einige Erleichterung. Die nervöse Unruhe wuchs und war bei der allgemeinen großen Schwäche höchst peinlich. Das Fieber war oft von Phantasien begleitet, die aber meist heiter waren und aus denen er immer wieder zu klarem Bewußtsein zurückkehrte oder doch zu einer Art halbwachem Zustand, worin es ihm besonders eigen war, Stellen aus Gedichten von Schiller, Goethe und anderen oder griechische Hexameter vor sich herzusagen. In den ersten Tagen der Krankheit hatte er sich öfters auch vorlesen lassen, besonders von Alexander die Monologe aus der »Jungfrau« und »Thekla, eine Geisterstimme«. Vom 6. April an wurde der ganze Zustand mehr ein betäubter, sein Wesen bekam etwas Fremdes, und er kannte die Seinen nicht immer. Besonders war dies am 7., nach einer sehr schlimmen Nacht, der Fall. An diesem Tage besuchte ihn Rust, der bis dahin durch Krankheit daran verhindert worden war, und verordnete ein Sturzbad, welches abends und am 8. morgens wiederholt werden mußte. Das letztemal tat es sehr gut, und gleich darauf sagte er zu den Seinigen: »Mir ist hell und besonnen, so daß ich nicht klagen kann.« Es trat Transpiration ein, die die Ärzte schon gewünscht hatten, und ein erquickender Schlaf, aus welchem er ganz bewußt erwachte, so daß er durch die älteste Tochter, die gerade allein bei ihm war, die beiden anderen Töchter, Adelheid und Gabriele, rufen ließ. »Rufe sie«, sagte er, »damit wir uns sehen.« Er ließ sich dann von ihnen die Zeichnung ihrer Mutter geben, betrachtete sie lange und sagte mehr zu ihr als zu den Kindern: »Nun adieu – hängt sie wieder weg.« Das waren die letzten Worte, die man von ihm hörte; denn er verfiel wieder in Schlaf. Während dessen wenigstens anscheinender Dauer traten, zwischen 4 und 5 Uhr nachmittags, allmählich Symptome ein, die den nahen Tod erwarten ließen. Er öffnete nicht die Augen während des Auflegens eiskalter Umschläge auf den Kopf, die Gesichtszüge veränderten sich, der Puls setzte aus, der Atem wurde röchelnd, stockte, kam noch wieder – während einer Viertelstunde ungefähr war der Anblick dem eines ausgehenden Lichtes gleich –, und um

6 Uhr hauchte er sanft die große Seele aus, als eben die untergehende Sonne ihre letzten Strahlen in sein Zimmer sandte.

Rudolf Freese (Hrsg.): *Wilhelm von Humboldt. Sein Leben und Wirken, dargestellt in Briefen, Tagebüchern und Dokumenten seiner Zeit.* Darmstadt: Wiss. Buchgesellschaft 1986: 775–778.

ANHANG

Daten zu Leben und Werk

1767
Am 22. Juni wird Wilhelm von Humboldt als Sohn des preußischen Offiziers und Kammerherrn Alexander Georg und der aus einer Hugenottenfamilie stammenden Marie Elisabeth von Holwede, geb. Colomb, in Potsdam geboren. Sein jüngerer Bruder Alexander und er wachsen auf dem Familiensitz Schloss Tegel auf. Der Unterricht wird von Hauslehrern besorgt, eine Zeit lang ist Joachim Heinrich Campe mit der Erziehung der Brüder beauftragt, später Gottlob Johann Christian Kunth. Bereits in seiner Kindheit entwickelt Wilhelm Interesse für Philosophie und Kunst. 1779 stirbt der Vater.

1787
Wilhelm und Alexander werden von der Mutter zur Vorbereitung auf den preußischen Staatsdienst zum Studium an die Universität in Frankfurt an der Oder geschickt. Wilhelm studiert Rechts- und Staatswissenschaften.

1787–1790
Sokrates und Platon über die Gottheit, einige übersetzte Abschnitte aus Xenophons und Platons Werken samt Einleitung, werden veröffentlicht.

1788
Wilhelm wechselt zur Fortführung der Studien nach Göttingen. Hier vertieft er seine Kenntnisse in der Philosophie, den Altertumswissenschaften und den klassischen Sprachen, Letzteres vor allem bei Christian Gottlob Heyne.

1789
Im Sommer unternimmt Humboldt eine Bildungsreise, die ihn u. a. ins Paris der Revolution führt.

1790
Antritt einer Stelle als Auskultator im Berliner Justizdepartment. Nach fünf Monaten wird Humboldt Referendar am Hof- und Kammergericht in Berlin. Noch im selben Jahr Ernennung zum Legationsrat.

1791
Ausscheiden aus dem Staatsdienst. Am 29. Juni Hochzeit mit Caroline von Dacheröden, mit der er acht Kinder haben wird. Die beiden leben zunächst auf den thüringischen Gütern der Dacherödens, wo Wilhelm seine Studien der klassischen Sprachen, Kunst und Philosophie vorantreibt.

1792
Ideen zu einem Versuch, die Gränzen der Wirksamkeit des Staats zu bestimmen entsteht, wird jedoch erst 1851 postum von Eduard Cauer herausgegeben.

1794
Im Frühjahr Umzug nach Jena, dort Vertiefung der Freundschaft mit Schiller, später auch mit Goethe, beiden war er schon einige Jahre zuvor begegnet. Mitarbeit an Schillers *Horen*. Darin veröffentlicht er den Aufsatz *Über den Geschlechtsunterschied*.

1796
Am 19. November stirbt die Mutter. Schloss Tegel geht in Wilhelm von Humboldts Besitz über.

1797
Übersiedlung nach Paris.

1799
Veröffentlichung von *Ästhetische Versuche. I. Über Goethes Hermann und Dorothea.*

1799/1800
Erste Spanienreise.

1801
Zweite Spanienreise ins Baskenland. Die Reise dient vor allem dem Studium des Baskischen und verfestigt Humboldts Hinwendung zur Sprachforschung.

1802–1808
Wilhelm zieht mit seiner Familie nach Rom. Dort ist er bevollmächtigter Minister beim Heiligen Stuhl. Das Humboldtsche Haus in Rom entwickelt sich zu einem Zentrum der Gesellschaft und Kultur, in dem sich zahlreiche bekannte Persönlichkeiten treffen (u. a. Tieck, Schlegel und Madame de Staël). Arbeit an *Latium und Hellas* und an einer *Geschichte des Verfalls und Unterganges der griechischen Freistaaten.*

Ab 1808
Mitgliedschaft in der Akademie der Wissenschaften zu Berlin.

1809
Berufung in Freiherr vom Steins preußisches Reformkabinett. Bis Juni 1810 Leiter des Kultus- und Unterrichtswesens im preußischen Innenministerium. Reform des Unterrichtswesens, Entwicklung eines dreistufigen Bildungsweges (Elementarschule, Gymnasium, Universität), Antrag auf Errichtung der Berliner Universität (heute Humboldt-Universität zu Berlin), die 1810 den Lehrbetrieb aufnimmt.

1810
Ernennung zum Staatsminister, als preußischer Gesandter in Wien.

1813
Denkschrift über die deutsche Verfassung.

1814–1818
Nach Beendigung der napoleonischen Herrschaft 1814/15 preußischer Gesandter beim Wiener Kongress, dann mit diplomatischen Aufgaben in Paris, Frankfurt (Territorialkommission) und London. 1816 erscheint Wilhelm von Humboldts Übersetzung von Aischylos' *Agamemnon*.

1817
Berichtigungen und Zusätze zum ersten Abschnitte des zweiten Bandes des Mithridates über die Cantabrische oder Baskische Sprache.

1819
Erneute Berufung ins Kabinett in Berlin. Diesmal ist Wilhelm von Humboldt für die ständischen Angelegenheiten zuständig. Vorlage eines Entwurfs für eine Verfassung Preußens, die aber der antiliberalen Ausrichtung der Regierung entgegenläuft. Sein Versuch, sich gegen die Karlsbader Beschlüsse aufzulehnen, endet mit dem Entzug aller Ämter.

1820
Humboldt beginnt, in der Berliner Akademie Vorträge über Sprachwissenschaft und Sprachphilosophie zu halten, und widmet sich ab jetzt umfassenden Sprachstudien. Erster Vortrag: *Über das vergleichende Sprachstudium in Beziehung auf die verschiedenen Epochen der Sprachentwicklung.*

1821
Erscheinen des Buches *Prüfung der Untersuchungen über die Urbewohner Hispaniens vermittelst der Vaskischen Sprache.* Akademievortrag *Über die Aufgabe des Geschichtschreibers.*

1822
Akademievortrag *Über das Entstehen der grammatischen Formen und ihren Einfluss auf die Ideenentwicklung.*

1824
Akademievortrag *Über die Buchstabenschrift und ihren Zusammenhang mit dem Sprachbau.*

1825–26
Akademievorträge *Über die unter dem Namen Bhagavad-Gítá bekannte Episode des Mahá-Bhárata.*

1827
Akademievortrag *Über den Dualis.*

1828
Akademievortrag *Über die Sprachen der Südseeinseln.*

1829
Caroline von Humboldt stirbt. Humboldt übernimmt nun auch wieder öffentliche Ämter wie etwa den Vorsitz der Kommission für die Errichtung des Königlichen Museums in Berlin.

1830
Rückkehr in den Staatsrat. Publikation des Briefwechsels mit Schiller mit der »Vorerinnerung« *Über Schiller und den Gang seiner Geistesentwicklung.*

1835
Wilhelm von Humboldt stirbt am 8. April auf Schloss Tegel in Berlin.

1836–1839
Posthum wird das dreibändige Werk *Über die Kawi-Sprache auf der Insel Java* veröffentlicht, dessen sprachphilosophische Einleitung *Über die Verschiedenheit des menschlichen Sprachbaues und ihren Einfluß auf die geistige Entwickelung des Menschengeschlechts* aus dem Jahr 1836 Humboldts Hauptwerk ist.

Weiterführende Literatur (Auswahl)

1. Wilhelm von Humboldt: Werke und Editionen

Über die Kawi-Sprache auf der Insel Java, nebst einer Einleitung über die Verschiedenheit des menschlichen Sprachbaues und ihren Einfluß auf die geistige Entwickelung des Menschengeschlechts. 3 Bde. Berlin: Druckerei der Königl. Akademie der Wissenschaften, 1836–1839.

Gesammelte Werke. Hrsg. v. Carl Brandes. 7 Bde. Berlin: Reimer, 1841–1852 (Nachdruck Berlin: de Gruyter, 1988).

Über die Verschiedenheit des menschlichen Sprachbaues und ihren Einfluss auf die geistige Entwickelung des Menschengeschlechts. Hrsg. v. August Friedrich Pott. 2 Bde. Berlin: Calvary, 1876–1880.

Die sprachphilosophischen Werke Wilhelm's von Humboldt. Hrsg. v. Heymann Steinthal. Berlin: Dümmler, 1883/84.

Gesammelte Schriften. 17 Bde. Hrsg. v. Albert Leitzmann u. a. Berlin: Behr, 1903–1936.

Werke in fünf Bänden. Hrsg. v. Andreas Flitner u. Klaus Giel. Darmstadt: Wissenschaftliche Buchgesellschaft, 1960–1981.

Über die Sprache. Reden vor der Akademie. Hrsg. v. Jürgen Trabant. Tübingen/Basel: Francke, 1994.

Schriften zur Sprachwissenschaft. Hrsg. v. Kurt Mueller-Vollmer, Jürgen Trabant, Tilman Borsche u. Gordon Whittaker. Bisher 3 Bde. Paderborn: Schöningh, 1994 ff.

Über die Verschiedenheit des menschlichen Sprachbaues und ihren Einfluß auf die geistige Entwicklung des Menschengeschlechts. Hrsg. v. Donatella Di Cesare. Paderborn: Schöningh, 1998.

2. Sekundärliteratur

Borsche, Tilman: *Sprachansichten. Der Begriff der menschlichen Rede in der Sprachphilosophie Wilhelm von Humboldts.* Stuttgart: Klett-Cotta, 1981.

Borsche, Tilman: *Wilhelm von Humboldt.* München: Beck, 1990.

Di Cesare, Donatella: Einführung zu: Wilhelm von Humboldt: *Über die Verschiedenheit des menschlichen Sprachbaues und ihren Einfluß auf die geistige Entwicklung des Menschengeschlechts.* Paderborn: Schöningh, 1998. S. 9–141.

Freese, Rudolf (Hrsg.): *Wilhelm von Humboldt. Sein Leben und Wirken, dargestellt in Briefen, Tagebüchern und Dokumenten seiner Zeit.* Darmstadt: Wiss. Buchgesellschaft, 1986.

Geier, Manfred: *Die Brüder Humboldt. Eine Biographie.* Reinbek bei Hamburg: Rowohlt, 2009.

Haym, Rudolf: *Wilhelm von Humboldt. Lebensbild und Charakteristik.* Berlin: Gaertner, 1856.

Kaehler, Siegfried: *Wilhelm von Humboldt und der Staat. Ein Beitrag zur Geschichte deutscher Lebensgestaltung um 1800.* 2Göttingen: Vandenhoeck & Ruprecht, 1963.

Menze, Clemens: *Wilhelm von Humboldts Lehre und Bild vom Menschen.* Ratingen: Henn, 1965.

Müller-Vollmer, Kurt: *Poesie und Einbildungskraft. Zur Dichtungstheorie Wilhelm von Humboldts.* Stuttgart: Metzler, 1967.

Müller-Vollmer, Kurt: *Wilhelm von Humboldts Sprachwissenschaft. Ein kommentiertes Verzeichnis des sprachwissenschaftlichen Nachlasses.* Paderborn: Schöningh, 1993.

Rosenstrauch, Hazel: *Wahlverwandt und ebenbürtig. Caroline und Wilhelm von Humboldt.* Frankfurt am Main: Eichborn, 2009.

Scharf, Hans-Werner: *Das Verfahren der Sprache. Humboldt gegen Chomsky.* Paderborn: Schöningh, 1994.

Sweet, Paul R.: *Wilhelm von Humboldt. A Biography.* 2 Bde. Columbus, Ohio: Ohio University Press, 1978/80.

Trabant, Jürgen: *Apeliotes oder Der Sinn der Sprache. Wilhelm von Humboldts Sprach-Bild.* München: Fink, 1986.

Trabant, Jürgen: *Traditionen Humboldts.* Frankfurt am Main: Suhrkamp, 1990.

Alexander von Humboldt
Das große Lesebuch
Herausgegeben von Oliver Lubrich
Band 90162

Der große Naturforscher und Reiseschriftsteller Alexander von Humboldt erlebt seit einigen Jahren eine erstaunliche Renaissance. Wissenschaftlich und literarisch zugleich, lassen uns seine Schriften staunen über den Reichtum der Natur, und sie wecken die Sehnsucht nach einem Verständnis fremder Kulturen. Dieses attraktive Lesebuch, herausgegeben von dem Humboldt-Kenner Oliver Lubrich, bietet eine repräsentative Auswahl aus dem Gesamtwerk, mit ausnahmslos ungekürzten Texten im originalen Wortlaut.

Inhalt: ›Pittoreske Ansichten in den Cordilleren‹, ›Über einen Nachtvogel Guacharo genannt‹, ›Über zwei Versuche, den Chimborazo zu besteigen‹ und viele andere.

Fischer Taschenbuch Verlag

fi 90162 / 1

Schiller als Philosoph
Eine Anthologie
Herausgegeben von Rüdiger Safranski
Band 90181

Dieses von Rüdiger Safranski herausgegebene Lesebuch gibt einen Überblick über das gesamte theoretische Werk Friedrich Schillers. Von den großen ästhetischen Abhandlungen über Naturkundliches und Reflexionen über die Liebe bis hin zu den berühmten Texten zur Geschichtsschreibung enthält der Band die wichtigsten und schönsten Texte des Philosophen Schiller. Vorangestellt ist dem Lesebuch eine Einleitung, in der Rüdiger Safranski die zentralen Thesen seiner hoch gelobten Schiller-Biographie zusammenfasst.

Fischer Taschenbuch Verlag

fi 90181 / 1